« L'AVENTURE CONTINUE »
Collection dirigée par
Patrice Franceschi, Laurent Laffont et Didier Regnier

ROBERT HUTCHISON

SUR LES TRACES DU YÉTI

Le toit du monde : imaginaire et réalité

Traduit de l'anglais par Patrick Gador

ROBERT LAFFONT

Le sherpa-ka étant une langue orale plutôt qu'écrite, on y trouve de nombreuses variantes à l'orthographe des noms propres et des noms de lieux. A quelques rares exceptions près, je me suis fié à l'orthographe des toponymes en usage dans les cartes Schneider de Tamba Kosi, Shorong/Hinku et Khumbu Himal.

Titre original : IN THE TRACKS OF THE YETI

ISBN 2-221-05642-6
(édition originale :
ISBN 0-356-17942-7 Macdonald & Co. Ltd., Londres)

Dédicace

Ce livre est dédié à la mémoire d'Eric Shipton, source d'inspiration pour quiconque a lu ses œuvres et connaît le domaine dont il traite. Il a inauguré le mythe de l'Abominable Homme des Neiges dans sa forme moderne avec des photographies prises sur le glacier Menlungtse, en octobre 1951. Sa probité fut alors mise en doute, et il s'attira des calomnies. Mais son récit de la rencontre est d'une si éloquente sincérité qu'il vaut d'être cité :

> *C'est sur un des glaciers de la cuvette de Menlung, à une altitude d'environ six mille mètres, qu'un jour, en fin d'après-midi, nous aperçûmes dans la neige ces curieuses traces de pas dont la description allait susciter un certain intérêt dans le public... Nous ne les suivîmes pas plus que cela nous fut possible – sur un kilomètre et demi environ – car nous étions alors lourdement chargés... Il m'était déjà arrivé de trouver plusieurs séries de ces curieuses traces de pas et d'avoir tenté de les suivre, mais je les avais toujours perdues sur la moraine ou parmi les rochers, sur le flanc du glacier. Celles-ci, en tout cas, paraissaient très récentes, et n'avaient sans doute pas plus de vingt-quatre heures. Lorsque Murray et Bourdillon nous rejoignirent quelques jours plus tard, les traces avaient pratiquement été effacées par la fonte de la neige. Sen Tensing qui, pour sa part, ne doutait nullement que les créatures (car il y en avait eu au moins deux) qui avaient laissé les empreintes en question étaient des « Yétis » ou des hommes sauvages, me raconta que deux ans plus tôt, lui et un certain nombre d'autres Sherpas en avaient vu un qui se trouvait à environ vingt-cinq mètres d'eux, à Tengboche. Il le décrivit comme étant mi-homme mi-bête, faisant debout environ un mètre quatre-vingts,*

avec une grande tête allongée, un corps couvert d'une toison brun roussâtre, mais un visage glabre... Quelle que fût la nature de ce qu'il avait vu, il était convaincu qu'il ne s'agissait pas plus d'un ours que d'un singe, deux animaux qui lui étaient, bien entendu, particulièrement familiers. Des différentes théories qui ont été avancées pour rendre compte de ces empreintes, la seule qui soit relativement plausible les attribue à un entelle. Elle est pourtant bien loin d'être tout à fait convaincante, ainsi qu'à mon sens ses auteurs seraient les premiers à le reconnaître.

(*Everest, 1951*, The Mount Everest Reconnaissance Expedition, Hodder and Stoughton Limited, 1951).

Index des personnages népalais et sherpas

GYALZEN SHERPA : mon ami et mon hôte, originaire du village de Pangpoche.

KANCHE : épouse de Gyalzen.

PASANG TSHERING : leur fils aîné.

PEMBA KUNGA : leur fils cadet.

MINGMA YANCHIN : leur fille aînée, également appelée Yangtse.

TSHEDEN : leur quatrième enfant, à qui son comportement a valu le sobriquet de « Tyran ».

MINGMA RAMU : la benjamine.

ANG DORJE (PANGPOCHE) : voisin et ami d'enfance de Gyalzen.

ANG DORJE (KHUMJUNG) : Sherpa sourd-muet qui rencontra un yéti en train de boire dans un ruisseau, près de Dolle, le frappa avec son bâton et mourut dix-huit mois plus tard..

ANG DAHKI : Sherpani de Pangpoche qui affirma avoir entendu un yéti crier près de Chhukhung.

ANG KANCHI : Sherpani auxiliaire médicale et électricienne de Tengboche.

ANG RITA : sirdar [1] de haute montagne dont un yack aurait été mangé par un yéti que tenaillait la faim, près de Phurte.

ANG ZUMBU : propriétaire du gîte de Macherma, maniaque de la propreté.

BANIYA, BEG BAHADUR : auxiliaire du Parc national, travaillant avec Bijaya Kattel sur le cerf musqué, à Phortse.

BANIYA, CHET BAHADUR : oncle de Beg Bahadur, travaillant lui aussi sur le cerf musqué.

BIR BAHADUR : cuisinier de notre groupe de trekkers, entre Jiri et Pangpoche.

BUDDHA CHENDIN : saint du XVIe siècle, père de Sanga Dorje.

DAKHU : gardien de troupeaux de Pangpoche qui vit un yéti dans les pâturages situés derrière Mingbo.

DAWA NAMGE : père de Gyalzen.

1. Guide *(N.d.T.)*.

DORJE, LAMA : contremaître sur le chantier de l'usine hydro-électrique de Phunki Drangka.

FRUA SANGE : jeune sœur de Lhapka Degi.

GURU RIMPOCHE : le grand réformateur du bouddhisme tibétain, également connu sous le nom de Padmasambhava.

GURUNG, C. B. : colonel de l'armée népalaise qui conduisit l'équipe de reconnaissance de l'armée au camp de base de l'Everest.

KAAPUTI : sœur de Kanche ayant perdu son mari et vivant à Bhandar.

KARMA (NAMCHE BAZAR) : père de Kanche.

KARMA (LOBUCHE) : époux de Yanchin. Ils gèrent ensemble le Above the Cloud Lodge [1], à Lobuche.

KARMA TANGI : jeune sœur de Ang Zumbu, propriétaire du gîte de Macherma.

KATTEL, BIJAYA : spécialiste en biologie animale et membre du comité responsable de la faune sauvage au Népal.

LHAPKA DEGI : notre hôtesse à Dolle, et la sœur de Lhapka Dorje.

LHAPKA DORJE : le skieur de Khumjung.

LHAPKA TENZING : voisin de Gyalzen qui anima le Lohsar Pujah.

LHAUPA DOLMA : Sherpani de Khumjung qui fut attaquée par un yéti à Macherma.

LOBSANG TSHERING : beau-frère de Gyalzen et de Kanche, originaire de Bodnath.

MINGMA : gardien de troupeaux de yacks de Pangpoche, qui rencontra un yéti à Mingbo.

MINGMA TENZING : frère de Nima Tenzing, habitant Phortse.

MISHRA, HEMANTA : directeur général du Conseil du roi Mahendra, à Katmandou.

L'HOMME DU MONTICULE : le yéti présumé de Donag Tsho.

NANG DORJE : le plus riche des habitants de Pangpoche.

NANG LOBSANG : propriétaire du gîte et de la gargote à thé de Phunki Tenga.

NANG WASSER : Thawa [2] administrant le Gompa Lodge de Tengboche.

NAWA : Sherpa de Solu qui fut notre aide-cuisinier durant le trek de Jiri à Pangpoche.

NAWANG TENZING JANGPO : abbé du monastère de Tengboche.

NIMA : frère de Kanche, directeur d'une agence de trekking à Katmandou.

NIMA TENZING : propriétaire de la maison de Bijaya Kattel à Phortse.

NIMA TENZING : responsable du Parc national de Sagarmatha.

NIMA YANCHIN : épouse d'Oncle Pasang et sœur cadette de Gyalzen.

NURSANG : gardien de troupeaux de Macherma dont les yacks furent attaqués par un yéti.

OMAI : sirdar travaillant pour Yeti Mountaineering & Trekking, à Katmandou.

PARAJULI, BHARAT : directeur de Yeti Mountaineering & Trekking, à Katmandou.

PASANG : sirdar de haute montagne et propriétaire du Pasang Lodge, à Namche Bazar.

PASANG DAWA : fils aîné d'Oncle Pasang.

---

1. Lodge désigne un gîte d'étape *(N.d.T.)*.
2. Moine *(N.d.T.)*.

INDEX DES PERSONNAGES NÉPALAIS ET SHERPAS

Pasang Kami : propriétaire du P.K. Lodge, à Namche Bazar.

Pasang Sherpa : également connu sous le nom d'Oncle Pasang, gardien de troupeaux de yacks de Pangpoche et beau-frère de Gyalzen.

Pasangma : mère de Gyalzen.

Pandel, Ghanashyam : neveu de Bharat Parajuli et son associé dans Yeti Mountaineering & Trekking.

Pandel, Saroz : frère cadet de Ghanashyam.

Pemba : gérant du Thyanboche Lodge.

Sanga Dorje, Lama : saint patron des Sherpas.

Sonam Girmey : sirdar de trekking et propriétaire du Namche Bazar Lodge.

Sunderay : sirdar de haute montagne de Pangpoche, ayant fait à cinq reprises l'ascension de l'Everest.

Tashi Gompu : petit-fils de Tenzing Norkey, ayant conquis l'Everest.

Tashi Janbu Sherpa : directeur de l'Everest Trekking, à Katmandou.

Tenzing Tsherpin : propriétaire du Thawa Lodge à Namche Bazar, conservant le pied momifié d'un yéti dans sa chapelle.

Tinly Lundub Sherpa : moine et artiste de Tengboche.

Tshomtomba : roi tyran mythique qui pourchassa Sanga Dorje.

Tsorang : vieille femme de Pangpoche qui voulait qu'on n'importune pas les yétis.

Yanchin : propriétaire du Above the Cloud Lodge, à Lobuche.

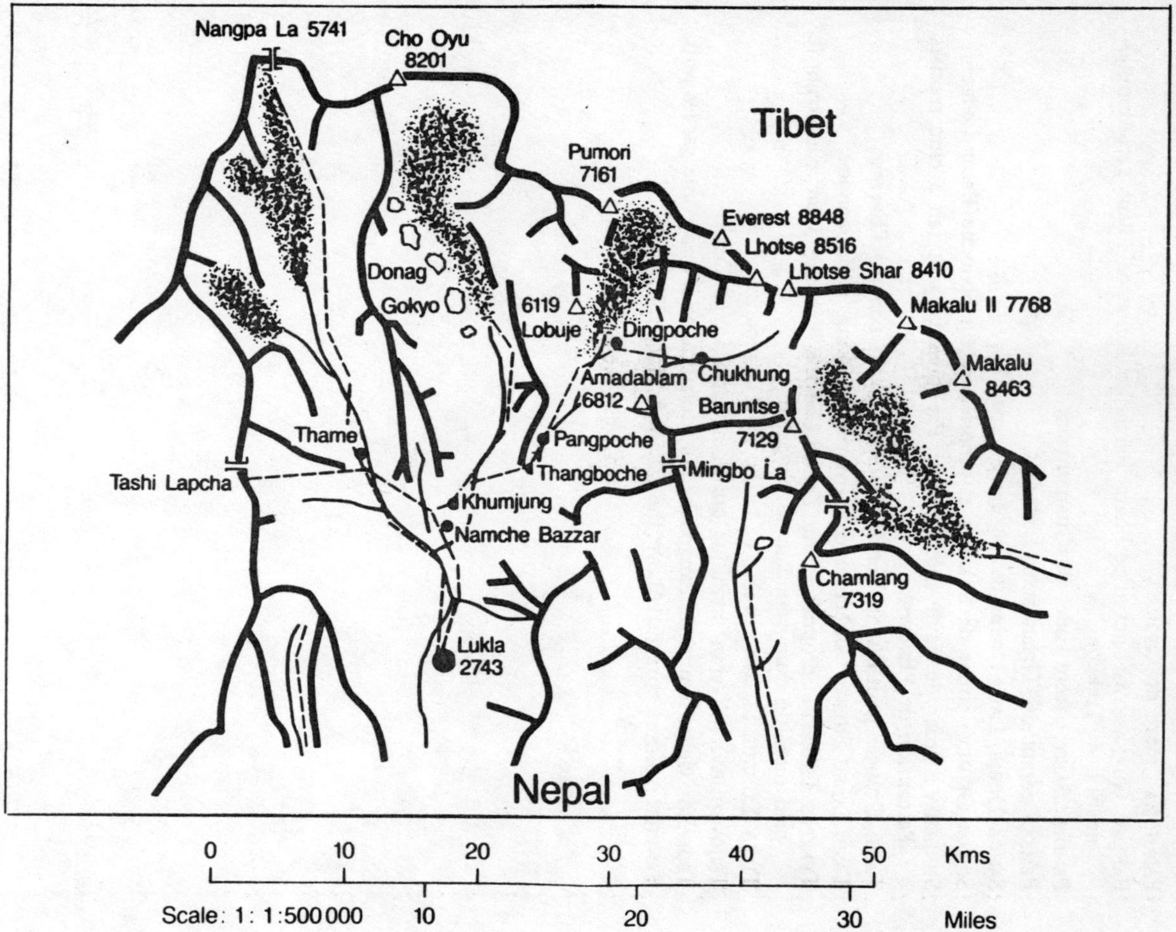
Nangpa La 5741
Cho Oyu 8201
Tibet
Pumori 7161
Everest 8848
Lhotse 8516
Lhotse Shar 8410
Makalu II 7768
Makalu 8463
Donag
Gokyo
6119
Lobuje
Dingpoche
Chukhung
Amadablam 6812
Baruntse 7129
Thame
Pangpoche
Tashi Lapcha
Thangboche
Mingbo La
Khumjung
Namche Bazzar
Chamlang 7319
Lukla 2743
Nepal
0 10 20 30 40 50 Kms
10 20 30 Miles
Scale: 1: 1:500 000

Introduction

Le yéti n'est sans doute pas en très grande forme, mais il est bel et bien vivant, dans la région de Khumbu, le pays des Sherpas, au nord-est du Népal. Cette étrange et mystérieuse créature existe peut-être aussi ailleurs, mais je suis en mesure d'affirmer qu'on la trouve à Khumbu car j'y ai vu les traces de ses pas et je connais son lieu de résidence. Victime d'un environnement qui se détériore, le yéti est néanmoins au bord de l'extinction, et pourrait disparaître de l'Himalaya avant même que le monde scientifique n'admette qu'il ait jamais existé.

Mais est-ce si important après tout que le yéti existe et qu'il soit l'espèce au monde la plus menacée ? La réponse tombe sous le sens. Tout animal scientifiquement répertorié nous a appris quelque chose sur l'histoire de notre planète et sur son évolution. Si le yéti fait partie des grands primates, ainsi que le laissent supposer ses empreintes, alors lui aussi a quelque chose à nous dire. Peut-être fait-il partie du chaînon manquant entre nous et nos ancêtres primitifs, ou peut-être encore figure-t-il la transition entre les singes préhistoriques et les singes modernes.

Ce n'est là qu'un aspect de la question. Le yéti pourrait nous apporter des indications sur des aspects ignorés de notre propre biologie et de notre anthropologie. Myra Shackley, assistante en archéologie à l'université de Leicester et, avec Dimitri Yourevitch Bayanov, du musée Darwin à Moscou, adepte notoire de la théorie des fossiles vivants, a résumé les choses en écrivant qu'une confirmation de l'existence du yéti « aurait d'abord de considérables conséquences sur l'étude de l'évolution des primates, sans parler de ce qu'elle apporterait, d'un point de vue anthropologique, à l'étude des mythes et du folklore [1] ».

---

1. Shackley, Myra : *Wildmen : Yeti, Sasquatch and the Neanderthal Enigma*, Thames and Hudson, Londres, 1983, p. 175.

Le fait que le yéti n'ait pas encore sa place dans la nomenclature du règne animal est proprement étonnant. Viendra le moment où quelqu'un le photographiera, et le monde sera stupéfait non pas de découvrir qu'il existe, et qu'il est en vie, mais qu'à notre époque de voyages intersidéraux et de satellites-espions, il ait fallu si longtemps pour établir matériellement son existence. La science, après tout, a tourné en dérision l'idée qu'un primate inconnu pourrait se cacher dans les recoins obscurs des montagnes les plus hautes du monde.

En tranchant entre ce qui a une réalité et ce qui n'en a pas, la science est devenue l'arbitre de la raison dans notre société, assumant ainsi le rôle que tenaient autrefois les prêtres et les philosophes. Il semblerait bien que certaines personnes aient entièrement assis leur réputation, au sein de la communauté scientifique, sur le fait d'avoir nié l'existence du yéti ou d'avoir assuré qu'il s'agissait de tout autre chose : un ours vagabond, par exemple, ou un macaque qui se serait émancipé de ses congénères. Interrogées sur ce qui fonde de telles affirmations, elles répondent invariablement que les grands mammifères sont incapables de survivre à de telles altitudes. J'en suis réduit à supposer que ceux qui émettent des opinions « scientifiques » de ce genre ne savent pas que les yacks, les bœufs à longs poils des Sherpas, aux cornes recourbées et tournées vers l'extérieur, broutent en été à des altitudes supérieures à cinq mille cinq cents mètres.

Le yéti, tout Tibétain ou tout Sherpa vous le dira, vit dans pratiquement les mêmes régions que le yack, au milieu des forêts de rhododendrons, de bouleaux, d'épicéas et de bambous situées autour de trois mille quatre cents mètres et des pâturages parsemés de gentianes qu'on trouve au-dessus de cinq mille mètres. Je m'avancerai en fait bien davantage : il n'y a pas un seul animal du type yéti qui rôde sur les hauts plateaux de l'Himalaya, mais à coup sûr deux, et peut-être trois espèces inconnues et non classifiées, que les Sherpas et les autres habitants de la région rangent ensemble sous l'appellation de yéti.

Si le yéti existe, et a fortiori s'il existe plusieurs espèces de yétis, pourquoi, demandera le sceptique, les unes et les autres n'ont-elles pas été observées ? Pourquoi n'a-t-on pas découvert une carcasse ou un squelette, ou trouvé des échantillons de déjections et de poils ?

Pour la clarté de cette introduction et afin de ne pas compliquer le problème, je mettrai moi aussi toutes les espèces de yétis dans le même sac. Bien sûr, l'animal a été aperçu, mais pas souvent, et pour la bonne raison suivante : il est timide, de préférence nocturne, et n'existe pas en grand nombre. Dans toute la région de Khumbu, selon mes estimations, la population des yétis n'excède pas une vingtaine d'individus, et peut-être se monte-t-elle à seulement quatre ou six.

Ce sont les Sherpas et les autres montagnards qui, de toute évidence, ont eu le plus d'occasions de les apercevoir. Pour une raison ou pour une autre, les milieux scientifiques considèrent leur témoignage comme sujet à caution. Le voyageur britannique William Hugh Knight, membre du Royal Societies Club, est le premier Européen ayant déclaré en avoir vu un, en 1903, alors qu'il retournait en Inde après avoir parcouru le Tibet. Depuis, un certain nombre d'Européens ont rencontré l'animal en question dans différentes régions de l'Himalaya, à différents moments et à différentes altitudes. N.A. Tombazi, un zoologue grec travaillant pour Ralli Brothers, à Bombay, donna une bonne description du yéti qu'il vit sur le glacier Zemu, au Sikkim, en 1925, et l'alpiniste britannique Don Whillans en vit un qui courait le long d'une crête, dans le sanctuaire de l'Annapurna, en 1970. Plus récemment, en 1986, l'alpiniste autrichien Reinhold Messner en vit deux le même jour, au cours d'une marche à travers les forêts du nord-est de l'Everest. Dans la plupart des cas, les yétis ne furent aperçus que l'espace d'un bref instant et de loin.

A différentes époques, des carcasses ont été découvertes et, à deux reprises au moins, un animal du type yéti a été abattu par des soldats russes ou chinois. Myra Shackley nous apprend que des villageois de Tharbaleh, non loin de Rongbuk, sur le versant tibétain de l'Everest, ont signalé avoir vu un yéti mort par noyade, il y a quelques années. Il avait été entraîné contre le lit de rochers d'un torrent de montagne, à proximité de leur village. A en croire leur description, il avait les dimensions d'un homme de petite taille, avec une tête allongée, et il était recouvert d'une toison brun roux [1].

Au début des années soixante-dix, l'ethnologue A.W. Macdonald rencontra un commerçant de Manang, dans le nord du Népal, qui venait de franchir un col très fréquenté du Tibet. Le Manangi raconta à Macdonald qu'au poste frontière chinois, il avait vu, couché en bordure de la route, le corps d'un animal de la famille des grands singes. Les gardes-frontières chinois lui avaient dit avoir tiré sur l'animal le matin même, alors qu'il courait à travers bois.

Il a également été rapporté qu'un monastère tibétain abritait un yéti momifié. Un négociant du marché des Sherpas, à Namche Bazar, détient au nombre de ses trésors ce qu'il assure être le pied momifié d'un yéti, provenant d'un gompa tibétain pillé par les

1. *Op. cit.*, p. 64.

Chinois. J'ai vu ce pied deux fois et c'est un objet tout à fait extraordinaire. Le négociant ne m'a pas autorisé à le photographier, ni même à le faire radiographier dans l'hôpital voisin de Kunde, mais il voulait bien me le céder pour cinq mille dollars, une somme dont il ne m'arrive pas souvent de disposer.

Pour ce qui est des poils, en 1979, un Sherpa de Khumjung se trouva face à un yéti occupé à boire dans un ruisseau proche de Dolle, un jour qu'il montait à pied au nord de Namche Bazar. Pour effrayer l'animal et le faire fuir, il le frappa de son bâton. Une touffe de poils resta accrochée à l'extrémité du bâton; un « yétiologue » français, René de Milleville, réussit à l'en détacher et l'envoya pour analyse au Muséum d'histoire naturelle, à Paris. A en croire l'anthropologue Jean-Jacques Barloy, ces poils appartiennent à un grand primate inconnu. Ce qu'on suppose être des déjections de yéti furent ramassées par les membres de l'expédition menée en 1954 par le *Daily Mail*, en amont de la vallée de Gokyo, au nord de Dolle.

Les prétendus scalps de yétis qu'on peut voir dans les gompas de Khumjung et de Pangpoche sont intéressants mais, à considérer le rôle rituel qu'ils jouent durant les bacchanales de la fête de *dumji* qui se tient en été, j'aurais tendance à y voir des reproductions dues aux Sherpas. Pour expliquer l'absence d'os et de fragments de mâchoires, il y a lieu de prendre en compte les températures extrêmes qui ont cours sur les hauts plateaux de l'Himalaya, le fait que prédateurs et charognards ne laissent rien subsister des corps des alpinistes eux-mêmes, et qu'en outre, les éléments réduisent les os en poussière au bout de deux à trois ans. Combien d'alpinistes ont-ils disparu sans laisser de traces, à commencer par Mallory et Irving ? Non, il n'est pas autrement surprenant qu'on n'ait jamais retrouvé d'os.

Une autre question est fréquemment posée : « Pourquoi toutes les expéditions déjà menées à la recherche du yéti n'ont-elles abouti à rien ? » Je crois que la réponse réside dans l'addition de plusieurs, sinon de tous les facteurs suivants :

1. Les expéditions étaient trop importantes et dotées de trop grands moyens.
2. Leur matériel n'était pas adéquat.
3. L'animal et sa psychologie étaient assez mal compris de leurs membres.
4. Elles n'étaient pas assez statiques.
5. Leurs membres étaient mal préparés pour les épreuves d'ordre physique.

Si, comme je persiste à le soutenir, le yéti existe et, plus précisément, s'il existe différents types de yétis, de quelle sorte d'animal s'agit-il ? Les deux possibilités le plus souvent avancées sont celles de l'ours himalayen ou tibétain ainsi que d'un singe anthropoïde qui se serait aventuré dans les pâturages, les forêts et les champs de neige les plus élevés ou bien, au gré du déboisement, mené à des fins agricoles, de nouveaux versants des vallées basses, aurait migré vers des régions plus hautes, plus éloignées, et se serait adapté à un environnement alpin plus froid. Tout cela n'a rien d'impossible et, dans ce cas, le yéti ne serait pas une nouvelle espèce mais un membre mal identifié d'une espèce existante, ou peut-être le produit d'un gène légèrement modifié de l'espèce en question.

Mais deux autres candidats quelquefois mentionnés ont de quoi intriguer davantage. Celui qui frappe avec le plus de force notre imagination, c'est l'Homme de Neandertal. Ses restes fossilisés ont été découverts pour la première fois par des carriers de pierre à chaux dans une grotte de la vallée de Neander, à l'est de Düsseldorf, en 1856. Les savants ont établi que l'Homme de Neandertal vivait à l'ère paléolithique moyenne et, jusqu'à de récentes découvertes faites en Israël, il était généralement considéré comme une étape intermédiaire entre l'*Homo erectus*, qui quitta l'Afrique il y a environ un million quatre cent mille ans, et l'*Homo sapiens*, c'est-à-dire l'homme moderne.

L'homme de Neandertal a, pense-t-on aujourd'hui, vécu uniquement en Europe, dans l'ouest de l'Asie et, pendant une période relativement courte, au Moyen-Orient. Il n'a pas évolué en direction d'un hominidé plus élaboré, restant une espèce d'Homme distincte qui allait bientôt être supplantée dans la course de l'évolution par la forme la plus ancienne de l'*Homo sapiens*. L'Homme de Neandertal avait une petite stature, atteignant une taille moyenne de l'ordre d'un mètre soixante. Les os de ses cuisses étaient légèrement incurvés, indiquant qu'il se déplaçait debout, mais tout juste. Il avait un visage exceptionnellement long et plein, avec d'épaisses arcades sourcilières, un front plat et fuyant et une mâchoire robuste, quoique dépourvue de menton. Son corps était puissamment charpenté, avec une cage thoracique profonde. Ses bras étaient longs et musclés, et il avait une boîte crânienne presque aussi grande que la nôtre, à cette différence près qu'une plus petite portion de son cerveau était logée dans les lobes frontaux. Tous ces traits lui donnaient une apparence quelque peu simiesque.

Au cours des décennies qui suivirent la première mise au jour de l'Homme de Neandertal, tant d'autres restes osseux de ce type furent découverts dans des cavernes en Europe, au Moyen-Orient et en Asie que l'opinion populaire les assimila à ceux des hommes des cavernes. Mais quelque chose leur arriva après que fut atteint le point culminant de la dernière ère glaciaire – remontant à environ trente-huit mille ans – car ils disparurent tout d'un coup. A peu près à la même époque, une nouvelle race d'humains fit son apparition, quittant l'Afrique par le Rift syro-africain pour aller en Eurasie. Il s'agissait des *Homo sapiens sapiens*, une forme évoluée du premier *Homo sapiens*, à l'intelligence plus complexe, car ils vivaient en groupes importants de plus d'une seule famille et, tout en nomadisant, pratiquaient habilement la chasse au moyen de techniques bien au point. Ils fabriquaient des armes plus sophistiquées, créaient des bijoux, faisaient des peintures polychromes et préparaient leur nourriture dans des trous tapissés de pierres, connaissant l'usage du feu. L'*Homo sapiens sapiens* est quelquefois appelé Homme de Cro-Magnon, car ses restes furent découverts pour la première fois par des cheminots à Cro-Magnon, dans la vallée de la Dordogne, dans le sud-ouest de la France, en 1868. Il était grand, atteignant sans doute un mètre quatre-vingt-cinq, et il était musclé, avec des fémurs bien droits. Sa tête avait une forme équilibrée, comme chez l'homme d'aujourd'hui, avec un front haut, un menton bien développé, et elle était dépourvue des grosses arcades sourcilières caractéristiques de l'Homme de Neandertal.

Certains paléontologues soutiennent que lorsque l'Homme de Cro-Magnon apparut, étant plus intelligent, plus agile dans le maniement des armes, disposant d'une meilleure organisation sociale et, surtout, se montrant plus agressif que le Néandertalien trapu et plutôt placide, il s'acharna contre son cousin moins évolué, et le persécuta jusqu'à l'extinction de sa race. C'est un fait indéniable que les Néandertaliens disparurent de la surface de la Terre de façon assez brutale. Les adeptes de la théorie des fossiles vivants estiment que les probabilités statistiques sont fortes pour que quelques Néandertaliens aient survécu en se réfugiant dans les habitats les plus inaccessibles : par exemple des régions montagneuses inhospitalières ou les steppes arides de la Mongolie-Extérieure où ils s'adaptèrent à l'environnement plus hostile en régressant et où ils vivraient encore aujourd'hui.

Cette théorie est séduisante pour un certain nombre de raisons. Il semblerait que les vastes étendues de la Mongolie abritent une variété d'homme sauvage connu localement sous le nom d'*almas* et qui, logiquement, pourrait être le survivant du Néandertalien. Les almas ont fort bien pu s'aventurer en direction du sud jusqu'aux régions montagneuses de la Chine où ils sont désignés par le terme de *yeren*. On n'a pas souvent l'occasion d'apercevoir les almas ou les yerens mais, de temps à autre, les populations locales en ont trouvé sur leur chemin. Selon toute vraisemblance, quelques-uns ont même traversé les massifs himalayens en empruntant les voies de passage traditionnelles, ce qui rendrait compte de la série de traces de pas que j'ai observées à Macherma en janvier 1988, aussi bien que celles trouvées en haut de la vallée d'Arun par Peter Byrne, organisateur de safaris basé en Oregon et qui dirigea l'expédition Thomas Slick de chasse au yéti menée en 1958, et peut-être aussi de la silhouette entrevue par William Hugh Knight près de Gangtok, plusieurs mois avant le raid mené par Younghusband au Tibet, en 1904.

L'autre candidat au rôle du yéti nous ramène au *Gigantopithecus*, singe censé avoir disparu et qui évolua en Asie il y a au moins neuf millions d'années. Nous ne connaissons la morphologie du *Gigantopithecus* qu'à partir de quelques dents et os de mâchoires fossilisés trouvés en Chine et en Inde, mais c'était, semble-t-il, un singe herbivore qui avait à peu près la taille du gorille moderne, et des molaires lui permettant de broyer des matières dures. On suppose que sa race s'est éteinte il y a un demi-million d'années, mais ses descendants pourraient être encore en vie, comme ceux de l'Homme de Neandertal, dans quelque habitat inaccessible.

Tout cela n'est pas aussi tiré par les cheveux qu'on pourrait en avoir l'impression, et pour une excellente raison. Les massifs himalayens sont géologiquement le résultat d'une collision entre deux plaques continentales : l'essentiel de la masse terrestre asiatique et le subcontinent indien. Parce que ces deux masses se sont heurtées avec violence, leurs faunes respectives se mêlent le long de la zone de contact, qui est la grande chaîne himalayenne, ce qui contribue à enrichir prodigieusement la vie sauvage de la région. Les vallées n'y sont pas d'un accès facile, même avec les moyens de transport modernes, et des espèces encore inconnues de la science y sont régulièrement découvertes. L'anthropologue français Michel Peissel a récemment signalé qu'un panda géant avait été trouvé dans le sud du Tibet, près de la frontière avec le Bhoutan. Au cours des quelques dernières décennies, un nouveau genre de panda rouge a été repéré dans la partie centrale du Népal. Dans le nord-est de l'Himalaya et au Bhoutan, il existe des forêts vierges où l'homme ne s'est pas encore aventuré et où poussent des variétés d'arbres datant de l'ère tertiaire.

« Il est possible que non seulement la flore, mais aussi une partie de la faune du passé ait survécu, écrivit dans un article de journal, en 1982, l'anthropologue chinois Zhou Guoxing, vice-directeur du Musée d'histoire naturelle de Pékin [1].

Le Dr Zhou, qui prend part aux recherches menées en Chine sur les primates, estime que deux espèces de yétis vivent dans des régions bordant les versants nord de l'Himalaya. La plus petite serait, selon lui, une espèce non identifiée de macaque. Mais la plus grande « pourrait présenter des ressemblances avec ce singe fossile qu'est le *Gigantopithecus* ».

Si ces propos étaient confirmés, la découverte serait capitale. Les grands singes anthropoïdes dépourvus de queue – le chimpanzé, l'orang-outan, le gibbon et le gorille – ont une structure anatomique très proche de celle de l'Homme. Il y a un siècle, le biologiste britannique Thomas Henry Huxley (1825-1895), un des premiers chefs de file du darwinisme, parvint à cette conclusion que, « quel que soit le système d'organes étudié, la comparaison de leurs modifications chez les singes conduit à un seul et même résultat : à savoir que les différences structurelles qui séparent l'Homme du gorille et du chimpanzé ne sont pas aussi grandes que celles qui séparent le gorille des anthropoïdes inférieurs, c'est-à-dire du singe ». Cette proposition est connue depuis lors comme la « théorie pithecometra [2] ». Elle s'est trouvée récemment étayée par la découverte de similarités entre certains groupes sanguins de singes anthropoïdes et ceux de l'Homme, ainsi que dans leur semblable prédisposition à contracter certaines maladies spécifiques. Aussi, quelle que soit sa nature, singe ou homme sauvage, le yéti pourrait peut-être nous en apprendre davantage sur nous-mêmes.

Sous une forme ou sous une autre, les hommes sauvages et les yétis hantent la nature depuis longtemps. Et, tout au long de l'histoire, chacune des populations montagnardes ou celles qui vivent dans les environs immédiats de montagnes leur ont fait une place dans leur culture. L'imagination humaine fonctionne de telle sorte qu'elle part, en fait, d'un très mince substrat d'invention. La plupart des légendes ont, ou ont eu, quelque part dans les toiles d'araignée tissées par le temps, une origine concrète. Des anthropologues qui faisaient des recherches dans la caverne d'El Juyo, sur les contreforts sud-ouest de Santander, en Espagne, trouvèrent une tête de pierre de trente-cinq centimètres représentant une créature mi-homme mi-bête. La caverne d'El Juyo avait été habitée par une tribu d'Hommes de Cro-Magnon, il y a quatorze mille ans, et par cette sculpture en

1. Zhou Guoxing : *Wildman Research in China*, Crypto-zoology 1, 1982.
2. T.H. Huxley : *On Man's Place in Nature*, Londres, 1863.

pierre ils avaient peut-être voulu figurer un yéti ou un homme sauvage.

Mon sentiment est que le Néandertalien ou le *Gigantopithecus* ont bel et bien existé sous forme de fossiles vivants – et existent peut-être encore – pour avoir inspiré des sculptures comme la tête trouvée à El Juyo, ou des légendes comme l'épopée de Gilgamesh. Cette odyssée babylonienne contient la plus ancienne référence littéraire à un homme sauvage. Écrite en caractères cunéiformes sur douze tablettes d'argile il y a quelque quatre mille ans, l'épopée fut découverte dans la bibliothèque du roi Assurbanipal, dans la cité royale assyrienne de Ninive. Les tablettes nous racontent que Gilgamesh était un roi sumérien tout-puissant qui donna son amitié à Enkidu, une créature décrite comme étant mi-homme, mi-bête. Après avoir vécu au milieu des animaux, Enkidu fut apprivoisé et vint s'établir dans les villes construites par les hommes. Gilgamesh admirait Enkidu pour sa force surhumaine et son immense courage. L'épopée décrit le voyage qu'ils firent ensemble à travers de nombreux pays, en quête de la clé de l'immortalité.

Dans l'imaginaire des Grecs et des Romains, l'homme sauvage prit l'apparence d'un satyre qui devint le commensal de Dionysos, le dieu du vin. Le satyre finit par être représenté de façon stylisée comme une créature à pieds fourchus, avec la tête et le buste d'un homme. Mais dans les dessins grecs les plus anciens, il avait un gros visage, des cheveux longs et des membres droits et ressemblait tout à fait à un homme, à ce détail près qu'il avait une queue. Par la suite, Alexandre le Grand ajouta encore une ride au mythe de l'homme sauvage quand, en 327 av. J.-C., quelques-uns de ses soldats partis en reconnaissance alors qu'il bivouaquait sur les bords de l'Indus revinrent lui rapporter qu' « une tribu himalayenne dont les hommes ont les pieds à l'envers » vivait au pays des neiges éternelles. Les éclaireurs déclarèrent qu'ils n'avaient été en mesure de ramener aucun de ces hommes des neiges jusqu'au campement d'Alexandre parce que ces créatures ne parvenaient pas à respirer à basse altitude [1].

On rencontre dans l'Europe médiévale différentes formes d'hommes sauvages. Les masques de monstres velus qu'on voyait défiler à l'époque du carnaval à travers les villages des Alpes suisses entendaient rappeler leur existence. Dans le canton du Valais, les gens parlent encore aujourd'hui, même si c'est sur le ton de la plaisanterie, d'une créature nocturne velue qui rôderait dans les forêts de la vallée de Saas Grund, provoquant la frayeur des riverains.

1. Robin Lane Fox : *Alexander the Great*, Penguin, 1973, p. 333.

D'effroyables créatures ont hanté les Alpes depuis que l'homme moderne est venu s'y installer. Jusqu'au XVIe siècle, les villageois des quatre cantons forestiers de Suisse suivaient leurs prêtres en procession jusqu'aux lacs environnants et jetaient des blocs de rocher dans l'eau pour chasser les monstres indésirables. Les monstres alpins constituaient le sujet de prédilection de Johann Jacob Scheuchzer (1672-1733), éminent professeur à l'université de Zurich. Il rassembla les témoignages d'hommes censés être fiables et qui assuraient les avoir vus, et il parvint à la conclusion que les monstres alpins présentaient une grande variété de formes.

Dans son livre fameux intitulé *Wild Men in the Middle Ages* (Harvard University Press, 1952), Richard Bernheimer donne la description d'un psautier du XIVe siècle, trouvé à la British Library, qui appartenait à la reine Mary et où l'on voit un homme sauvage harcelé par une meute de chiens. L'homme sauvage en question rappelle de façon troublante les descriptions d'un type de yéti fournies par les Sherpas. Mais nous disposons également d'exemples d'hommes sauvages sculptés dans la pierre au-dessus des portes des églises gothiques, d'enluminures de manuscrits médiévaux où l'on voit des hommes sauvages, de peintures médiévales représentant des hommes sauvages et d'exemples de spectacles médiévaux où figurent des hommes sauvages. L'anthropologue Ivan Sanderson étudia la représentation de l'homme sauvage dans la littérature européenne et la trouva très répandue du VIIIe au XVIe siècle. Dans sa peinture consacrée à la Bataille du Carnaval et du Carême, Breughel l'Ancien montre l'empereur du Carnaval et les hommes de sa suite cernant un villageois déguisé en homme sauvage, dans un costume vert fait de feuillages.

Nous devons notre système de nomenclature biologique moderne au naturaliste suédois Carl von Linné qui publia en 1758 son *Systema Naturæ*, répertoriant toutes les espèces animales connues. Il y citait plusieurs exemples d'homme vivant : *l'Homo sapiens* (nous-mêmes), ainsi qu'un homme primitif qu'il appelait *Homo troglodytes*, parce qu'il habitait les cavernes. Cet humanoïde, il le classa, en même temps que les grands singes vivants, au nombre des primates. Il appuyait ses déductions au sujet des troglodytes sur des témoignages d'auteurs et d'écrivains de son époque qui assuraient ou bien les avoir vus, ou bien avoir été mis au courant de leur existence. Mais la théorie de Linné selon laquelle l'homme primitif aurait survécu a été scientifiquement infirmée.

Vingt-six ans après la publication de l'ouvrage de Linné, le *Times* de Londres rapporta que des Indiens vivant à proximité du lac des

Forêts, dans la province canadienne du Manitoba, avaient capturé une « énorme créature couverte de poils et semblable à un homme ». Elle ne s'accommoda apparemment pas de la captivité et mourut [1]. Un autre siècle s'écoula, l'Homme de Neandertal fut exhumé, et puis des employés de la British Columbian Express Company capturèrent une créature qu'ils appelèrent Jacko. Ils décrivirent Jacko comme étant mi-homme, mi-bête [2], d'une certaine façon semblable à l'antique Enkidu ou à l'une des variétés du yéti moderne. La créature du lac des Forêts tout autant que celle de Colombie-Britannique étaient à n'en pas douter des sasquatches [3], cousins nord-américains du yéti dont les ancêtres ont probablement erré le long des quatre-vingt-trois kilomètres du détroit de Bering, quand le niveau de l'océan était plus bas et qu'un pont de terre reliait l'Asie et l'Amérique du Nord.

Le Caucase et la chaîne du Pamir ont aussi leurs histoires d'hommes sauvages et de yétis. Dans son livre intitulé *The Yeti*, Odette Tsherine raconte l'histoire de Zana, une femme sauvage qui fut capturée au XIXe siècle dans les forêts du mont Zaaden, en Géorgie, et vécut apprivoisée dans le village de Tkhina, à cent vingt-cinq kilomètres de la capitale de l'Abkhazian, Sukhumi, située sur les rives de la Mokvi. Sa peau était, paraît-il, d'un ton grisâtre tirant sur le noir, et couverte d'une toison roussâtre. Elle était capable de proférer des sons inarticulés et avait appris à exécuter des ordres simples. Elle mangeait tout ce qui lui était proposé, mais manifestait un goût tout particulier pour la viande et pour le vin. Elle courait plus vite qu'un cheval et nageait dans la rivière Mokvi en crue. Elle avait une excellente ouïe et tremblait quand son maître la réprimandait, mais elle finit par se montrer habile aux tâches domestiques, comme celle consistant à moudre le blé en farine. Chose plus incroyable, Zana eu des enfants métis : quatre d'entre eux, deux fils et deux filles, survécurent et devinrent des citoyens en mesure de travailler normalement et de mener une vie sociale sans problèmes. Elle mourut au cours des années 1880 [4].

Considérées dans ce contexte global, les rencontres de yétis faites par les Sherpas et les traces de pas vues par l'alpiniste britannique Eric Shipton et par d'autres sur les hauts plateaux himalayens du Tibet, du Népal, du Sikkim et du Bhoutan ne sont pas inexplicables, après tout. Résolu à contribuer à éclaircir le mystère, je me rendis au Népal à l'automne 1987. Mon propos était de trouver le yéti, de le

1. Shackley, *op. cit.*, p. 35.
2. *The Colonist*, journal de Victoria, Colombie-Britannique, 4 juillet 1884.
3. Animal hypothétique des forêts du nord-ouest des États-Unis et du Canada *(N.d.T.)*.
4. Odette Tsherine : *The Yeti*, Neville Spearman, Londres, 1976, pp. 155-157.

suivre à la trace jusqu'à son repaire et, dans la mesure du possible, de ne pas me borner à le photographier mais d'étudier son habitat, son mode d'accouplement, ses habitudes alimentaires, comme aussi de rapporter des échantillons de ses poils, de ses excréments, ainsi que d'autres matériaux pouvant permettre de jeter les bases d'une étude biologique et d'esquisser une stratégie pour sa survie. Cinq mois durant, j'ai poursuivi cet objectif, me donnant l'impression d'être un intrus aux frontières de l'inconnu. Bien que mes séjours hivernaux dans la région de Khumbu ne m'aient pas permis de rapporter la photo tant espérée d'un yéti, ils m'ont laissé entre les mains ce que je considère être une profusion de témoignages nouveaux sur l'existence de l'animal et son mode de vie.

Ce fut seulement lors d'un séjour effectué en Israël en mars 1989, longtemps après mon retour du Népal, qu'une autre pièce du puzzle du yéti se mit en place. Afin qu'on puisse en mesurer l'importance, il me faut faire une petite digression autour de récentes découvertes archéologiques faites au Proche-Orient et qui apportent un démenti à la conception qu'on avait jusqu'ici de l'évolution de l'Homme.

Après avoir visité des sites archéologiques dans la vallée du Jourdain, l'axe migratoire le plus ancien du monde, j'ai rencontré à l'Université hébraïque de Jérusalem un paléontologue qui se trouve être l'un des principaux partisans de la théorie dite de « l'Arche de Noé ». Il s'agit du Pr Eitan Tchernov, un homme à l'énergie et à l'enthousiasme sans limites, un extraordinaire détective qui suit le poussiéreux itinéraire évolutionniste de l'Homme à travers la durée incommensurable de la préhistoire. Tchernov soutient que les études génétiques et les méthodes de datation les plus récentes du matériel préhistorique étayent l'hypothèse que l'Homme aurait évolué dans un seul endroit, l'Afrique, et que nous aurions tous un ancêtre commun : un groupe d'*Homo erectus* qui prit la suite de l'*Homo habilis* il y a environ un million cinq cent mille ans. Des membres de cette espèce se mirent à occuper des habitats plus variés et firent l'expérience d'un spectre de ressources alimentaires plus étendu. Cela contrastait avec les habitudes de l'*Australopithecus*, lointain ancêtre de l'*Homo erectus* et des autres primates des origines.

L'Homme se socialisa davantage durant le développement de l'*Homo erectus*. Depuis lors, il a toujours vécu en groupe, et pour commencer dans la Grande Vallée, en Afrique orientale. En outre, l'*Homo erectus* fut un éleveur obtenant de bons rendements, et un voyageur intrépide. Sa race ne tarda pas à essaimer à travers l'Afrique, puis elle suivit le Grand Rift du nord vers l'est, le long de l'étroit passage proche-oriental que Tchernov appelle le Corridor levantin. En relativement peu de temps, elle avait peuplé les continents eurasien et africain, depuis Abidjan jusqu'à Vladivostok.

La première étape de l'Homme hors d'Afrique, pour autant que nous permettent de l'affirmer les dernières découvertes archéologiques, fut une plaine appelée Ubeidiya et occupant l'emplacement d'un lac depuis longtemps asséché. Située dans la vallée du Jourdain, à quelques kilomètres au sud de la mer de Galilée, Ubeidiya est à peine plus grande qu'un champ de tomates. La vallée du Jourdain, qui faisait partie du système du rift syro-africain, était alors, comme elle l'est aujourd'hui, à la croisée des chemins entre l'Afrique et l'Eurasie. Le Pr Tchernov, qui a passé quinze ans à fouiller les strates élevées, touchées par les déformations tectoniques, sur le site d'Ubeidiya, affirme que l'*Homo erectus* a fait là une halte il y a environ un million quatre cent mille ans. A ce stade de son évolution, l'Homme ne connaissait très probablement ni le feu ni les vêtements; il se contentait de façonner les outils de pierre les plus primitifs, et c'était un piètre chasseur qui comptait sur des prédateurs plus grands que lui pour tuer le gibier à sa place. Il ne prenait pas la peine de construire des habitations et dédaignait jusqu'aux abris les plus frustes sauf, peut-être, quand le temps était particulièrement mauvais. Il vivait en petits groupes, au milieu des animaux, faisant en quelque sorte partie de leur communauté.

Un jour, à Ubeidiya, l'Homme fit un pique-nique sur les rives du lac. Le Pr Tchernov a étudié les restes fossilés de ce pique-nique. Il semblerait qu'un tigre à canines en forme de sabre [1], dont la race a depuis longtemps disparu, ait tué un bébé hippopotame et l'ait fait remonter sur la berge pour le manger. Après en avoir prélevé les meilleurs morceaux et en avoir rongé quelques os, le tigre à canines en forme de sabre s'en alla faire une sieste. L'Homme d'Ubeidiya arriva sur ces entrefaites en compagnie de sa famille et termina le repas. Se servant de racloirs et de hachoirs, ils disséquèrent ce qui restait du petit hippopotame et mangèrent sa chair. Ils eurent ensuite recours à des pierres pour briser les os, et ils sucèrent la moelle qui s'y trouvait. Le tigre à canines en forme de sabre avait déjà fait cela avant eux, mais beaucoup moins habilement, laissant l'empreinte de ses crocs sur les os.

L'Homme d'Ubeidiya n'ayant pas encore mis au point l'arsenal d'armes pouvant lui permettre de tuer du gros gibier, il lui fallait se contenter des reliefs laissés par le tigre, c'est-à-dire de morceaux de second choix. Les os qu'il récupérait dans les carcasses portent des

1. Il s'agit du machairodus (*N.d.T.*).

traces de dents humaines. Parmi les os, il laissa quelques-uns de ses outils, dont certains s'étaient cassés durant l'opération de dépouillement de l'hippopotame. Il s'agit des outils les plus anciens jamais trouvés en Afrique. A part les empreintes de dents, les os portent la marque de ces mêmes racloirs que l'Homme d'Ubeidiya avait abandonnés sur le site.

Au cours des quelques centaines de milliers d'années qui suivirent, l'*Homo erectus* évolua lentement. Nous sommes à présent au cœur de la théorie de l'Arche de Noé d'après laquelle une espèce nouvelle – l'*Homo sapiens* archaïque – se développa à partir de l'*Homo erectus* il y a environ deux cent mille ans, avant l'apparition de l'Homme de Neandertal dont les restes, selon Tchernov, n'ont jamais été retrouvés en Afrique. Cent mille ans plus tard, *l'Homo sapiens* archaïque s'engagea dans le Corridor levantin, se dirigeant vers le nord jusqu'à atteindre les limites méridionales des glaciers de l'ère glaciaire, au Liban et en Syrie. Entre-temps, en Europe, l'*Homo erectus* s'était progressivement mué en Homme de Neandertal, râblé et mieux adapté au climat plus froid.

Des deux sous-espèces, c'est l'Homme de Neandertal qui a eu le sort le plus dur. A mesure que les glaciers gagnaient du terrain en Europe, sa survie devenait plus difficile. Il se déplaça vers le sud, parvenant au Corridor levantin par le nord à peu près à la même époque où l'*Homo sapiens* archaïque se faufilait hors d'Afrique en empruntant les ponts terrestres constitués par le Sinaï et la Jordanie. Une équipe franco-israélienne de paléontologues, dont faisait partie le Pr Tchernov, trouva les restes d'un de ces Néandertaliens dans une caverne de la côte méditerranéenne. D'autres restes fossilisés de ce même Néandertalien furent retrouvés en Israël. Assez curieusement, il semblerait que l'*Homo sapiens* archaïque ait vécu quelque temps aux côtés de son cousin de Neandertal. Plus grand et plus fort, ce dernier parvint à écarter cette créature relativement chétive qu'était l'*Homo sapiens* archaïque des meilleurs points d'alimentation.

Incapable de soutenir la concurrence, l'*Homo sapiens* se retira en Afrique durant la première partie de l'ère glaciaire. Là, au cours des quelques milliers d'années qui suivirent, il mit au point de nouvelles techniques de chasse et de collecte de la nourriture, créant ainsi une culture entièrement nouvelle à son propre usage. Il y a environ quarante mille ans, devenu ce que nous appelons l'*Homo sapiens sapiens*, il quitta à nouveau l'Afrique en suivant les mêmes itinéraires, se retrouvant encore une fois en contact avec les Néandertaloïdes, plus costauds mais moins agiles. Sous cet aspect nouveau, l'*Homo sapiens*

sapiens est connu de nous comme l'Homme de Cro-Magnon, ce nom étant issu, ainsi que je l'ai déjà indiqué, du site, dans le sud-ouest de la France, où ses restes ont été mis au jour pour la première fois. Très vite, il élimina du terrain l'Homme de Neandertal par le simple processus de la *sélection naturelle*.

C'est parce qu'il exploitait mieux que lui les ressources de la nature et qu'il monopolisa les meilleurs points d'alimentation que l'Homme de Cro-Magnon signa l'arrêt de mort du Néandertalien. En l'espace de quelques milliers d'années, il réussit à l'exterminer et à repeupler avec une incroyable célérité le Moyen-Orient, l'Asie et l'Europe.

Le Pr Tchernov avait trouvé en moi un auditeur qui buvait ses paroles. J'étais fasciné, et tout particulièrement par l'histoire du repas de l'Homme d'Ubeidiya, sur la rive du lac. Son mode de vie et d'alimentation concordait en tous points avec la description que donnaient les Sherpas de ceux du yéti. Lorsque je le dis à Tchernov, il parut intéressé. Comme l'*Homo erectus*, le yéti est un charognard qui vit dans une certaine mesure des proies d'autres animaux, en particulier de celles du léopard des neiges. Cette étroite relation chasseur/charognard entre le léopard des neiges et le yéti fut révélée par le Pr Boris Porchnev, de l'Académie soviétique des sciences, quand il mena des recherches autour de la théorie des fossiles vivants. Dans les années cinquante, le Pr Porchnev présida une commission soviétique sur l'« Abominable Homme des Neiges » et, durant ses investigations, il apprit des Kirghizes nomades du Pamir que le yéti suivait à la trace le léopard des neiges. Trente ans plus tard, les Sherpas de la région de Khumbu, au Népal, me racontèrent des histoires similaires.

Comme l'*Homo erectus*, le yéti ne connaît pas le feu, ne s'exprime que par des sons gutturaux et n'a pas d'habitation fixe. Ces ressemblances confortent, à mon sens, l'hypothèse formulée scientifiquement pour la première fois en 1960 par le Pr Porchnev dans son ouvrage *The Contemporary Situation as Regards the Problem of Relict Hominids* [1] (tiré à cent quatre-vingts exemplaires seulement) et selon laquelle le yéti est véritablement le dernier survivant de nos ancêtres préhistoriques, acculé à s'adapter à un habitat isolé et inhospitalier, son dernier refuge face à l'Homme de Cro-Magnon, c'est-à-dire nous-mêmes.

« Vous m'avez donné la description du parfait comportement d'un hominidé charognard », dit le Pr Tchernov après que j'eus fini de lui exposer la description fournie par les Sherpas du style de vie du yéti.

---

1. *Le Point sur la théorie des fossiles vivants* (N.d.T).

« Même si cela paraît peu vraisemblable, j'imagine qu'il est possible que l'homme préhistorique ait survécu dans un environnement isolé, s'il y disposait d'une nourriture suffisante. »

Voulant convaincre Tchernov qu'il y avait sur les hauts plateaux de l'Himalaya assez de nourriture pour un mammifère charognard, je mentionnai devant lui que le léopard des neiges traquait et tuait des perdreaux ainsi que des coqs des neiges. « C'est trop petit », dit-il. Ce n'est pas assez subtantiel.

– Et les pikkas, et les campagnols ? essayai-je. Il secoua la tête. « Et le tahr himalayen ?

– Vous voulez parler de la grande chèvre des montagnes ? Alors là, c'est possible, répondit-il.

– Il y a aussi les cerfs musqués et, bien entendu, les yacks, ajoutai-je.

– Le léopard des neiges tue-t-il les yacks ?

– Probablement. Mais les Sherpas accusent plutôt le yéti de le faire.

– Dans ce cas, il ne fait pas de doute qu'il aurait suffisamment de nourriture pour subsister.

Le Pr Tchernov m'assura que la découverte d'un yéti, même si celui-ci devait se révéler être non pas un fossile vivant mais un prosimien qui se serait adapté à la vie de la toundra, dans l'environnement le plus hostile du monde, serait d'une importance capitale. « Elle pourrait expliquer tant de choses ! dit-il. Mais la science est pleine d'hypothèses non vérifiées. Ce qu'il nous faut, ce sont des preuves. Apportez-moi des preuves. » Il reconnut que le pied momifié que j'avais découvert à Namche Bazar serait un bon début.

Même si mon intérêt pour le yéti était la raison principale de mes voyages le long de la frontière du Népal avec le Tibet, il y en avait une autre, inspirée par un voyage que j'avais entrepris à travers les plateaux himalayens du Garhwal, dans le nord-ouest de l'Inde, en compagnie de l'écologiste indien Sunderlal Baguhuna. Disciple de Gandhi, Baguhuna renonça à son rôle d'éminence grise dans les milieux politiques indiens pour défendre les droits des habitants des coteaux du Garhwal et œuvrer pour la protection des forêts himalayennes contre les marchands de bois âpres au gain, les promoteurs de projets de barrages monstrueux et les hommes d'affaires sans scrupules intéressés par l'exploitation des richesses du sous-sol. L'action de Baguhuna conduisit à la création du mouvement Chipko qui, depuis, a essaimé dans le monde entier, s'efforçant d'empêcher que toutes les forêts du globe soient anéanties pour fournir du combustible à une société industrielle en expansion et qui se moque de leur pérennité. Baguhuna réactiva les théories de Gandhi sur l'économie du développement et les transposa dans le contexte d'aujourd'hui.

Au printemps 1987, nous entreprîmes ensemble une marche de dix jours dans le Tehri-Garhwal, et j'en appris bien plus durant cette courte période sur les problèmes du tiers monde et sur notre environnement en cours de détérioration que je ne l'avais fait pendant les dix années précédentes. Pour Baguhuna, qui emprunte sa thèse à Gandhi, s'il s'agit d'éviter à l'humanité la pire crise qui se puisse imaginer, nous devons nous appliquer à maîtriser les forces d'un matérialisme effréné. La qualité de la vie dans les pays industrialisés ne saurait continuer à progresser aux dépens du tiers monde, et un terme doit être mis au culte de la consommation de masse afin d'éviter un conflit dévastateur entre le Nord et le Sud.

Baguhuna affirme que les nations riches procèdent à un viol des ressources du tiers monde pour maintenir à flot une société hédoniste de gaspillage : cela condamne quatre-vingt-dix pour cent des habitants de la planète à vivre dans des conditions qui ne cessent de se dégrader pour continuer d'assurer leur niveau de vie aux dix pour cent qui restent. L'une des manifestations de ce problème, encore qu'elle soit plutôt mineure, est l'industrie du trekking au Népal. Elle apporte sans doute des bénéfices immédiats aux montagnards, mais ils sont en train d'hypothéquer le bien-être des générations futures en pillant les ressources de leur forêt pour assurer des repas cuisinés, un logement chauffé et des douches chaudes à des randonneurs appartenant aux sociétés les plus privilégiées de notre monde. L'une des victimes de ce viol se trouve être le yéti, mais les populations elles-mêmes en pâtiront à moins que ne soient trouvées quelques solutions élémentaires.

Le message de Baguhuna revient à dire, pour l'essentiel, que lorsque les sociétés du gaspillage commencent, à travers leur trop-plein de pollution, à rendre dangereux l'air que nous respirons et l'atmosphère même où nous coexistons, et lorsque l'abondance dont elles jouissent commence à modifier notre climat, provoquant des périodes de sécheresse suivies d'orages anormaux, des désertifications et une modification du rythme des moussons, le tiers monde n'a qu'une alternative : se battre ou mourir. Plutôt que de réduire les excès de la consommation de masse et de réviser à la baisse l'ambition des sociétés de loisir d'accéder à davantage de richesse et de bien-être, il faut prévenir ce cataclysme et travailler, de façon avisée, à supprimer le fossé entre le monde développé et le tiers monde pour ce qui est tant du niveau que de la qualité de la vie.

Ce livre n'offre pas de solutions. Il se propose de décrire les conditions d'un séjour hivernal sur les hauts plateaux de l'Himalaya, avec l'espoir qu'un nombre croissant de gens deviendront conscients des problèmes rencontrés et chercheront à les éliminer. Autrement, toutes les conditions semblent réunies pour que, comme première étape de notre propre destruction, nous menions à son terme l'œuvre commencée il y a trente-huit mille ans par l'Homme de Cro-Magnon et finissions par provoquer la disparition du yéti.

1

Katmandou

Katmandou, cité des dieux, est la capitale du Népal, seul royaume hindouiste existant, un lieu où les cultures des hommes et les frontières du temps se rencontrent et se télescopent souvent. Jusqu'au renversement des princes Rana, en 1951, Katmandou était une cité fermée, mystérieuse et interdite, une oasis sur la route séculaire du commerce entre le plateau tibétain et les plaines du nord de l'Inde.

Pour la plupart des gens, un voyage à Katmandou équivaut à une quête d'aventure, une recherche de soi-même, une incursion dans le domaine spirituel et mystique. J'étais, à n'en pas douter, dans cet état d'esprit lorsque j'arrivai dans la vallée couleur émeraude de Katmandou, le samedi 10 octobre 1987. Mais les tensions qui avaient marqué mes dernières semaines en Europe, pendant que je préparais une traque du yéti devant durer cinq mois, m'avaient épuisé, et je souhaitais savourer quelques jours de repos avant de me mettre en route pour les lointains massifs himalayens situés le long de la frontière du Népal avec le Tibet. Mes séjours précédents auraient dû m'apprendre que le repos ne serait pas à portée de main, car je ne disposais que de quelques jours pour m'insérer dans le tissu culturel népalais, et cette courte période promettait d'être agitée.

La plupart des touristes qui en sont à leur premier voyage dans la région et débarquent le cœur léger de l'avion qui les a déposés dans la vallée bordée de coteaux abrupts n'ont pas conscience que les dimensions du temps y sont sans commune mesure avec l'expérience qu'ils en ont. Le temps s'écoule ici à une autre allure, en règle générale plus lentement qu'ailleurs. Pour commencer, l'heure népalaise a quinze minutes d'avance sur l'heure indienne, qui a elle-même cinq heures et demie d'avance sur celle de Greenwich. Les contraintes de la vie quotidienne sont elles aussi tout à fait différentes, et reflètent souvent des courants qui ne sont pas immédiatement perceptibles aux Occidentaux. Sans doute plus ténus, ils n'en sont pas moins vitaux, plus fortement mobilisateurs même, et ils peuvent comporter des potentialités explosives.

Dès l'instant où les voyageurs sortent de l'aérogare, à l'aéroport international de Tribhuvan, ils se trouvent confrontés à un monde de contrastes, à un ordre nouveau cherchant à supplanter l'ancien, aux innombrables rivalités qui caractérisent l'Asie et à la criante disparité entre les riches et les pauvres. Le temps manque alors pour une immersion en douceur. La collision est frontale avec une culture dont la délicate mosaïque est en train d'être rongée par l'aide occidentale et le matérialisme de la consommation de masse.

Devant le vieux bâtiment de l'aérogare, les tour-opérateurs et les guides des hôtels attendent leurs clients, abrités du soleil par un toit de tôle ondulée et sirotant du thé au lait (*dudh-chiya* en népalais) dans des verres sales. Ils paraissaient prendre leur temps, être détendus, et leurs visages souriants reflètent le mélange ethnique du creuset himalayen. De leur côté, des gamins tirent sur nos valises dans l'espoir de recevoir un bakchich, et trois ou quatre d'entre eux se précipitent pour tenir ouvertes les portes de votre taxi.

Les taxis sont pour la plupart des voitures importées du Japon, exténuées et cabossées en raison d'une conduite sans ménagements, de l'absence d'entretien et des routes accidentées de la vallée. Bharat Parajuli et son neveu Ghanashyam Pandel étaient venus m'accueillir à l'aéroport. Ils dirigent ensemble à Katmandou une agence de trekking au nom bien choisi de Yeti Mountaineering and Trekking. Ils étaient accompagnés d'un taxi Toyota fauve et fourbu qui m'attendait.

Nous contournâmes l'îlot de trafic dans un bruit de ferraille, mettant le cap sur Battisputali, un faubourg situé à l'est de Katmandou. Vers l'extrémité sud de l'unique piste d'envol de l'aéroport, la chaussée se sépare en deux, menant, sur la droite, à la ville distante de moins de trois kilomètres et, sur la gauche, à la grand-route Arniko. Construite par les Chinois, cette route va jusqu'à la frontière tibétaine, à cent quinze kilomètres plus au nord. Ses deux voies étroites sont à peine moins périlleuses que l'autre route principale de la vallée, la Tribhuvan Rajpath, qui commence à l'autre bout de la ville et serpente sur deux cents kilomètres en direction de l'ouest et du sud, jusqu'à la frontière indienne. La Tribhuvan Rajpath fut construite par des ingénieurs de l'armée indienne et offerte en cadeau au peuple népalais. Les deux routes définissent sans trop de nuances le cadre géopolitique du Népal, pris en sandwich entre les deux pays les plus peuplés de la Terre, qui rivalisent pour dominer, par leur assistance et leur influence, le minuscule État-tampon chevauchant le toit du monde. Trois fois et demi grand comme la Suisse, le Népal compte dix-huit millions d'habitants, et une population également triple de celle de la Suisse. Mais sa densité est faible, à prendre en compte les critères de l'Inde et de la Chine.

Nous bifurquâmes vers la droite avant le croisement d'Arniko pour emprunter une autre route qui allait nous conduire à Battisputali après avoir longé l'unique terrain de golf de Katmandou, avec ses « greens » faits de sable tassé au rouleau compresseur, dessinés par un Américain à la réputation bien établie comme architecte-paysagiste de terrains de golf. Plus loin, tandis que nous franchissions la rivière sacrée Bagmati, j'aperçus les toits du temple de Pashupatinah. Il compte parmi les principaux lieux saints de l'hindouisme et attire des pèlerins venus de toutes les régions du subcontinent.

A quelque distance au-delà, invisible depuis la route, se trouve le reliquaire bouddhiste de Bodnath, qui s'enorgueillit d'être le plus grand *stupa* (châsse en forme de cloche contenant les reliques saintes) du monde. Si nous avions pénétré dans la ville en suivant Dubar Marg, la rue principale qui descend depuis le palais royal, nous aurions vu la mosquée centrale, rappelant que Katmandou est une cité tolérante où trois religions majeures se côtoient et sont pratiquées dans une harmonie apparemment parfaite.

Mais il y a une ombre au tableau. Depuis le siège arrière du taxi, un voyageur peut avoir un aperçu d'une cité enchantée qui souffre du double mal d'une inflation née du tourisme et de son développement industriel. Des autobus Mercedes qui circulent entre la demi-douzaine d'hôtels cinq étoiles font des écarts pour éviter les cyclo-pousse et les tempos à trois roues (cyclo-pousse à moteur). Des marchands ambulants en guenilles parcourent le marché de Basantapur chargés de grappes de flûtes, tandis que des vendeurs sikhs enturbannés, immigrés d'Inde, vont et viennent d'un air affairé dans les centres commerciaux appartenant à des Newars et dont les vitrines regorgent de transistors, de caméras vidéo et de magnétoscopes japonais dernier cri.

Les habiles hommes d'affaires newars excellent depuis toujours dans le commerce triangulaire. C'était le troc qu'ils pratiquaient autrefois mais, depuis quelque temps, certains de ces négociants se sont fait une spécialité de vendre en gros des produits de base au Tibet. Ils commencent par y acheter des reliques et des objets d'art bouddhiste qu'ils sont assurés d'écouler à très bon prix à Tokyo et rapportent ensuite, pour les vendre à Katmandou, une large gamme de produits de consommation japonais. Dans les rues reculées de Thamel, le Quartier latin de Katmandou, des réfugiés tibétains vendent en colporteurs des tapis et des moulins à prières aux innombrables touristes.

Le Katmandou moderne est relativement étincelant de propreté comparé au vieux Katmandou où les odeurs des ordures pourrissantes et des égouts à ciel ouvert imprègnent les murs de Thamel et ses rues étroites. Des négociants en gemmes, des marchands de tankas, des mendiants et des vendeurs qui proposent sur les trottoirs des copies d'antiquités – Newars, Sikhs ou Tibétains – courent inlassablement après le dollar ou le yen du touriste, mais le deutsche Mark, le franc ou la livre sterling font aussi l'affaire, car tous préfèrent les devises fortes aux roupies du roi.

Bharat Parajuli et Ghanashyam Pandel étaient devenus de bons amis au cours des deux années que je venais de consacrer à préparer l'expédition à la recherche du yéti. Bharat était intéressant parce qu'il appartenait à une famille qui n'avait quitté le milieu agraire des coteaux du centre du Népal que depuis deux générations. Son grand-père vivait dans un village perché au sommet d'une colline, à l'est de la capitale, mais il était descendu s'installer en ville avec sa famille quand le puits du village s'était asséché et qu'il était devenu de plus en plus difficile de se procurer du bois et du fourrage pour le bétail.

Les Parajuli sont hindouistes, comme la majorité des Népalais. Bharat, qui frise la cinquantaine, reçut la meilleure formation que Katmandou pouvait offrir dans sa jeunesse : il est docteur en économie de l'université de Tribhuvan. Il a de beaux traits indo-aryens indiquant une ascendance située dans les plaines méridionales, de bonnes manières, un caractère réfléchi et des sentiments farouchement patriotiques. Bharat devint directeur de l'école privée où il avait précédemment enseigné jusqu'au jour où le colonel Jimmy Roberts, alors attaché militaire à l'ambassade de Grande-Bretagne à Katmandou, lui demanda de servir de guide à un groupe de dames anglaises au cours d'un trekking qui devait les conduire à la ville de Pokhara, dans le centre du Népal. Aucune route n'arrivait jusqu'à Pokhara en 1961, et le voyage se déroula dans des conditions éprouvantes, mais Bharat fit en sorte que ces dames n'aient pas à se plaindre. Sans pour autant se rendre vraiment compte qu'il était en train d'inaugurer une toute nouvelle industrie au Népal : le trekking en montagne.

Jimmy Roberts prit sa retraite du service diplomatique et ouvrit avec Bharat la première agence de trekking et d'alpinisme du Népal.

Ils restèrent associés quelque temps, organisant plusieurs parmi les premières expéditions d'alpinistes sur le versant népalais de l'Himalaya, avant de finir par se séparer au milieu des années soixante. Bharat se maria; sa femme et lui ont deux garçons aujourd'hui adolescents et qui, à leur tour, reçoivent la meilleure formation que Katmandou puisse offrir aujourd'hui. (Je voudrais noter à ce propos qu'au cours de mes quatre séjours au Népal, j'ai trouvé la bourgeoisie montante du pays particulièrement soucieuse de la qualité des études de ses enfants. Il y a un certain nombre d'excellentes écoles dans la capitale et ses environs, et les parents s'imposent souvent de grands sacrifices pour assurer à leurs enfants une meilleure éducation que celle à laquelle eux-mêmes avaient eu droit. On sent là-bas un réel désir d'« avoir de l'instruction », comme si le savoir et les compétences acquis par les jeunes générations pouvaient sortir le pays du marécage de la pauvreté qui est le lot commun du tiers monde. Pour autant que j'ai pu le constater, cette volonté d'apprendre se révèle payante.)

Ghanashyam, le neveu de Bharat, a dix ans de moins que ce dernier, et il est brahmane, c'est-à-dire qu'il appartient à la caste hindouiste la plus élevée. Ses traits sont plus épais et son teint plus sombre, indiquant une influence gurkhali. La femme de Ghanashyam dirige le département des ventes de la compagnie Royal Nepal Airlines, et leurs deux enfants viennent tout juste d'entrer à l'école. L'oncle de sa femme est un communiste notoire, représentant un district électoral à l'est de la capitale. Aimé des électeurs de son village, mais détesté des propriétaires fonciers locaux, il a été arrêté, prétendument pour sa propre sécurité. Ghanashyam est membre du Conseil national des sports. Bharat est cosecrétaire de l'Association népalaise d'alpinisme.

Notre taxi nous conduisit à la pension de famille de Ghanashyam. Réputée avoir été autrefois un bordel, la pension Sukeyasu, qui porte le nom d'un des amis japonais de Ghanashyam, est à présent un lieu tout à fait convenable. Elle se cache au fond d'une ruelle, derrière une grille verte. Construction de brique, elle compte deux étages de chambres à coucher qui surmontent un bureau de réception, une salle à manger et une cuisine. Pour huit chambres, elle a un personnel de cinq employés et paraît être un havre de paix, loin du bruit de la ville. Saroz, le frère cadet de Ghanashyam, était là pour m'accueillir et nous bûmes une tasse de thé à la réception avant que je ne monte dans ma chambre du second étage pour prendre quelques heures de repos.

J'avais dix jours de retard sur mon programme. Jusqu'à mon départ de Genève, en gros quarante-huit heures plus tôt, j'avais vécu une situation à suspense, incertain jusqu'au bout de décoller et de faire décoller avec moi le projet de recherche du yéti. De six membres qu'elle était censée compter dans le projet initial, l'équipe de l'expédition se trouvait à présent ramenée à deux : moi-même et Gyalzen Sherpa qui, originaire du minuscule village de Pangpoche, dans la région de Khumbu, sur le chemin menant au camp de base de l'Everest, avait été tour à tour porteur en haute montagne, cuisinier et gardien de troupeaux de yacks. Gérard Métral, un ami de Chamonix, allait nous rejoindre un mois plus tard et passer quelques semaines avec nous mais autrement, voilà à quoi nous en étions réduits, à cause du manque de fonds. Une agence de marketing de Toronto m'avait certifié pratiquement jusqu'à la dernière minute qu'une grosse société multinationale était prête à couvrir les frais de l'expédition, mais cette promesse ne fut malheureusement pas tenue et il ne se trouva personne d'autre que mon banquier suisse, qui exigea une hypothèque sur mon chalet valaisan vieux d'une centaine d'années, pour assurer le financement du projet.

J'avais entre-temps découvert que le fait d'évoquer le yéti suscite des réactions différentes selon les gens à qui l'on s'adresse. Pratiquement toutes les personnes à qui j'en avais parlé au cours des trois années précédentes avaient eu tendance à traiter cet animal par la dérision, n'y voyant qu'un mythe créé par les Sherpas, un être improbable, qui relevait du folklore. Certains me dirent : « Et après ? » ou laissèrent entendre qu'il valait mieux ne pas s'acharner à chercher l'« Abominable Homme des Neiges ». J'avais remarqué que ceux qui avaient ce type de réactions appartenaient en général aux secteurs les plus matérialistes de la société. Mais, pour une minorité, la perspective d'aller à la recherche du yéti revêtit d'emblée un caractère excitant et romanesque, comme s'il s'agissait d'un des derniers grands mystères à élucider. Il n'était pas sans intérêt de noter que cette minorité était constituée pour l'essentiel de personnes exerçant des professions libérales, ou associées d'une manière ou d'une autre à des activités de création.

Je ne cache pas que, de mon propre point de vue, ce voyage au pays des Sherpas promettait d'être une évasion, une quête de moi-même tout autant que de l'animal que je me proposais de suivre à la trace et d'étudier. J'étais – et je suis – fermement convaincu que celui-ci rôde, assez éperdument, à travers les hautes vallées et les pâturages himalayens, à la recherche de nourriture et de refuges, d'un compagnon avec qui partager ses joies et ses souffrances, ainsi que du droit de vivre en paix avec la nature, dans l'environnement de son choix, et qu'à cet égard, il n'est pas si différent de nous. Et, bien que le yéti ne fût ni spéculateur en Bourse, ni enclin à s'attacher aux biens matériels, mes premières recherches m'avaient déjà conduit à la conclusion qu'il connaissait des moments difficiles. Cette conviction était sans lien aucun avec mon rêve d'enfant de me mettre un jour à l'épreuve dans l'Himalaya, de voir le soleil se lever sur l'Everest ou de trouver la trace de l'Abominable Homme des Neiges qui avait subi tant de calomnies. Dès l'instant où j'avais vu les photos de ses traces de pas prises, en 1951, par Eric Shipton sur le glacier Menlungtse, le yéti m'avait fasciné.

Mes promoteurs de Toronto s'étaient montrés optimistes. Le budget n'était pas important – cent quatre-vingt mille dollars –, et ils pensaient que les retombées publicitaires, que j'eusse trouvé le yéti ou non, seraient plus que consistantes. L'une des premières sociétés qu'ils démarchèrent fut, au Japon, la Seiko Epson Corporation qui avait utilisé le fameux gros plan de l'empreinte du pied d'un yéti pris par Shipton dans une campagne publicitaire pour l'ordinateur individuel Epson HX-20. Sous un titre accrocheur – « Le spectre des possibilités est aussi vaste que notre imagination » –, un rédacteur inspiré avait aligné une centaine de mots qui associaient le malheureux yéti aux derniers progrès technologiques réalisés par Seiko Epson :

> Il est des gens pour penser que l'existence d'un Abominable Homme des Neiges est aussi hautement improbable que les empreintes sans grâce de ses pieds. D'autres considèrent qu'elle n'est pas plus incroyable que les technologies de pointe, les systèmes informatiques et les produits qui font déjà partie de notre vie quotidienne... Et comme nous [chez Epson] continuons de créer des produits perfectionnés qui rendent votre vie quotidienne plus facile, il n'était pas impossible que nous croisions en chemin l'Abominable Homme des Neiges. Là-bas, sur la ligne de crête de l'imagination.

Voilà qui paraissait être une invitation en bonne et due forme. Nous lâchâmes donc la bride à notre imagination, et adressâmes à Seiko Epson une copie du prospectus sur le projet d'expédition Yéti '88. Nous fûmes éconduits par un message plutôt sec, envoyé par télécopie de Tokyo :

> Malheureusement, nous ne pouvons nous permettre de participer au Yéti'88. Nous sommes intéressés à trouver le germede

la technologie de pointe. Même si ce germe est minuscule et paraît sorti droit de l'imagination. Mais cela ne peut pas nous décider à participer directement à la recherche de l'Abominable Homme des Neiges.

En dépit de la formulation embrouillée, le message était limpide. Mes promoteurs frappèrent ensuite à la porte de Pepsi Co. Les Olympiades d'hiver de 1988 allaient se dérouler à Calgary et Pepsi, l'un des sponsors de l'équipe de ski canadienne, envisagea de donner comme mascotte à celle-ci une plaisante stylisation du yéti imaginée par un de mes amis pour l'expédition Yéti'88. En échange des droits d'utilisation de « mon » yéti, Pepsi se déclara prêt à verser une petite somme. Ce n'était pas là une simple promesse : il y avait une odeur d'argent dans l'air.

Mais les personnes chargées de la commercialisation chez Pepsi s'aperçurent que, quelques années plus tôt, la Fédération canadienne de ski s'était servie du yéti dans une campagne publicitaire. Laquelle campagne avait eu pour slogan : « Ne skiez pas comme un yéti, prenez des leçons de ski. » Hélas, les promoteurs des ventes de Pepsi décrétèrent que cela avait donné une mauvaise image du yéti, présenté en quelque sorte comme un empoté, un personnage sans élégance, et ils se récusèrent.

Mes promoteurs se tournèrent alors vers l'équipe canadienne chargée de la commercialisation de Kellogg's. Tout d'un coup, il fut question d'échanger des couvercles de boîtes contre des T-shirts à l'effigie du yéti ou contre des yétis sous forme de poupées rembourrées, et aussi d'imprimer sur le dos des boîtes de céréales pour petit déjeuner le règlement d'un jeu intitulé A la Recherche du Yéti. L'agence, qui comptait ratisser vingt pour cent des fonds alloués à l'expédition à titre de rémunération pour ses services, assura que Kellogg's était dans la poche. Au dernier moment, toutefois, Kellogg's voulut exposer le projet à un « jury d'enfants ». Renseignement pris, il s'agissait d'un groupe composé d'une vingtaine d'enfants qui, à la sortie de l'école, sont invités en compagnie de leurs mères à un goûter au cours duquel une douzaine de thèmes pouvant donner lieu à d'éventuelles campagnes promotionnelles leur sont présentés. Entre deux gorgées de cola et deux bouchées de gâteau, ils sont censés donner leur avis sur chacun de ces thèmes. Je trouvai cela renversant. Ainsi des cadres supérieurs tout-puissants demandent-ils à des gosses de décider de quelle manière une importante société devrait investir une somme de l'ordre de vingt à trente millions de dollars dans une campagne promotionnelle. Je ne sais pas quels furent les onze autres thèmes, et j'ignore tout autant quels furent leur mode et leur ordre de présentation; je sais seulement que mes promoteurs vinrent me trouver avec la nouvelle que le yéti était arrivé bon dernier dans toutes les catégories de questionnaires. Contrairement à Tintin, le jeune aventurier créé par Hergé – Tintin se rendit au Tibet, y rencontra le yéti et en fut enchanté –, les mouflets amateurs de cola ne se montrèrent pas intéressés.

Aucune inquiétude à avoir, dirent les promoteurs. (En fait, j'étais fou d'inquiétude car nous étions alors au mois de juin, et l'on nous faisait lanterner depuis le début de l'année.) Ils me signalèrent que l'équipe de décideurs de Kellogg's était connue pour avoir déjà passé outre les conclusions du jury d'enfants. Le projet fut donc présenté au siège central de Kellogg's, qui se trouve à Battle Creek, Michigan. La société mère disposait de budgets plus importants, m'assurèrent les promoteurs, et se montrerait sans nul doute intéressée. Mais le verdict, ainsi qu'ils furent chargés de me le transmettre quelques semaines plus tard, était le suivant : « Cette idée de yéti est sacrément culturelle. Notre objectif n'est pas de faire l'éducation des gosses, mais de vendre des céréales pour le petit déjeuner. »

Les promoteurs et moi nous nous séparâmes sur ces entrefaites et, en désespoir de cause, je pris contact avec la société Virgin de Richard Branson. Les gens de Virgin consentirent à prendre quelques T-shirts que j'avais conçus et soupesèrent quelque temps le projet avant de décréter, en reprenant selon toute vraisemblance les termes du patron lui-même, que la société Virgin ne voyait pas comment elle serait en mesure de récupérer un investissement de cent quatre-vingt mille dollars en misant sur le yéti. Je me retrouvai donc devant l'alternative suivante : renoncer purement et simplement à l'affaire, ou tirer quarante-huit mille dollars d'une hypothèque. J'étais dans un de ces cauchemars qui se terminent par une course ne menant nulle part et où vous avez l'impression de rester immobile et de voir le monde entier vous filer entre les doigts. Après avoir fait l'hypothèque, je m'envolai pour Stuttgart afin d'y prendre livraison d'un télescope électronique à infrarouge chez Carl Zeiss AG, et fis le nécessaire pour que six tentes Phœnix isothermes soient transportées à Katmandou par une équipe de télévision de Channel 4 [1] partant de Londres. Elle se rendait au Népal pour y tourner une production à connotations écologiques sur le trekking qui devait la conduire jusqu'au camp de base de l'Everest et dont le titre provisoire était « Aventures le long de la piste du Kleenex ». Il me fallut également faire en sorte d'aller prendre un sac de couchage conçu pour l'Eve-

1. Le Canal 4 de la télévision britannique *(N.d.T.)*.

rest chez Mountain Equipment Limited, à Stalybridge, dans le nord de l'Angleterre, trois paires de skis à l'usine Dynastar à Sallanches, près de Chamonix, et remplir onze touques qui nous accompagneraient tout au long de l'expédition avec des vêtements, de l'équipement, du matériel médical et de la nourriture pour haute altitude qui me permettrait de tenir le coup en hiver dans les régions reculées de l'Himalaya.

J'avais envoyé par le fret, le jour de mon départ de Genève, les neuf touques de soixante litres, deux de cent vingt litres ainsi qu'un sac de montagne et, théoriquement, tout cela devait arriver à Katmandou, via Delhi, un jour après moi. Je ne disposais pas de la somme nécessaire pour souscrire une assurance; aussi, les appareils photographiques, les films, l'équipement et les vêtements avaient-ils été envoyés au risque de l'expéditeur dans les conteneurs de plastique bleu non scellés. C'était pour moi une inquiétude supplémentaire. Mais au moins étais-je moi-même parvenu sain et sauf à destination avec six mille dollars en poche, ce qui était un modeste début.

Bharat Parajuli m'apprit que Gyalzen et son fils aîné, Pasang Tshering, étaient venus à ma rencontre depuis leur village de Pangpoche et qu'ils attendaient à Katmandou depuis la fin du mois de septembre, espérant chaque jour me voir arriver. Eux aussi étaient à court d'argent. Bharat les avait dépannés, mettant cette avance sur mon compte. Je donnai rendez-vous à Gyalzen à l'agence de trekking le lendemain matin, afin qu'il commence à préparer notre voyage en direction de Jiri, à l'est de Katmandou, point de départ pour aller à Solu-Khumbu, une région difficile d'accès, dans le nord-est du pays [1].

Khumbu, le nom donné par les Sherpas à la partie la plus septentrionale de leur pays, représente à peine plus de trois longues et

1. Le pays des Sherpas est divisé en trois parties. La plus méridionale, située sur les premiers contreforts de l'Himalaya, est connue sous le nom de Solu. Sa frontière occidentale descend des massifs de Numbur vers le sud sur environ trente-six kilomètres, en bordure de la rivière Likhu Khola, et s'étend vers l'est sur environ cinquante kilomètres. La région centrale porte le nom de Pharak : c'est une étendue boisée d'une vingtaine de kilomètres, constituée par la vallée fluviale de la Dudh Kosi et allant du village de Monjo jusqu'à la Khari Khola, un affluent de la Dudh Kosi, s'écoulant plus au sud. La plus septentrionale, confinant au Tibet, s'appelle Khumbu. Des trois, c'est la première à avoir été colonisée, les Sherpas y étant arrivés dès le milieu du XVIe siècle. Peu après, quelques groupes de Sherpas allèrent plus au sud et se fixèrent sur les terres plus hospitalières et plus fertiles de Solu. Les trois régions sont désignées ensemble sous le nom de Solu-Khumbu. Vingt-cinq mille Sherpas environ y vivent. On trouve également des colonies de Sherpas à Katmandou et dans le district montagneux de Darjeeling, en Inde.

étroites vallées qui descendent des hauteurs, le long de la frontière tibétaine. Ces vallées sont surplombées par d'imposants glaciers, nés du manteau de neige de quelques-unes parmi les plus hautes montagnes de la planète. Ayant nom Khumbilia, Cho Oyu, Gyachung Kang, Pumori, Taboche, Kantaiga, Lhotse, Nuptse et Chomolungma, la Déesse Mère de la Terre, ils constituent pour chacun des villages de Khumbu une toile de fond si majestueuse et impressionnante que les Sherpas gardent constamment à l'esprit que l'homme n'est vraiment pas grand-chose comparé aux forces de la nature qui ont fait de ce lieu un paysage à la fois d'une beauté unique, et d'une impitoyable âpreté. L'action de grâces est ici une pratique quotidienne. Ces gens extraordinaires, si pleins de vie, sont tout simplement heureux de survivre dans leur environnement sévère où, à chaque saison nouvelle, il y a moins de bois à couper, davantage d'érosion des sols et moins de fourrage pour les yacks. Ils savent évaluer au plus juste ce qu'ils ont en partage, et en tirer le maximum. Ils bénissent avant de le boire chaque verre de *chang*, une bière laiteuse obtenue par un brassage artisanal de riz ou de l'orge, et de *raksi*, leur whisky obtenu par distillation des pommes de terre, et ils boivent énormément. Le rituel est simple et touchant : ils enduisent de farine le bord de leur verre puis, d'une chiquenaude, projettent en l'air une gouttelette du nectar afin que les dieux puissent y goûter; en même temps, ils remercient ceux-ci en marmonnant un *mantra* (prière) d'avoir révélé à de simples mortels les secrets de la fermentation et de la distillation. Les Sherpas considèrent le *chang* et le *raksi* comme des dons des dieux, leurs dieux à eux qui les couvent du regard et qui les protègent.

Les groupes de Sherpas qui s'étaient les premiers infiltrés dans les vallées bien dissimulées de Khumbu, il y a de cela près de cinq siècles, venaient de l'est du Tibet. Ils avaient franchi le col de Nagpa, au-dessus de la ligne de partage des eaux du Grand Himalaya, pour se réfugier dans la région de Khumbu, fuyant les guerres qui ravageaient l'Asie centrale. La culture de Khumbu est donc plus tibétaine que népalaise. Jusque très récemment, les habitants du lieu, d'obédience bouddhiste, avaient le regard tourné vers la capitale tibétaine de Lhasa, foyer spirituel du bouddhisme tantrique, plutôt que vers Katmandou. Ainsi Khumbu est-il davantage détaché du reste du Népal que le roi et ses ministres, représentant la hiérarchie hindouiste du pays, ne veulent bien l'admettre ou s'en accommoder. Et l'on voit le gouvernement faire un sérieux effort pour « népaliser » les Sherpas, en cherchant à mieux les intégrer à la vie économique et sociale du pays.

Avant de retrouver Gyalzen, le lendemain matin, il me restait encore des choses à faire, et d'abord à rendre visite au Dr Hemanta Mishra, qui dirige le Conseil du roi Mahendra [1] pour la protection de la nature. J'avais rencontré Hemanta Mishra à Londres, un an plus tôt, et lui avais parlé de mon projet. Après s'être montré sceptique, il commençait à présent à envisager avec davantage d'enthousiasme la possibilité de l'existence du yéti. Si celle-ci était avérée, il lui incomberait de le protéger, en tant que chef de file des écologistes népalais.

Pratiquement sans l'aide de personne, le Dr Mishra s'était battu pour doter le Népal d'une des politiques de protection de l'environnement les plus cohérentes qui soient. Quand il se trouvait au département des Parcs nationaux et de la Défense de la vie sauvage, il avait donné de solides assises à la législation et aux programmes qui régissent les seize parcs nationaux et réserves naturelles du pays. Il pouvait compter sur un ami et un allié puissant en la personne du prince Gyanendra Bir Bikram Shah, le frère du roi, qui préside le Conseil pour la protection de la nature.

Hemanta me remit une lettre d'introduction à présenter à Nima Wanchu, le responsable du Parc national de Sagarmatha qui recouvre la quasi-totalité de la région de Khumbu. Il m'invita à une réception qui, cette semaine-là, devait réunir son personnel pour fêter le prix Paul-Getty pour la protection de la nature qui venait de lui être décerné. J'allais rencontrer chez Hemanta le Dr Eric Dinerstein, le biologiste de la Smithsonian Institution qui travaillait sur le projet du grand rhinocéros à corne unique. Le rhino à corne unique (*Rhinoceros unicornis*) est un survivant de la période pléistocène. Il en existe un petit troupeau dans la vallée de Chitwan, ceinture marécageuse du Terai qui s'étend le long des contreforts népalais de l'Himalaya. Docteur en biologie animale, Hemanta considérait ces bêtes comme l'un de nos derniers liens vivants avec la préhistoire, à moins, bien entendu, que je ne parvienne à lui prouver l'existence du yéti, et à lui démontrer qu'il constitue un fossile vivant. Il n'y a plus aujourd'hui que mille cinq cents rhinocéros à corne unique car ils ont pratiquement été exterminés par des chasseurs qui convoitaient leur corne, réputée avoir des vertus à la fois magiques et médicinales et qu'on achète dans les pharmacies d'Asie à trente mille dollars le kilo. Agé d'environ trente-cinq ans et parlant couramment le népalais, Dinerstein avait quelque chose de fascinant quand il évoquait

1. Mahendra est le père de l'actuel roi Birendra, et son prédécesseur sur le trône du Népal (*N.d.T.*).

ses activités. Sorte de gentilhomme américain motivé, il était l'ambassadeur le plus efficient dont on pût rêver.

Avant de quitter Katmandou, je voulais voir également un des protégés de Hemanta, Bijaya Kattel, principal responsable de la protection de la vie sauvage au Népal. Quelques mois plus tôt, Kattel avait entamé une étude sur le cerf musqué himalayen, qui l'avait conduit dans un village de Khumbu voisin du lieu où j'allais m'installer. Mais Ghanashyam m'avait informé, peu après mon arrivée, que Kattel était rentré chez lui, dans les faubourgs de Katmandou, pour se remettre d'un accès de fièvre typhoïde qui avait failli lui être fatal. Quand je l'eus au téléphone, Bijaya me dit qu'il espérait retourner bientôt à Khumbu, mais que sa convalescence serait prolongée de quelques semaines. J'en demandai la raison et, dans un éclat de rire, il expliqua que, se sentant mieux, il avait sauté à bas de son lit, avait trébuché et s'était cassé une jambe. Outre qu'il devint un bon ami, Bijaya allait jouer le rôle de table d'harmonie et se révéler être un excellent conseiller.

Le lendemain matin, Gyalzen m'attendait devant les locaux de Yeti Mountaineering and Trekking, rue Ramshah, non loin du Centre culturel soviétique. Il avait à ses côtés Pasang Tshering, un adolescent timide de treize ans qui ne parlait pas anglais. Pasang Tshering n'était venu qu'une seule fois à Katmandou, alors qu'il était encore bébé. Il paraissait absolument subjugué par la ville, son vacarme et le rythme effréné du trafic. Il ne quittait pas son père d'une semelle, manifestement désireux de se montrer utile et faisant tout ce qu'on lui demandait avec un dévouement qui rendait son comportement tout proche de la perfection.

Il s'agissait de nos premières retrouvailles depuis le printemps 1986. J'avais alors engagé Gyalzen comme guide pour notre reconnaissance du haut de la vallée de Gokyo (l'une des trois vallées de Khumbu) et du Cho Oyu, le sommet situé à l'extrémité nord de la vallée. Nous avions fait connaissance par une journée délicieusement chaude du mois de mars à Namche Bazar, un centre commercial poussiéreux blotti dans une cuvette déboisée entourée de montagnes dont chacune est le fief d'un dieu sherpa qui bénéficie d'une ferveur particulière. Gyalzen m'avait été recommandé en termes très élogieux par son beau-frère Lobsang Tshering qui vit à Bodnath, un village sherpa situé aux abords de Katmandou. Gyalzen étant déjà familier des pentes redoutables du Cho Oyu où il avait servi de porteur en altitude à un groupe d'alpinistes étrangers, je décidai de l'emmener avec moi au cours de la reconnaissance. Ses performances de porteur en altitude faisaient de lui l'un des hommes d'élite de la région, connus sous le nom de « tigres des neiges ». Aux dires de Lobsang, il avait énormément d'expérience dans le domaine de l'alpinisme.

Au cours de cette reconnaissance entreprise en 1986, et qui dura quatre semaines, nous nous étions bien entendus car Gyalzen n'était pas seulement un homme d'une grande culture religieuse et ce qu'on pourrait appeler un philosophe populaire; c'était aussi un optimiste-né. Nous étions montés dans la neige depuis le hameau de gardiens de troupeaux de yacks de Gokyo jusqu'au versant le plus reculé du pic de Macherma, rejoignant là le col de Renjo, à cinq mille cent quarante-sept mètres d'altitude, et suivant un itinéraire aride dont on dit que le yéti l'emprunte pour aller d'une vallée à l'autre. Avant de retourner à Namche Bazar, nous avions traversé la langue caillouteuse du glacier Ngozumba, étions montés jusqu'au col de Tshola puis étions redescendus par Duglha, sur le versant oriental du col, pour atteindre Pheriche, sur le chemin du minuscule hameau sherpa de Pangpoche où habitait Gyalzen et qui se trouvait à une demi-journée de marche plus au sud. Gyalzen m'avait invité à passer quelques jours chez lui, dans une maison de pierre et de boue séchée de deux étages, sans eau courante et sans chauffage, avec des poutres et un plancher en bois, et un toit en bardeaux de bois. C'est là que je fis la connaissance de Kanche, sa femme, et de leurs quatre enfants qui me réservèrent cette sorte d'hospitalité que seuls les gens qui vivent des dons de la nature, ne possédant que peu de biens matériels, peuvent offrir à un étranger. Tout cela était offert du fond du cœur et avec chaleur, et devant un accueil aussi touchant, j'avais compris qu'il me faudrait revenir.

Tout au long de notre randonnée de 1986, nous n'avions pas rencontré d'animaux sauvages, mais avions suivi les empreintes d'un loup jusqu'au sommet du col de Renjo et avions découvert la tanière d'un léopard des neiges au-dessus de Tshola Tsho. Ce fut alors que Gyalzen me dit que, pour les Sherpas, le yéti n'est jamais très loin des régions où rôde le léopard des neiges. Lorsque, par la suite, je rapportai cela dans une lettre adressée au cryptozoologue Dimitri Yourevitch Bayanov à Moscou, celui-ci me répondit que le grand spécialiste russe des fossiles vivant, le Pr Boris Porchnev, tenait la même information de Kirghizes vivant dans les massifs du Pamir, en Asie centrale. Ayant enquêté sur la question, le Pr Porchnev était parvenu à la conclusion que le yéti se nourrissait en charognard des proies du léopard des neiges. Cela me parut parfaitement plausible. Le Pr Porchnev était en outre persuadé que le yéti est, selon toute probabilité, un fossile vivant. J'ignorais encore, à l'époque, que la récupération des charognes était une pratique courante parmi les hominidés préhistoriques, l'*Homo erectus* par exemple. Quand je fus au fait de cette similitude de comportement, l'énigme du yéti prit pour moi de tout autres dimensions.

Ayant retrouvé Gyalzen, j'allai avec lui dans le bureau de Bharat Parajuli et nous établîmes ensemble une liste de ce qu'il nous faudrait acheter – des rouleaux de corde, une lampe à kérosène, une doudoune et des bottes pour Gyalzen, une bonne paire de chaussures et un sac à dos pour Pasang Tshering, de la toile de tente, des batteries, des boîtes métalliques pour pellicule et des conserves – en vue de notre retour à Pangpoche. Gyalzen dit qu'il se chargerait d'engager seize porteurs pour transbahuter notre équipement de Jiri à Namche Bazar où un autre de ses beaux-frères, Pasang Sherpa, nous attendrait avec une caravane de yacks afin de nous conduire encore plus haut, jusqu'à la vallée de l'Imja et, au-delà encore du monastère de Pangpoche, jusqu'aux terrasses et aux champs de pommes de terre de Pangpoche.

Cependant que nous attendions l'arrivée des touques de l'expédition – leur départ de Delhi avait été retardé en raison de la fête de Dasain qui dure dix jours – nous eûmes largement le temps d'explorer la cité et sa vallée. Toutes les activités s'arrêtent au cours de Dasain, une fête qui jouit d'une grande popularité car elle célèbre la victoire de Rama l'adoré, septième incarnation du dieu Vichnou, sur Ravana, le roi démon le plus dangereux et le plus puissant parmi ceux qui peuplent les annales de l'hindouisme. Ravana, dont les yeux ont l'éclat du cuivre, enleva Sita, l'épouse de Rama. Le monde retint son souffle durant les dix jours que Rama, le cœur brisé, passa à méditer, avant d'arrêter une décision. Ravana n'était certes pas un personnage ordinaire. Il avait dix têtes, des dents ayant la forme d'un croissant de lune, et vingt bras. Il avait à sa dévotion les guerriers rakshasa, dont beaucoup, pareils à des gorilles, étaient proprement hideux, alors que d'autres, petits comme des nains, avaient un seul œil, des ventres monstrueux et des pieds fourchus et que d'autres encore étaient dotés de têtes d'animaux, l'ensemble constituant une troupe absolument horrible. Rama finit par s'assurer le concours de la féroce et puissante Kali, la déesse terrestre noire qui porte un collier fait de crânes et dont le rituel exige des sacrifices expiatoires autrefois constitués par des offrandes humaines, mais auxquelles sont aujourd'hui substituées celles d'animaux. Au cours d'une bataille épique, Rama et ses nombreux partisans triomphèrent des généraux rakshasa. Rama prit alors sa revanche, tuant Ravana et sauvant sa bien-aimée Sita. Les dix jours que dure Dasain sont occupés par d'exubérantes festivités, avec abattage d'animaux et cortèges pittoresques qui parcourent la ville.

Katmandou est entré dans le XXe siècle avec un certain retard mais s'acharne, depuis, à combler celui-ci. Avec d'ailleurs un tel succès qu'il est à présent menacé d'asphyxie par le moteur à combustion interne, parmi d'autres inventions modernes. La plupart des rues, même si quelques-unes font encore exception, y sont éclairées la nuit, exploit de taille puisque la ville ne dispose de l'électricité que depuis 1982. Bien que les rues y soient embouteillées, je m'étonnais de la paradoxale fluidité du trafic en dépit d'une absence quasi totale de feux de signalisation. Mais, un jour que Gyalzen et moi remontions Durbar Marg, nous vîmes des ouvriers qui installaient une batterie de lumières tricolores. Les feux de signalisation n'allaient pas tarder à essaimer dans tout Katmandou qui préparait, ainsi qu'on me l'apprit, la première rencontre au sommet des pays membres de la South Asian Agency for Regional Cooperation (SAARC) [1] dont le siège central se trouve dans un immeuble neuf de Kantipath. Je ne pus m'empêcher de reconnaître là avec regret une preuve de plus d'une conspiration internationale cherchant à forcer ce royaume sorti d'un livre de contes à se retrouver de plain-pied avec le reste du monde. Mais Katmandou n'a toujours pas de système d'égouts et le problème du traitement des ordures n'y a pas encore été résolu. On ne connaît pas non plus avec exactitude le nombre d'habitants de la ville : il avoisinerait les trois cent mille selon les estimations, mais pourrait en réalité atteindre les cinq cent mille. En fait, personne ne s'en inquiète outre mesure : la vie suit son cours comme elle l'a toujours fait à Katmandou, dont les habitants sont hauts en couleur, travailleurs et apparemment heureux.

Certains parmi les touristes que nous rencontrâmes au cours de nos allées et venues donnaient l'impression de rouspéter beaucoup. Ils se plaignaient que l'eau du robinet était infâme, ce qui est un fait, alors que la bière locale, de la marque Star, est bonne. Faites attention aux giardia, conseillaient-ils, regardant par en dessous Gyalzen qui ne se départait pratiquement jamais d'une attitude circonspecte et parlait peu. Au début, je crus qu'ils entendaient par là que les gerbilles apprivoisées de quelqu'un s'étaient déchaînées. Mais non, les giardia sont d'indésirables amibes communiquées par l'eau, qui éclosent dans vos intestins et peuvent vous rendre la vie fort désagréable, encore que j'aie entendu dire qu'un bon vieux médicament appelé Metronidazole (et commercialisé dans certains pays sous le nom de Flagyl) en guérissait de façon simple, efficace et indolore.

1. Agence sud-asiatique pour la coopération

J'ai également souvent entendu répéter que le roi du Népal fait partie des vingt paladins les plus riches de cette planète, alors que le pays qu'il gouverne en monarque de droit divin, quoique dans un cadre constitutionnel, figure dans les nomenclatures des Nations unies parmi la douzaine de pays le plus pauvres. Comme je doutais sincèrement que quiconque au Népal pût posséder une fortune aussi fabuleuse, je consultai la liste publiée par la revue *Fortune* des cent vingt-neuf hommes et femmes de partout dont les avoirs dépassent le milliard de dollars. Soyez assurés que le roi Birendra Bir Bikram ne figure pas parmi eux.

En dépit de ses nombreux défauts, dont la pagaille supplémentaire apportée par les feux de signalisation dans ses rues encombrées, le Katmandou moderne garde un cachet colonial, un parfum du Raj [1] britannique. Le roi et la reine habitent un palais art déco en forme de pagode entouré de poinsettias rouge et jaune, tout en haut de Durbar Marg. Ici et là se cachent des trésors d'architecture néoclassique, essentiellement les palais délabrés des Ranas et, dans les rues reculées du vieux Katmandou comme aussi dans la campagne environnante, il y a des joyaux d'architecture newar traditionnelle, eux aussi, hélas! passablement délabrés et quelque peu à l'abandon, évoquant un conte de fées oriental défraîchi par le passage du temps et dont un tremblement de terre aurait ravagé le décor par endroits.

Bien entendu, ce qui distingue vraiment Katmandou d'autres villes, ce sont ses habitants : newars pour la plupart, ils côtoient néanmoins un mélange d'autres ethnies qui ont leur propre dialecte et leur propre culture et dont plus d'une trentaine viennent de diverses parties du royaume, amalgame du nord et du sud, de Tibéto-Birmans et d'Indo-Aryens, de Tamangs et de Rais, de Sherpas et de Thakalis, de Gurungs et de Limbus, de Magars et de Bhotias, avec aussi, de plus en plus affirmée, une composante d'immigrants illégaux infiltrés depuis l'Inde.

Pour la plupart des anthropologues, ce sont les Newars qui peuplèrent à l'origine la vallée, mais ils subirent l'occupation et la domination de tant de maîtres au cours d'invasions successives que personne ne sait plus avec précision à quel moment et d'où ils étaient venus s'y établir. On pense qu'ils étaient au départ tibéto-birmans et bouddhistes mais, au cours des siècles, ils ont intégré les caractéristiques indo-aryennes et sont aujourd'hui minces, gracieux et en grande majorité hindouistes. Ils réussissent superbement comme fermiers, artisans, commerçants et entrepreneurs. Leur économie, tout

1. Empire (*N.d.T.*).

comme leur culture, mêle de façon très singulière le primitif et le sophistiqué.

Ils continuent de labourer leurs champs avec des pioches de l'âge de pierre, mais leurs techniques d'irrigation sont complexes et font l'objet d'une efficiente répartition des tâches dans le cadre de coopératives villageoises. Ils font trois récoltes par an. Leurs maisons sont jolies et leurs temples, richement ornés, sont faits de murs de briques encadrés d'une charpente de bois sculpté et surmontés de toits de pagodes. Leurs villages ressemblent à ce que devaient sans doute être les villages allemands ou suisses il y a cinq siècles. Ils sont généralement construits autour de lieux sacrés, sur des lignes de crêtes, afin de préserver le plus possible de terre arable pour l'agriculture.

La vallée de Katmandou est une terre de légendes. Les bouddhistes croient que cette vallée était autrefois une mer turquoise sur laquelle flottait une seule fleur de lotus. Cette fleur était, disait-on, la manifestation du premier Bouddha, connu sous le nom de Swayambhu. Le grand seigneur de la guerre Manjurshri vint de Chine pour adorer la fleur de lotus. Afin de s'en rapprocher, il frappa la montagne du Chobar, au sud de Katmandou, avec une épée flamboyante et la coupa en deux, si bien que les eaux s'écoulèrent et que le lac se trouva asséché. A l'endroit où la fleur de lotus s'immobilisa, il fit édifier un temple bouddhiste, Swayambhunath, qui reste un des lieux de pèlerinage les plus vénérés du bouddhisme.

Les hindouistes sont évidemment convaincus que les choses se sont passées autrement. La vallée fut selon eux asséchée par Maître Krishna qui lança la foudre sur le Chobar pour le scinder en deux.

Qu'elle doive son origine à une épée enflammée ou à la foudre, la gorge de Chobar est bien là, si étroite que ni un homme ni un animal ne parviennent à s'insinuer entre ses parois. On peut néanmoins la franchir grâce à une passerelle métallique suspendue, fabriquée en Écosse, transportée par pièces détachées jusque dans la vallée par des porteurs népalais aux jambes arquées et mise en place en 1904.

La veille du jour où les touques de l'expédition arrivèrent, Gyalzen et moi, nous nous rendîmes au temple de Narayan, situé au sommet d'une colline à Changu, à douze kilomètres à l'est de Katmandou. Ce temple est pour moi l'un des trésors artistiques les plus méconnus du patrimoine humain. Réputé être la construction dans le style pagode la plus ancienne du monde, il remonte au IVe siècle mais fut reconstruit après un incendie qui eut lieu en 1702 et à nouveau endommagé par le tremblement de terre de 1934. Nous y allâmes à pied en suivant l'allée de briques du village détruit de Changu qui, un demi-siècle plus tard, continue de témoigner des ravages causés par ce tremblement de terre.

Le temple est dédié à Vichnou, qui fait partie de la trinité sacrée hindouiste. Devant son entrée principale, les pèlerins sont accueillis par deux éléphants de pierre, ainsi que par une représentation de Garuda, l'oiseau mythique qui permet à Vichnou de se déplacer. Quelques-unes des sculptures qui ornent la cour pavée de briques sont, paraît-il, des Vᵉ, VIᵉ et IXᵉ siècles. Mais je ne vis aucun *ban manus*, ou homme de la forêt, sculpté dans la pierre et je fus déçu de constater que l'homme sauvage de l'hindouisme ne figurait pas dans le panthéon d'images sculptées de Narayan. Cela me remit en mémoire que le yéti est un animal plutôt « bouddhiste », auquel la mythologie hindouiste ne fait que rarement une place.

Le sommet de la colline de Changu offrait une vue panoramique avec, au nord, les géants coiffés de neige qui nous enjoignaient de commencer notre marche en caravane en direction de Khumbu. Nous trouvâmes du côté est un sentier descendant vers les rizières et la plaine toute plate qui s'étend comme un tapis jusqu'aux portes de Bhaktapur, la capitale du XVIIIᵉ siècle des rois Malla, à quatre kilomètres au sud de l'endroit où nous étions. Au pied du coteau en terrasses, nous croisâmes la corporation locale des fabricants de briques qui exerçaient leur métier ainsi qu'ils le font depuis des siècles. Nous regardâmes, fascinés, ces hommes et ces femmes extraire de la terre du champ qu'ils étaient en train d'exploiter. Ils mélangeaient cette terre à de l'eau et introduisaient la boue ainsi obtenue dans de simples moules de bois portant, en relief, la marque de fabrique de la corporation. Une fois les briques sorties de leurs moules, ils les empilaient pour les faire sécher au soleil. Les briquetiers avaient loué le champ à des fermiers locaux et, après en avoir extrait la quantité convenue de boue, ils iraient sur un autre champ pour y faire la même chose. Certaines de leurs briques, constituant la variété la plus chère, étaient cuites dans des fours de facture primitive.

Depuis les champs en aval de Changu, nous gagnâmes le village médiéval de Thimi, à trois kilomètres à l'ouest de Bhaktapur. Le nom de Thimi est dérivé de *chhemi*, qui signifie « gens compétents ». Ses habitants sont aujourd'hui connus pour être les meilleurs potiers du Népal. Hommes et garçons façonnent une argile onctueuse et rougeâtre sur de vieux tours, créant des marmites, des jarres et d'autres récipients. Ceux-ci sont ensuite cuits dans les rues, sous d'énormes tas de paille. Des porteurs viennent de tous les coins de la vallée pour emporter la poterie de Thimi vers des marchés éloignés. Avant de quitter le village, ils pénètrent dans le temple du XVIᵉ siècle dédié à la déesse Balkumari, la *shakti* de Bhairav, déesse de la fertilité, afin de s'assurer de sa bénédiction, exactement comme des marchands de laine invoquaient la protection d'un saint patron avant de partir de Bruges ou de Florence, au Moyen Age.

A notre retour à Katmandou, en fin d'après-midi, les plaisirs de la cité « moderne » nous attendaient. Nous passâmes en voiture près du terrain de parade de Tundikel, le parc qui se trouve au centre de Katmandou et où les soldats gurkhas font l'exercice, ainsi que de Rani Pokhri, un lac au bord duquel les Rana rendaient autrefois la justice en plongeant les suspects dans ses eaux saumâtres. Nous bifurquâmes là pour rejoindre New Road, la principale artère commerçante. Il nous restait à acheter des briques de thé tibétain et des bougies. A quelques pas de New Road se trouve le temple de Durbar Square et les prodiges de Freak Street. Cette ruelle étroite bordée de librairies, de café-restaurants bon marché et de boutiques de curiosités fut naguère le repaire des hippies et continue d'être fréquentée par des vendeurs de drogue et des changeurs pratiquant le marché noir.

Plus plaisante allait être une promenade à travers les marchés bigarrés de Katmandou, pleins d'odeurs et de marchandises en provenance de plus d'un continent. Nous nous émerveillâmes devant les reliquaires et les temples qui se trouvaient « en situation » et dont certains étaient, par leurs dimensions, simplement destinés à orner une niche, ou devant une sculpture phallique posée dans un trou, sur le bas-côté de la route. Dans une ruelle à l'écart, nous trouvâmes une souche de bois, haute de pas plus de quatre-vingts centimètres, plantée dans son propre quadrilatère, en marge de la chaussée. Dédiée à Vaisha Dev, le dieu des maux de dents, la souche était piquetée d'un millier de clous, qu'y avaient enfoncés des personnes ayant souffert de leurs dents. Chacun de ces clous représentait une supplique adressée au dieu en question pour qu'il guide la main du dentiste traditionnel qui allait bientôt s'attaquer à la dent malade, et que les soins soient le moins douloureux possible. Mes dents ne me donnaient pas de souci à l'époque – mais cela ne manqua pas d'arriver par la suite – et je passai donc à côté du temple du dieu des dents sans planter un clou dans la souche.

Quand bien même j'étais constamment taraudé par l'inquiétude au sujet des skis envoyés par le fret, la semaine passée à explorer en compagnie de Gyalzen Katmandou et sa vallée m'apparaît rétrospectivement comme un entracte paisible, enchanteur, avant nos éprouvantes pérégrinations dans Khumbu. Mais celui-ci n'allait pas durer. En rentrant à la pension, dans la soirée du 15 octobre, je trouvai un message annonçant l'arrivée des touques. Nous nous rendîmes le lendemain matin à l'aéroport pour en prendre livraison, et les formalités douanières occupèrent pratiquement la journée entière. A ma grande surprise, tout était intact. Seul le sac contenant les skis était endommagé. Quelqu'un en avait sectionné les sangles.

Une fois terminées les formalités de douane, nous rassemblâmes les touques dans le jardin de devant de la pension et, y ajoutant le matériel que j'avais déjà accumulé au cours des séjours précédents, j'empaquetai l'équipement, les vêtements et la nourriture de façon à obtenir des chargements plus maniables, mieux adaptés aux exigences du trek jusqu'à Pangpoche. Pascal Marlinge, un Français de trente-quatre ans qui aidait Parajuli et Pandel à organiser des trekkings pour des groupes de touristes français, se trouvait alors à la pension et il se mit lui aussi au travail, rangeant séparément nos produits pharmaceutiques dans une malle de fer blanc que nous avions achetée au marché. John Thornicroft, le producteur de Channel 4, et son animateur-présentateur Mike Harding avaient déposé nos tentes et nous avaient laissé en outre trente-cinq kilos de pellicule qu'ils voulaient faire transporter jusqu'à Namche Bazar. Ils allaient, disaient-ils, nous rembourser les frais de portage, ayant entre-temps pris l'avion pour Jomoson afin de tourner dans le sanctuaire de l'Annapurna. Ils continuaient néanmoins à s'intéresser en priorité aux détritus abandonnés par les trekkers et les alpinistes sur la « Piste du Kleenex » menant au camp de base de l'Everest et qui était en quelque sorte une zone sinistrée du point de vue écologique.

A présent que tout était en ordre, nous décidâmes de quitter Katmandou le lundi 19 octobre, à l'aube. Avant de retourner à Lobsang, chez son beau-frère, ce vendredi-là au soir, Gyalzen annonça qu'il allait engager des porteurs, un cuisinier et un aide-cuisinier au cours du week-end. Je passai donc mes deux derniers jours dans le monde civilisé à me détendre et à prendre mon temps, vérifiant des inventaires et envoyant mes dernières lettres en Europe et, au Canada, à ma femme et à nos trois filles. Le temps était étouffant, mais pas aussi lourd que l'ambiance à New York. Depuis le mercredi précédent, Wall Street était balayé par un vent de panique, et l'indice Dow Jones avait terminé ce vendredi-là à 2,246, en baisse de près de trois cents points sur l'ensemble de la semaine. Le volume des transactions avait atteint, en cette journée de vendredi, les trois cent cinquante millions d'actions mais, comme j'allais m'en rendre compte par la suite, les choses commençaient seulement à se corser. L'*International Herald Tribune* que j'avais acheté ce jour-là à Thamel citait cette phrase d'un commentateur : « La ville est prise de panique. » Que New York fût « pris de panique » et que d'autres importantes places boursières fussent toutes tremblantes à la perspective d'événements encore plus sombres à venir, voilà qui passait totalement inaperçu des Népalais.

Évidemment, Katmandou est très éloigné de Wall Street. Il n'empêche que cette capitale asiatique à l'écart a sa propre bourse, située dans une villa de deux étages de Dilli Bazar, sur la route conduisant à Battisputali. Seules vingt-cinq sociétés sont cotées sur le tableau noir, au fond de ce qui avait été autrefois la salle à manger de la villa. Les séances boursières durent deux heures chaque matin, cinq jours par semaine, sauf les jours de fêtes officielles et religieuses et pendant les dix jours que dure la fête de Dasain. Il s'agit de séances passablement somnolentes dans la meilleure des conjonctures, et le volume des transactions ne dépasse pas les quelques centaines d'actions, alors qu'il totalise plusieurs centaines de millions à New York. La bourse de Katmandou resta absolument imperturbable face au trou noir où furent pratiquement englouties les autres places financières quand les cotations reprirent le lundi suivant. Dilli Bazar donnait l'impression d'être plutôt sans lien avec le reste de la galaxie, évoluant dans son propre univers, un très petit univers, cela dit. Les habitants de Katmandou se montraient plus préoccupés ce vendredi-là par une tempête d'un autre genre qui, elle, se préparait dans le golfe du Bengale, à huit cent cinquante kilomètres au sud-est de chez eux.

2

La tempête

Katmandou est à la même latitude que les îles Canaries et que Tampa, en Floride. Comme il se trouve à mille trois cents mètres d'altitude, le climat y est tempéré, jamais trop chaud et rarement très froid. Les chutes de pluie ont lieu essentiellement durant la mousson d'été, de la mi-juin à la mi-septembre. Les précipitations sont rares en automne et en hiver et, étant donné son altitude, il ne neige jamais à Katmandou. Saroz et moi fûmes donc légèrement surpris lorsqu'il commença à pleuvoir le dimanche soir, à notre retour de Thamel où nous avions dîné. Il ne s'agissait que de quelques gouttes, qui mouillèrent à peine la poussière des rues, mais nous comprîmes que le cyclone qui approchait des bouches du Gange propulsait le mauvais temps en direction de l'Himalaya.

Dans la vallée émeraude, le plafond de nuages restait élevé, mais l'atmosphère était suffocante et le ciel nocturne plombé. Par la suite, comme je branchais la spire anti-moustiques parfumée aux herbes à côté de mon lit, des éclairs en nappes s'allumèrent silencieusement d'un bout à l'autre de la vallée. Je ne m'inquiétai toutefois pas exagérément, car je pensais que la tempête ne se prolongerait pas au-delà de la nuit. Elle atteignit son paroxysme aux alentours de trois heures du matin : pluie diluvienne accompagnée d'éclairs zigzagants qui illuminaient la chambre pendant des secondes entières et que suivaient des coups de tonnerre secouant littéralement mon lit. Vers quatre heures du matin, je ne parvins plus à trouver le sommeil. La tempête s'était matérialisée en un déluge ininterrompu. Je me levai et me mis à ranger à nouveau le contenu de mon sac à dos. Bonjour, Lundi noir du 19 octobre 1987.

Ce week-end-là, un couple de Hollandais d'à peine plus de vingt ans était arrivé à la pension, et avait annoncé timidement son intention de faire du trekking. Comme tous deux n'étaient pas familiers de la montagne, ils souhaitaient se joindre à un groupe. Ils avaient fait part de leur intention avec la discrétion hésitante de deux ascensionnistes qui projetaient de monter à l'assaut de l'Everest mais qui avaient peur d'être tournés en dérision à cause de leur manque de connaissances élémentaires dans le domaine de l'alpinisme. Je leur dis que je les emmènerais bien, s'ils le voulaient, jusqu'au village sherpa commerçant de Namche Bazar pour quarante dollars par jour, tout compris, pour aider à couvrir mes frais. Ils tombèrent d'accord, louèrent des sacs de couchage et se dépêchèrent d'aller retirer leurs permis de trekking aux services de l'immigration.

Pour nous rendre de Katmandou à Pangpoche, le village de Gyalzen qui allait nous servir de base durant l'hiver, nous devions parcourir trois cent quarante-quatre kilomètres à travers une contrée montagneuse, franchir quatre cols et neuf rivières, dont deux étaient dépourvues de véritables ponts. Parce que les routes macadamisées ne représentaient que cent quatre-vingts kilomètres et en raison d'une fête hindouiste entraînant un congé de quatre jours au cours desquels peu de porteurs accepteraient de travailler, le trajet allait nous prendre douze jours. Les routes macadamisées elles-mêmes n'offraient pas toutes les garanties de sécurité. A un moment donné, avant d'arriver au village à flanc de coteau de Charikot, nous dûmes contourner un éboulement avec tout notre chargement. Ensuite, sur les trente kilomètres de piste semi-macadamisée que nous empruntâmes à la sortie de Charikot, des tronçons entiers menaçaient d'être emportés par la tempête du Lundi noir.

A Jiri, nous allions quitter le XXe siècle pour parcourir cent cinquante-quatre kilomètres de chemins non macadamisés jusqu'à Namche Bazar où nous attendrait Pasang, le beau-frère de Gyalzen. Après avoir acheté de nouvelles provisions au marché hebdomadaire de Namche, nous nous engagerions sur les quatorze derniers kilomètres de pistes escarpées menant à Pangpoche. Nous pensions recourir à des yacks pour transporter nos bagages sur cette partie du parcours, franchir la rivière Dudh Kosi et parvenir au monastère bouddhiste de Tengboche. A partir de Tengboche, la piste traverse une forêt de bouleaux et de rhododendrons, franchissant l'Imja, un affluent de la Dudh Kosi, par le moyen d'une passerelle suspendue, puis progresse en grimpant sous des blocs de granite gris jusqu'aux premiers champs de pommes de terre de Pangpoche.

En chemin, nous nous arrêterions dans de minuscules gargotes à thé pour goûter au *chang* brassé sur place, nous passerions à côté de pierres votives sculptées à la main, de rangées de moulins à prières fonctionnant à l'énergie hydraulique et de *tarchens* – longues bannières de prière bouddhistes – claquant au vent. Les abords de Pangpoche sont protégés par un *chorten* [1] votif et par un porche destiné à tenir à l'écart les mauvais esprits. Comme tous les villages de Khumbu, Pangpoche n'a jamais vu de véhicule à roues, pas même une brouette, le dos de l'homme et le yack constituant le seul moyen de transport. Il se trouve dans un autre monde qui, sinon par les détritus non biodégradables que les touristes y sèment, n'a pratiquement eu aucun contact avec la vie moderne.

L'agence de trekking de Parajuli avait affrété un car pour nous emmener jusqu'à l'éboulement de Charikot. La location du bus revenait à huit mille roupies [2], et les valait bien. Au-delà de l'éboulement, il nous faudrait louer un autre car qui couvrirait le reste de l'itinéraire et nous conduirait jusqu'au bout de la « route », nous débarquant malgré tout à cent cinquante-quatre kilomètres de notre destination.

La route est si tortueuse, avec d'incessants virages en épingle à cheveux et des tronçons où il n'y a place que pour un seul véhicule, que, dans des conditions atmosphériques normales, il faut six jours entiers pour parcourir les cent quatre-vingts kilomètres qui séparent Katmandou de Jiri. Le car, avec à son bord Gyalzen, Pasang Tshering, le cuisinier, l'aide-cuisinier et seize porteurs, aurait dû être là à l'aube. Mais Ghanashyam Pandel appela de l'agence à six heures trente pour m'informer que Gyalzen n'était pas encore arrivé avec les porteurs. La pluie tombait plus abondamment que jamais et je n'eus aucune peine à imaginer que la plupart des porteurs préféraient rester chez eux par une journée pareille. Une heure plus tard, Ghanashyam appela à nouveau pour annoncer que le car était en route.

Il s'agissait malheureusement d'un gros Tata gris capable de prendre cinquante-deux passagers, trop grand pour pouvoir pénétrer dans l'allée qui conduisait à la pension et qu'il fallut garer dans la rue Battisputali. Nous fûmes par conséquent obligés d'y porter nous-mêmes nos bagages en nous enfonçant dans les flaques jusqu'aux che-

1. Un *chorten* ressemble à un *stupa*. C'est un monument bouddhiste en forme de dôme dont le plan architectural est invariable et qui représente une des phases de l'initiation du Seigneur Bouddha. Il renferme généralement des textes sacrés ou des objets liturgiques destinés à conjurer les esprits malveillants. Les yeux peints qui ornent souvent un chorten représentent les yeux de Bouddha qui voient tout. Les chortens reposent sur des socles à cinq marches, chacune de ces marches figurant un des éléments fondamentaux de la vie : la terre, l'eau, le feu, l'air et le cosmos.

2. Je me suis constamment basé sur un taux de change de vingt-cinq roupies pour un dollar US.

villes. Je n'avais encore jamais vu pareil déluge. Il était à présent huit heures du matin et la pluie tombait de façon continue depuis quatre heures. Parajuli, son fils aîné et Pascal Marlinge étaient là pour nous souhaiter bonne route et, trempés jusqu'aux os, nous finîmes par grimper dans le car. Notre chauffeur mit en marche le moteur, enclencha la vitesse dans le cran adéquat, et nous partîmes dans une forte secousse, comme un bateau à vapeur qui s'arrache à son point d'ancrage dans un port.

Les plaques de métal du plancher bougeaient et la porte n'arrêta pas de s'ouvrir en coulissant, faisant entrer la pluie à l'intérieur, jusqu'à ce que le chef de car, cessant un moment de communiquer ses directives au chauffeur, en tapant sur le panneau latéral, l'eut maintenue fermée en la coinçant avec une traverse de métal. Il y avait aussi des fenêtres qui ne voulaient pas fermer et, tout d'un coup, il se mit à faire un froid abominable. J'étais trempé et entouré d'un halo de buée, mais je me disais avec philosophie que cette pluie ne pourrait continuer à tomber à ce rythme bien longtemps. Le ciel ne pouvait tout simplement pas contenir davantage d'eau, à mon sens.

L'usine Tata, en Inde, produit à la chaîne chaque année des milliers de ces cars copiés sur un vieux modèle Mercedes et à la mécanique assez élémentaire et robuste pour résister aux incroyables routes du subcontinent. Notre car délabré avait une boîte à huit vitesses, ressemblant à beaucoup d'égards à un moulin à café. Qui plus est, les essuie-glaces du pare-brise ne fonctionnaient pas, la route était glissante, et j'avais quelques doutes sur l'état des freins.

Nous dépassâmes l'aéroport et bifurquâmes en direction de l'est, pour rejoindre la grand-route d'Arniko. Ne parvenant pas à me détendre, je parcourus l'allée centrale, pour faire le point : les onze touques étaient toutes là sans dommages, de même que nos sac à dos, le sac contenant les skis, la pharmacie portative et cinq *dokos* : environ cinq cent cinquante kilos en tout. Un doko est un panier d'osier en forme de coin dont les Népalais se servent pour transporter des fardeaux. Ils y fixent une sangle qu'ils font passer autour de leur tête pour soutenir le panier placé sur leur dos, et parviennent ainsi à porter plus de trente kilos sur de longues distances et sur un terrain accidenté. L'essentiel des marchandises faisant l'objet de commerce entre les villages népalais voyage dans des paniers de ce genre. Nous devions également avoir à bord un cuisinier, un aide-cuisinier et, j'y comptais bien, les seize porteurs engagés par Gyalzen. Avec nous trois et le couple de Hollandais, nous aurions dû être vingt-trois en tout. J'avais alors déjà constaté que le personnel du car affrété à notre intention se composait d'un chauffeur et de trois assistants, installés dans un compartiment séparé, à l'avant. Le couple de Hollandais – Marjolein Schade et Jaap Zondervan – était assis contre la porte des passagers qui, en dépit de la traverse de métal, s'obstinait à s'ouvrir. Jaap avait appuyé son pied contre elle.

Je cherchai du regard les porteurs. Outre Gyalzen et Pasang Tshering, je ne dénombrai que deux personnes.

– Combien de porteurs avons-nous ? demandai-je à Gyalzen.

– Pas de porteurs. Nous avons un cuisinier et un Sherpa, répondit-il. Dans son anglais mal assuré, il expliqua que les candidats qu'il avait rameutés au cours du week-end ne s'étaient pas présentés ce matin-là et qu'il n'avait pas été en mesure de leur trouver des remplaçants.

– Qu'allez-vous faire ? demandai-je.

– Jiri, nous trouvons beaucoup, m'assura-t-il.

– Et pour l'éboulement ?

– Beaucoup de garçons là-bas, dit-il. Nous engageons quelques-uns.

Pasang Tshering, à n'en douter, était content de retourner chez lui. Il venait de passer près d'un mois à Katmandou avec son père et, même s'il avait été heureux de retrouver à Bodnath ses deux cousins qui allaient à l'école non loin de là et maîtrisaient déjà assez bien l'anglais, il était impatient de revoir sa mère, d'assumer à nouveau ses responsabilités de fils aîné, et d'agir en jeune maître de la maisonnée, veillant sur sa sœur Mingma Yanchin, sa cadette d'un an, sur Pemba Kunga, son frère âgé de neuf ans, et sur Tsheden, le bébé tyran. Il allait pouvoir les régaler tous avec le récit de ses aventures et leur montrer ses nouvelles acquisitions au nombre desquelles une casquette de joueur de base-ball en plastique bleu portant la mention *Capitaine* et l'anorak bleu trop large qu'il avait sur lui. Sa fenêtre était grande ouverte et il scrutait d'un air inquiet la campagne inondée. Les champs étaient verts, mais la pluie avait couché une bonne moitié de la récolte de riz.

La grand-route d'Arniko fut construite par les Chinois, au milieu des années soixante, et elle va jusqu'à Kodari, sur la frontière tibétaine, à cent dix kilomètres au nord-est. Arniko est le nom d'un architecte newar qui, au XIIIe siècle, vint construire à Lhasa des monuments grandioses à l'invitation du dalaï-lama qui régnait alors sur le pays. La réputation d'Arniko, tenu pour un génie, ne tarda pas à parvenir à l'empereur Ming de Chine qui appela le bâtisseur newar à sa cour et le nomma « administrateur des manufactures impériales ». La conception des pagodes à plusieurs étages, devenue depuis une marque distinctive de l'architecture extrême-orientale, fut introduite en Chine par Arniko et, en raison de cet héritage culturel, les autorités chinoises le considérèrent à l'époque de Mao comme le principal artisan de l'amitié sino-népalaise : d'où le nom donné à cette route, dont la construction représenta un véritable exploit technique.

Si vous placiez le Népal sur une carte des États-Unis, il s'étendrait de Nashville, Tennessee, à Dallas, Texas. Mais les distances au Népal, où pratiquement toutes les marchandises sont transportées à dos d'homme, ne sont pas les mêmes que dans le reste du monde. Le pays n'a que deux mille quatre-vingts kilomètres de routes carrossables, et quatre-vingt-dix-neuf kilomètres de voies ferrées. Bien qu'un tronçon de la grand-route panasiatique traverse le sud du Népal, parcourir le pays sur toute la longueur de ses huit cent quatre-vingts kilomètres est une aventure qui peut prendre plusieurs semaines. Nous n'entendions couvrir qu'un cinquième de cette distance, et la journée que nous y passâmes – les douze heures les plus mouillées dont je me souvienne – me parurent durer une éternité.

Nous atteignîmes la barrière à péage de Banepa, à dix-neuf kilomètres à l'est de Katmandou, à neuf heures du matin, pour trouver la chaussée obstruée par six autocars embourbés. Nous payâmes le péage et réussîmes à nous faufiler entre les autres cars, poursuivant notre route en direction de l'est, sous une pluie torrentielle. Partout, des nappes d'eau rougeâtre glissaient le long du flanc des collines. A un moment donné, nous dûmes nous arrêter devant un troupeau de chèvres blanc et noir qui se tenaient au milieu de la route. Elles étaient peut-être deux cents, qui avaient fait le voyage depuis le Tibet, et paraissaient avoir le mal du pays, sentant à n'en pas douter qu'elles approchaient du point d'arrivée où un Bergen-Belsen pour caprins innocents les attendait.

Peu après dix heures du matin, nous franchîmes la Sun Kosi. *Kosi* signifie rivière en népalais, et *Sun* désigne l'or. La rivière descend du Tibet et finit par rejoindre le Gange, ses eaux se perdant alors dans le golfe du Bengale. La Sun Kosi roule habituellement des eaux limpides qui scintillent comme l'or, mais, ce jour-là, elles étaient d'un brun maussade, chargée de limon que la pluie battante avait arraché aux collines dénudées. De minuscules ruisseaux de montagne avaient enflé, donnant des torrents qui dévalaient les terrasses couvertes de grains blonds déjà mûrs et poursuivaient leur course à travers des rizières vertes et des pâturages à l'herbe desséchée et brunie par la chaleur de l'après-mousson. Les eaux s'écoulaient implacablement, et leur teinte rouge sang donnait l'impression que les collines étaient en train de saigner.

Notre Tata s'arrêta dans un village, et le chauffeur eut un conciliabule avec le chauffeur d'un autre car qui venait du nord. Ce dernier prévint que la route était en mauvais état et que, si la pluie continuait à tomber à ce rythme, elle ne tarderait pas à devenir impraticable. Il n'y avait de toute façon pas beaucoup de trafic, les Chinois ayant fermé leur frontière avec le Tibet après les émeutes qui avaient éclaté à Lhasa trois semaines plus tôt. Ces émeutes, tous les bouddhistes de Bodnath, le faubourg de Katmandou, le savaient, avaient fait une vingtaine de morts, des centaines de blessés et provoqué plusieurs milliers d'arrestations. La rumeur avait couru dans Bodnath, avant notre départ, que des soldats chinois étaient sur le point de donner l'assaut au Johkang, le plus vénéré des monastères tibétains, considéré comme un foyer de rébellion par les autorités chinoises.

Quand Gyalzen me vit sortir mon journal trempé qui publiait en première page la photo de moines protestataires, il me demanda de lui dire les nouvelles en provenance de Lhasa. Il craignait que le Johkang subît des dégâts et que les moines fussent massacrés. Sur cette même première page figuraient, beaucoup mieux mises en valeur, les nouvelles de la panique qui avait secoué Wall Street. Mais Gyalzen ignorait tout de ce temple du capitalisme, et le rêve américain n'occupait pas la moindre place dans ses pensées. Grâces soient rendues à Dieu, ou plutôt grâces soient rendues au Bouddha qu'il existe encore des gens comme Gyalzen qui refusent de croire – davantage même : qui n'ont jamais été effleurés par l'idée – que Wall Street puisse être le nombril du monde.

Notre chauffeur mit à nouveau en prise le Tata d'un geste brusque, nous propulsant en avant dans un cahot. Le bruit de la pluie qui tambourinait sur le toit faisait penser à de la grêle. Nous franchîmes une série de petites zones anciennement sinistrées, en partie seulement remises en état depuis la dernière mousson, nos roues extérieures à quelques centimètres de la dénivellation, en train de s'ébouler, qui conduisait à la Bhote Kosi, une centaine de mètres plus bas. La rivière charriait des troncs d'arbres et d'autres débris, et la campagne était moins engageante que jamais sous ces trombes d'eau.

Vers onze heures, nous parvînmes à Bahrabise, à soixante kilomètres à l'est de la barrière à péage de Banepa. A la hauteur de Bahrabise, la route se sépare en deux branches, l'une conduisant vers le nord, jusqu'à la frontière tibétaine, l'autre menant à Jiri, à l'est, après avoir franchi la Bhote Kosi. Il existe en fait au Népal de nombreuses rivières portant le nom de Bhote, car *Bhote* signifie « venant du nord », et la plupart des rivières népalaises coulent en direction du sud, à partir de la ligne de partage des eaux de l'Himalaya. A Bahrabise, la Bhote Kosi déchaînée avait déjà inondé une partie de la route, à la grande satisfaction d'une truie et de ses porcelets qui se vautraient dans les mares d'eau boueuse, donnant l'impression de s'amuser comme des petits fous. Quatre autres cars étaient garés au bord de la route et les deux cafés du coin – des baraques de bois, à la vérité – étaient bondés. Nous nous trouvions à présent à soixante-dix kilomètres de Katmandou et il nous restait encore à parcourir cent dix autres kilomètres avant d'arriver à Jiri.

Dans notre baraque du bord de la route, une femme couverte de suie et vêtue d'une longue robe noire toute droite nous servit pour le déjeuner du *dal bhat*, le plat népalais typique fait de riz, de lentilles et de légumes accommodés au curry. Nous pliant à la coutume locale, nous y allâmes avec les doigts, et fîmes descendre cette nourriture épicée avec ce thé sirupeux que les Népalais appellent *dudh-chiya*. Craignant que la route devînt bientôt impraticable, le chauffeur ne nous accorda que vingt minutes de pause pour déjeuner. Je réglai l'addition, qui se montait à quatre dollars pour notre groupe de sept personnes, et nous nous remîmes en route, franchissant la Bhote Kosi sur un pont fait de poutrelles, qui ne pouvait accueillir qu'un véhicule à la fois. Les eaux furieuses de la rivière étaient aussi grises que notre car et bondissaient sous le pont de façon menaçante. Nous éprouvâmes tous du soulagement quand nous eûmes quitté le pont et entrepris de négocier la première série de virages en épingle à cheveux de la route de Jiri, construite vingt ans plus tôt par des ingénieurs suisses. La pluie était semblable à un rideau, ne diminuant à aucun moment d'intensité. Je n'arrêtais pas de me dire qu'elle ne pouvait continuer de tomber aussi dru, mais je me trompais.

Nous montâmes une heure durant dans les montagnes du Mahabharat, une chaîne qui sépare les plaines à jungle de Terai de l'Himalaya. Ayant la forme d'un rectange incliné vers le sud-est, le Népal a des côtés de cent quarante-cinq et cent quatre-vingt-dix kilomètres. Sur une étendue aussi réduite, le paysage est très varié, passant de la jungle tropicale à la toundra arctique, de plaines qui sont au niveau de la mer à des sommets de plus de huit mille mètres d'altitude. Le Tata effectuait péniblement ses changements de vitesse, forcé de s'arrêter devant les virages en épingle à cheveux, et à reculer un peu avant d'essayer à nouveau de les négocier. En fin de compte, c'est à deux heures de l'après-midi que nous parvînmes à l'éboulement, quelques kilomètres avant Charikot, un village de cinq cents habitants peut-être, où l'on trouve un poste de contrôle de police. Charikot est le centre administratif de Dolokha, district de la province de Janakpur, située dans la région orientale du centre du pays.

L'éboulement s'était produit au cours de la mousson d'été, à l'époque où l'air chargé d'humidité de l'océan Indien est aspiré vers la zone saisonnière de hautes pressions sud-asiatiques qui recouvrent alors le plateau tibétain. En s'élevant au-dessus des pentes de l'Himalaya, l'air chaud se rafraîchit, des nuages se forment et d'abondantes chutes de pluies en résultent. L'homme a ainsi toujours vu la mousson survenir avec une précision d'horloge, assurant au sous-continent indien l'essentiel de ses précipitations annuelles. Plusieurs mois allaient s'écouler avant que le gouvernement ne puisse réunir l'équipe d'ingénieurs et le matériel nécessaires pour faire place nette à l'endroit de l'éboulement. Les chutes de pluie en provoquent des centaines d'autres lors de chaque mousson. Et, à chaque mousson nouvelle, les éboulements deviennent plus nombreux et, surtout plus importants car la déforestation qui se poursuit rend beaucoup plus vulnérables les pentes exposées.

Nous nous garâmes sur une grande boucle que faisait la route et déchargeâmes tous nos bagages sous la pluie. Nous abritâmes ce que nous pûmes sous les grandes feuilles de nylon vert que nous avions achetées à Katmandou. Gyalzen se mit aussitôt en quête de porteurs pour transbahuter notre équipement de l'autre côté, à vingt minutes de marche du point où nous nous trouvions. Comme par hasard, un groupe comptant de nombreux Français conduits par Jean-Franck Charlet – de Chamonix – et qui voulaient entreprendre l'ascension du Baruntse, s'était arrêté devant nous et avait accaparé toute la main-d'œuvre disponible. Comme il était inutile de rester là sous la pluie, je mis l'une des touques les plus légères par-dessus mon sac à dos et m'engageai sur un sentier glissant qui partait de la route et conduisait à la Charnawati. Je traversai cette rivière en crue sur quelques planches graisseuses qui faisaient office de pont, puis montai le long d'une piste boueuse pour rejoindre la route, de l'autre côté de la rivière. Faire ce bout de chemin ne devait déjà pas être une partie de plaisir par le temps le plus idéal mais, sous cette pluie, ce fut tout simplement l'enfer.

Pasang Tshering avait été chargé de surveiller le matériel entassé sous les feuilles de nylon. Du côté de Charikot, Marjolein et Jaap gardaient nos provisions recouvertes de quelques sacs de plastique noir sortis de l'une des touques. Ils paraissaient anxieux et en proie au doute, comme s'ils regrettaient de s'être laissé embrigader dans une aventure aussi démente. Quant à nous autres – Gyalzen, moi-même, Bir Bahadur, le cuisinier, et Nawa, l'aide-cuisinier – nous fîmes chacun trois voyages, et Gyalzen engagea quelques écoliers pour nous aider au cours du dernier. Nous étions tous trempés jusqu'aux os, donnant l'impression d'être à moitié noyés, et il continuait de tomber des cordes.

Deux cars étaient garés de l'autre côté de l'éboulement. Gyalzen entreprit de négocier avec leurs chauffeurs. Le car attendu arriva sur ces entrefaites de Katmandou, et il laissa débarquer ses passagers sous la pluie, si bien qu'entre le groupe de Français et nous-mêmes, il y avait à présent une forte demande de moyens de transport. Les chauffeurs n'allaient évidemment pas manquer d'exploiter la situation. Les Français réquisitionnèrent un car. Nous affrétâmes le second pour cinq mille roupies (deux cents dollars) et entreprîmes de mettre à bord notre équipement.

Les passagers qui venaient de descendre de ce car allaient apparemment devoir attendre, sous la toile dégoulinante d'une gargote à thé qui avait été provisoirement installée sur le bord de la route, qu'un troisième car arrive de Charikot. Mais, comme notre conducteur n'était pas homme à laisser passer une occasion de faire des affaires, il compta le nombre de sièges vides et fit monter dans le véhicule une trentaine de voyageurs restés en rade, leur faisant payer plein tarif, alors que le prix du car était en principe entièrement réglé. Considérant un autre aspect des choses, il nous fit payer, en sus du tarif normal, huit roupies (trente-deux cents) par kilo de fret pour laisser nos bagages à l'abri de la pluie, rangés en toute sécurité dans l'allée centrale et sur les sièges, à l'arrière. Et le chef de car glissa dans sa poche mille roupies supplémentaires (quarante dollars), plus que le salaire mensuel moyen, qu'il partagerait avec le chauffeur.

La route menant de Charikot à Jiri, qui faisait trente kilomètres, parut interminable. Il ne tarda pas à faire sombre et je fus pris de frissons, mais je me sentais incapable de me faufiler jusqu'à l'arrière du car pour sortir de mon sac à dos une veste et une chemise sèches. La plupart des passagers descendirent à Sikri, trois quarts d'heure avant notre arrivée à Jiri. Il pleuvait toujours. Nous continuâmes à rouler dans la nuit, contournant les flancs de la montagne peu boisée à quinze kilomètres à l'heure à peine, jusqu'au moment où nous entendîmes un bruit sourd et où le car s'arrêta brusquement. Nous avions heurté un rocher. Dans le faisceau de lumière des phares avant, nous pouvions distinguer le début d'un éboulement qui progressait lentement le long de la pente, entre les arbres, pour aboutir à la partie la plus étroite de la route, là où la montagne coupait celle-ci à angle presque droit. Le chauffeur fit marche arrière. Impossible d'aller plus loin, dit-il. Il n'y avait rien à tenter.

Gyalzen sauta à bas du car pour se rendre compte de la situation. L'épaulement était en train de s'ébouler rapidement, et d'autres fragments de roches glissaient sur la chaussée. Il remonta dans le car et demanda aux passagers qui restaient d'aider à soulever les rochers pour les mettre sur le bord de la route et dégager ainsi un passage pour le car. Le chauffeur rassembla tout son courage et fit avancer le Tata en recourant au plus faible rapport qu'il put trouver sur son moulin à café. Une fois qu'il eut dépassé les gravats, nous reprîmes nos places dans le car, à nouveau dégoulinants, pour parcourir la dernière demi-heure de route qui nous séparait de Jiri.

La route traverse le village tout entier et se termine dans une clairière, au-delà d'un ruisseau coulant en cascade. Notre intention première avait été de camper, mais il n'en était évidemment plus question. Il était vingt heures passées, nous n'avions pas mangé depuis onze heures du matin et nous étions fatigués, trempés et transis de froid. Plus d'une douzaine de gîtes bordaient la route de chaque côté. Gyalzen connaissait le propriétaire sherpa du Shakti Lodge où il y avait de la place. Nous déchargeâmes notre équipement, le mîmes à l'abri et l'enfermâmes pour la nuit.

Le propriétaire du gîte ajouta du bois pour alimenter le feu de la cuisinière et nous prépara de copieuses portions de *dal bhat*, accompagnées d'innombrables verres de *dudh-chiya*, le thé au lait sucré d'avance. La pluie continuait de tomber à verse, mais au moins y échappions-nous dans cette pièce chaude, quoique enfumée, éclairée par une lampe à kérosène. Nous étions si obnubilés par nos propres petits malheurs que nous ne pouvions imaginer situation pire où que ce fût ailleurs. Mais, alors qu'il pleuvait à Katmandou et à Jiri (situé à mille huit cents mètres d'altitude), il neigeait à Pangpoche, comme d'ailleurs partout au-dessus de trois mille six cents mètres. Ainsi, pendant que nous jouissions d'un relatif confort, des trekkers, des montagnards et des porteurs sherpas, surpris sur les sentiers de Khumbu, où la tempête avait déposé plus d'un mètre et demi de neige, affrontaient-ils cette même nuit une véritable épreuve, et pour certains d'entre eux la mort.

Au camp de base d'Island Peak, au nord-est de Pangpoche, une avalanche tua deux Britanniques et leurs guides, ainsi que deux membres de la tribu des Tamang, qui habitent les contreforts de l'Himalaya situés à l'ouest de Katmandou, alors qu'ils dormaient sous leurs tentes. Quatre alpinistes espagnols disparurent sur l'arête sud-est du Lhotse Shar, et l'on ne devait plus jamais entendre parler d'eux. Il y eut même deux Sherpas qui moururent de froid sur les sentiers, au-dessus de Namche Bazar, où nous devions arriver dix jours plus tard. C'était une véritable catastrophe. L'érosion des flancs dénudés de la montagne provoquée par cette tempête anormale entraîna des tonnes de débris de rochers dans les rivières de la montagne qui, en crue et offrant un horrible spectacle, allaient se déverser dans le Gange, provoquant un envasement, des inondations et de considérables dégâts. A environ cent cinquante kilomètres en aval des bassins hydrographiques, les paysans indiens perdirent leurs champs et leurs cultures quand les rivières sortirent de leurs lits, laissant derrière elles un sillage de détritus, quand toutefois elles laissaient quelque chose.

Et, tandis que cette tempête faisait rage, une autre tempête, incomparablement moins pernicieuse, répandit dans Wall Street une panique engendrée par la rapacité. Nous avions onze fuseaux horaires d'avance sur New York, et les marchés ouvraient donc tout juste au moment où nous engloutissions notre *dal bhat*. Au cours des heures suivantes, et alors que nous dormions, les marchés allaient s'effondrer, et l'écho de ce krach retentit, paraît-il, dans le monde entier. Mais les habitants de Jiri, dont pas un n'aurait été capable de dire où se trouvait Wall Street, n'entendirent rien, et pas davantage les paysans de la plaine du nord de l'Inde qui luttaient cette nuit-là pour sauver leurs maisons et leurs champs, ou ceux des oueds du Bangladesh, pleurant les milliers de victimes que le cyclone avait jetées à la mer. L'implacable rouleau compresseur des marchés financiers n'en continuait pas moins d'avancer et, le matin, l'indice Dow Jones avait baissé de cinq cent huit points, balayant dans sa débâcle des milliards de dollars de titres et d'actions.

Nous nous levâmes à six heures pour constater que la tempête était passée. Le ciel était bleu, même si des nuages de vapeur se faufilaient entre les montagnes, dérivant en direction du sud. Tout était encore gorgé d'eau. Mais les oiseaux chantaient et la campagne était avenante au moment où Gyalzen partit en quête de porteurs. Outre celui composé de Français qui voulaient entreprendre l'ascension du Baruntse, plusieurs groupes de trekking avaient attendu à Jiri la fin du mauvais temps, et les porteurs étaient donc particulièrement recherchés : il en fallait plus de quatre cents pour accompagner cent trekkers projetant d'aller contempler les superbes plateaux himalayens que, sans le savoir, et sans vraiment s'en soucier, ils allaient contribuer à dégrader.

On estime que chaque trekker, avec ses porteurs, son guide et son personnel de cuisine, consomme en moyenne dix fois plus de bois pour faire la cuisine, la lessive et pour se chauffer qu'un Népalais en déplacement. Aussi, la troupe de plus de cinq cents personnes qui se préparait à quitter Jiri ce mardi matin allait-elle tout ratisser sur son passage, en se rendant à Namche Bazar. Au cours des dix jours que durerait le trek menant à la région de Khumbu, cette troupe, suivie de son intendance, brûlerait de façon directe ou indirecte quinze tonnes de bois. Multipliez ce chiffre par soixante-dix ou par cent pour tenir compte du nombre approximatif d'étrangers qui visitent le Parc national de Sagarmatha chaque année, et les véritables dimensions de ce viol écologique vous crèveront les yeux. A cette catastrophe en cours j'allais contribuer moi aussi, et de cela, je n'étais pas fier.

Pour le moment, nous étions surtout préoccupés de résoudre les problèmes posés par la fête du Tihar qui dure quatre jours, une autre célébration hindouiste programmée deux semaines après la fête de Dasain, vouée au culte de Rama. Mais, comme le premier jour du Tihar honore le corbeau, un oiseau peu apprécié en raison de son rôle d'annonciateur de mauvais présages, cette journée de mardi ne constituait qu'un prologue pour les trois journées suivantes qu'on passerait à danser et à festoyer. Le contingent de porteurs restait pourtant faible, car la plupart d'entre eux se dirigeaient vers leurs villages respectifs, afin de décorer leurs maisons de fleurs et de bougies.

Tihar est en réalité une fête de lumières. Elle a lieu avant que les longues nuits de l'hiver ne descendent du nord pour assombrir les plaines, apportant le froid glacial qui sévit en cette saison et ralentissant le rythme des cultures. La liesse se prolonge en fait cinq jours car il y a un jour de repos avant la célébration finale au cours de laquelle les jeunes femmes ornent d'une *tikha*, ou pastille rouge, le front de leurs frères. Alors que nous avions bon espoir de parvenir au village sherpa de Jumbesi avant le dernier jour du Tihar, et de trouver là des porteurs qui nous accompagneraient plus loin, le risque que notre progression vers Khumbu fût retardée par les festivités religieuses était un motif d'inquiétude car nous détenions la pellicule du Channel 4 de la télévision anglaise. Thornicroft et Harding nous attendaient à Namche Bazar pour le 24 octobre, et il n'était pas possible de couvrir la distance en quatre jours. J'espérais encore le faire en l'espace d'une semaine, ce qui représentait déjà une gageure. Cela signifiait que nous devions nous mettre en route à tout prix, et avancer aussi vite que nous le pouvions. Avec les porteurs que Gyalzen réussit à engager pour un dollar soixante par jour, nous partîmes donc en milieu de matinée pour Shivalaya, à une demi-journée de marche en direction de l'est.

3

La Piste du Kleenex

Nos ennuis commencèrent à Shivalaya, un hameau tout ce qu'il y a de paisible, comptant six ou sept maisons et gargotes à thé sur la rive gauche de la Khmiti Khola, à dix kilomètres à l'est de Jiri. Sitôt que nos porteurs y arrivèrent, mardi en fin d'après-midi, ils commencèrent à rouspéter. Leurs fardeaux étaient trop lourds, disaient-ils. Sachant qu'il y avait pénurie de porteurs, ils demandèrent plus que le double du tarif en vigueur pour poursuivre la route. Mais ce qu'ils voulaient vraiment, c'était retourner chacun dans son village pour les quatre jours de liesse du Tihar, la fête hindouiste des lumières, durant lesquels ils boiraient du *chang*, joueraient aux dés et baratineraient les *didis* (littéralement « sœurs aînées » en népalais, mais il s'agit, en fait, d'une façon d'entreprendre amicalement n'importe quelle femme).

Gyalzen avait entendu dire que soixante porteurs redescendaient le long de la piste, depuis Namche Bazar. Il régla donc notre bande de rouspéteurs et leur dit de retourner à Jiri, assuré qu'il serait en mesure d'en engager seize autres sans problème. Il devait reconnaître par la suite qu'il avait sous-estimé l'importance du Tihar en tant que *pujah*, terme hindi qui fait référence à une célébration religieuse généralement associée à des offrandes votives. Mais, pour les Sherpas qui l'ont adopté, et qui mêlent traditionnellement la piété aux festivités et aux danses, il sert à désigner des célébrations et des rituels de toute sorte. En attendant les nouveaux porteurs, nous dressâmes nos tentes dans la clairière qui bordait la rivière et nous baignâmes dans les hauts-fonds sablonneux, en aval. A l'heure du dîner, il n'y avait toujours pas de porteurs à l'horizon. Persuadés qu'ils seraient là le lendemain matin, nous nous couchâmes tôt. Je sentais un rhume qui s'annonçait et j'avais à la fois mal à la gorge et de la difficulté à respirer.

Le mercredi 21 octobre était le « Jour du Chien », deuxième journée sacrée du Tihar. Notre objectif était d'atteindre Kenja, une localité agricole d'environ cent vingt habitants sur la rive gauche de la Likhu Khola, au confluent de cette rivière avec le Kenja Khola, un torrent rapide qui prend sa source près du col de Lamjura, dans les monts Phambuk tout proches. Kenja se trouve à dix-huit kilomètres de Shivalaya. Pour y parvenir, nous devions franchir le col de Deurali et traverser Bhandar, un village sherpa situé à la lisière de Solu-Khumbu, au cours de notre descente vers la Likhu Khola qui marque la frontière orientale de la province de Janakpur, franchir la Likhu sur une passerelle suspendue puis remonter vers le nord sur trois kilomètres, le long de sa rive gauche. Construit à une altitude de mille six cents mètres – deux cents mètres plus bas que Shivalaya, c'est-à-dire au niveau le plus bas de notre itinéraire conduisant à Pangpoche – Kenja constitue le point d'accès à Solu-Khumbu.

Les soixante porteurs qui, d'après les informations recueillies par Gyalzen, devaient arriver par le col de Deurali, ne se montrèrent jamais, et ceux, très peu nombreux, qui étaient arrivés, paraissaient surtout occupés à miser leur paie sur un jeu de dés local où l'on se sert de coquillages. Nous finîmes par embarquer seize perdants et nous engageâmes sur le chemin du col, à deux mille deux cents mètres d'altitude.

Le voyageur occidental qui emprunte les sentiers et les pistes du Népal est frappé en premier lieu par deux choses : la frénésie des échanges commerciaux entre les villages et l'absence de lignes à haute tension, car il n'y a en effet pas d'électricité, c'est-à-dire pas de télévision, pas de chauffe-eau électriques. On entend bien un transistor de temps à autre, mais pas aussi souvent qu'en Inde, car le Népal est notablement plus pauvre que l'Inde, le revenu annuel moyen des familles habitant les coteaux étant inférieur à cent soixante dollars. Cette pauvreté n'a toutefois rien d'accablant et, dans le Népal rural, les gens m'ont paru en règle générale plus heureux que dans les régions du nord-ouest de l'Inde que j'ai eu l'occasion de parcourir.

Cela est dû au fait que, bien qu'habitant les coteaux et pratiquant une agriculture vivrière, les Népalais disposent, pour le moment, de quantité de torrents de montagne où ils peuvent puiser de l'eau et de suffisamment de forêts encore pour s'y approvisionner en combustible et en fourrage. Ils jouissent donc d'une situation plus enviable à beaucoup d'égards que leurs homologues indiens dont les ressources hydrauliques et forestières sont en constante diminution. Mais la progression démographique du Népal, due à la fois à une forte natalité et à l'immigration illégale, est renversante. Avant de m'y rendre pour la première fois, j'avais consulté mon atlas Rand McNally et, dans l'édition de 1969, il prêtait au Népal une population de neuf millions six cent mille âmes. En 1986, on m'apprit qu'elle avait atteint les seize millions et, deux ans plus tard, elle était, paraît-il, déjà parvenue à dix-huit millions, ayant ainsi doublé en vingt-sept ans. La pression exercée sur la terre, dont quarante pour cent, situés en montagne, sont tout juste arables, est bien entendu très forte. Partout où je posais mon regard, il y avait de nouvelles maisons et de nouvelles parcelles cultivées.

Les champs qui se trouvent sur les deux flancs de la chaîne Deurali étaient grouillants d'activité ce matin-là, les fermiers s'affairant pour réparer les dégâts causés par la tempête du lundi précédent aux murets de leurs champs en terrasses. Ils devaient impérativement le faire avant de semer leur blé pour la récolte d'hiver. Les bois résonnaient eux aussi du bruit des haches coupant le bois, et nous rencontrâmes en chemin des jeunes filles qui faisaient provision de feuilles vertes pour le bétail de la famille, sectionnant tant de branches à la fois que cela revenait à mettre en péril les arbres, tandis que d'autres ramassaient du bois à brûler car toute la cuisine, dans les villages népalais, se fait sur des feux allumés en plein air.

A certains endroits, la piste avait été emportée mais, comme nous nous trouvions encore sur les premiers contreforts, il n'y avait pas trop lieu de se méfier. A Bhandar, de l'autre côté du col, les porteurs se mirent à nouveau à se plaindre que leurs fardeaux étaient trop lourds et menacèrent de s'en aller à moins d'être payés davantage. Gyalzen tint bon, et ils acceptèrent de mauvaise grâce de continuer jusqu'à Kenja, où les derniers d'entre eux pénétrèrent en traînant les pieds dans la cour du Sonam Lodge, tout au bout du village, après la tombée de la nuit. Le gîte appartient au *pradan pancha*, qui préside le *panchayat* du village, ou conseil municipal élu localement. Ce Sherpa à la taille et à l'allure imposantes respectait scrupuleusement les divinités et les traditions des hindouistes qui, bien qu'établis depuis une date relativement récente sur la rive gauche de la Likhu, représentaient une majorité dans cette région occidentale de Solu.

La rémunération habituelle d'un porteur est de quarante roupies (un dollar soixante) par jour pour des fardeaux pouvant aller jusqu'à trente kilos. Avec ces quarante roupies, ils sont censés payer leurs repas et acheter leurs vêtements ainsi que leurs chaussures. Beaucoup parmi eux vont pieds nus. Ils mangent une montagne de riz à chaque repas, et le font descendre avec du *dudh-chiya*. Les quarante roupies qu'ils recevaient de nous leur permettraient encore de faire une partie de dés à Jiri avant la fin du Tihar. Ils engloutirent donc leur riz, et bien qu'il fît nuit noire, repartirent au pas de course le long du sentier, jusqu'au début de la route. Nous nous retrouvions donc avec cinq cent cinquante kilos de bagages, sans porteurs.

Plusieurs choses évoluèrent durant cette halte à Kenja dont nous nous serions bien passés. Il y eut d'abord le fait que Gyalzen se mit à m'appeler « Père ». Je n'ai jamais su si c'était à cause de ma barbe – car les Sherpas, comme les Eskimos, ont peu de poils au visage et ceux qui en ont sont généralement les patriarches du village – ou en raison du souci que je me fis avant même leur arrivée à Katmandou, pour ma famille de touques.

Gyalzen avait commencé à me réprimander au sujet de la quantité de bagages que nous transportions. A l'intérieur des touques se trouvaient trois appareils photo, un assortiment de lentilles, deux télescopes dont un électronique, deux jumelles, deux baladeurs-enregistreurs, une radio, deux altimètres Thommen, une boussole, du matériel d'alpinisme, des tubes de lait condensé et de pâté de viande, du chocolat Fitness enveloppé dans du papier d'aluminium, un vaste choix de livres, de la pellicule, des batteries, des cassettes et du papier toilette. Mais je ne voyais pas comment nous pourrions faire tout ce que nous espérions faire avec moins que cela.

Ce que j'espérais faire, c'était évidemment photographier le yéti. Là aussi, je m'aperçus que Gyalzen souhaitait de tout son cœur deux choses pour moi. D'abord, il voulait me voir bénir, et plutôt deux fois qu'une, par un abbé. J'imagine que, dans son esprit, cela pouvait contribuer à me rendre plus acceptable aux yeux du yéti et des dieux dont les Sherpas pensent qu'il protège l'intimité et l'environnement. Ensuite, il voulait m'apprendre à voyager avec peu de bagages, comme les Sherpas, dans les régions difficiles d'accès, et même en fait n'importe où.

A mesure que nous progressâmes dans nos pérégrinations, c'est-à-dire à mesure que nous eûmes moins de choses à manger, moins d'argent pour reconstituer nos stocks, moins de pellicule à transporter, moins de résistance aux températures extrêmes, bref, à mesure que nos ressources de toute sorte diminuaient, cela finit bien par arriver. Pour l'instant, néanmoins, nous entrions dans le troisième jour du Tihar, appelé « Jour de la Vache ». Ce matin-là, les villageois avaient décoré leur bétail avec des soucis et des boutons-d'or et leur offraient des rations supplémentaires de fourrage.

Le village de Kenja n'existait pas vingt ans plus tôt. Il fut construit par des cultivateurs hindouistes attirés par le bois et l'eau qu'on trouvait en abondance sur le versant à l'abri du vent du grand massif de Lamjura. Kenja, c'est aujourd'hui un bureau de poste et vingt maisons, dont les propriétaires vivent essentiellement de ce que leur rapporte le trekking. La plupart des maisons à deux étages ont des balcons de bois et des toits en saillie. Elles sont bien tenues, certaines étant chaulées et ornées de géraniums et de clématites grimpantes. Comme Kenja se trouve dans la zone intermédiaire entre deux religions majeures, on voit s'y mêler croyances et pratiques. Les Sherpas sont bouddhistes, mais le Tihar est un festival hindouiste. Quand Gyalzen ne parvint à trouver aucun porteur à Kenja, il se dit que dans le village sherpa de Sagar, sur le flanc nord de la montagne, il lui serait possible d'engager des porteurs qui accepteraient de travailler pour une rémunération convenable. Et il partit donc dans cette direction.

Sonan Lodge commença à se remplir en fin d'après-midi. Parmi les nouveaux venus, il y avait une biochimiste anglaise et son frère, un couple de Yougoslaves, un jeune Népalais accompagné de sa femme et de leur enfant malade, et un trio bizarre : une jeune femme à la chevelure foncée venant du New Jersey, son amant australien aux yeux en amande et une Allemande blonde qui faisait du trekking avec eux. Le couple népalais n'ayant pas d'argent, le *pradan pancha* les invita à rester sans payer sur le balcon qui donnait sur la cour du gîte. Leur nourrisson était couvert de taches rouges. Il n'arrêtait pas de pleurer et avait besoin de soins médicaux, mais le dispensaire le plus proche était à deux heures de marche, en direction du sud. J'imagine que le jeune mari, qui ne paraissait pas avoir plus de vingt ans, et sa femme, qui en avait environ dix-huit, espéraient trouver du travail à Kenja et gagner suffisamment de roupies pour consulter le *hakim* du coin, autant dire un charlatan.

Gyalzen fut de retour vers la tombée de la nuit, bredouille et déprimé. Il avait appris que les deux groupes de trekking les plus nombreux – celui, français, qui venait de Chamonix et un groupe anglais de la compagnie Exodus – avaient à présent une journée d'avance sur nous et avaient accaparé le marché des porteurs. Avec nos cinq cent cinquante kilos, nous étions littéralement bloqués sur les sommets du Lamjura.

Cette nuit-là, le *pradan pancha* servit à tout le monde du chang. Ses trois filles avaient décoré le gîte avec des soucis, des capucines et une rangée de bougies, et quatre petites filles népalaises vinrent chanter pour nous dans la cour. Elles étaient timides, oubliaient les paroles de leurs chansons et essayaient de se cacher l'une derrière l'autre. Pasang Tshering était fasciné. Comme les petites filles étaient hindouistes et lui bouddhiste, il ne connaissait pas les paroles de leurs chansons, mais essayait de les apprendre. Le groupe conduit par la jeune femme du New Jersey, qui dînait pour la seconde fois sur le balcon, n'avait pas l'air intéressé et continuait de bavarder en marge du récital, comme si les enfants n'avaient pas été là.

Pour maintenir la dynamique, je décidai de me mettre en route le lendemain matin avec le couple de Hollandais et les trois porteurs que nous avions pu recruter ce jour-là, au nombre desquels le Népalais habitant sur le balcon et que nous appelions maintenant Jeune Mari. Je le dis à Gyalzen, ajoutant que je l'attendrais à Jumbesi. Bien que distant de Kenja de seize kilomètres seulement, Jumbesi s'en trouve séparé par le col de Lamjura qui, à trois mille cinq cent trente mètres d'altitude, est le point le plus élevé entre Jiri et Namche Bazar. La côte menant au col est longue, et je voulais l'avoir derrière moi. Et puis, comme Jumbesi était un village sherpa, il y avait lieu de supposer que nous y trouverions tous les porteurs dont nous avions besoin. Gyalzen partageait mon avis, mais il insista pour envoyer avec nous Nawa, l'aide-cuisinier.

Ce vendredi-là étant jour de repos avant les ultimes célébrations du Tihar, il n'y avait pas grand monde sur le chemin du col. La côte était plus longue que le souvenir que j'en gardais. Au cours de la dernière traversée, j'entrepris de compter mes pas. Quelque part entre mille et deux mille, je perdis le fil, et j'eus l'impression qu'un siècle s'était écoulé lorsque j'aperçus les premières bannières de prière dans la brume. Il m'avait fallu sept heures et vingt minutes, avec des pauses, pour venir à bout des deux mille mètres à pic. J'étais fatigué, j'avais froid, et j'étais impatient d'atteindre la gargote à thé de Tragdobuk pour m'asseoir auprès du feu, boire un verre de *chang* et réchauffer mes orteils.

Tragdobuk signifie Montagne Sous la Pierre. Le village est tapi à l'ombre d'une paroi rocheuse de couleur sombre et les champs découpés dans les forêts environnantes sont entourés de barrières de bois. La *didi* de vingt-deux ans qui tenait le gîte était plus jolie que jamais. J'avais déjeuné là au cours du trek qui, en 1986, m'avait conduit à Namche Bazar, et elle se souvint de moi. Quand j'eus vidé mon quatrième verre de *chang*, Nawa se présenta, et nous bûmes deux verres de *dudh-chiya* chacun avant que je ne reparte en direction de la vallée, le laissant attendre les autres.

Deux vallées font leur jonction là où est blotti Jumbesi, près d'un torrent qui descend vers le sud depuis Numbur, sentinelle encapuchonnée qui culmine à près de sept mille mètres d'altitude et garde les points d'accès à Khumbu. Le sentier qui y conduit depuis Tragdobuk débouche dans un décor évoquant une vallée alpine suisse reculée, avec ses troupeaux de vaches à robes mouchetées. Au printemps, les pâturages sont ici couverts de primevères qui font un tapis pourpre, mais à présent, ils étaient revêtus d'immortelles (Anaphalis) nacrées, donnant l'impression que les flancs des coteaux avaient été recouverts d'une couche de peinture vert pâle. Les maisons isolées sont en pierre, avec des toits de bardeaux, alors que celles du village sont faites d'un enduit de boue et de bouse de yack recouvert d'un crépi blanc et présentent un aspect médiéval, évoquant certaines régions de la Suisse d'il y a cinq cents ans.

L'alignement des falaises se dirige vers le nord, là où les deux vallées se rejoignent sous un rocher qui porte gravé le mantra bouddhiste *O Mani Padme Hum.* Dans les moments difficiles, les Sherpas récitent inlassablement cette prière à l'adresse de Gourou Rimpoche, vénéré à l'égal d'un saint. Ils pensent qu'elle leur apporte le *sonam*, c'est-à-dire le mérite, dont on n'a jamais assez, et le courage, dont ils sont déjà largement pourvus. Quand je bifurquai pour m'engager dans la vallée principale, les dernières lueurs du jour éclairaient encore celle-ci et je me dépêchai de descendre jusqu'au Tashi Pal Chenn Lodge. Toute la journée, tandis que je marchais seul, j'avais remarqué que la piste était jonchée de Kleenex, de papier toilette, de boîtes de cigarettes vides, d'emballages de friandises et de conditionnements de plastique pour délices pharmaceutiques. Aucun doute n'était permis : je mettais mes pas dans ceux d'un groupe important de trekkers.

Une fois parvenu au village, je m'aperçus que les trekkers de la compagnie Exodus avaient monopolisé non seulement tous les lieux de campement, mais aussi pratiquement tous les lits dans les gîtes, qui étaient au nombre de six ou huit. Moins chic que les autres, le Tashi Pal Chenn Lodge n'était pas encore complet. Quand Marjolein et Jaap arrivèrent une heure plus tard, ils le trouvèrent un peu rudimentaire, mais convinrent qu'il ferait l'affaire pour la nuit. Nawa et Jeune Mari, qui transportait la redoutable touque numéro huit contenant les trente-cinq kilos de pellicule ainsi que d'autres pièces de matériel, arrivèrent ensuite, trébuchant dans l'obscurité. Gyalzen avait chargé Jeune Mari, qui était un très petit gabarit, du fardeau le plus lourd. En descendant les marches de pierre qui conduisaient au village, ce dernier faillit faire un faux pas et se casser un membre, mais il réussit à retrouver son équilibre et passa quelques instants à trembler sur place avant de se lancer sur les dernières marches. Je lui pris la main et le guidai avec le faisceau de lumière de ma lampe de poche, puis je retirai doucement la touque de sur son dos. Son manteau et ses jambières étaient trempés de sueur. Nous lui procurâmes immédiatement un verre de chang.

Nawa annonça que les autres porteurs chargés des touques neuf et onze avaient franchi le col et ne tarderaient pas arriver. Aussi, muni de ma lampe de poche, je remontai le long de la piste pour les attendre. Ils avaient également le ballot et les sacs de couchage du couple de Hollandais, Jaap et Marjolein ayant posé comme condition de ne porter aucun poids. J'attendis près d'une heure à côté du grand rocher, mais les deux hommes ne se montrèrent pas.

Quand bien même nous étions en pays sherpa, la vallée était parsemée des feux de joie du Tihar, rappelant qu'on célébrait le lendemain, en clôture du festival, le « Jour des Didis ». En retournant à l'hôtel, tous les hommes que je rencontrai en route étaient sérieusement éméchés par le chang : ils psalmodiaient sur les terrasses, devant leurs maisons, et dansaient bras dessus, bras dessous, se balançant d'avant en arrière, après avoir formé des rondes de huit ou dix personnes qui tournaient lentement. Le propriétaire sherpa du Tashi Pal Chenn Lodge se risqua à dire que les deux porteurs manquants allaient sans doute dormir à l'abri d'un rocher cette nuit-là et qu'ils se remettraient en route tôt, le lendemain matin.

Jeune Mari franchit à nouveau le col de Lamjura le samedi matin pour ramener un autre fardeau. Les porteurs manquants n'ayant toujours pas donné signe de vie, Nawa et moi partîmes à leur recherche. Nous les retrouvâmes près de Tragdobuk. Le plus vieux des deux boitait. Il s'était foulé une cheville et ne progressait que lentement. Nous leur achetâmes du thé au lait et leurs dîmes de se reposer puisque nous n'avions aucune nouvelle de Gyalzen.

Lorsque nous fûmes enfin de retour au Tashi Pal Chenn Lodge, j'étais abattu, mais tout de même soulagé à l'idée que les célébrations du Tihar étaient à présent terminées et que la plupart des porteurs seraient à nouveau à pied d'œuvre le lendemain matin, leurs dokos ornés de fleurs, eux-mêmes tout propres et briqués et en manque d'argent après une semaine presque entière passée à boire, à jouer et à danser. Jaap et Marjolein étaient eux aussi mécontents. Ils avaient découvert que le porteur éclopé et son camarade avaient dormi dans leurs sacs de couchage, la nuit précédente.

Jumbesi est l'un des plus vieux villages de Solu. Le *gompa* [1] Tashi Thongmon qui en occupe le centre porte au-dessus de sa porte une plaque précisant qu'il fut fondé en 1636 de notre ère. Le village est plus grand que Kenja et se développe bien plus rapidement, avec de

1. *Gompa* vient du tibétain et signifie *lieu de méditation*. C'est le terme utilisé pour désigner un temple bouddhiste.

nouveaux gîtes qui se créent au-delà du *chorten*-à-l'œil-qui-voit, tout le long de la pente menant à la Jumbesi Khola. Au nord du village, en un lieu appelé Mopung, le monastère Tupden Choeling a été construit il y a vingt et un ans par des moines tibétains réfugiés. Tupden Choeling renfermant les pièces essentielles du reliquaire et du trésor du monastère de Rongbuk, situé sur la face nord de l'Everest, je décidai d'occuper mon temps à le visiter, puisque j'étais toujours sans nouvelles de Gyalzen en cette deuxième journée que je passais à Jumbesi. Les moines de Rongbuk ont emporté le trésor et lui ont fait passer clandestinement le Nangpa La, un col élevé et particulièrement redoutable sur la voie qu'empruntaient traditionnellement les commerçants sherpas entre le Tibet et Solu-Khumbu, avant que le monastère, vieux d'un demi-millénaire, ne soit détruit par les troupes chinoises au milieu des années soixante. Dans la grande salle des prières de Tupden Choeling, derrière le fauteuil de l'abbé, se trouve une coiffe de cérémonie en argent incrustée de saphirs, de diamants, d'opales et d'agates. Lorsque je pénétrai dans la salle des prières, deux moines étaient en train de réciter des textes des tantras sacrés, donnant l'impression de s'adresser à un second fauteuil, en forme de trône. Ce fauteuil, m'expliqua à voix basse le moine qui se trouvait à mes côtés, est réservé au dalaï-lama, pour le cas où il visiterait un jour le monastère.

Si le monastère est devenu une importante étape sur les chemins écartés du bouddhisme tantrique, c'est parce qu'il abrite une imprimerie utilisant des caractères en bois taillés à la main pour reproduire beaucoup des saintes écritures bouddhistes et les textes les plus précieux servant à l'instruction religieuse. Les troupes chinoises avaient cherché à les détruire à tout jamais. Les milliers de caractères, noircis par l'encre depuis une douzaine de générations, sont entretenus avec amour par les moines, qui les conservent dans une pièce aux murs couverts de rayonnages, dans l'aile située à l'est de la cour principale du monastère. Ces caractères représentent pour eux la certitude que le corpus du rituel mahayana survivra le temps d'au moins une douzaine d'autres générations. Car Gutenberg n'a pas encore fait son entrée à Mopung et ne le fera sans doute jamais.

Gyalzen arriva ce soir-là sous une averse. Les porteurs, expliqua-t-il, étaient bloqués au col de Lamjura et ne nous rejoindraient que le lendemain matin. Après six jours passés sur la partie basse de la Piste du Kleenex, notre machine ne tournait toujours pas à plein régime, et l'équipe de Channel 4 devait se demander ce qui était advenu de ses rouleaux de pellicule. Mais j'étais seul à me faire du souci à ce sujet. Pour Gyalzen, notre rendez-vous avec le Tihar avait été un coup du sort, et nous n'y pouvions donc rien. Quant au couple de Hollandais, il se moquaient bien d'avoir du retard ou pas. Se sentant à présent plus sûrs de leurs capacités de trekkers, ils étaient assez contents de flâner, et prenaient le temps de savourer cette campagne enchanteresse.

Pasang Tshering m'accompagna le lendemain matin au cours de l'étape suivante qui devait nous conduire à Manidingma. La journée commença sous un soleil qui brillait dans un ciel tout bleu et, avec Jaap et Marjolein, nous partîmes en direction de l'Apple House à Ringmo, distant de dix kilomètres. Ringmo est d'une impressionnante propreté. La campagne environnante est couverte de vergers et les villageois font du cidre, des beignets et des tartes aux pommes qu'ils vendent aux trekkers. Les pionniers de la Piste du Kleenex avaient donné à la plus grande maison de Ringmo, une pension de trois étages, le nom d'Apple House qu'elle porte aujourd'hui avec fierté, inscrit sur une enseigne peinte à la main qui surmonte sa porte d'entrée. Tout le monde aime s'y arrêter avant d'entreprendre l'ascension du col de Tragsindo. Nous y déjeunâmes et mîmes ensuite le cap sur la fabrique de fromage, située au sommet du col, où nous goûtâmes une imitation de gruyère tout en nous abritant d'un orage qui avait éclaté en début d'après-midi. Quand la pluie diminua d'intensité, je dévalai la montagne avec Pasang Tshering pour attendre à Manidingma Jaap et Marjolein. Nous pensions que Gyalzen arriverait lui aussi avant la tombée de la nuit avec quelques porteurs d'appoint.

Manidingma a mauvaise réputation. Les Sherpas sont nombreux à éviter de s'y arrêter car ils sont persuadés que les habitants du village pratiquent la magie noire. Des voyageurs ont disparu à Manidingma. On raconte qu'ils auraient été empoisonnés par des *shamans* qui cherchaient à se rendre maîtres d'âmes errantes. Une fois en possession de l'âme d'un mort, le *shaman* l'utilise pour donner la chasse à des rivaux ou à des ennemis gênants.

Les deux fois où je suis passé par Manidingma, j'ai trouvé ce lieu désagréable. Autant Jumbesi et Ringmo sont propres, autant Manidingma semble crasseux et fruste. Ses habitants donnent l'impression d'être hargneux, quand bien même la plupart d'entre eux vivent grâce aux trekkers. Mais ce sont d'abord des bûcherons et, depuis ma visite précédente, dix-huit mois plus tôt, ils avaient fait merveille dans le saccage des forêts environnantes, abattant des centaines de pins, de rhododendrons, de magnolias et de chênes. Pour les écorcer, ils roulent leurs troncs sur des tréteaux primitifs et, avec des outils rudimentaires, ils en tirent des poutres et des planches, exportant le bois d'œuvre grossièrement équarri dans toutes les régions de Solu-Khumbu.

Selon les chiffres publiés par le Conseil du roi Mahendra, quatre cent mille hectares de forêts sont perdus chaque année au Népal pour fournir du bois d'œuvre, mais aussi du combustible et du fourrage. Depuis que le pays a été ouvert au trekking, au début des années cinquante, la moitié de sa couverture forestière a disparu. A mesure que la forêt se réduit, la mousson devient chaque année plus dévastatrice, provoquant davantage d'éboulements qui obstruent le système fluvial avec de la vase. L'envasement suscite en aval des inondations, et une plus grande érosion des sols dans le cadre d'un cycle de destructions en constante progression.

Sir Edmund Hillary qui, avec Tenzing Norkey, a été le premier à conquérir l'Everest en 1953, a lancé cette mise en garde : « Si l'on n'y met pas bon ordre sans tarder, les coteaux du Népal seront désertifiés d'ici une trentaine d'années seulement. » Les chiffres sont terrifiants : un cinquième de la population mondiale – quelque huit cents millions de personnes – dépend d'une gestion saine de l'Himalaya. Si l'Himalaya est déforesté, on estime que les modifications écologiques qui en résulteront feront de l'Inde un désert en l'espace d'un demi-siècle. Cela entraînerait une catastrophe humaine d'une envergure telle que la sécheresse et les problèmes sanitaires en Afrique paraîtraient mineurs en comparaison. Le tourisme apporte sans doute au Népal l'essentiel de ses devises, mais la première exportation du pays est celle des terres arables. A cause de la déforestation, le Népal perd chaque année plus d'un milliard de tonnes de terre.

Ce soir-là, alors que l'obscurité montait des vallées, nous n'avions toujours pas de nouvelles de Gyalzen. Pasang Tshering commença à s'inquiéter. Avec Jaap et Marjolein, nous nous installâmes au Mountain Trekkers Lodge, l'un des endroits les plus crasseux que j'aie jamais vus. Tout en sirotant du *dudh-chiya* près du feu, dans la cuisine située au premier étage, je regardai un régiment de puces qui sautaient ici et là sur la vaste plaine d'une couverture fripée, posée sur un canapé d'angle. Après un dîner composé de *dal bhat*, on nous conduisit tous les quatre dans une chambre dégoûtante et l'on nous gratifia de quelques couvertures sales. Je donnai à Pasang Tshering mon sac de couchage et je passai une mauvaise nuit, les pieds enveloppés dans mon sac à dos vide et le reste de mon corps drapé dans une couverture infestée de puces, et qui ne me couvrait qu'à moitié.

Gyalzen arriva le lendemain matin. Étant partis tard de Jumbesi, lui et les porteurs avaient été surpris par l'orage à la hauteur du col. Une fois de plus, les sacs de couchage de Jaap et de Marjolein avaient constitué une literie bien chaude pour les deux porteurs et nos Hollandais s'en plaignirent à voix haute. Bien que manifestant une plus grande assurance, il ne faisait pas de doute qu'ils regrettaient maintenant de s'être ralliés à notre caravane pour parvenir jusqu'à Namche Bazar. Ils se refusèrent à poursuivre la route si désormais leurs effets ne les accompagnaient pas. Mais, pour que les rouleaux de pellicule continuent leur progression vers Namche Bazar, je ne pouvais pas laisser diminuer la pression : je donnai donc immédiatement le signal du départ avec pour objectif le village de Kharikhola, à douze kilomètres du lieu où nous nous trouvions.

Après avoir franchi la Dudh Kosi sur une passerelle en corde et une série de troncs d'arbres remplaçant un pont qui avait été emporté, nous parvînmes pour la plupart à Kharikhola en milieu d'après-midi. Bir Bahadur entreprit d'installer notre cuisine auprès d'une gargote à thé, tout au bout du village, et je mis à profit ce temps de pause pour laver des vêtements dans une source d'eau froide, au bord du sentier. A mon retour à la gargote à thé où nous avions entreposé notre équipement, je trouvai un garçon âgé d'environ seize ans qui m'attendait. Il me remit un mot de John Thornicroft, le producteur de Channel 4, et de Mike Harding, l'animateur de son émission.

Robert,

Nous avons un besoin urgentissime *de la pellicule et des bandes magnétiques pour pouvoir travailler. Nous sommes ici depuis le 23 octobre au matin. Pouvez-vous nous envoyer immédiatement dix bobines de pellicule, dix bobines de bande magnétique et toutes les batteries ?*

Pouvez-vous aussi doubler le nombre des porteurs pour faire parvenir à Namche le reste de notre équipement ? Nous réglerons les suppléments. Nous sommes tout bonnement aux abois.

Mike Harding,
John Thornicroft

Le jeune homme dit qu'il était à ma recherche depuis deux jours. Il voulait repartir immédiatement. Mais ce n'était pas possible. La touque numéro huit qui contenait la pellicule n'était pas encore arrivée sur le terrain de camping. Une heure plus tard, une adolescente, la *bahini* (petite sœur) du jeune homme, se présenta avec un autre mot, encore plus comminatoire, signé de l'équipe de Channel 4 qui se plaignait amèrement du retard et demandait à emprunter deux de nos tentes Phœnix.

En dépit du désarroi que notre retard provoquait à Namche Bazar, Gyalzen était content ce soir-là. Pour la première fois depuis notre départ de Katmandou, tout donnait l'impression d'aller comme sur des roulettes. Le dîner fut abondant et de qualité, avec des légumes frais et de la salade achetés au village. Après le café, j'allai droit au lit, ayant l'intention de mettre le cap sur Namche Bazar tôt le lendemain matin en compagnie de mes deux jeunes amis et avec la pellicule, les bandes magnétiques, les batteries et les tentes réclamées par Thornicroft et Harding.

Cela promettait d'être une dure marche de deux jours, où nous suivrions sans cesse le cours de la Dudh Kosi en direction du nord. Les montagnes escarpées qui encadrent la rivière avaient été sérieusement mises à mal par la rupture, en août 1985, du glacier de Langmoche, à l'ouest de Namche Bazar. Une partie du glacier était tombée dans un lac, au-dessus du village de Thame. Le lac, si petit qu'il ne figurait pas sur la carte définitive de la région – la carte de Khumbu Himal, par Schneider – déborda comme une baignoire trop pleine, propulsant un mur de boue et d'eau dans la rivière qui se trouvait plus bas. A cause des débris divers mêlés à la boue, le mur ne descendit le courant que lentement, laissant aux gens le temps de fuir en amont, mais il emporta des douzaines de yacks et balaya tous les ponts entre Thame et le point de jonction entre la Dudh Kosi et la Sun Kosi, bien plus au sud que l'endroit où nous étions. En descendant le courant, le mur de débris balaya également les forêts et les flancs des coteaux, laissant dans le paysage d'horribles crevasses que, depuis, chaque mousson nouvelle n'a cessé d'élargir. La rupture du Langmoche apporta une preuve ambulante de la fragilité de l'écologie himalayenne et montra comment le plus petit déséquilibre causé par la nature ou par l'homme peut créer d'irréversibles dégâts.

Afin de préserver les forêts du parc national de Sagarmatha qui couvre sinon entièrement du moins en grande partie Khumbu, le gouvernement a interdit l'abattage des arbres. Des dérogations sont consenties pour la construction de nouvelles maisons ou la réfection partielle de celles qui existent déjà mais, dans l'un ou l'autre cas, un permis spécial doit être demandé au directeur du parc. Les personnes résidant à l'intérieur du parc ne sont autorisées qu'à ramasser les branches tombées à terre ou à couper des arbres abîmés, condamnés à mourir. Des amendes, et même des peines de prison, sanctionnent les contrevenants. Les visiteurs, aussi bien que les guides et les porteurs qui les accompagnent, sont censés se servir de kérosène ou de gaz butane pour faire la cuisine. Les mêmes restrictions s'appliquent aux exploitants des gîtes et des gargotes à thé, à moins que ceux-là ne se procurent leur bois à brûler hors des limites du parc. Cette réglementation a eu pour résultat qu'entre Kharikhola et l'entrée du parc à Jorsalle, des forêts entières ont été rasées, et leur bois débité en bûches et expédié à dos de yacks ou de coolies à Namche Bazar, Kunde, Khumjung et ailleurs encore, le long des itinéraires suivis par les trekkers, où on le vend cent roupies (quatre dollars) le fagot.

Même au cours des dix-huit mois où je n'étais pas revenu, l'abattage des arbres, au rythme où il se faisait, avait transformé les flancs boisés de Pharak en champs parsemés de souches. Sur les coteaux entourant Kharikhola, on trouve essentiellement des forêts de rhododendrons. Celles-ci sont d'une extraordinaire beauté, surtout au printemps, quand les rhododendrons sont en fleur. Chipkoleader Sunderlal Baguhuna, dont le père est garde forestier, m'avait dit qu'il faut deux cent cinquante ans à un rhododendron pour arriver à maturité – l'arbre atteint alors quelque vingt mètres de hauteur – mais seulement une heure ou deux pour l'abattre, et peut-être quatre jours pour le brûler en tant que combustible. A cause de l'érosion provoquée par la mousson, ces forêts uniques, mais qui disparaissent rapidement, pourraient bien ne jamais pousser à nouveau.

A un tournant du sentier, avant d'atteindre le marché en plein air de Namche Bazar, il y a une gargote d'où l'on voit au loin l'Everest. Nous y arrivâmes aux alentours de quatorze heures, le jeudi 29 octobre, alors que nous étions en route depuis sept heures et demie du matin et que nous avions escaladé durant six heures et demie plus de mille mètres à pic. J'étais éreinté. En gravissant péniblement le dernier escarpement avant la gargote, je me concentrais, tête baissée, sur chacun de mes pas.

– Robert, pourquoi avoir mis tout ce temps? entendis-je quelqu'un demander.

Je levai les yeux et vis John Thornicroft. Il attendait là depuis quatre jours avec son escorte de techniciens et de guides, et il faisait les cent pas dans un état d'extrême nervosité.

– Nous avons été à deux doigts de tout annuler, dit-il. Ce retard nous a coûté six mille livres sterling, vous savez. Il faudra nous sortir d'ici en hélicoptère... Nous ne pourrons pas faire le trek jusqu'au bout. Où sont les dix rouleaux de pellicule?

Son ton était lourd de reproches, comme si j'avais fait exprès de traîner les pieds. Je dis à John que leurs trente-cinq kilos de pellicule avaient été un fardeau dont nous nous serions bien passé. Le retard était à coup sûr regrettable, mais les circonstances avaient été littéralement imposées par les dieux.

John ne comprenait pas. Il voulait savoir pourquoi je n'avais pas laissé la pellicule à Katmandou : ils l'auraient alors emportée sur l'avion qui les avait déposés sur la piste d'atterrissage de Lukla, à une journée de marche au sud de Namche Bazar, à la hauteur de la même piste que je venais d'emprunter. Je lui rappelai les instructions qu'il avait laissées à mon intention à Katmandou.

– Nous vous avons attendu six jours, poursuivit-il. C'est une vraie catastrophe.

Lassé de ses reproches, je repris mon ballot et m'en allai sans dire un mot. Thornicroft me rattrapa un peu plus tard, toujours hors de lui. « Nous avons encore tant de choses à faire et pratiquement pas de chance de sauver la situation », ne cessait-il de répéter. Puis il regarda mon sac à dos et demanda quel poids je portais. « Vingt kilos, lui dis-je. – Eh bien ! » fit-il.

Pour être sûr qu'il avait compris, je répétai encore une fois que, quand il n'aurait plus besoin des tentes, il fallait qu'il les retourne chez Gyalzen Sherpa, à Pangpoche.

– Ah oui, le gardien du gompa, dit John.

– Non, rectifiai-je. L'un des villageois qui veillent à l'entretien du gompa.

– Parfait, dit-il. J'enverrai quelqu'un les porter au gompa.

– Non, pas au gompa, John. Chez Gyalzen Sherpa.

– Ah, d'accord. Chez lui, à la maison. Bon, il faut que je vous quitte, Robert, et que je retourne au Tramserku Lodge. Nous devons charger le matériel et filmer l'arrivée de ce groupe de trekkers. Je vais peut-être crever en remontant jusqu'au gîte. Mike Harding est furibond.

Et il s'éloigna.

Je marchais en direction de Pasang Lodge, situé tout en haut du village, près de la colline appelée Mendalphu. Comme je passais devant le Tramserku Lodge, la *bahini* adolescente qui, à la suite de son frère, était venue me trouver avec un message à Kharikhola sortit sur le balcon et m'invita à entrer. Je me dis que John s'était peut-être souvenu qu'il devait me rembourser le portage : une somme qui n'était pas considérable, après tout, mais qui n'aurait pas été de refus. En fait, comme j'avais prétendument coûté à l'équipe six mille livres sterling, cette hypothèse n'était pas très vraisemblable. Une autre supposition que je pouvais faire était que John voulait peut-être m'offrir un verre de thé et s'excuser pour son éclat à la gargote, au pied de la côte.

A l'intérieur du gîte, il n'y avait pas trace de Thornicroft. Je vis un homme petit, semblable à un gnome, avec des cheveux tirant sur le roux, une barbe et des yeux qui lançaient des éclairs, occupé à donner des instructions à un guide sherpa. « Nous devons filmer l'Everest View Hotel demain matin », dit-il à la façon d'un ordre. C'était Mike Harding, boute-en-train de la télévision britannique, et ancien président du club des trialistes anglais.

« Petite sœur » avait de toute évidence commis une erreur. Elle avait dû penser que je faisais partie de l'équipe de Channel 4 et que j'avais étourdiment dépassé le Tramserku Lodge qui leur servait de quartier général. Harding, que je n'avais encore jamais rencontré, me regarda de l'air de quelqu'un qui se demande : « Mais qui êtes-vous donc, enfin ? » Je me présentai. Son visage s'empourpra et j'eus droit à un silence glacial. Il se tourna à nouveau vers le Sherpa : « Je t'ai dit de te dépêcher ! » aboya-t-il. Quand enfin il en vint à considérer ma présence, tout ce qu'il devait avoir de désagréable à me dire se réduisit à cette interrogation :

– Mais pourquoi n'avez-vous pas laissé la pellicule à Katmandou ?

– On m'avait demandé de la transporter jusqu'à Namche Bazar. Croyez-moi, ça m'aurait bien arrangé de la laisser sur place. Elle ne nous a valu que des problèmes.

– Vous avez compromis notre tournage.

Je trouvai que c'en était trop.

– C'est vraiment de l'amateurisme de votre part que d'avoir laissé en rade toute votre pellicule. Je pensais que vous en aviez une partie avec vous.

– Nous n'avions que deux rouleaux en arrivant ici.

– Eh bien, j'ai fait ce que j'ai pu, en toute bonne foi et dans des conditions difficiles. Mais si c'était aussi important, je ne comprends pas pourquoi vous n'avez pas embarqué la pellicule sur l'avion qui vous emmenait à Lukla.

– Parajuli a dit que ce n'était pas possible.

Je n'en crus pas un mot.

– Dans ce cas, vous n'auriez pas dû vous en remettre à ce qu'on vous disait, mais vérifier la chose par vous-même.

Il sortit alors de la pièce d'un pas lourd et bruyant. Je ne savais toujours pas quoi faire du reste de la pellicule, une fois que Gyalzen l'aurait apportée. Et, à franchement parler, cela ne m'intéressait plus. Je quittai le Tramserku Lodge et, complètement démoralisé, j'entrepris l'ascension de la colline, me dirigeant vers le Pasang Lodge, situé en face des locaux où travaillait le personnel du parc national. La montée me prit dix minutes, le gîte dominant la dépression en forme de cuvette qui abrite la centaine de bâtisses délabrées de Namche. Bien qu'une brume grisâtre se fût insinuée jusque-là, je pris une douche chaude – la première depuis Jumbesi – dans la petite cabane au toit surmonté d'un seau d'eau et qui servait de salle de douches, puis j'enfilai des vêtements propres avant d'aller faire un dîner de viande de yack frite à l'ail. Mais ma fatigue était plus grande que ma faim, et transi de froid, j'allai me coucher tôt.

4
Namche Bazar

Le ciel se dégagea durant la nuit et, le lendemain matin, la colline de Mendalphu était couverte de givre. Dans l'amphithéâtre naturel qui se trouvait plus bas, les maisons et les hôtels de Namche Bazar avaient l'air d'un village miniature.

Namche Bazar a une population d'environ cinq cents habitants qui triple toutefois chaque samedi à cause du marché en plein air. Cet événement bruyant, tout autant social que commercial, a lieu sur une aire aménagée en terrasses, à l'entrée sud du village. Parce qu'il abritait le seul marché de la région, Namche est devenu *de facto* la capitale de Khumbu et sa plus vaste « métropole ». Tous les chemins du district conduisent à Namche.

Pour en imaginer le décor, il faut se figurer une cuvette posée sur une petite table et appuyée contre un mur. La partie avant de la cuvette a été cassée, si bien qu'un tiers en est ouvert. Namche Bazar se trouve dans une cuvette comme celle-ci, posée sur une table assez haute. Mis à part le fond de la cuvette, il n'y a pas de terrain plat à Namche et les maisons rectangulaires sont juchées sur les terrasses qui l'entourent de trois côtés. Sur le plancher, au pied de la table, le confluent de deux rivières, la Dudh Kosi et la Nangpo Tsangpo, se trouve enserré dans un cañon profond.

L'altitude du plancher du cañon est de deux mille six cent quarante mètres. L'altitude du fond de la cuvette est de trois mille quatre cent cinquante mètres. Le sentier qui va de la Dudh Kosi jusqu'à la cuvette monte presque à la verticale sur quelques centaines de mètres, avec des marches taillées dans la paroi rocheuse, puis il se met à serpenter à travers une forêt d'épicéas et de feuillus jusqu'à l'Everest Tea House, à ne pas confondre avec l'Everest View Hotel qui se trouve au-dessus de Namche, sur le chemin menant à Khumjung. Dans la cuvette elle-même, il n'y a pour ainsi dire pas d'arbres.

En gravissant le sentier, le veille, j'avais remarqué que lorsqu'on quittait Pharak, la campagne se muait progressivement en un paysage brun. On y voit ici et là des champs bruns et des pâturages bruns. Les flancs de la montagne sont bruns, avec des arbres bruns, des maisons de pierre brune, et les gens sont bruns. Ils ont de petits enfants bruns, habillés des pieds à la tête de brun. Seules les cimes enneigées des sommets les plus hauts sont argentées, et le ciel est intensément bleu. A l'intérieur de la cuvette de Namche, il y a de la poussière brune partout : une mince pellicule de cette poussière se dépose sur toutes choses et, à chaque pas que je faisais, un nuage de sable brun montait à l'assaut de la jambe de mon pantalon, s'infiltrant bientôt dans le moindre pli pour crisser contre ma peau trempée de sueur.

La piste qui monte depuis la rivière pénètre dans Namche Bazar par la place du marché, à la base de l'épaulement sud-est de la cuvette. Au-delà de la place du marché, les maisons sont serrées les unes contre les autres le long d'allées qui se coupent à angles droits, la plus grosse concentration d'habitants se trouvant à l'arrière de la cuvette : un champ brun entouré d'un mur de pierres sèches, avec un chorten-à-l'œil-qui-voit de couleur brune et des pierres votives brunes entassées forment sa limite du côté le plus bas. Quand on regarde droit vers le sud, depuis la partie avant cassée de la cuvette, l'horizon est tout proche car, deux kilomètres plus loin, la paroi du cañon, de l'autre côté du Nangpo Tsangpo, s'élève presque verticalement sur plus de trois mille mètres, jusqu'à la crête du Kongde Ri.

La paroi à laquelle est adossé le village s'élève en faisant un angle de cinquante degrés jusqu'à un rebord à trois mille six cent quatre-vingts mètres. Le rebord est appelé Syampoche et il porte une piste d'atterrissage de fortune sur laquelle peuvent se poser des hélicoptères et des monomoteurs. Au-delà de Syampoche, les hautes terres s'étendent jusqu'à Khumjung et Kunde, deux villages au pied de la montagne sacrée ayant nom Khumbilia, mais on ne peut pas les voir à partir de la cuvette. Quand on est sur la place du marché, seul le sommet déchiqueté de Khumbilia apparaît au-dessus du pourtour de la cuvette.

C'est sur une crête boisée voisine de Khumjung que se trouve l'Everest View Hotel, un gîte tout confort construit avec des capitaux japonais il y a plus de dix ans. En raison de l'emplacement inaccessible du gîte, il s'est transformé en une coquille vide, toute pourrissante, avec une moquette laissant suinter ses moisissures et une cave qui sert aujourd'hui de dépotoir. A en croire les nouveaux commanditaires de l'hôtel, des ingénieurs vont bientôt arriver de Tokyo pour le rénover et pour remettre également en état la piste d'atterrissage de Syampoche, si bien que, quand le temps le permettra, de pleins avions de touristes pourront s'y poser tous les jours, venant de Katmandou.

Il y a soixante ans, devait me raconter la belle-mère de Pasang, propriétaire du gîte, le flanc de montagne contre lequel est construit Namche était couvert d'une épaisse forêt de genévriers. Aujourd'hui, il est pelé et rocheux, conséquence du dénuement et symbole de la stupidité des hommes. Sur le versant est de la cuvette, les cicatrices laissées par l'érosion née de la mousson ont de quoi impressionner. Une fois la mince croûte superficielle de terre arable emportée, elle ne peut pratiquement jamais être reconstituée car elle repose sur du sable.

Mais deux carrés d'un brun plus clair ont récemment fait leur apparition sur le flanc de montagne, ressortant comme des motifs sur une courtepointe en patchwork. Ils représentent les efforts tardifs des hommes pour réparer les dégâts qu'ils ont causés. Namche se trouve bien au-dessus de l'altitude marquant la limite des arbres dans les Alpes, les Rocheuses ou les Andes. Mais ici, dans les massifs himalayens orientaux, les arbres peuvent pousser, même si c'est lentement, jusqu'à des hauteurs de quatre mille deux cents mètres. Le seul problème est qu'à pareille altitude, une fois qu'un arbre est abattu, il ne repousse pratiquement jamais à cause de l'érosion du sol et parce que, dans un climat aussi rude, de nouvelles racines auraient besoin d'une décennie ou même davantage pour se consolider.

Grâce à un financement du Himalayan Trust de Sir Edmund Hillary, le personnel du parc national a créé plusieurs pépinières et s'est attelé au reboisement de la colline de Mendalphu où se trouvaient les services administratifs du parc. Il a entouré le sommet de la colline d'une barrière métallique et a planté des milliers d'arbustes. Cette expérience a confirmé non seulement qu'il faut au moins dix ans pour que le réseau de racines d'un arbuste se développe, mais que dix autres années sont nécessaires pour que ce jeune arbre double sa taille. Le parc national de Sagarmatha n'existant que depuis 1976, les premiers arbustes commençaient tout juste de faire preuve de vigueur.

Cette expérience encouragea néanmoins les habitants de Namche à tenter la même chose sur le versant de la montagne auquel est adossé leur village. Le directeur du parc leur a fourni des arbustes gratuits et ils ont entouré deux parcelles de murets de pierres sèches pour garder à distance les yacks cherchant à brouter, les cerfs musqués et les tahrs himalayens, sortes de chèvres sauvages qui vivent dans la montagne. Ces périmètres sont devenus ces deux carrés de couleur plus claire que les voyageurs aperçoivent aujourd'hui en pénétrant dans Namche et, bien qu'il fût encore trop tôt pour dire si les arbustes avaient pris racine, les villageois espéraient qu'au bout de soixante ans, il y aurait à nouveau des arbres sur le versant de montagne formant la toile de fond de Namche.

Certains Sherpas ont pris conscience des problèmes causés par la déforestation mais, dans leur grande majorité, ils n'ont pas une tournure d'esprit écologique. La plupart vous diront qu'il ne s'agit pas encore d'une affaire hautement prioritaire, mais qu'elle ne saurait tarder à le devenir. Aux Etats-Unis, la première décharge publique n'est apparue qu'au cours d'un XVIIIe siècle déjà avancé, longtemps après l'arrivée des pères pèlerins. En pays sherpa, le problème de l'incinération des ordures se fait déjà sentir de façon aiguë. Quand on pénètre dans Namche soit à partir de Thame, à l'ouest, soit à partir de Jorsalle, au sud, les deux côtés du sentier sont jonchés de détritus, dont certains faciles à brûler, comme les vieux vêtements, les matelas et les chaussures de marche, mais dont l'essentiel est constitué d'ordures qui ne sont pas biodégradables, comme les conteneurs en plastique et les piles alcalines.

Les Sherpas ne savent tout simplement pas comment gérer les déchets. Ils n'avaient pas eu à se préoccuper de ce problème avant 1951, date de l'arrivée des premières expéditions. Avant cela, ils n'avaient jamais eu affaire à des ordures non biodégradables. Aujourd'hui, ils jettent les déchets dont ils n'ont que faire sur un quelconque flanc de colline, avec l'idée que si on ne les voit pas depuis le jardinet de leur maison, le problème est éliminé. Il n'est évidemment pas question de brûler les ordures, car les mauvaises odeurs qui se dégageraient alors pourraient offenser les dieux.

Après avoir grimpé au milieu des détritus jusqu'aux abords du village, la Piste du Kleenex traverse le marché et continue jusqu'à une intersection triangulaire où elle rejoint le vieux sentier nord-sud. Quelques maisons sherpas traditionnelles à deux étages subsistent dans le village, généralement en retrait par rapport aux voies de passage principales. Leurs façades sont trouées de fenêtres à auvent et à cadre de bois, dont les carreaux étaient autrefois faits de parchemin mais dont la plupart sont à présent garnies de vitres importées de Katmandou.

Les maisons plus modernes à deux et à trois étages qui donnent sur une rue principale ont chacune au rez-de-chaussée une ou plusieurs boutiques et, bien que celles-ci ne soient pas très grandes, on y voit toutes les marchandises possibles et inimaginables, depuis la poudre de talc pour bébés jusqu'aux bottes en caoutchouc. Mais on y trouve surtout de la bimbeloterie tibétaine et les excédents d'expéditions dispersées : batteries bulgares pour lampes de poche, soupes suisses en sachets, repas américains lyophilisés, tablettes de malt anglaises, nouilles japonaises, boîtes de thon coréennes, corned-beef polonais, ou même caviar russe. Le matériel d'escalade est présent en force. De l'article dernier cri aux modèles les plus vieux, chaque chose a son prix et trouve preneur à Namche Bazar.

Avec les trekkers est apparu le « développement » : une banque, un bureau de poste et le courant électrique fourni par la centrale d'énergie hydro-électrique financée par l'Unesco et qui ne fonctionne que le soir. Ajoutez à cela quelques panneaux solaires, de la bière Star, du rhum Khukri, l'unique installation vidéo du village avec une cinémathèque privée de films pornographiques, des yacks en lieu et place des tramways et les seuls hôtels à quatre étages de Solu-Khumbu – dont deux côte à côte, à la jonction des axes principaux nord-sud et est-ouest –, et vous commencerez à vous faire une petite idée de l'ambiance du Namche « moderne ». Le plus prisé des hôtels à quatre étages, le New Everest Lodge, est également connu sous le nom de PK Lodge parce qu'il appartient à Pasang Kami. Tout le monde, à Khumbu, appelle Pasang Kami PK. Il est l'ami de pratiquement tout le monde, dans tous les villages, mais il compte aussi des admirateurs à l'autre bout de la planète, parmi lesquels Robert Redford et Jimmy Carter.

Une autre des singularités de Namche est que, bien qu'il soit situé dans une cuvette, aucun ruisseau ne le traverse. Il y a des égouts à ciel ouvert dans les rues principales, mais pas de système de distribution d'eau. La seule eau courante qui existe dans la cuvette se déverse à partir de trois becs de bois, à la base d'un stupa situé *dans la partie basse du village*.

Ce qui se vend le mieux à Namche, c'est la douche chaude. Les gérants des gîtes proposent le seau d'eau pour vingt roupies (quatre-vingts cents). Bien entendu, l'eau doit être transportée depuis l'un des becs de bois, et ce sont habituellement les jeunes Sherpanis qui la montent dans des conteneurs de plastique d'une capacité de vingt litres. Une fois parvenue au gîte, l'eau est chauffée sur un feu de bois chapardé dans la forêt du parc national ou bien venu des forêts situées au sud de Jorsalle. La seule exception est constituée par le gîte PK où l'eau de la douche est chauffée grâce à des panneaux solaires. Comme il n'existe pas de plomberie intérieure dans la plupart des gîtes, on utilise la pesanteur pour faire couler l'eau chaude à travers un système d'arrosage installé dans une cabane adjacente. Ces cabanes sont toujours pleines de courants d'air. Si l'eau chaude arrive avec un certain retard dans le système d'arrosage, ce qui se produit quelquefois, les trekkers qui attendent là tout nus peuvent attraper une pneumonie. Il en est pourtant un certain nombre d'assez téméraires, comme je l'avais été la veille, pour payer de bonnes roupies sonnantes et trébuchantes le droit de faire la queue et de mettre en péril leur santé dans une cabine de douches de Namche – une satisfaction que peu de Sherpas comprennent et qui les laisse même quelquefois interloqués.

Le reste de l'eau qui jaillit du stupa, dans la partie basse de Namche, passe à travers des écluses et sert à actionner cinq moulins à prières dans le voisinage du chorten-à-l'œil-qui-voit avant de disparaître, en aval, dans la Dudh Kosi. Pourquoi l'eau ne fait-elle pas surface plus près du point le plus élevé du village ? Voilà un mystère que je n'ai jamais réussi à élucider. Je réfléchissais une nouvelle fois à ce phénomène en ce dernier vendredi d'octobre, alors que je descendais la pente depuis le gîte Pasang pour trouver un endroit aussi proche que possible de l'un des becs de bois et laver mon linge. Il y a toujours foule dans le périmètre où l'on lave le linge ; les Sherpanis le fouettent contre des rochers plats qui bordent l'eau, le rincent, puis le mettent à sécher sur le mur de pierres le plus proche. Il était près de dix heures trente, et le soleil commençait à chauffer. J'étais sur le point de retrousser mes manches et de me mettre au travail quand Pasang Tshering vint vers moi en courant, heureux de m'avoir retrouvé.

« Père là-bas », dit-il, montrant du doigt un point au-dessus du sentier principal où j'aperçus Gyalzen occupé à planter deux tentes dans la cour de la maison d'un de ses cousins. A cet instant précis, une Marjolein à l'air épuisée passa à ma hauteur, donnant l'impression qu'elle allait fondre en larmes. Je l'interpellai et lui demandai la raison de son état. Elle s'approcha et dit qu'il y avait eu absence totale de communication avec Gyalzen. Cela ne me surprit pas car, à part le fait qu'ils n'avaient pas de langue en commun, leurs priorités n'étaient pas les mêmes, et je me rendis compte que j'avais commis une erreur d'appréciation en emmenant le couple de Hollandais avec nous. Je m'efforçai de remonter le moral de Marjolein en l'invitant à un dîner d'adieu ce soir-là, chez le cousin de Gyalzen. Elle sembla indécise, mais alla consulter Jaap qui attendait dans un gîte tout proche.

Alors que Gyalzen et Pasang Tshering étaient arrivés plus vite que je ne m'y attendais, il fallut la journée entière pour que les porteurs se présentent, les uns après les autres. Gyalzen se fâcha quand il découvrit qu'ils avaient non seulement puisé dans notre stock de riz, mais également chapardé seize boîtes de jus de fruits et quatre pots de confiture. Il les paya en conséquence et demanda à Pasang Tshering de nous devancer à Pangpoche pour dire à Oncle Pasang qu'il devait se dépêcher de venir à notre rencontre avec quelques yacks sûrs. Nous projetions de passer la nuit à Namche, de reconstituer nos provisions au marché du samedi et de partir en direction de Pangpoche vers midi.

Jaap et Marjolein allaient habiter l'Himalayan Lodge pendant le reste de leur séjour dans la capitale sherpa et, ce soir-là, à l'heure du dîner, ils étaient de meilleure humeur. Gyalzen nous servit de la viande de yack relevée d'ail et de gingembre et, comme dessert, nous eûmes droit à des tranches d'ananas gorgées de rhum.

Oncle Pasang arriva tôt le lendemain matin sans les yacks qui seraient là plus tard et, après un petit déjeuner pris à la hâte, nous nous rendîmes tous les trois au marché. Des nuages commençaient déjà à s'amonceler, venant de l'est, et il faisait un temps glacial. Gyalzen se plaignit que les prix étaient élevés en raison de la présence en ville de trop nombreux groupes de trekkers. L'unité de mesure au Népal est un pot de cuivre appelé *mana* et dont le volume équivaut à un demi-litre. Le mana est en usage en Orient depuis Alexandre le Grand. Comme dans tous les marchés du monde, les premiers clients arrivés obtiennent les meilleurs prix. Gyalzen paya quinze roupies (soixante cents) un mana de sucre. Plus tard dans la matinée, le prix fit plus que doubler, atteignant trente-deux roupies (un dollar vingt-huit cents). Je notai en passant quelques autres prix : quatorze roupies (cinquante-six cents) pour un mana de riz, quatre roupies (seize cents) pour un œuf, sept roupies (vingt-huit cents) pour un mana de farine, les *suntallahs*, un hybride d'orange et de tangerine cultivé au Terai, revenant une roupie pièce.

Nous bûmes du *chang* au Café du Marché, une gargote sherpa qui faisait des affaires d'or à chaque fois qu'avait lieu le marché. Il était tenu par la fille du propriétaire qui devait avoir à peine la trentaine. Elle était élégante dans son corsage bleu-vert ajusté appelé *chunni* et sa jupe mordorée qui lui descendait jusqu'aux chevilles et moulait sa taille bien prise. Ses longs cheveux noirs étaient retenus en chignon par un peigne dont la couleur était assortie à son chunni, et elle portait des pantoufles chinoises en feutre noir. Son établissement était impeccable selon les critères sherpas. Les porteurs étaient assis en rang près des fenêtres, à boire du *chiya* ou du chang, et l'endroit grouillait d'activité.

Après le marché, nous retournâmes dans la maison du cousin et empaquetâmes notre matériel. Gyalzen n'arrêtait pas de regarder du côté du sommet du coteau pour voir si les yacks arrivaient. Pangpoche se trouvait à cinq heures de marche, plus au nord. Gyalzen décida d'attendre encore un moment avec Oncle Pasang et Bir Bahadur, mais nous demanda à Nawa et moi de nous mettre en route. Il fallait remonter *bistaari, bistaari* (doucement, doucement) jusqu'à Pasang Lodge, en passant par la colline de Mendalphu où la Piste du Kleenex reprend, à la sortie de Namche. A Sanasa, à environ une heure de marche au nord de Namche, le sentier venant de Khumjung rejoint la voie principale. Nous nous arrêtâmes là pour prendre un *dudh-chiya* et regardâmes les marchandises tibétaines étalées sur des tapis, devant la gargote, à l'intention des trekkers. Comme j'étais occupé à marchander le prix d'un bracelet de jade avec un des marchands tibétains, je vis John Thornicroft qui descendait nonchalamment la côte depuis l'Everest View Hotel. Il eut l'air perplexe en me voyant essayer le bracelet, et je me figurai qu'il se demandait pourquoi je n'étais pas accompagné par une armée de coolies. Mais, à supposer que cette pensée lui traversât l'esprit, il ne la formula pas à voix haute. Il se contenta d'annoncer qu'il allait déjeuner un peu plus loin, en compagnie de son équipe.

Au-dessus de Sanasa, une caravane de yacks épousait dans sa progression les sinuosités de la piste qui reliait Kumjung à Phortse Tenga. C'était un cortège pittoresque et bruyant, avec des enfants qui riaient et criaient les uns après les autres, et les gardiens de troupeaux qui encourageaient leurs yacks pas trop pressés d'avancer par des sifflements, des torrents d'injures et des glapissements. Leurs « Tchau, tchau! » résonnaient en écho entre les parois rocheuses à chaque fois qu'ils exhortaient les bêtes à aller plus vite. Certains parmi les yacks avaient des pompons rouges qui pendaient à leurs cornes et portaient aussi des clochettes, si bien que leur présence était marquée autant musicalement que physiquement. Au milieu de tous ces sons allant crescendo, il était facile de comprendre pourquoi il serait peu vraisemblable qu'un yéti qui se respecte s'aventure dans la région où passe une de ces caravanes. Il faudrait être sourd comme un pot pour ne pas entendre approcher une cohorte aussi animée.

La campagne automnale était un camaïeu de bruns, parsemé d'épicéas portant des cônes d'un bleu profond, de buissons d'aubépine ayant viré au cramoisi et de minuscules gentianes bleues bordant la piste. Nous franchîmes la Dudh Kosi à la hauteur de Phunki, un hameau devant son nom au torrent de montagne qui y rejoint la rivière, et nous nous arrêtâmes à la gargote de Nang Lobsang pour boire une tasse de *chang*, avant la longue ascension qui devait nous conduire au monastère de Tengboche. L'équipe de Channel 4 déjeunait dans la gargote voisine. Mike Harding en sortit pour regarder les environs. Il ne dit pas bonjour. Il ne fit même pas mine de me reconnaître.

Quand j'arrivai au chorten, tout en haut de la crête, Tengboche était dans les nuages qui masquaient les deux sommets de l'Everest, Nuptse et Lhotse, maintenant situés à moins de vingt kilomètres en direction du nord. Le pré qui se trouvait devant le monastère présentait un aspect encore plus délirant que le marché de Namche, avec des tentes de groupes de trekking dressées dessus, en rangs irréguliers. Je reconnus immédiatement les deux tentes que nous avions prêtées à l'équipe de Channel 4, avec une partie de leur équipement déjà déployée à côté et gardée par deux Sherpanis. Je pénétrai dans le gîte Gompa Lodge et, en attendant Nawa, je commandai du *dal*, une soupe où trempent des momos cuits à la vapeur, sortes de raviolis sherpas faits de minuscules boules de légumes ou de viande de yack enrobées de tsampa pasta. Nawa n'arrivant pas, au bout d'une heure, j'entamai seul la dernière étape conduisant à Pangpoche.

Les traces de la tempête de neige du 19 octobre devinrent plus visibles à mesure que je descendais de l'autre côté de l'arête nord de Tengboche. Le sentier était glissant et je faisais des vœux pour arriver à Pangpoche avant l'obscurité, n'étant pas certain de pouvoir me souvenir de l'emplacement de la maison de Gyalzen dans le village. J'étais resté trop longtemps au Gompa Lodge, à parler avec Nang Wasser, le jeune moine qui supervisait l'opération. Il m'avait dit qu'il n'y avait pas eu de chutes de neige comparables à celles du 19 octobre depuis cinquante ans. Il m'avait confirmé que deux Sherpas avaient trouvé la mort durant la tempête en essayant de se rendre de Pheriche, un village au nord de Pangpoche, à Phortse, un autre village faisant face à Tengboche mais situé sur la rive droite de l'Imja – à une distance de douze kilomètres – et m'avait également dit que la disparition d'un sirdar, d'un cuisinier et de deux membres d'une expédition à Island Peak était une tragédie qui n'aurait jamais dû se produire.

Le sirdar en question était tamang et non pas sherpa, m'avait précisé Nang Wasser. Les Tamangs viennent d'un pays de coteaux situé à l'ouest de Katmandou, et les Sherpas considèrent qu'ils en savent moins long que les habitants de Khumbu sur les humeurs des dieux des hautes montagnes. Cinq ans plus tôt, le site de ce même camp de base avait reçu de plein fouet une avalanche qui avait tué plusieurs personnes. Nang Wasser assurait que les Tamangs auraient dû tenir compte de cela et choisir un emplacement plus sûr. Il leva même les yeux vers le trou pratiqué dans le toit, au-dessus du foyer de la cuisine, comme pour me laisser entendre que les sautes d'humeur des dieux des neiges sont aussi imprévisibles que la fumée montant en volutes à travers le conduit.

Je tombai sur Nawa dans la forêt de rhododendrons et de bouleaux, à environ une demi-heure de marche en contrebas du sentier, près du couvent de Deboche. Il était revenu sur ses pas pour se mettre à ma recherche, ne m'ayant manifestement pas compris quand je lui avais dit que nous déjeunerions au Gompa Lodge. Agé d'environ dix-huit ans, il avait un visage rond à l'expression pleine de douceur et il était d'une indescriptible timidité. Les quelques mots qu'il prononçait étaient du sherpa-ka, car il était de Solu, encore qu'il parlât un peu le népalais, mais pas du tout l'anglais. Le jour déclinait au moment où nous arrivâmes à Deboche. Nous vîmes alors un cerf musqué qui se tenait à côté d'une rangée de pierres votives. Pas plus grand qu'un lévrier, il fit deux bonds puis s'arrêta près d'un buisson et, les oreilles pointées dans notre direction, il nous regarda par en dessous, s'interrogeant sur le danger que nous pouvions représenter. C'était là une belle rencontre. Nous nous étions approchés jusqu'à être à six mètres de lui quand il bondit et disparut à notre vue, dans le ravin conduisant à la rivière.

Gyalzen nous rejoignit à la passerelle suspendue qui permettait de franchir la gorge où coulait l'Imja Khola. Il était seul, ayant laissé sur place Oncle Pasang et Bir Bahadur car les yacks étaient arrivés tard et ne pourraient être chargés que le lendemain matin. L'obscurité nous avait rattrapés au moment où nous parvenions au village.

Pemba Kunga, le fils cadet de Gyalzen, nous repéra tandis que nous montions le long du sentier et, avec ses deux sœurs, vint à notre rencontre. Tous trois sautaient de joie. « Papoo, papoo », criaient-ils. Gyalzen demanda à Mingma Yanchin, dite Yangtse, sa fille aînée, où était leur mère. Yangtse expliqua que Kanche était allée avec les deux yacks de la famille jusqu'à Lobuche, à une journée de marche plus au nord, sur la Piste du Kleenex, pour aider son frère, Oncle Nima, à ramener un groupe de trekkers. Elle avait emmené avec elle Mingma Ramu, âgée de dix mois. Gyalzen ne m'avait pas parlé de cette dernière-née.

J'étais content de me sentir « chez moi ». La maison à deux étages de Gyalzen était vaste et relativement confortable. Une écurie et une grange en occupaient le rez-de-chaussée, comme dans les maisons paysannes à l'ancienne mode, en Europe. Au fond de l'écurie sombre à plafond bas garni de poutres, un escalier raide conduisait à la pièce tout en longueur où la famille vivait et faisait la cuisine. Cette pièce mesurait environ dix mètres de long sur quatre de large, et s'élevait jusqu'aux chevrons car il n'y avait pas de plafond ou quelque autre système d'isolation, mais seulement les poutres et les lattes de bois auxquelles se trouvaient fixés les bardeaux du toit. Par endroits, on apercevait le ciel à travers les fissures des bardeaux. Trois fenêtres à la menuiserie grossière, occupant le mur côté est, donnaient de la lumière à la pièce.

Les parents dormaient dans un lit surélevé, placé dans une alcôve, à l'extrémité nord de la pièce et, à côté du lit, à peu près au tiers de la longueur du mur donnant à l'est, un âtre d'argile, posé sur une couche d'ardoises, servait de fourneau de cuisine à la famille. Une banquette courait le long de la portion encore libre de ce mur, et c'était sur cette banquette que les invités et deux des enfants dormaient habituellement.

Tout au bout de la pièce se trouvait la chapelle familiale, appelée *lhang*, où mon lit avait déjà été préparé, lui aussi sur une banquette, sous une fenêtre qui donnait sur les sommets de l'Ama Dablam et du Kangtaiga. Le mur du fond, aveugle, était tapissé d'étagères sur lesquelles étaient rangées pratiquement toutes les affaires de la maison, dont une grande partie enfermée dans des coffres. Une porte jouxtant l'escalier qui aboutissait près du mur du fond conduisait à un porche de derrière et aux cabinets à ciel ouvert de la famille, bien visibles depuis plusieurs maisons voisines. Comme dans tous les cabinets sherpas, les excréments tombaient dans une fosse et étaient de temps à autre recouverts de petites branches et de feuilles mortes avant d'être retirés au printemps et utilisés comme engrais organique dans les champs et sur les cultures de pommes de terre. Ils apportent une précieuse nourriture au sol sec, sablonneux, à la texture si fine que le moindre souffle de vent y soulève des nuages de poussière. Les déjections des animaux, en revanche, sont conservées avec soin pour servir de combustible.

Il ne fallait pas jeter la moindre ordure dans la fosse d'aisances, car les excréments devaient rester « propres », c'est-à-dire non mêlés à des éléments susceptibles de déchaîner la colère de la terre et des esprits des plantes qui vivent sous le sol. De tels éléments étaient donc jetés par-dessus le mur, au bout du champ de patates, ou abandonnés en bordure d'une des allées qui traversent le village. Le sol ne recevait pas non plus de compost, car tous les restes de la cuisine et les légumes verts non utilisés étaient jetés dans un bac à ordures rempli de pâtée et donnés aux yacks. Gyalzen appelait cela le « petit déjeuner des yacks » et disait en plaisantant que Kanche lui en servait parfois quand elle était en colère.

Kanche n'étant pas là, Gyalzen prépara le dîner ce soir-là, après m'avoir installé à la place d'honneur, tout près du foyer découvert. C'était à la fois une bonne et mauvaise place, car si vous y receviez toute la chaleur du feu, vous y receviez aussi toute la fumée avant qu'elle ne disparaisse à travers un des bardeaux du toit qui avait été soulevé. Il faisait un froid épouvantable, et je ne tardai pas à aller endosser ma tenue polaire en mouton retourné que j'avais laissée là lors de mon dernier passage à Pangpoche.

C'était la Toussaint et une demi-lune brillait à côté de Ama Dablam, le Cervin de l'Himalaya, qui se dresse comme une prêtresse encapuchonnée, bras étendus, en face de Pangpoche, sur la rive gauche de l'Imja. Après le dîner, j'allai immédiatement me mettre au lit sous le regard vigilant du Seigneur Bouddha et de Gourou Rimpoche. Je crus que le sac de couchage ne se réchaufferait jamais. Mais cela finit par arriver. Je n'en passai pas moins une nuit sans sommeil, car j'étais encore en train de m'adapter à l'altitude. La maison de Gyalzen est à trois mille neuf cent vingt mètres. Je rêvai qu'un téléphone s'était mis à sonner en pleine nuit, et que l'appel était pour moi. Une bien curieuse sensation dans ce décor du XVIe siècle.

5

La caverne de Sanga Dorje

Le lendemain, Pemba Kunga et la petite Tsheden grimpèrent sur le lit de Papoo et se mirent à le tirer par les manches jusqu'à ce qu'il consentît à se lever. Pemba Kunga était impatient de montrer à son père les leçons qu'il avait apprises à l'école, mais l'attention de Gyalzen fut détournée par Tsheden qui fit la moue et poussa des cris jusqu'à obtenir de lui qu'il la prenne dans ses bras et la cajole. Kunga, désappointé, ne dit rien, ne levant pas les yeux de sur Tsheden parce qu'il ne comprenait pas vraiment pourquoi, contrairement à lui, elle réussissait à accaparer l'attention de son père.

Entre-temps, Yangtse s'était drapée dans une longue *angi* noire, la robe arrivant jusqu'à la cheville que portent toutes les Sherpanis une fois devenues des « petites femmes », c'est-à-dire pas encore adultes, mais assez grandes pour participer au gros des travaux ménagers. Sa première tâche, tous les matins, consistait à aller jusqu'au torrent, à l'extrémité nord du village, pour en rapporter de l'eau. Elle le faisait d'elle-même, sans qu'on ait besoin de le lui demander.

Je trouvai bizarre qu'en dépit des nombreux torrents de montagne, par une seule des maisons de Khumbu n'eût l'eau courante. Avec des tuyaux de plastique, et le concours de la gravité, y installer un robinet serait un jeu d'enfant, mais sans doute les températures polaires et l'absence de chauffage central ont-ils dissuadé les gens d'essayer. En fait, je n'ai jamais pensé demander à Gyalzen si telle était la véritable raison de cette lacune.

Chez Gyalzen, la situation était même encore plus perverse. Durant la mousson, la pluie s'infiltrait à travers le toit grossièrement couvert de bardeaux alors qu'en hiver, si la neige tombée sur le toit commençait à fondre, l'eau pouvait subitement se mettre à ruisseler dans la chapelle ou dans la pièce tout en longueur. Un Gyalzen plongé dans l'embarras plaçait alors une cuvette par terre pour recueillir cette eau, et haussait les épaules. Confectionner de nouveaux bardeaux de bois serait une perte de temps et, de toute façon, le responsable du parc n'autorisait pas l'abattage des arbres à cette fin. Gyalzen avait donc essayé de réparer provisoirement le toit avec des feuilles de plastique maintenues en place par de grosses pierres. Esthétiquement, ce n'était pas une réussite et je pourrais attester que ce n'était pas non plus très efficace. Mais, comme Gyalzen, j'avais appris à hausser les épaules. Je me demandais toutefois si je parviendrais à survivre de longs mois dans ces conditions, et je n'étais pas sans avoir quelques appréhensions.

J'avais déjà eu l'occasion de remarquer que Yangtse faisait deux ou trois aller-retour d'affilée pour rapporter de l'eau du torrent glacé qui tombait en cascade depuis les glaciers situés au-dessus du village. Comme le jerrycan fuyait, elle s'enveloppait le dos d'une feuille de plastique et se servait d'une sangle pour transporter ce récipient de vingt litres. Une fois arrivée à la maison, elle montait avec peine l'escalier étroit tout en le portant et, comme il était trop lourd pour qu'elle pût vider son contenu dans le bac de cuivre où était stockée l'eau de la maison, quelqu'un devait l'aider à le faire. On trouve un réservoir de ce genre dans toutes les maisons sherpas.

Yangtse faisait d'elle-même le nombre d'aller-retour nécessaires pour remplir le réservoir de cuivre jusqu'à un niveau habituel indiquant une contenance d'environ quatre-vingts litres. Dès que la réserve d'eau tombait au-dessous d'un certain niveau minimum, elle se remettait en route pour rapporter de quoi y faire à nouveau le plein, qu'il y eût de la pluie ou qu'il neigeât, qu'il fît nuit ou qu'il fît jour. Le jerrycan donnait l'impression d'être aussi grand qu'elle et presque aussi lourd et pourtant, elle ne se plaignait jamais.

A part qu'il devait prendre soin du carré de pommes de terre et ramasser du bois à brûler de l'autre côté de l'Imja Khola, Pemba Kunga était chargé de faire monter chaque matin de l'écurie un fagot de bois, tandis que Pasang Tshering allumait le feu et aidait à balayer. Agée de deux ans seulement, la petite Tsheden n'avait à s'acquitter d'aucune corvée. Sa seule préoccupation était de rester le point de mire de tout le monde.

Nous prîmes tranquillement notre petit déjeuner composé d'œufs et de pommes de terre sautées. Ensuite, alors que Gyalzen et moi discutions de nos projets, Yangtse et Pemba Kunga allèrent dans le carré de pommes de terre, devant la maison, et entreprirent de retourner le sol en prévision de la prochaine récolte. Pasang Tshering partit en direction de Pheriche, à trois quarts d'heure de marche plus au nord, à la rencontre de sa mère qui redescendait de Lobuche avec le groupe de trekkers conduits par son frère.

Sitôt que le soleil fit une furtive apparition au-dessus de la crête située au nord de Kangtaiga, la température extérieure se réchauffa rapidement. Il n'y avait pas un nuage dans le ciel et j'allai donc dans le carré de pommes de terre avec des jumelles pour faire un tour d'horizon de la région située au-delà de l'Imja Khola. La limite des neiges se trouvait juste au-dessus des pâturages pour yacks de Yaral, exactement en face de Pangpoche. Je balayai la face de l'Ama Dablam, admirant la pyramide de six mille huit cent cinquante-six mètres de hauteur, l'une des montagnes ayant la forme la plus caractéristique qui soit. Sa base se trouvait à moins de cinq kilomètres de l'endroit où je me tenais. Après l'Ama Dablam, je dirigeai les jumelles sur la face du Rawldurche, une montagne haute de cinq mille deux cents mètres, au-dessus de Yaral. Rawldurche était d'une beauté incomparable, formant une longue crête rocheuse qui s'élevait en direction du sud-est vers le glacier Hinku Nup. Tout d'un coup, une série de points marquant la neige frappèrent mon regard. « Impossible », me dis-je. Les traces de pas – au moins deux séries – montaient droit vers la crête la plus en vue du Rawldurche. La couche de neige devait arriver à hauteur de chevilles et je ne pouvais pas imaginer que quelqu'un se fût aventuré dans un milieu pareil.

J'appelai Gyalzen et il parut tout excité. « Après déjeuner rapide, nous allons voir », dit-il. Le tahr hymalayen, que Gyalzen appelait *jharral*, ne reste pas de ce côté de l'Imja Khola en hiver. Il expliqua que le tahr, une chèvre de montagne aux longs poils rudes et bruns, se dirigeait dès les premières neiges vers les pâturages d'hiver, sur la rive droite de l'Imja, où les versants des montagnes sont davantage exposés au soleil. Il était de ce fait convaincu que les traces de pas visibles sur le Rawldurche avaient été laissées par une créature tout à fait spéciale, par exemple un yéti.

– Et pourquoi pas un yack ? demandai-je.

Il regarda encore une fois et secoua la tête.

– Pas de yacks, dit-il. Tous les yacks de ce côté de l'Imja Khola.

Gyalzen a cette curieuse faculté d'être capable de dire, pratiquement sans regarder, et pratiquement à n'importe quelle heure du jour ou de la nuit, où les troupeaux de yacks sont en train de brouter, dans cette vaste campagne aux tons bruns. Pangpoche est un village de gardiens de troupeaux de yacks, et la plupart des soixante familles qui y vivent possèdent des pâturages en plusieurs lieux différents comme aussi dans les environs du village, bien que les meilleures terres, à l'intérieur et autour du village, soient réservées à la culture de la pomme de terre et du sarrasin. Gyalzen avait des pâturages à Mingbo, Shanjo et Pheriche, localités qui se trouvaient toutes trois à une heure de marche de Pangpoche, mais il ne possédait que deux yacks. Son beau-frère Pasang, marié à sa sœur cadette, avait des pâturages à Taboche, Pheriche et Mingbo et un troupeau de quinze bêtes. Les flancs des montagnes environnantes servaient également de pâturage au troupeau de six cents yacks qui était la propriété commune des habitants du village.

Nous nous mîmes en route vers onze heures pour examiner de près les mystérieuses traces de pas. Gyalzen dit à Ang Dorje, son voisin immédiat, ainsi qu'à deux autres villageois que nous croisâmes sur le sentier, ce que nous nous proposions de faire. Ils regardèrent le Rawldurche d'un air inquiet, et délibérèrent avec sérieux avant de nous prodiguer quelques conseils. « Ne montez pas trop haut sur l'épaulement. Ça pourrait être dangereux », dit une femme sur un ton de mise en garde. « Faites attention aux rochers qui se détachent et tombent », recommanda l'autre.

Nous descendîmes sans encombre jusqu'à l'Imja, franchîmes la rivière sur un pont de bois où ne peut passer qu'un yack à la fois et parcourûmes sa berge gauche jusqu'au point où le Nare Drongka opère sa jonction avec elle. Après avoir franchi le Nare, un torrent qui prend sa source sur le glacier Mingbo, nous montâmes l'escarpement conduisant aux pâturages de Yaral. Au-delà des derniers murs de clôture de Yaral, nous nous engageâmes dans une forêt de rhododendrons rabougris et de bouleaux et trouvâmes la première neige. Elle était peu épaisse par endroits mais, à d'autres, plus nombreux, nous nous y enfonçâmes jusqu'aux genoux en gravissant la côte à soixante degrés. Gyalzen marchait devant et nous avançâmes péniblement à travers les broussailles jusqu'aux premières empreintes de pas. Gyalzen estima qu'elles étaient vieilles d'environ cinq jours.

L'une des séries de pas avait manifestement été laissée par un plantigrade, chaussé de bottes à semelles Vibram. Elles se dirigeaient vers le *bas* de la montagne, en aval de l'endroit où nous nous trouvions. Quand nous fûmes montés plus haut, Gyalzen parvint à la conclusion que cette série de traces de pas était due à un « touriste », parce que pas un seul habitant du village n'aurait entrepris l'ascension du Rawldurche pour son simple plaisir. A environ vingt mètres sur la droite, dans une rigole pleine de neige, il y avait d'autres traces de pas, passablement indistinctes mais qui, de toute évidence, ne ressemblaient en rien à celles laissées par le « primate » à semelles Vibram, ni aux empreintes du cerf musqué que nous avions vues dans le fourré, en montant. Ces empreintes donnaient l'impression d'avoir parcouru le flanc de la montagne depuis le sud et, dans la rigole, elles se dirigeaient vers les hauteurs. La neige était d'une dureté moyenne à cet endroit, et les empreintes n'étaient pas profondes, correspondant à peu près à une pointure trente-neuf. Le vent et le soleil les avaient creusées, et l'on n'y distinguait rien qui pût être le contour d'orteils, de sabots ou de pattes. Au-delà d'un gros rocher sous le vent, qui avait manifestement été mis à profit pour une halte d'un moment, les traces de pas conduisaient à une cuvette située pratiquement à mi-hauteur de la montagne. Quand nous parvînmes à la cuvette, les nuages dérivaient au-dessus de la crête qui nous dominait et, tout d'un coup, le froid devint désagréable.

Dans la cuvette, les traces de pas humaines convergeaient vers celles qui n'étaient pas identifiables, et elles poursuivaient leur parcours côte à côte sur une certaine distance. Mais, à l'arrière de la cuvette, là où la côte devenait vraiment escarpée, elles se mêlaient pour ne plus former qu'un seul sillage. Nous ne pouvions voir jusqu'à quelle hauteur elles montaient parce qu'elles se perdaient au milieu des rochers voisins de la crête, mais nous savions, bien entendu, que les semelles Vibram étaient redescendues. Le mystère demeurait entier. Nous avions identifié une série de traces de pas, mais pas l'autre. Et puis, impossible d'imaginer ce qu'un « touriste » serait venu faire sur ce flanc de montagne. Quelqu'un d'autre était-il à la recherche du yéti ?

A treize heures trente, ensevelis dans les nuages, nous commençâmes notre descente. Il nous avait paru inutile de monter plus haut dans ce qui était devenu un total jour blanc, surtout qu'aucun de nous deux n'était véritablement en forme pour entreprendre une ascension rapide dans les nuages, à cinq mille mètres d'altitude. Nous étions de retour au village une heure plus tard. Notre cuisinier, Bir Bahadur, venu sans se presser de Namche, était en train de couper du bois dans le carré de pommes de terre. Kanche, la femme de Gyalzen, et Pasang Tshering ne tardèrent pas à arriver eux aussi avec la petite Mingma Ramu, âgée de dix mois, et deux yacks. Kanche dessella les yacks, les laissa libres d'aller brouter où bon leur semblait, puis monta à l'étage et distribua des poignées entières de friandises aux enfants.

Il nous fallut quelques minutes pour renouer connaissance. J'avais acheté pour elle trois bracelets de jade au marché tibétain de Sanasa, ainsi que quelques écharpes en soie indienne. Elle s'extasia devant ces cadeaux avant de les ranger dans un des coffres et de s'absorber dans les tâches ménagères. Au-dessus de Pheriche, ils avaient eu par endroits de la neige jusqu'aux genoux, et elle aussi avait pris froid.

Elle laissa infuser du raksi pour nous trois, puis le mélangea à des œufs et du beurre rance de yack, ce qui est la version sherpa de l'*egg-flip*. Ce breuvage à l'étrange saveur nous réchauffa.

Comme le crépuscule tombait, Kunga monta l'escalier d'un pas lourd et annonça sur un ton excité que sept yacks conduits par Oncle Pasang gravissaient le sentier, venant de Namche. Nous sortîmes pour les décharger et rangeâmes les touques dans la pièce tout en longueur. Pasang Tshering plongea immédiatement dans la touque numéro trois, d'une capacité de cent vingt litres, et plus grande que lui, pour en extraire les cadeaux ramenés de Katmandou.

Après le dîner, nous laissâmes la lampe à pression que nous avions achetée à Katmandou s'éteindre toute seule et nous nous couchâmes tôt, Bir Bahadur et Nawa dormant sur la banquette et les enfants à même le sol, sous des couvertures. Nous occupâmes la matinée du lendemain à déballer notre matériel et à le ranger à nouveau. Les enfants étaient fascinés par le puissant télescope que nous installâmes dans le carré de pommes de terre. Il me permit de suivre la série d'empreintes que Gyalzen et moi n'avions pas été en mesure d'identifier la veille. Elles provenaient d'un banc de rochers situé à environ quatre mille quatre cents mètres, sur la crête sud du Rawldurche. Il nous fallait les regarder de plus près, car elles pourraient peut-être nous renseigner davantage sur l'animal qui les avait laissées. Aussi, après le déjeuner, Oncle Pasang et moi traversâmes à nouveau l'Imja Khola en direction de Yaral. Au lieu de reprendre l'itinéraire de la veille, nous entreprîmes l'escalade en diagonale jusqu'à la crête sud à travers les fourrés de rhododendrons et de bouleaux où nous découvrîmes des latrines de cerfs musqués. A la différence de la plupart des animaux, le minuscule cerf musqué, l'un des membres les plus petits de la famille des cervidés, parcourra un kilomètre pour faire ses déjections, choisissant de toujours retourner au même endroit, comme s'il voulait éviter de souiller d'autres régions de son territoire.

Au bout de deux heures d'ascension de l'arête latérale, nous vîmes les nuages de l'après-midi qui commençaient une nouvelle fois à nous encercler. Au moment où nous atteignîmes le banc de rochers, nous étions dans une purée de pois, mais nous parvînmes malgré tout à retrouver les empreintes. Bien qu'elles fussent trop anciennes pour être identifiées sans équivoque possible, elles étaient plus petites que les empreintes de la veille, et suggéraient la présence de deux tahrs avançant côte à côte sur un terrain qui, même en pente, était malgré tout moins abrupt que celui que nous avions parcouru alors.

Cet indice nouveau laissait à penser que nos prétendues empreintes de « yéti », profondes et larges sur un terrain très escarpé, avaient en fait été laissées par deux tahrs qui bondissaient l'un après l'autre, posant leurs pattes dans les mêmes trous, si bien qu'ils n'avaient à se frayer qu'un seul chemin à travers la neige. Pourquoi ces tahrs n'avaient-ils pas suivi tout le reste du troupeau, sur la rive droite de l'Imja Khola où, le 19 octobre, la couche de neige avait fondu ? Nous ne nous l'expliquions pas et en étions réduits à formuler des hypothèses : peut-être s'agissait-il de bêtes mises à l'écart par leurs congénères, ou d'un mâle vieillissant, devenu incapable de relever le défi d'un concurrent qui cherchait à prendre la tête du troupeau, et qui était accompagné de sa fidèle femelle ? Quand bien même nous allions rencontrer un couple de ce genre quelques semaines plus tard, nous ne devions jamais connaître la véritable réponse.

De retour chez Gyalzen, je sortis ma radio à ondes courtes de l'une des touques : pendant les quatre mois suivants, elle allait être mon seul lien avec le monde extérieur. Le lendemain matin, j'appris par le BBC World Service que les marchés financiers continuaient d'être agités depuis notre départ de Jiri et que le dollar avait enregistré des records de baisse contre la livre sterling, le deutsche Mark et le yen. Le secrétaire américain au Trésor accusait ouvertement l'Allemagne de l'Ouest de maintenir des taux d'intérêt extrêmement élevés et de ne pas relancer l'économie allemande, tandis que pour le président de la Bundesbank, la solution à l'agitation des marchés des changes ne pouvait être que de nature politique : les Etats-Unis devaient réduire leurs déficits commercial et budgétaire – ils n'en vivraient pas moins bien pour autant – s'ils ne voulaient pas sinistrer l'économie mondiale. Le partenariat des Occidentaux semblait soumis à de fortes tensions.

Pour Gyalzen, bien entendu, ces querelles économiques entre les grandes démocraties étaient dénuées de sens. Ces histoires de budgets chiffrés en trillions de dollars et ces déficits de deux cents milliards de dollars étaient incompréhensibles pour lui comme aussi, je commençais à m'en rendre compte, pour une grande partie de l'humanité. Je le payais cinquante roupies (deux dollars) par jour pour le temps que nous passions ensemble et je gardais vingt mille roupies (huit cents dollars) et un peu d'argent étranger en « banque » dans le *lhang*. Kanche pouvait puiser dans cette somme pour les frais de la maison, à condition qu'elle marque le montant et la date des retraits dans un carnet prévu à cet effet. Ce système fonctionnait à merveille parce qu'il n'y avait rien à Pangpoche – aucun magasin d'aucune sorte – qui pût occasionner des dépenses. Les gens faisaient leur propre chang et leur propre raksi à partir des produits de leur jardin ou de ce qu'il y avait dans leur cellier et en prenaient avec eux un pichet quand ils allaient en visite chez des amis.

Gyalzen n'avait aucune notion sur le déséquilibre de la balance des paiements ou celui de la balance commerciale qui pouvait exister entre tel et tel pays. S'il n'entreprenait pas de voyages hors des limites de Khumbu, s'il n'envoyait pas ses enfants dans des écoles privées, ne faisait pas de réparations dans sa maison ou n'achetait pas un nouveau yack, sa famille pouvait vivre de troc, pratique jusqu'aujourd'hui en vigueur, à l'égal de la monnaie, à Khumbu. Comme ils avaient d'assez vastes pâturages, Gyalzen échangeait du foin contre des marchandises ou des denrées alimentaires, selon ses besoins du moment, et ceux-là n'étaient jamais excessifs. Les Sherpas ne sont pas de gros consommateurs et ne se servent pas beaucoup de machines. Gyalzen avait une hache, une pioche, une faucille, et c'était à peu près tout. Pas de tondeuse à gazon, ni de scie électrique, et pas davantage de four à micro-ondes ou de sorbetière. Il avait un transistor fabriqué en Corée du Sud que des membres d'une expédition coréenne lui avaient offert, une caméra 8 mm bulgare – dont il ne se servait jamais parce qu'il ne pouvait acheter de pellicule et que, de toute façon, il n'avait pas de projecteur, mais qu'il était fier de montrer à tous ceux qui lui rendaient visite – et trois grandes bouteilles thermos pour maintenir brûlant le thé du matin.

Gyalzen et Kanche étaient totalement insensibles et indifférents aux fluctuations du dollar ou à un éventuel effondrement des économies occidentales. Ils n'avaient pas de télévision, mais seulement quelques précieux ouvrages religieux dont Gyalzen lisait quelquefois à haute voix des passages. Jeune, il avait fait des études pour devenir moine. Il sortit un des livres tibétains du *lhang* afin de me lire la légende du lama Sanga Dorje. Au cours de la marche qui nous avait conduits de Jiri à Pangpoche, il avait essayé de me parler de cet homme sage et vertueux qui est le saint patron des Sherpas.

Sanga Dorje était le fils de Bouddha Chendin, un saint homme qui vivait au pied de la montagne sacrée de Khumbilia il y a cinq cents ans, à peu près à l'époque où les premiers Sherpas arrivèrent dans Khumbu, venant de l'est du Tibet et empruntant le col de Nangpa La. Sanga Dorje avait lui-même passé de nombreuses années à étudier au monastère de Rongbuk, sur la face nord de l'Everest, mais un jour, il avait décidé de retourner au sud voir où en étaient les gens de Khumbu. Sa dévotion lui avait valu le don de voler : il vola donc pardessus l'Everest et se posa dans le village de Phurte, à mi-chemin entre Namche Bazar et Thame. Malheureusement, la population de Khumbu était tombée sous le joug d'un tyran, le roi Tshomtomba, qui se trouvait avec ses troupes à Phurte. Le roi dit à Sanga Dorje que le bouddhisme n'intéressait pas ses sujets et donna secrètement à ses soldats l'ordre de tuer le saint homme. Sanga Dorje fut mis au courant des intentions du roi et prit la fuite dans les montagnes, d'abord au village de Phortse, puis à Tengboche, où il se reposa sur un rocher sur lequel l'actuel monastère est construit.

Le roi Tshomtomba ordonna à ses soldats de pourchasser le saint homme, et Sanga Dorje dut prendre la fuite en amont de l'Imja Khola, jusqu'à un refuge dans la forêt la plus haute de Khumbu, située au-dessus du village de Dingpoche. Il fallut trois ans aux soldats du roi pour découvrir la cachette mais, quand le lama les aperçut qui grimpaient à travers les arbres, il se réfugia dans une caverne, au-dessus de Pangpoche.

Avec l'aide des habitants de Pangpoche et du village voisin de Phortse, situé à deux heures de marche, Sanga Dorje construisit le premier gompa de Khumbu. Reconstruit depuis, ce gompa s'enorgueillit d'avoir, parmi d'autres reliques, un scalp et le squelette d'une main de yéti. J'avais déjà vu ces reliques, mais je comptais aller les examiner de plus près au cours de l'hiver. Le prétendu scalp de yéti était, à ce que j'ai fini par comprendre, plutôt symbolique qu'authentique : pour les habitants de Pangpoche, il représente un lieu tangible avec leur saint patron qui n'a pas de pierre tombale, pas de dernière demeure car à sa mort, son corps se volatilisa et se transforma en arc-en-ciel. Seuls subsistèrent ses yeux, sa langue et son cœur qui furent placés dans un reliquaire d'argent, aujourd'hui conservé au monastère de Tengboche.

Au cours de notre troisième matinée à Pangpoche, nous décidâmes d'aller visiter la caverne de Sanga Dorje, qui se trouvait bien au-dessus du village, sous l'austère pic de Taboche dont les villageois faisaient le point d'attache des dieux. Avant de partir, Gyalzen paya ce que nous leur devions à Bir Bahadur et Nawa qui mirent aussitôt le cap sur Namche, où il faisait légèrement plus chaud. Nous commençâmes par monter jusqu'à l'école Hillary, au sommet du plateau, où ont lieu les incinérations du village. C'est l'une des douze écoles construites à travers Khumbu par Sir Edmund Hillary, dans les années soixante.

Ensuite, nous continuâmes à progresser le long de l'arête jusqu'au campement des gardiens de troupeaux de Taboche, une dépression en forme de coupe dans le flanc de la montagne avec six ou sept maisons de pierre et les corrals attenants, près de la base du pic de

Taboche. En chemin, je crus que mes poumons ne tiendraient pas le coup, car j'avais les sinus obstrués et je ne m'étais pas encore entièrement acclimaté à l'altitude. Quand nous fûmes parvenus aux corrals, nous quittâmes le sentier et commençâmes de monter à travers la neige en direction de la base du mont Taboche.

A quatre mille six cent quarante mètres, nous parvînmes à un rocher d'un gris brunâtre, grand comme à peu près la maison de Gyalzen et sous lequel avait été construit un mur de pierres sèches pour faire corps avec une partie d'un surplomb. C'était, dit Gyalzen, la caverne de Sanga Dorje. Il franchit un porche de pierre ouvert, pénétra à l'intérieur de l'abri et s'agenouilla aussitôt pour prier. Puis il me fit visiter les lieux.

Le mur de pierres sèches du porche nous protégeait du vent et l'on pouvait voir loin, loin, loin en aval, jusqu'à l'Imja Khola et loin, loin, loin en amont, les pentes du Rawldurche où, au cours de ma première journée à Pangpoche, nous avions vu les mystérieuses traces de pas, encore clairement visibles, même depuis ces hauteurs. Au nord-est se trouvaient Makalu, Baruntse et, bien entendu l'Everest, Nuptse et Lhotse. Ama Damblam était presque à portée de main, et Kangtaiga était au sud.

Au pied de l'Ama Damblam s'étendaient les pâturages de Mingbo, à présent couverts de neige, et nous pouvions distinguer la vieille piste d'atterrissage Hillary, utilisée par la World Encyclopedia Scientific Expedition qui, en 1960, avait réuni vingt-deux scientifiques et alpinistes à la recherche du yéti. Conduits par Sir Edmund Hillary, ils étaient restés six mois dans la région, rayonnant à partir de cabanes construites spécialement pour eux au-dessus de Mingbo, et en étaient arrivés à la conclusion que le yéti était un mythe. Derrière Mingbo, une arête morainique s'élevait doucement jusqu'au glacier Nare et au mur de glace où le Mingbo La, un col à cinq mille huit cent dix-sept mètres d'altitude, faisait une brèche.

Je fus au premier abord déçu par les dimensions de la caverne – deux pièces minuscules et un porche à demi ouvert – comparées à l'immensité de l'univers extérieur. Plusieurs années durant, Gyalzen fut incapable de m'en préciser le nombre, le moine ermite vécut là, occupé à méditer. Son monde se limitait à ces deux pièces vides faites de roche et de pierre, plus que spartiates, et à sa dévotion envers l'enseignement de ses deux maîtres, le Seigneur Bouddha et un de ses disciples du XVIIIe siècle, Gourou Rimpoche.

Peu à peu, la signification du monde de Sanga Dorje m'apparut. Sa caverne n'était pas limitée à ses murs nus, mais contenait l'univers cosmique tout entier. Il pouvait tourner les yeux vers Pangpoche, et la localité devenait une nouvelle pièce dans sa caverne, de même qu'en faisait partie Phortse, bien que ce village fût situé à quatre kilomètres au sud-ouest de Pangpoche, sur l'autre versant de la montagne. La caverne de Sanga Dorje *était* le monde, et sa réalité aussi vaste que peut l'être l'imagination. Cela rendait d'ailleurs parfaitement compte de la façon dont les Sherpas conçoivent et mènent leur existence. Je remerciai au fond de moi Gyalzen de m'avoir donné l'occasion de comprendre cela.

Au-delà du porche, à droite de l'entrée, Gyalzen me montra une roche plate percée d'un trou. « Les cabinets de Sanga Dorje », dit-il, presque confus de mentionner un détail aussi intime concernant la personne vénérée du lama. Nous revînmes ensuite vers l'entrée et nous assîmes au soleil, sur le seuil de la demeure de Sanga Dorje. Gyalzen m'expliqua que le lama avait été non seulement un sage et un saint, mais également un remarquable magicien. Il accrochait son manteau à un rayon de soleil et avait un yéti pour serviteur. Le yéti allait puiser de l'eau et ramasser du bois à brûler pour lui. Quelques années après que Sanga Dorje se fut installé dans cette caverne, le roi méchant mourut. Sanga Dorje put alors quitter son ermitage et il vécut quelque temps dans le village de Pangpoche qui ne comptait à l'époque que quelques arbres. Le yéti avait coutume de couper les cheveux du lama et, là où tombaient les mèches, un genévrier poussait, et c'est ainsi que Pangpoche devint le seul village de la vallée de l'Imja à posséder une forêt de genévriers.

Aux environs de quatorze heures, quand les nuages de l'après-midi se mirent en haut de la vallée, nous quittâmes le balcon de Sanga Dorje et retournâmes à Pangpoche. Plus bas que les corrals de Taboche, nous observâmes une famille de tahrs himalayens en train de traverser le sentier pour se diriger vers un torrent. Les jeunes chèvres donnaient de la voix. Quatre cents mètres en contrebas, les membres du troupeau attendirent près du torrent d'être rejoints par les retardataires. Gyalzen me dit que, lorsqu'ils sont surpris par une soudaine tempête de neige, des troupeaux entiers de tahrs sont quelquefois anéantis parce que, dans l'impossibilité de descendre vers les pâturages moins élevés, ils sont aveuglés par la neige et meurent.

Il était plus de quinze heures quand nous arrivâmes à la maison. Kanche fit bouillir du thé additionné de sel et de beurre et, tandis qu'assis autour du feu, nous le buvions à petites gorgées dans des bols de porcelaine à couvercle, Gyalzen me donna plus de détails sur sa famille.

Gyalzen avait quarante-huit ans – un an de moins que moi – et il n'avait jamais vu un yéti, mais seulement entendu son jacassement. Il était né à Pangpoche où son père et sa mère, premiers habitants du village, vivaient encore. Son père, à présent âgé de soixante-dix-sept ans, avait été conseiller municipal du village, éleveur de yacks et ingénieur artisan, aidant à réparer les ponts locaux, à construire des abris et à veiller au bon état du gompa.

Gyalzen avait trois frères et trois sœurs. Seul un frère et deux sœurs étaient encore en vie. Jeune, il avait été tenté par les sommes qu'on peut gagner en transportant des fardeaux lourds à très haute altitude pour le compte d'alpinistes faisant partie d'expéditions internationales. Il était monté plusieurs fois jusqu'aux camps les plus élevés de l'Everest et du Cho Oyu. Il avait accompli deux ascensions périlleuses jusqu'au camp VII de l'Everest, chargé de bouteilles d'oxygène pour les Japonaises qui avaient conquis le sommet en 1976, et il avait alors passé tout seul là-bas une nuit sans sommeil, obligé de respecter l'interdiction que lui avait faite le chef de l'expédition de consommer lui-même un peu de cet oxygène, ou de monter plus haut, afin que les neiges du sommet demeurent vierges pour les amazones japonaises. Avec l'argent ainsi gagné dans le portage en haute altitude, il avait acheté la maison où nous nous trouvions, dans le village de Pangpoche.

Kanche n'avait pas vu d'un bon œil que Gyalzen fût porteur en haute montagne. Il s'agissait d'un métier dangereux et, dans le dernier pâturage brun avant la moraine marquant la limite du glacier Khumbu, à l'endroit d'où l'on a vue sur la vallée de Pheriche, il y avait un champ parsemé de monuments à la mémoire des porteurs qui avaient perdu la vie au cours d'expéditions d'alpinisme dans les montagnes environnantes. Ne voulant pas en arriver à élever là un mémorial pour Gyalzen, Kanche persuada celui-ci de devenir guide pour trekkers. Cela ne rapportait sans doute pas autant, mais c'était moins risqué.

Enfant, Gyalzen s'était occupé des yacks de son père. Ils avaient une maison de pierre et un corral au-dessus du village, à Taboche. Un jour de décembre, avant que Gyalzen ne devînt propriétaire, son père lui demanda d'emmener le troupeau de vingt yacks jusqu'à Taboche. Il convient de préciser ici que les Sherpas prêtent aux yétis des pouvoirs surnaturels. Ils aiment savoir que les yétis ne sont pas loin car, ceux-là étant les serviteurs des dieux, s'ils se trouvent dans les parages, cela signifie que les dieux sont eux-mêmes là où on attend d'eux qu'ils soient. Mais les Sherpas croient aussi que rencontrer en chemin un yéti peut porter malheur, provoquer une maladie grave ou même la mort, et que faire du mal à un yéti entraîne inéluctablement la mort dans les deux ans qui suivent. Ils ont donc peur du yéti et préfèrent autant que cet animal reste à bonne distance d'eux. Cela pose quelquefois des problèmes, car la plupart des yétis aiment dîner de viande de yack et ont tendance à s'emparer des bêtes qui se seraient égarées, loin du troupeau : il faut donc protéger les yacks tout en ne faisant aucun mal à ce rapace de yéti.

Gyalzen me raconta comment, encore jeune, quelque trente ans plus tôt, il s'était probablement trouvé au contact de plusieurs yétis. Se conformant à la demande que lui avait faite son père de conduire les yacks à Taboche, Gyalzen, accompagné d'un jeune frère et du voisin Ang Dorje, était arrivé à la maison familiale de Taboche vers la tombée de la nuit. Après avoir enfermé les yacks dans le corral, les jeunes gens s'étaient claquemurés dans la maison et avaient préparé un dîner puis s'étaient mis au lit. Ils avaient été réveillés quelques heures plus tard par des bruits lointains : Gyalzen les décrivit comme une sorte de « Aah-ooh, aah-ooh, aah-ooh ». Les trois Sherpas crurent d'abord que ce bruit était le fait d'autres gardiens de troupeaux qui venaient de Pangpoche avec leurs yacks, ou de gardiens de troupeaux qui arrosaient leur soirée de raksi dans une autre maison taillée dans le rocher et cela parce que les sons qui leur parvenaient avaient quelque chose d'humain. Les « aah-ooh » se rapprochèrent. Puis quelqu'un, ou quelque chose, essaya de forcer la porte tandis que les échanges de « aah-ooh » se poursuivaient à l'extérieur, et ils entendirent des bruits de pas tout autour de la maison de pierre.

Les jeunes gens n'avaient proféré aucun son jusque-là mais, quand la porte se mit à vibrer à nouveau, Ang Dorje prit quelques rameaux secs de genévrier entassés près de l'entrée, y mit le feu avec des braises prises dans le foyer et les balança par la fenêtre. Les rameaux enflammés déchaînèrent des hurlements chez les créatures qui se trouvaient à l'extérieur. Les yétis craignent apparemment le feu. Les hurlements diminuèrent d'intensité tandis que les animaux prenaient la fuite dans la montagne. Quand ils se perdirent au loin, Gyalzen et Ang Dorje sortirent pour trouver les yacks blottis les uns contre les autres, tout tremblants, les yeux tournés vers l'arête où les hurlements s'étaient fait entendre pour la dernière fois. Le lendemain matin, Gyalzen chercha des empreintes, mais il n'y avait pas de neige et il n'en trouva aucune.

6

Mani Rimdu

Le lendemain matin, Gyalzen provoqua l'enthousiasme en annonçant qu'il emmènerait toute la famille à la fête de Mani Rimdu qui se tenait trois jours durant au monastère de Tengboche où il s'était autrefois préparé à devenir *thawa* (moine) et où Pasang Tshering avait fait, lui aussi, un bref apprentissage.

Nous nous mîmes en route après le petit déjeuner avec les yacks, Marsan et Tsao, qui portaient deux tentes et suffisamment de provisions pour nourrir la moitié du village pendant trois jours. Mon rhume me descendait lentement sur la poitrine et j'avais par moments du mal à respirer. Mais, à part une escalade de quinze minutes qui devait nous conduire de Deboche jusqu'en haut de l'arête de Tengboche, le chemin ne serait rien d'autre qu'une descente. Le monastère se trouve sur la crête, à une altitude de trois mille huit cent soixante-sept mètres. Nous dressâmes nos tentes dans la cour du bâtiment où résident les moines, situé derrière le monastère et séparé de la prairie de Chori-Gang par un mur de pierres sèches.

Kanche avait préparé des mets de choix jusque tard dans la nuit : beignets sherpas, cake et autres spécialités qui seraient partagés avec des amis et des voisins venus participer à la fête. Nous rendîmes visite à l'Abbé Nawang Tenzing Jangpo qui, se trouvant en pleins préparatifs, laissa entendre qu'il aurait davantage de temps à nous consacrer après la célébration de Mani Rimdu.

Rien ne paraissait échapper à l'attention de l'abbé. C'était le principal chef spirituel des Sherpas, qui vénéraient en sa personne la réincarnation de Bouddha Chendin, le père de Sanga Dorje. L'Abbé Jangpo était né à Namche, en 1935. « A l'époque, a-t-il écrit dans un opuscule où il présente la sagesse traditionnelle sherpa, il y avait des forêts tout autour de Namche, et très peu d'habitants. »

Son père, Pasang Nyamgel, était un commerçant de Namche, lui-même fils d'un commerçant tibétain qui s'était établi dans l'est du Népal vers le début du siècle. Peu après la naissance de Nawang Tenzing Jangpo, sa mère l'emmena en visite chez une grand-tante, à Lhasa. Ils s'y rendirent à pied en passant par Thame, à l'ouest de Namche Bazar, et en remontant la longue vallée de Nagpa avec, à leur gauche, une montagne de sept mille mètres d'altitude à sommet aplati et qui n'a pas encore reçu de nom sur les cartes et, à leur droite, le Cho Oyu. Tout en haut de la vallée, ces deux géants sont séparés par un dôme de glace d'un diamètre de mille deux cents mètres appelé Nangpa La. Ce col recouvert d'un glacier, et lui-même situé à cinq mille sept cent seize mètres d'altitude, fut emprunté par les Sherpas au cours de la migration qui les conduisit de Kham, dans la partie orientale du Tibet, à Khumbu. Des deux côtés du col, la piste présente comme autant de cicatrices des crevasses et des séracs, gros blocs de glace qui se forment quand l'angle du lit de pierre du glacier est très en pente. Laissant Cho Oyu derrière eux, la famille descendit jusqu'à Tingri le long du versant tibétain, moins abrupt, du col de Nangpa La et de là rejoignit la route des pèlerins conduisant à Lhasa. A cette époque, ce trajet de sept cents kilomètres nécessitait un mois entier au cours duquel la mère porta son enfant dans un panier d'osier retenu par une sangle et l'allaita en chemin.

Quand la grand-tante vit l'enfant, elle eut aussitôt la conviction qu'il était la réincarnation de quelqu'un d'important et insista pour que la famille se rende en pèlerinage au monastère de Rongbuk. Il leur fallut un autre mois pour arriver au monastère le plus élevé du monde, situé près du front du glacier de quinze kilomètres qui descend depuis la face nord de l'Everest. Quand l'abbé du lieu vit l'enfant, il n'eut pas besoin d'être circonvenu. « Voilà le vrai *thulku* de Tengboche », aurait-il dit.

Mais la réincarnation devait être confirmée par les moines de Tengboche. La famille emprunta donc à nouveau le col de Nangpa La pour retourner à Namche Bazar où, dès son arrivée, elle reçut la visite d'une délégation venue du monastère. La délégation avait apporté quelques objets ayant appartenu au précédent abbé, récemment disparu, mélangés à des objets appartenant à d'autres moines, et l'ensemble fut présenté à l'enfant. Nawang Tenzing ne manifesta, paraît-il, de l'intérêt que pour les objets ayant appartenu au précédent abbé, se montrant indifférent à l'égard de tous les autres. Il fut aussitôt reconnu pour le nouvel abbé.

A l'âge de neuf ans, Nawang Tenzing fit un second voyage de l'autre côté du Nangpa La pour poursuivre des études au monastère de Lingbu, dans la cité tibétaine de Gyangtse. Trois ans plus tard, il se rendit au monastère de Johkang, à Lhasa, et visita le Potala, résidence du dalaï-lama. Il ne retourna à Tengboche que devenu jeune homme et prit la direction du monastère, confiée jusque-là à un régent.

Les préparatifs de Mani Rimdu étaient en cours depuis deux semaines. Ils se déroulent selon le même processus chaque année. Les moines passent la première semaine assis en tailleur dans leur gompa couleur ocre, et leurs séances de prières occupent alors la journée entière, après quoi ils passent trois jours dans la cuisine du monastère à préparer des *tormas*, mets présentés en offrande aux dieux et aux démons et qui ont une forme, une taille et une couleur convenues. Après avoir béni les tormas, les moines reprennent leurs séances de prières pendant quatre autres journées.

Le spectacle de danse commence invariablement le sixième jour du neuvième mois du calendrier lunaire tibétain, après la récolte d'automne. Les gens affluent depuis les villages avoisinants pour recevoir la bénédiction de l'abbé, une incantation qui invoque la protection de Gourou Rimpoche. Gyalzen était impatient de me voir associé à cette invocation, car le regard bienveillant de Gourou Rimpoche lui paraissait essentiel au succès de notre équipée.

Gourou Rimpoche est un prophète indien qui introduisit le lamaïsme au Tibet au VIIIe siècle. Les Sherpas et les Tibétains lui attribuent un important pouvoir mystique. Son nom indien – Padmasambhava – signifie littéralement « né d'une fleur de lotus », et il occupe dans le panthéon bouddhiste une place plus élevée que l'Abbé Sanga Dorje, étant en effet considéré comme un second Bouddha. Son idole est vénérée dans tous les gompas et tous les monastères, et les Sherpas croient que le seul fait de prononcer son nom peut avoir un effet bénéfique.

D'origine tibétaine, Mani Rimdu est un mystère médiéval qui célèbre la victoire de Padmasambhava, seigneur de la compassion, sur les démons maléfiques et les démons coiffés de noir qui, avant l'instauration du bouddhisme, étendaient leur domination sur le Tibet. C'est là une variante himalayenne de la bataille héroïque entre le bien et le mal, avec dix-sept affrontements majeurs entre les moines qui dansent et dont chacun tient le rôle de l'un des personnages bien connus de ce spectacle religieux.

Les danseurs sortent de derrière un grand rideau dissimulant l'entrée principale du gompa pour pénétrer dans la cour du monastère. Ils descendent les marches conduisant à cette cour grossièrement pavée et se mettent à danser dans le sens des aiguilles d'une montre autour du *tarchen*, une longue bannière de prière en coton sur laquelle sont imprimés des tantras et qui est fixée à un mât haut de quinze mètres, au centre de la cour. L'accompagnement musical est assuré par deux *dung-chen* longs de trois mètres, et qui sont l'équivalent tibétain du cor des Alpes, en Suisse, mais aussi par des tambours, des cymbales, des trompettes en forme de conques, et des trompettes de plus petites dimensions appelées *tseling*. La musique est rythmique, ondoyante, et a une grande force d'entraînement. Les danseurs interprètent leur rôle avec beaucoup de conviction, reprenant à leur compte le caractère et les émotions des personnages monstrueux, démoniaques, vampiriques qu'ils incarnent, avec force gestes expressifs et mouvements contrôlés de leurs corps.

La première après-midi est une répétition de la dernière journée, mais sans masques et sans costumes. Tandis que les danseurs, vêtus de leurs robes cramoisies de tous les jours, tournaient autour de la bannière de prière sous le regard attenfif de l'Abbé Jangpo, de nouveaux trekkers arrivèrent sur le terrain qui s'étendait devant le monastère et entreprirent de dresser leurs tentes. L'abbé était sereinement assis dans une loggia spéciale, occupant la partie nord du balcon, entouré de ses assesseurs et de ses ministres, un *takyo* (tasse à thé) à couvercle d'argent posé sur une table basse, devant lui. En dépit des nuages de l'après-midi, une ambiance festive s'était installée, et l'on avait le sentiment irrépressible que cette fête, pour populaire qu'elle fût auprès des villageois, était davantage devenue une fête pour trekkers, ou plutôt pour « touristes », comme Gyalzen préférait les appeler. On faisait payer aux touristes un droit d'entrée de cinquante roupies, et il s'en trouvait parmi eux pour se plaindre amèrement d'avoir subi cette taxation de deux dollars. Entre-temps, aux portes du monastère, Gompa Lodge faisait des affaires d'or. Le cirque s'était déplacé à Tengboche.

Le tempo du spectacle s'accélérait le deuxième jour. Des villageois endimanchés continuaient d'arriver de toutes les régions de Khumbu. Notre petit groupe fut rejoint par Oncle Pasang, sa femme Nima Yanchin et leurs trois enfants. Nous dénombrâmes plus de trois cents tentes de trekkers sur le terrain jouxtant le devant du monastère. Après les prières du matin, les *dung-chen* commencèrent à faire entendre leurs tristes et ondulantes sonorités et, environ une heure plus tard, une procession conduite par un dignitaire qui portait un bâton de bois et que suivaient des porte-étendard marchant à la queue leu leu sortit du gompa. Les musiciens venaient après les porte-étendard : moines entrechoquant des cymbales ou frappant sur des tambours; joueurs de trompettes en forme de conque ou de *tse-ling*; et ces deux cors que sont les *dung-chen* posés à l'avant sur un joug tenu par un seul moine, les deux joueurs de *dung-chen* fermant la marche et soufflant de toutes leurs forces.

Portant une haute mitre rouge à longs fanons et revêtu de robes dorées, l'Abbé Jangpo suivait, sous un dais couleur safran. Tous les autres moines portaient des chapeaux de laine jaune dont la forme évoquait les casques des centurions romains. L'abbé avait devant lui un personnage masqué avec une opulente barbe blanche, un front haut et une calotte chauve, qui portait à la main une longue écharpe blanche. Il représentait Mi-Tshering, un sage chinois âgé de cent huit ans.

Marchant au pas dans le sens des aiguilles d'une montre, ils franchirent la grille du monastère et se dirigèrent vers la prairie Chori-Gang, sur l'herbe mille fois piétinée sur laquelle un autel avait été dressé sous un abri de pierre. Les étendards furent plantés dans le sol de façon à encadrer les sommets de Macherma et de Taboche. L'abbé s'installa à la place qui lui était réservée, devant l'autel, et les moines se mirent en rangs perpendiculaires, face à lui. Pendant les deux heures qui suivirent, l'abbé bénit ses moines, donnant à chacun d'eux un billet de cinq cents roupies (vingt dollars). Puis il bénit les spectateurs. Quiconque souhaitait une bénédiction particulière devait faire un petit don en espèces et se voyait offrir comme souvenir une carte postale en quadrichromie représentant Son Éminence. Les enfants étaient captivés par tout cet apparat. Ils avaient en outre retrouvé de nombreux amis et, pour eux, c'était un véritable carnaval où divertissement et religion se mêlaient. La procession se reforma comme le soleil baissait derrière la montagne sacrée de Khumbilia, et elle reprit le chemin du monastère.

C'était la nuit de la pleine lune, si lumineuse que l'Everest, l'Ama Dablam et le Kangtaiga brillaient d'un éclat d'argent. Les Sherpas dansèrent et chantèrent, buvant du chang et du raksi, jusqu'au coucher de la lune, aux alentours de trois heures du matin. Et, pendant qu'ils dansaient, un total manque de confiance dans l'économie des États-Unis fit à nouveau plonger le dollar face aux principales monnaies. S'adressant aux banquiers de la place de Londres, Nigel Lawson, chancelier de l'Échiquier en Grande-Bretagne, attribua le krach des places boursières de partout à la politique économique du président Reagan. Le président Reagan rejeta pour sa part la faute sur les démocrates. Et l'indice Dow Jones tomba à mille neuf cent vingt-cinq points. Le matin, la véritable bataille entre le bien et le mal allait commencer. Simplement ici, à Tengboche, l'issue en était déjà connue et, pour les Sherpas, c'était quelque chose de rassurant.

Le spectacle du vendredi commença de bonne heure. Dans la galerie qui faisait le tour de la cour du gompa, et sur le balcon qui la surmontait, il y avait foule. Les villageois étaient trois fois plus nombreux que les touristes. On sentait bien qu'ils s'étaient installés là pour la journée et qu'ils n'avaient pas l'intention de s'en aller avant que la victoire fût remportée. Ils avaient apporté avec eux des nattes, des pichets de chang, des bouteilles thermos de thé au beurre et des paniers garnis de mets de choix qu'ils distribuaient aux uns et aux autres.

Les danseurs, qui avaient nom Naajam, Tsicham, Tsurcham et le Roi Serpent, portaient des masques couverts de peinture brillante et des costumes de soie, de damas et de brocart. Les spectateurs sherpas étaient absolument subjugués; mais une certaine agitation régnait parmi les touristes. Quelques scènes exigeant une participation du public déchaînèrent l'hilarité. Les démons jetèrent des sacs de haricots sur les spectateurs qui ne leur plaisaient pas. Ruhrang, l'un des plus pernicieux parmi les mauvais esprits des Enfers, fit équipe avec Hangma, le moissonneur de la mort, mais pour être éliminé par Khang Waa dont Gyalzen disait que c'était une des forces les plus actives du bouddhisme tibétain.

Parmi les trois vedettes incontestées, il y avait Dorje Tholla qui, bien qu'arborant un masque noir couronné de crânes et de cheveux de yack emmêlés, était, à en croire Gyalzen, un « bon » esprit. On lui proposa un fauteuil en forme de trône avec une table faisant face au gompa et bien pourvue en thé au beurre et en tormas. Apparut alors Mi-Tshering, le vieux sage, qui se révéla d'une incroyable agilité, invitant des spectateurs à s'associer à ses bouffonneries.

Mais ce fut Dohlentang, un ermite vivant dans une grotte, qui se tailla le plus gros succès. Il sermonna les Sherpas, leur enjoignant de ne pas boire de façon immodérée, de ne pas se montrer avares et de renoncer à tous les comportements impies. Pris à partie par trois *tzous* ou esprits maléfiques dont un ressemblait à un yéti, il triompha d'eux en dépit de leur sournoiserie et le public en fut ravi.

Comme le soleil poursuivait sa course vers Khumbilia, les moines firent circuler des paniers de nourriture qui contenaient, entre autres, des biscuits et des fruits, des gâteaux et des beignets. Se tenir sous un balcon, c'était prendre des risques, car les spectateurs qui se trouvaient à l'étage crachaient quelquefois, les bébés vomissaient ou faisaient leurs besoins sur les genoux de leur mère, et toutes sortes de restes étaient jetés par-dessus bord. Mais personne ne semblait s'en préoccuper. En milieu d'après-midi, je vis John Thornicroft qui se faufilait au milieu de la foule, se dirigeant vers moi. Il me dit qu'il voulait me rendre les deux tentes, car il repartait avec son équipe dans l'après-midi, n'ayant jamais réussi à atteindre le camp de base de l'Everest. Dohlentang arrivait au terme de sa prestation, feignant de s'empaler sur une épée. Les spectateurs exprimèrent leur satisfaction en faisant tomber une pluie de pièces et de billets de banque dans la cour. Les moines se mirent à trottiner dans tous les coins pour ramasser les dons qu'ils mirent dans de grands paniers d'osier. Avec la tombée de l'obscurité et le retour du froid mordant, le spectacle se termina en apothéose.

Cette nuit-là, Gyalzen eut l'occasion de parler avec des amis gardiens de troupeaux de yacks à Chhule, dans la vallée de Nangpa, à Macherma, dans la vallée de Gokyo et à Dingpoche, dans la vallée de Chhukhung et promit une récompense à celui d'entre eux qui signalerait des empreintes fraîches de yéti ou qui, d'une façon ou d'une autre, nous aiderait à trouver cet animal.

Nous retournâmes à Pangpoche le lendemain matin. Le village est construit sur deux niveaux qui évoquent deux marches taillées dans le flanc de montagne. Sur la marche d'en haut se trouvent le gompa reconstruit de Sanga Dorje, le plus grand chorten et les maisons les plus anciennes, alors que dans la partie basse du village où Gyalzen habite, les champs sont plus vastes, plus fertiles et plus dégagés. La Piste du Kleenex traverse cette partie basse du village mais, pour avoir un meilleur point de vue, j'avais emprunté le sentier d'en haut, au-delà du porche, et j'étais monté en direction du gompa. Alors que je traversais cette partie du village, je fus abordé par un alpiniste autrichien dont la peau du nez avait été mise à vif par la neige charriée par le vent, au col situé à sept mille neuf cents mètres, entre le sommet sud de l'Everest et Lhotse.

– Avez-vous vu les Américains? demanda-t-il.

– Quels Américains? demandai-je à mon tour.

– Ceux de l'expédition Snowbird, dit-il.

Snowbird, cela ne me disait rien à l'époque, même si j'avais vu le mot barbouillé sous forme de graffiti sur des ponts et des murs de pierres depuis mon arrivée dans Khumbu, m'interrogeant à chaque fois sur sa signification.

– Non, répondis-je. Mais d'où venez-vous?

– De l'Everest, dit-il.

– A quelle altitude?

– L'ensellement sud. Nous avons été chassés de la montagne par le mauvais temps.

C'est seulement trois mois plus tard que je devais me souvenir de cette rencontre qui, dans l'intervalle, m'était sortie de l'esprit. Sur le moment, je cherchais à trouver mon chemin au milieu des genévriers et des pierres votives entassées pour redescendre jusqu'à la maison de Gyalzen. Il était tard et le soleil allait disparaître derrière l'arête ouest à seize heures. Lorsque j'arrivai dans la salle de séjour tout en longueur, il faisait froid et, pendant que j'attendais auprès du feu le ragoût sherpa qui allait nous être servi à dîner, mes doigts étaient si engourdis que je fus incapable de noircir la moindre page de mon journal. Le ragoût sherpa, également appelé *sharpa*, est composé de pommes de terre bouillies, de légumes et de piments rouge sang auxquels on ajoute parfois de la viande de yack et des boulettes de tsampa. Parce qu'il a le pouvoir de réchauffer, c'est un plat apprécié des Sherpas en hiver et qui devait constituer l'un de nos menus de base au cours des mois suivants.

Gyalzen avait à son tour attrapé ma bronchite, en plus grave. Il avait l'air mal en point et fiévreux. Je me rendais bien compte que si sa santé devait être sérieusement compromise, on en rendrait probablement responsable notre recherche du yéti et, ce soir-là, cela me préoccupait plus que tout autre chose.

Je dis à Gyalzen que son offre de récompense à qui signalerait des empreintes fraîches de yéti était une bonne initiative. Nous discutâmes de la possibilité de dresser nos tentes au bord du Donag Tsho, l'un des deux lacs qui se trouvent au nord de Gokyo, car je voulais me rendre compte de son état d'esprit : son enthousiasme n'avait pas faibli. Nous calculâmes que, par beau temps, il nous faudrait deux jours et demi pour arriver là-bas. Mon ami et associé dans la recherche du yéti, Gérard Métral, était censé se poser lundi sur la piste d'atterrissage de Lukla. C'était le premier voyage de Gérard loin des Alpes et, craignant qu'il fût perturbé par ce premier contact avec une civilisation si différente de la sienne, je voulais être là pour l'accueillir. Je décidai de me faire accompagner par Oncle Pasang, et de laisser Gyalzen se reposer et, avec un peu de chance, se rétablir. A part des antibiotiques à large spectre notre coffre à pharmacie ne contenait rien qui pût agir sur son affection de poitrine, et j'avais peur que les antibiotiques ne détraquent son organisme, lui faisant plus de mal que de bien.

Je me mis en route avec Oncle Pasang le samedi matin 8 novembre pour les deux journées de marche qui devaient nous conduire à Lukla. Pasang n'était pas du genre lambin et, quand j'arrivai à l'Everest Lodge de Lukla, lundi soir, j'étais exténué. Gérard m'y attendait, mais je vis à son humeur que quelque chose n'allait pas. Il paraissait cafardeux et, ignorant l'anglais, se sentait coupé du reste du monde. Une fois en ma compagnie, néanmoins, il n'arrêta pas un instant de parler. Gérard avait apporté une bouteille de Ricard, et une autre de génépi, une liqueur distillée à partir d'herbes des Alpes. A prendre également en compte la réserve de chang et le raksi chaud du gérant du gîte, nous ne risquions pas d'avoir soif ce soir-là.

Gérard était un facteur barbu de trente-huit ans. Chargé de porter des télégrammes, il sillonnait à longueur de journée les routes de la vallée de Chamonix dans une petite camionnette Renault peinte en jaune et en bleu, les couleurs des Postes françaises. Son travail avait commencé à le lasser car c'était un esprit curieux, un romanichel, un vagabond dans l'âme. Je ne devais pas tarder à connaître la raison de son état : il venait de tomber amoureux, mais il ne s'agissait plus cette fois de Josiane, sa petite amie qui partageait sa vie depuis plus de douze ans. Il avait laissé son cœur avec Laurence, une employée des services postaux âgée de vingt-quatre ans et qui était récemment arrivée à Chamonix, venant de Paris. Leur liaison avait débuté l'avant-veille de son départ pour Katmandou et, bien qu'il eût pris trois mois de congé, il rêvait déjà de retourner auprès de Laurence. Je doutais de le voir tenir tout au long de l'hiver. Il ne trouva pas le raksi très à son goût, et annonça en plaisantant que lorsque sa bouteille de Ricard serait finie, il repartirait. Comme je n'étais pas amateur d'anisette et que, pour ma part, j'aimais assez le raksi, je me dis que la bouteille d'un litre de Ricard durerait au moins jusqu'à la nouvelle année.

7

Phortse

Nous quittâmes en milieu de matinée Lukla pour Namche, ayant engagé une Sherpani de quatorze ans pour aider à porter les bagages de Gérard. Je ne me sentais pas bien : j'avais les jambes faibles, et pressentais que ce parcours normalement facile me poserait des problèmes. Gérard, tout à fait en forme, avançait en tête à grandes enjambées et je ne parvenais pas à marcher à son rythme, alors même que j'étais acclimaté et qu'il ne l'était pas encore.

Le jour déclinait quand j'atteignis le pont qui enjambait la Dudh Kosi et où Gérard attendait, pour gravir avec moi la pente escarpée menant à Namche. Son T-shirt était sec, le mien me collait à la peau comme un Kleenex mouillé, et je m'étais déjà changé deux fois. Au-dessus de la gorge, je dus m'arrêter tous les quelques pas. J'avais l'impression qu'un poids vrillait le côté droit de ma poitrine. En arrivant aux virages en épingle à cheveux, j'étais sans forces. J'avais un peu peur de m'évanouir et de tomber dans le ravin, à part quoi j'étais comme dans un rêve, avec la sensation de flotter hors de mon propre corps épuisé.

Pasang descendit dans l'obscurité pour me porter secours. Il prit mon sac à dos et me conduisit jusqu'à la gargote Everest View. Il n'était pas question que j'aille plus loin. J'avais froid, j'étais en nage et je me sentais faible. Nous obtînmes du propriétaire qu'il me laisse dormir sur un des bancs, cette nuit-là. Il voulait me servir à dîner, mais je savais que je ne pourrais rien garder dans l'estomac, et je demandai plutôt un thermos de thé au citron car j'étais complètement déshydraté.

Gérard et Pasang poussèrent jusqu'à Pasang Lodge, près de la colline de Mendalphu, et il fut convenu qu'ils reviendraient me chercher le lendemain matin. J'eus à peine la force de revêtir ma tenue polaire en mouton retourné et de me glisser dans le sac de couchage. Mais, une fois dedans, je dormis profondément douze heures d'affilée.

Le lendemain, je me sentais beaucoup mieux, quoique toujours faible. Après un petit déjeuner composé de stampa, je montai lentement jusqu'à Namche, mais décidai de ne pas aller beaucoup plus loin ce jour-là. J'avais encore un poids sur la poitrine, douloureux comme si c'était du plomb. Nous passâmes donc la journée à nous reposer à Namche, et n'arrivâmes à Pangpoche que tard dans l'après-midi du 12 novembre.

Kanche était contente de nous voir, mais Gyalzen paraissait encore malade et donnait l'impression d'être soucieux. C'était la dernière nuit du rituel automnal du Nyugne, et Gyalzen dit que dix-huit personnes étaient en train de jeûner dans le gompa du village. Nyugne est un rite de purification des âmes auquel se conforment deux fois par an ceux qui désirent se défaire des péchés accumulés d'une saison à l'autre et avoir droit à un nouveau *sonam*. Gyalzen alluma trois bougies dans le lhang et récita des prières. Je crois qu'il aurait aimé rejoindre les autres dans le gompa, et expier ses péchés, car le bruit des tambours et des cymbales qui provenait de la colline l'empêchait apparemment de se concentrer.

Gérard et moi passâmes les quelques jours suivants à préparer notre matériel pour la première sortie à Donag Tsho et à courir après les tahrs sur les flancs de la montagne, au-dessus de Pangpoche, où nous repérâmes deux troupeaux comptant chacun environ quarante têtes. Le tahr fait penser à un hybride de chamois et de bouquetin. A chaque fois que nous approchions à moins de vingt mètres d'eux, ils se réfugiaient sur les saillies les plus proches, sachant bien que nous ne pourrions pas les y suivre.

Le lundi 16 novembre, Gyalzen nous accompagna aux pâturages d'été de Mingbo. Ce trek d'une journée devait nous permettre de déterminer si j'étais suffisamment rétabli pour entreprendre le voyage jusqu'à Donag. Après avoir franchi l'Imja pour parvenir au plateau de Chhulungche, nous gravîmes la vieille moraine, sur le flanc droit du Nare Drangka. Il était bien exposé au soleil et il n'y avait donc pas de neige mais, sur le flanc opposé, l'hiver était solidement installé. Nous nous aperçûmes que, depuis la crête de la moraine, un grand tahr mâle aux longues cornes recourbées observait notre progression. Il était accompagné d'une femelle. Quand nous fûmes à une centaine de mètres d'eux, ils descendirent nonchalamment en direction de la rivière, la passèrent à gué et remontèrent la pente de l'autre côté, jusqu'aux neiges de Rawldurche.

Il était fascinant de les voir gravir, mâle en tête, ce mur presque vertical de gravier morainique, récuré dix ans plus tôt par une rupture de glacier. Ce tahr était un bel animal aux poils longs et broussailleux, et l'on voyait au premier coup d'œil qu'il était âgé. Gérard estima son poids à plus de cent cinquante kilos. Quand les deux bêtes furent dans la neige, bien au-dessus de la rivière, elles se trouvèrent confrontées à des problèmes d'un autre ordre. La neige était profonde, et le mâle devait y creuser un chemin afin que la femelle puisse le suivre. Il se tenait dressé sur ses pattes postérieures et faisait un brusque mouvement en avant, enfonçait ses pattes antérieures dans la neige puis plaçait ses pattes postérieures dans le même trou qu'il venait de faire, avant de bondir à nouveau, ne laissant qu'une seule empreinte pour ses quatre pattes. Il était facile de voir dans ces conditions – à flanc de montagne, dans la neige profonde – comment les traces de pas d'un tahr à quatre pattes pouvaient être prises pour celles d'un quelconque bipède. La femelle suivait en mettant ses pas dans les siens, élargissant légèrement l'empreinte, si bien qu'on avait l'impression qu'une assez importante créature à deux pattes avait suivi ce même itinéraire.

« Très bons grimpeurs », dit Gyalzen en guise de commentaire. Et c'était vrai. Ils avaient résolu pour moi le mystère des empreintes de Rawldurche et, de cela, je leur étais reconnaissant.

L'intérêt que nous prenions à Mingbo n'était pas sans motifs. Après une tempête de neige tardivement survenue en avril 1986, Oncle Pasang y était allé pour y faire provision de fourrage pour ses yacks. En arrivant au sommet de la vallée, il avait cru repérer les empreintes fraîches d'un yéti. L'animal avait dévalé la pente, après quoi les traces de ses pas s'étaient perdues derrière les rochers avoisinants. Comme elles paraissaient remonter à quelques heures seulement. Pasang se dit que l'animal devait être dans les parages. Il regagna Pangpoche à toutes jambes et dit aux autres villageois de ne pas aller à Mingbo car le yéti rôdait par là.

L'activité du yéti se concentrait à Mingbo depuis des années. Mais, à part l'expérience d'Oncle Pasang – qui, je suppose, avait vu les empreintes d'un tahr ou d'un quelconque autre animal qui n'était pas un yéti –, il n'y avait pas eu, d'après les informations que j'avais pu recueillir, de rencontres récentes de yéti à Mingbo, les dernières s'étant produites près de quarante ans plus tôt.

En mars 1949, l'un des voisins de Gyalzen du nom de Mingma avait emmené ses yacks à Mingbo et, tard un après-midi, avait cru entendre quelqu'un l'appeler depuis la crête au-dessus. Il avait répondu et avait été stupéfait de voir un yéti surgir au milieu des rochers. Il décrivit l'animal comme ayant à peu près la taille d'un adolescent. Mingma alla se cacher dans sa maison de pierre, mais le yéti le suivit et attendit dehors. Mingma était terrifié. Il fit un feu dans la cheminée et y chauffa un fer jusqu'à le faire rougir. Il brandit le fer brûlant hors de la fenêtre et, à son grand soulagement, le yéti prit la fuite.

Au cours de l'hiver 1950, un autre gardien de troupeaux de Pangpoche qui s'appelait Dakhu surveillait ses yacks dans les pâturages situés derrière Mingbo. Un après-midi, il s'aperçut qu'un yack manquait et se mit à sa recherche. A une trentaine de mètres de lui, il vit, à moitié caché par les rochers, quelque chose qui était couvert de poils, qu'il prit pour un yack et appela par son nom. L'animal se mit tout d'un coup debout et s'approcha lentement de lui sur deux jambes, arrachant des touffes d'herbe et les lançant dans sa direction. Dakhu retourna à toute vitesse à Pangpoche et raconta à ses voisins ce qui était arrivé. Il décrivit le yéti comme ayant la taille d'un jeune garçon, avec une tête allongée et un corps recouvert d'une toison brun-roux.

Dans les deux mésaventures intervenait un *mitey*, le plus petit des deux types de yéti dont les Sherpas croient qu'il vit dans la région de Khumbu. Le mitey – *mi* vient du terme tibétain signifiant homme, et *tey* est un terme générique désignant l'animal : d'où ce mot composé évoquant un animal à l'aspect humain – ne s'attaque pas aux yacks, encore que certains Sherpas assurent qu'il se montre agressif à l'égard des hommes et qu'il est capable de tuer quiconque l'approcherait exagérément. Il vit, dit-on, en mangeant des rongeurs tels que des marmottes, des souris sauteuses, des campagnols et des pikas, mêlant à ce régime des tubercules sauvages, des racines, des baies et, quand il lui arrive d'en trouver, des grenouilles.

D'autres Sherpas m'ont dit qu'on ne peut pas voir un mitey parce qu'il est à l'image de Dieu. Je ne sais pas au juste ce qu'ils voulaient dire par là. Peut-être l'explication de Lobsang Tshering, le beau-frère de Gyalzen, était-elle plus proche du fond de leur pensée. Lobsang me dit un jour : « Un mitey voit tout, mais ne peut être vu que s'il le veut bien. » Leur camouflage naturel s'allie si parfaitement aux paysages rocheux brun-roux qu'on trouve au-dessus de quatre mille mètres d'altitude, en particulier dans les éboulis et les lits pierreux d'anciens glaciers, qu'il serait de toute façon pratiquement impossible de les voir, même s'ils se déplaçaient, à moins qu'il ne se détachent contre la neige ou contre le ciel, ou qu'ils n'aient envie de se montrer, comme le donnait à penser, me sembla-t-il, la réflexion de Lobsang. Gyalzen avait donc de bonnes raisons de tenir Mingbo pour un bon site de rechange pour une traque du yéti, si celui du Donag Tsho ne devait pas nous donner satisfaction.

Le plan que nous avions arrêté ne fut pas modifié : il s'agissait d'établir un camp au bord du Donag Tsho, un lac glaciaire entouré de cimes élevées qui évoquaient des flèches d'églises, et situé aux trois quarts du parcours de la vallée de la Dudh Kosi, à l'ouest de Pangpoche. De là, nous rayonnerions dans la campagne environnante tout au long des mois d'hiver. En prenant le camp pour point de départ, nous tracerions un circuit à parcourir au moins une fois par semaine pour procéder à des observations sur notre « territoire ». J'en étais toutefois venu à douter de plus en plus de la fiabilité des environs du Donag Tsho, car j'avais appris entre-temps que le haut de la vallée de la Dudh Kosi restait à présent accessible aux trekkers durant l'hiver – tout au moins jusqu'à Gokyo – même si, bien entendu, la circulation était moindre en hiver que pendant les hautes saisons du trekking, c'est-à-dire le printemps et l'automne. Au cas où les choses se passeraient mal à Donag, je souhaitais avoir un site de rechange pour établir le camp et Mingbo, commode pour l'approvisionnement en raison de la proximité de Pangpoche – qui se trouvait à deux heures de marche – me parut pouvoir faire l'affaire.

Mingbo est un curieux endroit, avec trois maisons de pierre et quelques abris occupant un étroit rebord à une altitude de quatre mille cinq cent vingt mètres, entre le Nare Drangka et une arête couverte de débris de rochers, près de la base de l'Ama Dablam. Quand nous y arrivâmes, il y avait partout dans la neige des empreintes d'animaux, grands et petits, mais elles étaient si anciennes et déformées qu'il était impossible de déterminer si elles étaient dues à des hommes ou à des animaux, et lesquels. En suivant une série d'empreintes, je m'aventurai derrière la grande colline arrondie qui se dresse à l'est de Mingbo, avançant en direction de la piste d'atterrissage Hillary de 1960, content d'avoir le sentiment d'être à nouveau en forme et à nouveau acclimaté à l'altitude. J'avais en effet remarqué qu'après chaque maladie, et en particulier si les remèdes pris incluaient des antibiotiques, il fallait reconstituer une tolérance aux altitudes supérieures à quatre mille mètres.

Je ne parvenais plus à distinguer les empreintes au milieu des rochers quand Gyalzen me rejoignit. Je m'alarmai en voyant qu'il avait les traits tirés et paraissait avoir du mal à faire le plein d'air dans ses poumons. Il avait une petite voix et, quand nous redescendîmes, marchait d'un pas mal assuré. Il restait à la traîne, donnant des signes similaires au coup de pompe que j'avais eu quelques jours plus tôt. Il était évident que nous ne pourrions partir le lendemain matin, comme nous l'avions espéré, en direction de Donag Tsho.

Ce nouveau retard déprima Gyalzen. Il fallait trouver le moyen de le guérir et de lui remonter le moral, faute de quoi il était à craindre qu'il fût persuadé d'être victime de la malédiction du yéti. L'Association de secours himalayenne tenant à Pheriche, à une demi-journée de marche plus au nord, un dispensaire où officiaient à chaque saison de trekking deux médecins assistés d'une infirmière, je décidai d'amadouer Gyalzen pour qu'il accepte de s'y rendre. Mais il se montra réticent. Je lui fis remarquer que nous devions de toute façon aller à Pheriche pour y prendre quatre tapis isolants dont nous aurions besoin pour camper au Donag Tsho. Kanche avait là une petite maison transformée en un gîte qu'elle n'ouvrait qu'en haute saison et où étaient entreposés des tapis isolants. Gyalzen se laissa fléchir sur ce point, transformant cette excursion à Pheriche en un pique-nique familial. Nous nous mîmes en route le lendemain avec Oncle Pasang et Kanche qui portait la petite Mingma Ramu dans un panier, sur son dos. Tant que le soleil n'était pas caché par un des nombreux sommets qui dominaient la vallée, le temps était véritablement estival.

A six kilomètres au nord de Pangpoche, Pheriche est à cheval sur la Piste du Kleenex, à l'extrémité sud d'un plateau alluvial irrigué par le Lobuche Chubung, un petit torrent glaciaire qui va se jeter dans l'Imja Khola. Le plateau en pente douce qui s'étend au nord de Pheriche jusqu'à un monticule millénaire de gravats glaciaires à Duglha, trois kilomètres et demi plus loin, est bordé à l'est par les restes d'une moraine aux formes bien arrondies et à l'ouest par les piliers granitiques des pics de Taboche et de Tshola. Au loin, en direction du nord, nous pouvions voir le Cho Oyu, la septième montagne la plus haute du monde, mais aussi les pics de Lobuche et de Pumori. L'Everest était dissimulé à notre vue par le Pokalde. Pheriche, à une altitude de quatre mille deux cent quarante-trois mètres, concurrence Dingpoche qui n'a que quarante mètres de plus, mais n'est que sporadiquement habité l'hiver et qui est classé comme le village le plus haut à population permanente du Népal [1]. Il compte une vingtaine de maisons et de gîtes, assez éparpillés à cause de l'ouverture du site sur le plateau marécageux qui, l'été, devient un vaste pâturage.

Le gîte de Kanche était une modeste bâtisse d'un seul étage, avec une cuisine à foyer découvert à droite de l'entrée principale et un dortoir sur la gauche. Son jardin de devant était séparé du sentier qui

1. Le village à population permanente le plus élevé du monde se trouve en Bolivie, à cinq mille trois cent trente-cinq mètres d'altitude.

traversait le village par un mur de pierre et de tourbe. Un banc recouvert de tourbe occupait toute la longueur du jardin.

Le dispensaire de l'Association de secours himalayenne donne aux trekkers des conseils pour s'adapter à l'altitude. Quand il n'est pas rapidement diagnostiqué, le mal des montagnes peut se révéler fatal. Le dispensaire se trouvant à cinquante mètres seulement du gîte de Kanche, je m'y rendis avant le déjeuner et fis la connaissance du Dr Wade Henrichs, un spécialiste des urgences médicales âgé de trente ans et venant de Minneapolis, Minnesota, de sa femme Paulette Bergh et de l'infirmière Mary Anne Hauser, originaire de Durango, Colorado.

Quatre mille alpinistes et trekkers passent par le dispensaire chaque année. Une personne sur trois parmi celles qui parcourent la Piste du Kleenex connaît des problèmes dus au mal des montagnes. Celui-ci peut frapper n'importe qui, Sherpa ou touriste, alpiniste ou trekker. Ses symptômes les plus courants sont les maux de tête, la nausée, la perte de l'appétit et la rétention des liquides de l'organisme. Ses formes les plus malignes sont l'œdème du cerveau et du poumon. L'oxygène ainsi que certains médicaments comme le Diamox peuvent soulager, mais la seule thérapeutique sûre consiste à perdre de l'altitude aussi rapidement que possible. Le dispensaire a déjà sauvé une douzaine de vies humaines. Il assure en outre une assistance médicale pratiquement gratuite aux habitants du village.

Les membres d'une équipe d'alpinistes américains qui n'avaient pu parvenir au sommet de l'Ama Dablam étaient rassemblés à l'extérieur, buvant de la bière et mettant à l'épreuve les talents de Mary Anne Hauser en matière de médecine. Alors que j'étais en train d'exposer notre problème à Wade, Gyalzen, curieux de savoir ce qui se passait, s'approcha d'un pas nonchalant, avec Mingma Ramu sur le dos, emmaillotée dans une couverture. Je le présentai à Wade et à Paulette. Wade lui prescrivit un traitement de cinq jours d'un antibiotique léger qu'il sortit de sa pharmacie et lui factura la somme dérisoire de cent roupies (quatre dollars). Il lui dit en outre qu'il serait sage de commencer à prendre ces antibiotiques sur-le-champ. Gyalzen, qui avait eu du mal à respirer sur le sentier ce matin-là, s'exécuta sans protester.

Pour mettre toutes les chanses de son côté, Gyalzen demanda au lama de Pangpoche de venir chez lui dans la soirée afin de dire quelques prières spéciales. Le lama arriva avec son chien après la tombée de l'obscurité et, pendant qu'on lui servait à dîner, délibéra avec Gyalzen sur les tantras qui feraient l'affaire pour ce cas précis. Leur choix finit par se porter sur un livre qui se trouvait dans le lhang, et le lama se mit à psalmodier des prières qu'il contenait, répandant du riz à travers la pièce et brûlant du genièvre et de l'encens dont il demanda à Gyalzen d'inhaler les vapeurs. Après quoi il fit une forêt de petits tormas avec de la pâte à tsampa, y faisant figurer une effigie de Gyalzen. Il disposa l'ensemble sur un plateau qu'il fit descendre au rez-de-chaussée après la récitation des textes sacrés et qu'il plaça près de l'entrée de la maison pour inciter les mauvais esprits à s'en aller.

Si tout allait bien pour Gyalzen, nous projetions d'entamer le lendemain matin la première étape de la longue marche qui devait nous conduire à Donag Tsho. Le sentier suivait la rive droite de l'Imja en direction du sud jusqu'à Phortse, puis bifurquait vers le nord au-dessus de la rive gauche de la Dudh Kosi jusqu'à la dernière moraine du majestueux glacier Ngozumba à Nah, franchissant la rivière sous la moraine, pour monter d'abord vers Gokyo et finalement jusqu'à Donag. La distance totale, de vingt-cinq kilomètres et demi, représentait un voyage de deux jours et demi, au cours duquel on prenait mille mètres d'altitude.

En plus des deux yacks, nous décidâmes d'engager deux jeunes Sherpanis pour porter la nourriture et l'équipement pendant une sortie de deux semaines. Continuant de garder pour hypothèse de travail que nous ferions de Donag la base principale de nos opérations, je suggérai que nous y laissions une partie du matériel à la fin de notre sortie quand nous retournerions à Pangpoche pour renouveler nos provisions. J'avais lancé timidement l'idée que nous pourrions recourir à un *yersin* d'été, ou campement aménagé dans les rochers par les gardiens de yacks, dans les moraines latérales situées à l'est du lac, et en faire notre campement permanent. Gyalzen et Oncle Pasang trouvèrent tous deux que c'était là une bonne idée.

Pendant que nous étions au coin du feu, ce soir-là, Gyalzen se lança dans son répertoire d'histoires de yétis. Originaire de Tingri, au Tibet, le père de Tenzing Norkey était établi à Thame depuis de nombreuses années et était devenu l'un des gros éleveurs de yacks de Khumbu. Il avait des pâturages partout, raconta Gyalzen, mais gardait toujours une grande partie de son troupeau dans Tshola Khola, une vallée latérale située entre la Dudh Kosi et l'Imja, à l'est du col de Tshola. Au cours d'une mousson, un yéti qu'on savait rôder dans la région surgit et entreprit de donner la chasse aux yacks. Quand les gardiens de troupeaux essayèrent de l'éloigner en lui faisant peur, le yéti se jucha au sommet du rocher sous lequel ils étaient installés. Les gardiens de troupeaux furent pris de panique et allumèrent un feu en demi-cercle à l'entrée du surplomb rocheux pour empêcher le yéti de les attaquer durant la nuit. Ils y jetèrent tout le combustible qu'ils avaient et les flammes montèrent si haut que le yéti, vociférant comme un fou, prit la fuite dans les montagnes et ne les importuna plus jamais.

Gyalzen nous parla aussi d'Ang Dahki, une Sherpani dont les parents vivent à Pangpoche mais possèdent une maison de pierre à Dingpoche et des pâturages au-delà, du côté de Chhukhung. Un après-midi de 1986, Ang Dahki partit assez tard à la recherche des yacks de sa famille qui n'étaient pas encore de retour. A l'endroit où la vallée de Chhukhung rétrécit, enserrée entre une moraine et la montagne, elle entendit ce qu'elle crut être les cris de plusieurs yétis. Quand elle s'arrêta, se demandant quoi faire, trois gros rochers dévalèrent la montagne, depuis le point d'où les cris émanaient. Ces rochers furent à deux doigts de la tuer. Terrifiée, elle retourna à toutes jambes chez elle et resta muette plusieurs heures auprès du feu avant que ses parents, à force de cajoleries, n'obtiennent d'elle le récit de sa mésaventure.

Gyalzen était un bon raconteur d'histoires. Il prenait plaisir à donner à celles-ci un ressort dramatique. Il pouvait également se révéler très drôle. L'art du conteur est encore en honneur dans la société sherpa qui ne dispose pas de la télévision et n'écoute que très peu la radio. Les Sherpas peuvent débiter des histoires des heures durant, assis au coin du feu. Les auditeurs restent pour la plupart suspendus aux lèvres du conteur jusqu'à pouvoir à leur tour enrichir la narration d'un détail ou se lancer eux-mêmes dans le récit d'une autre histoire. De telles séances déchaînent systématiquement l'hilarité, les Sherpas aimant beaucoup rire, non pas seulement des autres, mais également d'eux-mêmes. J'ai toujours regretté dans de telles occasions de n'avoir qu'une faible connaissance du sherpa-ka.

Gyalzen mentionna qu'outre leurs cris et leur jactance, les yétis sifflaient quelquefois comme les humains. Il fit aussi remarquer que, lorsqu'il se déplace, le yéti le fait généralement de nuit, conclusion à laquelle mes recherches m'avaient déjà conduit. Mais il ajouta d'un ton plein de sous-entendus que, lors de ses déplacements, le yéti ne s'encombrait pas de bagages, ce qui lui donnait un net avantage sur nous. Gyalzen regardait du coin de l'œil le matériel que nous avions préparé en vue du départ du lendemain matin en direction de Phortse.

J'étais à présent préoccupé par le moral en baisse de Gérard. Alors qu'au tout début, il avait été impressionné par la maison de Gyalzen, il ne trouvait maintenant plus rien d'agréable à dire à son sujet. Il se plaignait de la saleté des gens de Khumbu, apparemment peu désireux, selon lui, d'améliorer leur niveau de vie. Il trouvait que les Sherpas se conduisaient en otages d'une religion rétrograde et ne comprenait pas pourquoi ils ne voulaient pas s'en rendre compte.

Le lendemain matin, alors que nous finissions de faire nos bagages, il piqua une crise de rage en découvrant que nous n'avions plus de sacs de plastique noir. Il avait eu l'intention de s'en servir pour chauffer l'eau grâce à l'énergie solaire à notre camp de base. Nous en avions six au départ, et j'expliquai que les porteurs les avaient déchirés pour se protéger quand ils avaient été surpris par la tempête aux cols de Lamjura et de Tragsingo, durant notre progression en caravane jusqu'à Namche.

« Tout va de travers, se plaignit-il tout d'un coup. Tout va à vau-l'eau. Pour commencer, nous étions supposés faire partie d'une expédition. Et voilà que nous ne sommes que deux à faire un trek. Nous n'avons pas l'équipement nécessaire, et nous ne pouvons même pas nous payer suffisamment de porteurs. Nous n'avons pas de camp de base fixe comme tu l'avais annoncé, et pas de refuge loué à Gokyo. Cette organisation n'est tout simplement pas sérieuse. »

Ce qu'il disait là était en partie vrai. J'avais d'abord espéré louer des quartiers d'hiver à Gokyo, mais ce projet avait été abandonné faute de moyens, et aussi parce que je m'étais vu confirmer entre-temps que Gokyo n'était plus désert l'hiver, comme c'était le cas naguère. Plusieurs gîtes y demeuraient ouverts pour loger les Japonais et les Australiens qui, pour quelque obscure raison, préfèrent effectuer leur trekking durant les mois d'hiver. Malgré tout, à cause de la neige, j'espérais que tout le trafic du trekking prendrait fin à Gokyo qui représente en principe le terme de l'itinéraire, et que nous aurions la paix du côté du Donag Tsho, le deuxième, en direction du nord, du chapelet des cinq lacs glaciaires du Dudh Pokhri. *Dudh* signifie lait en népalais et Pokhri lacs. La Dudh Kosi, qui est issue du Dudh Pokhri, est par conséquent la rivière laiteuse.

Le sentier conduisant à Phortse commence au chorten qui se trouve dans la partie haute du village et suit la rive droite de l'Imja, au-dessus et en face de l'arête de Tengboche. Phortse est réputé être le premier village de Khumbu où l'on ait cultivé des pommes de terre. Il y a différentes versions quant à l'époque et à la façon dont les tubercules du sahib anglais furent introduits chez les Sherpas et en vinrent à constituer l'élément de base de leur régime alimentaire, mais il semblerait qu'au XIXe siècle, un jeune Sherpa plein d'initiative, engagé comme jardinier par le ministre britannique en poste soit à Darjeeling soit à Katmandou, en ait mis quelques-uns dans sa poche et les ait rapportés en retournant chez lui. Ce fut comme un tour de magie. Les pommes de terre s'accommodèrent bien de l'altitude et du sol sablonneux de Khumbu et les Sherpas en adorèrent la saveur. Ils ne furent donc que trop heureux de les voir supplanter la tsampa de sarrasin qu'ils mélangent parfois à la farine de blé ou d'orge.

Il n'y a ni gîtes ni gargotes à thé à Phortse, mais certaines familles y accueillent des trekkers pour une petite somme. Le village est construit sur un plateau triangulaire, au-dessus du point de confluence des rivières Imja et Dudh Kosi, à une altitude de trois mille huit cent quarante mètres. La paroi rocheuse à laquelle il est adossé le protège des vents du nord, lui assurant un micro-climat. La trentaine de maisons qu'il compte sont assez grandes et bien espacées. Elles ont chacune une terrasse au premier étage, de plain-pied avec la pièce tout en longueur qui sert de séjour. Les terrasses sont à moitié couvertes, orientées au sud et servent à faire sécher les céréales et le blé.

Les habitants de Phortse sont gardiens de troupeaux de yacks. Quelques chèvres et quelques moutons, relativement rares dans Khumbu, se promènent aussi à travers le village, et puis des chiens, beaucoup de chiens. Mais on ne voit pas de poulets. Dans la région de Khumbu, je n'en ai vu en fait qu'à Namche, et j'ai demandé pourquoi. Les Sherpas sont grands amateurs d'œufs, dont il se vend des montagnes au marché hebdomadaire. Mais les Sherpas tiennent les producteurs des œufs pour des impies : le coq incarne la vanité et on le considère comme une des trois forces corruptrices qui lubrifient la roue de la vie. Aucun poulet ne doit donc s'offrir à la vue de Khumbilia, résidence du dieu Khumbilia Terzen Gelbu qui est, m'a-t-on dit, l'un des vingt et un principaux dieux du Tibet. Aussi les œufs consommés dans Khumbu y sont-ils apportés dans les sacs des céréales, du riz, de la farine et du sucre par des marchands qui viennent au marché du samedi. De toute façon, la biologie des poules en fait de mauvaises pondeuses à des altitudes qui dépassent trois mille mètres.

Les bouddhistes tantriques croient que Gourou Rimpoche, le mystique indien qui réforma le bouddhisme tibétain après s'être rendu à Lhasa en 747 après Jésus-Christ, soumit les dieux Bön qui régnaient alors sur les hauts plateaux himalayens et les gagna à la cause de Bouddha. Son arme la plus efficace fut le *vajra* (*dorje* en tibétain), symbolique du coup de tonnerre d'Indra. Gourou Rimpoche parcourut également Khumbu et, grâce à son vajra magique ainsi qu'à une ample panoplie d'astuces, fut victorieux des dieux et démons bön qu'il trouva là-bas, n'épargnant que ceux qui consentirent à protéger les vallées de Khumbu considérées comme un sanctuaire bouddhiste.

Les Sherpas qui vinrent des régions orientales du Tibet à peu près à l'époque des invasions mongoles – ce qui leur vaut d'être appelés « gens de l'Est », *Shar* signifiant est et *pa* gens – sont convaincus qu'un dieu habite chaque montagne importante. Khumbilia, dont ils ont fait dériver le nom de leur pays, était de loin le plus vénéré et celui qui se montrait le plus bienveillant à leur égard, et cela depuis l'époque où Bouddha Chendin, le père de Sanga Dorje, recevait Khumbilia à son hermitage. Dans la mythologie sherpa, Khumbilia monte un cheval rouge et donne une impression de force, arborant un visage pâle et portant des robes blanches. Tamosermu, la femme de Khumbilia, vit sur le Tramserku, au sud de Kangtaiga, qui porte lui-même le nom d'un des disciples de Khumbilia dont c'est le lieu de résidence.

Parmi les déités locales les plus craintes figure Chomolungma, qui vit au sommet de l'Everest. C'est la Déesse Mère de la Terre, et elle n'aime pas être importunée. Elle monte un tigre rouge et, avec sa peau orange, est extrêmement séduisante. Elle est entourée de fleurs et vêtue d'une robe multicolore. Elle tient dans la main droite une musaraigne qui vomit des richesses et une coupe de fruits dans la gauche.

Les habitants de Phortse sont conservateurs, et travaillent dur, mais ils ne sont pas riches. Cela peut-être parce qu'ils eurent autrefois un différend avec Sanga Dorje qui avait cherché refuge auprès d'eux en fuyant le roi Tshomtomba. Ils l'avaient alors contraint à survoler l'Imja Khola pour aller à Tengboche. Il semblerait qu'ils regrettèrent par la suite leur comportement et firent de nombreux pèlerinages à Pangpoche pour obtenir son pardon. Ils finirent même par aider à construire le gompa du lieu qu'ils partagent d'ailleurs jusqu'aujourd'hui avec les villageois de Pangpoche. Phortse n'a pas son propre gompa.

Si les gens de Phortse ne sont pas riches au sens matériel du terme, ils possèdent en revanche de nombreux yacks et ont un patrimoine d'une incomparable richesse dans trois domaines : celui des pierres votives dont beaucoup sont gravées de façon exquise, celui des faisans, l'oiseau népalais au plumage éclatant qui est le symbole du Népal, et celui des cerfs musqués. Les cerfs musqués vivent en si grand nombre dans la région de Phortse que Bijaya Kattel, spécialiste en biologie animale, en a fait son champ d'action pour l'étude de cet animal. Comme Gérard et moi étions arrivés dans le village avant Gyalzen et que nous avions donc du temps devant nous, je décidai d'aller voir si Bijaya était de retour de Katmandou. Je savais qu'il avait loué une maison quelque part dans le village et je demandai aux rares personnes rencontrées en chemin si elles savaient où je pourrais le trouver.

Je ne tardai pas à tomber sur un jeune garçon vêtu de haillons bruns qui accepta de nous conduire jusqu'à la maison de Bijaya – pratiquement tout en bas du village – où nous fîmes la connaissance de Beg Bahadur Baniya, un employé des parcs nationaux affecté au projet d'étude du cerf musqué. Beg Bahadur s'apprêtait à se rendre au marché du samedi de Namche. Il nous invita néanmoins à entrer et nous offrit du thé. Ayant à peine dépassé la trentaine, il était marié et avait trois enfants, mais sa famille vivait au sud de Solu où le climat est bien plus chaud. Il la voyait, disait-il, une fois tous les six mois. Il donna raison à Gérard qui trouvait ce temps de séparation très long, et reconnut qu'elle lui manquait. Il nous dit que Bijaya Sahib ne viendrait de Katmandou que dans deux semaines. Comme Beg Bahadur allait à Namche où se trouve le seul bureau de poste de tout Khumbu, Gérard écrivit en vitesse une lettre à l'une des deux femmes de sa vie et la donna à poster à Beg Bahadur.

En gravissant à nouveau la colline, nous rencontrâmes Wade et Paulette qui étaient à la recherche d'un jardin où dresser leur tente et d'une gargote à thé pour prendre un repas car ils n'étaient pas équipés pour la cuisine. Ils partaient pour Gokyo où ils allaient occuper de brèves vacances à faire du trekking. Sans demander à Gyalzen son avis, je leur suggérai de camper avec nous et de partager notre cuisine. Mais, quand il nous eut rejoints, Gyalzen parut mécontent. L'infection pulmonaire dont il souffrait n'était pas guérie : il avait l'air abattu et respirait bruyamment. J'imagine qu'il considéra la présence du médecin de Pheriche comme une conspiration destinée à ruiner l'effet bénéfique des prières du lama et des inhalations de la veille.

– Combien de personnes ? demanda Gyalzen.

– Deux seulement, lui dis-je.

Il avait pris des dispositions pour installer notre campement auprès d'une pierre votive, dans le champ ceint de murs d'un de ses cousins membre comme lui du clan Paldorje et comptant parmi les chefs du village. Bien que le cousin en question fût absent, sa femme dit que nous pouvions partager leur feu et manger avec eux dans la salle de séjour de leur maison bien tenue.

« Très bien », dit Gyalzen, mais je compris à son intonation que Père serait relégué dans le poulailler pour y passer la nuit. Au cours du dîner, je saisis suffisamment de bribes de la conversation pour comprendre que Gyalzen se plaignait de moi à la maîtresse de maison. Ce petit conflit avait échappé à Gérard qui servit en apéritif du

Ricard à Wade, Paulette et Oncle Pasang. Il avait l'air plus heureux, ayant trouvé des compagnons pour partager son goût de l'anisette. (Gyalzen refusait d'y toucher parce que, disait-il, elle lui donnait mal à la tête; mais Pasang la lapa littéralement, ce qui le rendit plus humain aux yeux de Gérard.) Wade et Paulette manifestèrent également de l'intérêt pour le tarot, un jeu de cartes français qui présente un certain nombre de ressemblances avec le bridge. Paulette parlait un peu français et Wade voulait bien essayer de s'y mettre, ce qui leur donna beaucoup de *sonam* aux yeux de Gérard.

Kanche me regarda entre deux tirades de Gyalzen et se mit à rire. Gyalzen n'est pas très grand, faisant à peu près un mètre soixante-dix. Kanche est une belle femme plantureuse, plus grande de près de six centimètres que son mari, et sûrement aussi forte. C'est une personne terre à terre, à l'humeur assez paillarde et au caractère d'acier.

– Gyalzen fâché contre Père ? lui demandai-je.

– Gyalzen très fâché, répondit-elle, riant à nouveau comme pour me dire : ignorez-le, ça lui passera.

Avant le souper fait de soupe et de sharpa, Wade nous raconta qu'il avait entrepris l'ascension du mont McKinley en Alaska avec un ami du nom de Gary Scott qui travaillait parfois comme guide de trekking. Wade et Paulette avaient tous deux une haute opinion de Gary qui leur avait confié que, trois ans plus tôt, il avait rencontré un yéti en conduisant un groupe de trekkers en haut de la vallée de Chhukhung. Ils s'étaient arrêtés en route pour déjeuner à Bibre. Bibre est un hameau situé à quatre mille cinq cent cinquante mètres d'altitude, habité durant l'été par des gardiens de troupeaux de yacks et qui ne compte pas plus d'une douzaine de maisons de pierre. Deux personnes s'étaient écartées du groupe et, au bout d'un moment, Gary était allé à leur recherche. Alors qu'il se trouvait sur le contrefort d'une arête, il les vit qui se tenaient sans le moindre mouvement, les yeux fixés sur un point situé à quelque trois cents mètres d'eux. En se tournant pour voir à quoi leur regard était rivé, Gary sentit, paraît-il, ses cheveux se hérisser sur sa nuque. Un peu plus loin, sur sa droite, deux yétis parcouraient les broussailles, en quête de quelque chose.

L'un était adulte, raconta-t-il, de la taille d'un homme assez petit, ou d'une femme. L'autre était encore plus petit et paraissait être un tout jeune yéti. Ils avaient le corps presque entièrement recouvert de longs poils brun roussâtre et se fondaient parfaitement dans le paysage. Quand ils aperçurent Gary, ils montrèrent des signes de nervosité. Le plus grand se tourna, saisit à deux mains une grosse pierre et la lança dans la direction de Gary, puis les deux animaux s'enfuirent, et il les perdit de vue. Gary dit à Wade qu'il n'avait jamais fait allusion à cette rencontre devant quiconque, de peur d'être tourné en ridicule.

Nous fîmes trois parties de tarot et, vers vingt et une heures, nous nous retirâmes sous nos tentes. Ce soir-là, la BBC rapporta que Mme Thatcher avait averti le Parlement qu'une récession économique menaçait le monde. Nous attendions la neige. La possibilité d'une récession à l'échelle de la planète ne nous avait pas effleuré l'esprit.

8

Donag Tsho

A tous points de vue, les yacks ont fière allure. Ils ont un aspect rocailleux et hirsute, avec des cornes qui s'incurvent vers le haut et vers l'extérieur. Ils ont de très jolies oreilles, un beau pelage et des pattes élégantes. Ils vous donnent envie de les approcher de très près. Mais c'est là une chose fort peu recommandable, et qui peut même être dangereuse. Car en dépit de leur apparence, les yacks sont dotés d'un vilain caractère. Ils peuvent faire preuve d'indifférence, devenir franchement désagréables et imprévisibles, pour ne pas dire stupides. Ils peuvent piquer un trot sans prévenir et, quand ils perdent la tête, ils s'arrêtent sans raison : non pas du tout par égard pour les gens, et parfois même sans égard aucun pour les à-pics. Quand l'un d'eux baisse la tête et se met à gratter le sol, éloignez-vous aussitôt, vous serez bien inspiré. Même les Sherpas, qui côtoient les yacks depuis plusieurs centaines d'années, leur témoignent le plus grand respect quand leur humeur devient sombre et changeante. J'ai vu un jour toute une bande de Sherpas s'égailler sur le terrain communal de Tengboche quand quatre yacks, sans raison apparente, décidèrent de s'emballer. Et pourtant, à d'autres moments, ils se laissent surcharger de fardeaux, gronder, frapper avec des bâtons, lapider et injurier sans laisser transparaître la moindre émotion.

Marsan et Tsao ne faisaient pas exception à la règle. Marsan, pelage et pattes grises, était, à vingt ans, l'aîné du tandem. Si les yacks ont été correctement nourris et pas trop surchargés durant leurs années de service, ils peuvent vivre jusqu'à vingt-sept ans, aux dires de Gyalzen. Tsao, pelage, blanc et noir, était en pleine jeunesse, n'étant âgé que de quatorze ans. Tous deux étaient des mâles; les femelles des yacks sont appelées nacks.

Bien que Gyalzen conduisît souvent Marsan et Tsao, ils étaient véritablement les créatures de Kanche. Ils se montraient plus doux avec elle qu'avec quiconque et réussissaient pour elle des exploits d'endurance que personne d'autre ne pouvait leur extorquer par des ordres ou obtenir d'eux par les bonnes manières. Bien entendu, c'était elle qui leur donnait habituellement à manger, et cela n'y était pas étranger, mais on dit que les yacks sont souvent plus dociles avec les femmes et, de fait, j'en ai vu des caravanes entières que conduisaient les plus frêles des Sherpanis.

Gyalzen en savait peut-être plus long sur la psychologie des yacks et se montrait meilleur professeur en enseignant à ses enfants comment s'y prendre avec eux. Il se montrait de toute façon gentil à l'égard des animaux, ce que ne sont pas la plupart des Sherpas, alors même qu'ils n'en tueraient jamais aucun. Un animal, après tout, est une forme inférieure de réincarnation : quelqu'un qui aurait péché dans une vie antérieure, commis un acte grave de *dipka* ou qui aurait été une misérable crapule et se serait donc réincarné dans un animal devait être traité comme tel.

A chaque fois que Pasang Tshering ou Kunga Pemba voyageaient avec nous, Gyalzen leur rappelait immanquablement de ne pas harceler Marsan et Tsao quand ils s'arrêtaient pour pisser. Il leur expliquait aussi qu'il faut laisser suffisamment de temps aux yacks pour boire aux ruisseaux et de ne jamais crier après eux quand la piste devenait périlleuse, mais leur permettre de trouver le rythme qui leur convenait. Un yack représente après tout un investissement considérable pour un Sherpa, et il est autre chose et plus qu'une simple bête de somme. Les Sherpas font de la laine à partir des poils du yack, ils préparent l'une de leurs nourritures favorites, le beurre rance, à partir du lait de nack et, pourvu que quelqu'un d'autre se charge d'abattre le yack, ils mangent sa viande et tannent sa peau.

Je me dois d'ajouter que les yacks, ou du moins la grande majorité d'entre eux, ne sont pas si méchants que ça avec les enfants. Il est évidemment préférable qu'ils les connaissent, car ils n'aiment en général pas les gens dont ils ne sont pas familiers. Et ils manifestent leur antipathie à quiconque s'approche trop d'eux en levant tout d'un coup la tête, en lui imprimant un mouvement de rotation sournois et en fendant l'air de l'une de leurs cornes.

J'ai essayé d'acheter l'amitié de Marsan et Tsao en leur offrant de la nourriture. Mais, ainsi que je devais le constater, les yacks sont des créatures qui ont des principes, ce qui contribue sans doute à leur donner leur aura de noblesse. S'ils ne vous connaissent pas, ils ne traiteront pas avec vous. Ils essaieront en fait de vous décourager ou, s'ils sont vraiment en colère, de vous empaler avec ce soudain mouvement de côté et vers le haut. Je finis par me dire qu'il valait mieux les éviter à tout prix jusqu'à ce qu'ils en viennent à m'accepter comme un membre de la famille. Dans l'intervalle, la plus grosse erreur aurait été de montrer de la peur parce qu'ils détectent celle-ci et qu'à partir de là, ils ne font plus jamais preuve de la moindre amabilité. Il était en tout cas essentiel de rester impassible si l'on souhaitait garder la moindre supériorité sur eux. N'ayant rien dans la tête, les yacks ont en outre le cœur froid et insensible. J'en vins ainsi à la conclusion que c'était pour cela qu'ils étaient des yacks et pas autre chose.

La première fois que je me rendis à Gokyo, je me souviens avoir vu en chemin trois yacks conduits par un Sherpa haut en couleurs. Ils descendaient, sans chargement, la pente abrupte menant à la Dudh Kosi. Sans trop me poser de questions, je m'arrêtai pour les regarder passer, me tenant sur un rocher, en bordure du sentier, du côté extérieur.

Le Sherpa s'arrêta pour me faire la leçon : « Ne vous arrêtez jamais du côté extérieur du sentier quand un yack passe, me dit-il. Restez toujours du côté intérieur. »

Le conseil était sage, et j'en ai toujours tenu compte depuis. J'ai d'ailleurs entendu raconter par la suite des histoires de touristes, et même de Sherpas, qui avaient été jetés dans le précipice par un yack qui évaluait mal la largeur de son chargement ou qui avait peut-être été poussé par un autre yack cherchant à prendre la tête de la file. Je décidai alors que pareille chose ne m'arriverait pas.

Une autre idiosyncrasie du yack est sa façon de marcher tête baissée, comme s'il reniflait la piste devant lui. Voilà qui est contraire aux habitudes du buffle, et pourtant yacks et buffles sont réputés être cousins. Les Népalais, qui ne sont nullement en reste avec les Sherpas quand il s'agit de raconter des histoires, vous en serviront une à ce propos. Il semblerait que dans la nuit des temps, le yack et le buffle étaient les meilleurs amis du monde. Ils vivaient côte à côte sur les pentes les plus douces des premiers contreforts mais un jour, à la suite d'une querelle, ils jurèrent de ne plus jamais se revoir. Le buffle descendit alors vers les plaines, et le yack monta plus haut dans les montagnes. Mais, le temps passant, chacun d'eux regretta d'être privé de la compagnie de l'autre et s'affligea de cette séparation. Aujourd'hui, quand un buffle traverse les plaines, il garde la tête levée, avec l'espoir d'apercevoir son ami, dans les montagnes. De même, un yack avance toujours tête baissée, le regard fixé sur la vallée, avec l'espoir de voir un jour le buffle à nouveau.

Le lendemain matin, Marsan et Tsao décidèrent de se montrer vilains. Kanche ne parvint même pas à obtenir d'eux de rester immobiles assez longtemps pour placer les selles de bois sur leur dos et passer les sangles sous leur ventre. Gyalzen et Pasang durent entourer leurs cornes de cordes et les tenir jusqu'à ce qu'ils acceptent d'être chargés avec les touques de l'expédition, les tentes, le matériel d'alpinisme et le reste de nos bagages. Le yack peut transporter en gros deux fois plus de choses qu'un homme. Le chargement habituel d'un Sherpa, quels que soient sa taille, son âge ou son sexe, est de trente kilos. Nous transportions à nous tous, entre les yacks, les trois Sherpanis adolescentes, Gérard, Gyalzen, Pasang et moi-même, deux cent soixante kilos, et cela pour une sortie de deux semaines. La seule personne qui ne portait aucun fardeau était Kanche, une mère qui donnait encore le sein et qui avait Mingma Ramu sur le dos, dans un panier d'osier.

Nous avions ce jour-là pour destination Nah, un hameau d'une douzaine de cahutes de pierre appartenant à des gardiens de yacks et dont deux avaient été transformées en gîtes rudimentaires qui étaient à l'abandon l'hiver. Situé au pied de la dernière moraine du glacier Ngozumba, Nah n'était distant que de dix kilomètres, mais son altitude de quatre mille trois cent soixante-dix mètres impliquait un gain net de cinq cent trente mètres au cours de la journée. Le sentier étant toutefois accidenté, avec de constantes montées et descentes, nous allions probablement grimper le triple de cette hauteur. Nous dîmes au revoir à Wade et Paulette qui empruntaient le sentier longeant la rive gauche jusqu'à Gokyo, via Dolle et Macherma. Nous montâmes en moins d'une heure jusqu'à Konar, un autre hameau de gardiens de yacks appartenant aux habitants de Phortse. Konar avait l'allure d'un village de petits fermiers écossais. Gyalzen nous dit que des yétis avaient été aperçus sur le bord du plateau situé au-dessus de Konar, durant les mois d'hiver. Il ajouta qu'une fois, un yéti avait même essayé de descendre jusqu'à Konar après d'abondantes chutes de neige mais, quand les gardiens de troupeaux l'avaient vu, ils s'étaient mis à crier, à hurler et à taper sur les marmites et des casseroles. Ils avaient fait un tel vacarme que le yéti avait fait volte-face pour retourner à son perchoir. Pasang, qui manifestait le plus grand respect pour les yétis, confirma que, durant la mousson, les plus petits, parmi eux, ceux qui ont la tête allongée, hantent souvent les abords d'un petit lac, là-haut.

Après Konar, le sentier grimpait jusqu'à un éperon situé à quatre mille deux cent soixante dix-huit mètres d'altitude et sur lequel se trouvait un chorten. Les rochers, au-dessous, étaient troués de grottes, et nous vîmes deux tahrs qui se promenaient sur les saillies. Nous nous dirigions plus ou moins vers le nord, avec un léger gauchissement vers l'ouest mais, avant d'atteindre le chorten, nous progressâmes sur un flanc de montagne orienté au sud, sans neige. Sitôt que nous eûmes franchi l'éperon et que nous fûmes derrière le chorten, nous nous trouvâmes en présence d'une épaisse couche de neige dure qui couvrait le flanc nord, en fait un corridor quasiment vertical représentant un dénivelé de quatre cents mètres qui conduisait à la Dudh Kosi et qui avait la raideur d'un toboggan. Le sentier s'engageait en serpentant à travers le corridor, descendant de vingt mètres avant d'atteindre la paroi rocheuse, puis tournant à gauche et montant à nouveau vers un flanc de montagne exposé au sud et sans neige. Gérard, qui me précédait, appela pour demander s'il nous fallait creuser des marches avec nos piolets. Gyalzen et Pasang portaient des bottes tout à fait adaptées à la situation, mais Kanche, avec son bébé sur le dos, et les trois Sherpanis, étaient en baskets.

– Qu'est-ce que tu en penses ? demandai-je à Gyalzen.

– Pas besoin, répondit-il. Nous allons *bistaari, bistaari.*

Une fois que Gérard et moi nous retrouvâmes dans le corridor ombreux, le caractère périlleux de ce passage ne fit plus de doute à nos yeux. Même chaussé de mes bottes à crampons, je sentis une montée d'adrénaline et je décidai d'y aller très, très doucement. Mais qu'allaient donc faire les Sherpanis, avec leurs chargements plus lourds ? Le premier à parvenir à un lieu sûr, Gérard sortit son piolet et se mit à tailler des prises de pied dans la glace et la neige compacte.

La marche avait été agréable jusque-là. Mais à présent, nous savions que sur le côté nord de chaque éperon guettait le danger. Nous avançâmes aussi vite que possible jusqu'à l'éperon suivant, pour tailler de nouvelles marches. C'était un travail épuisant. Gérard s'y montrant plus habile, il me confia le soin d'arrêter les yacks en attendant qu'il ait fini de nous ménager un chemin praticable. Mais Gérard est un perfectionniste, et il ne s'estima satisfait qu'après avoir creusé dans la glace un semblant d'escalier. Si les yacks allaient à coup sûr apprécier les marches, attendre sur place, en revanche, ne les enchantait pas.

Au début, je me mis, les bras en croix, au milieu du sentier large d'un mètre, afin qu'ils ne puissent pas me contourner. Marsan et Tsao en furent si étonnés qu'ils s'arrêtèrent. Mais très vite, Marsan, qui fermait la marche, voulut continuer à avancer, manquant pousser Tsao dans le précipice.

– Dégage, Gérard, hurlai-je.

La forêt est agressée, blessée, sur le toit du monde, aussi.
On voit ici le côté sud de Damjura Pass entre Kenja et Jumbesi,
c'était autrefois une zone très boisée.

Le monastère de Tengboche recouvert d'un manteau de neige fraîche.
L'Ama Dablam est dans le fond.

Gyalzen, Kanche et oncle Pasang chargent Marsan, leur yack de tête.
Il rechigne à porter les tonneaux bleus de l'expédition.

Gyalzen et Kanche se reposent au camp de Shanjo.
Ils sont sous la protection du pic Taboche.

Gérard Métral a découvert cette série de traces de yéti près de Rock House,
notre camp de Donag Tscho.

Les traces du renard nomade du Shanjo après la tempête de neige
du mois de décembre. Elles sont deux fois plus grandes
après une longue exposition au soleil. Mon gant donne l'échelle.

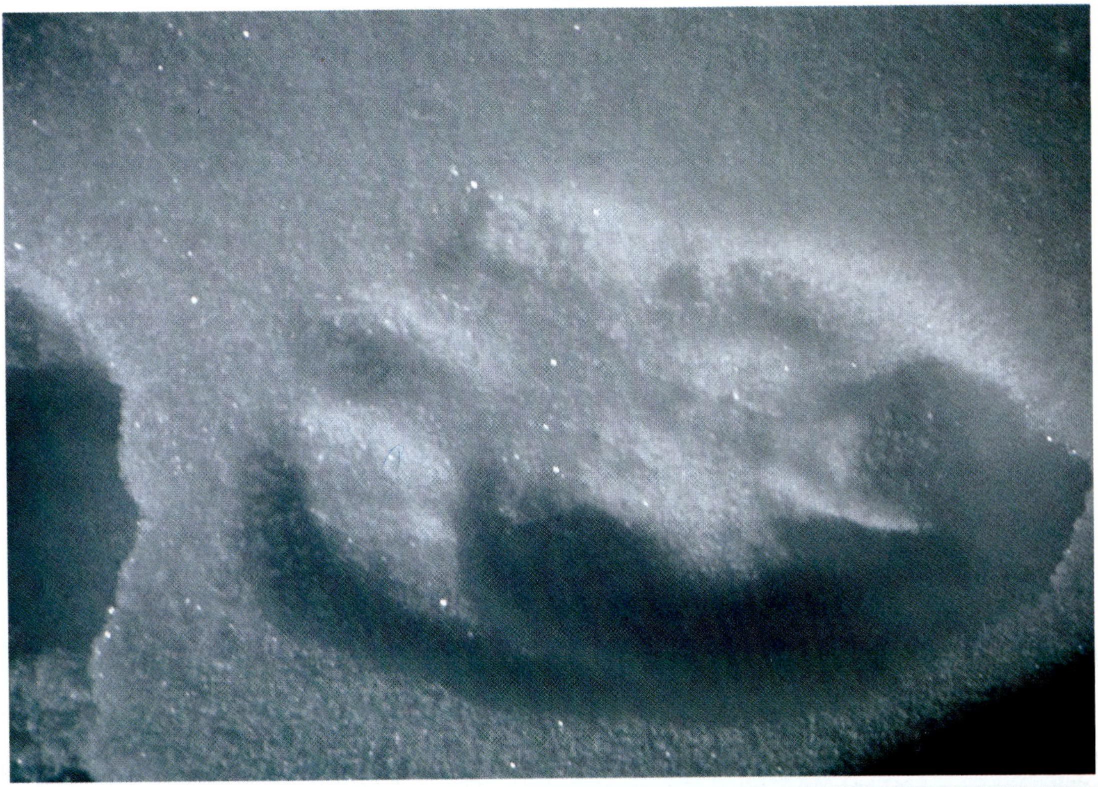

Traces de l'Homme du Monticule près de notre camp de Rock House. En 1989, à l'occasion d'un congrès d'anthropologues de l'université de Washington, la photo du haut a été jugée comme l'image la plus distincte d'une empreinte de yéti jamais photographiée depuis le cliché que Shipton prit en 1951.

Gyalzen en observateur, en haut du col de Konar.

L'auteur vêtu du Lohsar sherpa avec Mingma Ramu
dans les bras de Kanche, et Pemba Kunga à leurs côtés.

Le camp de base de l'Everest est affreusement souillé par les ordures des alpinistes.

Pasang Tshering et moi-même vers le sommet du Lho La. Pumori est derrière.

Le camp de Donag Tsho avec le Nord Slop et le Cho Ogu (8 154 m) dans le fond.

Les photos de ce cahier relèvent de la collection de l'auteur.

Il devina à mon intonation qu'il y avait urgence et panique, et il n'était pas loin de la vérité. Mais c'est qu'il n'avait jamais vu de yacks perdre la tête sans raison.

– Frappe-les entre les cornes avec le manche de ton piolet. Ça se répercutera dans leur crâne et leur fera entendre raison, me dit-il.

– Va te faire voir! Moi, je vais continuer à avancer, répliquai-je.

Le dernier contrefort avant notre pause-déjeuner à Thore faillit nous être fatal. Kanche tomba mais, comme elle se trouvait déjà en bas du périmètre couvert de glace, elle ne risquait pas de glisser tout le long du toboggan pour atterrir sur les rochers, en contrebas. Mais la Sherpani qui portait le sac des skis trébucha au cours de la traversée et commença à glisser sur la neige durcie. Elle parvint à s'arrêter, puis n'osa plus bouger de peur de déraper et de tomber par-dessus bord. Pasang, qui était le plus près d'elle, descendit tout doucement et la saisit par les cheveux, la redressant ainsi pour lui permettre de ramener ses jambes sous elle, avant de la conduire en lieu sûr.

Nous arrivâmes à Nah en milieu d'après-midi et dressâmes nos tentes dans un pâturage, entre deux maisons. Des nuages élevés cachaient le Cho Oyu, le Tibet était invisible et le vent d'ouest qui sifflait à nos oreilles était glacial. Des perdrix pépiaient et se dandinaient le long des murs de pierre, nous observant. Gyalzen paraissait être de meilleure humeur, mais l'état de ses poumons ne s'était pas arrangé, loin de là. Il acheta du foin à un gardien de troupeaux de yacks local qui n'était pas encore descendu à Phortse pour l'hiver. Au-dessus de Nah, expliqua Gyalzen, Marsan et Tsao ne trouveraient plus rien à manger.

Pendant que nous dînions dans un abri rocheux, Gérard se risqua à dire dans son meilleur anglais qu'il avait besoin d'une Sherpani pour lui tenir chaud la nuit. Kanche le considéra un moment avant de lui suggérer de les prendre toutes les trois. Gérard répondit que c'était trop, ajoutant qu'il serait trop fatigué le matin. Tout le monde se mit à rire : le niveau de notre humour était assez bas.

Le gardien de yacks rencontré en chemin avait une confortable réserve de raksi et nous en avait vendu une bouteille pleine. Tandis que nous le sirotions après dîner, Gyalzen se lança dans une série d'histoires. Les hindouistes croient qu'au mois d'août, durant la nuit de la pleine lune, les eaux du Gokyo Tsho ont un pouvoir fertilisant d'origine sacrée. Les couples sans enfants viennent de toutes les régions du monde – Gyalzen avait une conception limitée du monde – pour se baigner dans ses eaux glacées, après quoi ils se couvrent les yeux et ramassent une pierre au fond du lac. Gyalzen mit une main sur ses yeux et mima quelqu'un qui avançait dans l'eau en chancelant. Si la pierre est noire, ils auront le bonheur d'avoir un garçon. Si elle est blanche, se sera une fille.

Les gardiens de troupeaux de yacks de Gokyo trouvent ce rite sidérant. C'est que, pour commencer, les Sherpas ont horreur – mais peut-être peur serait un terme plus exact – de toute eau qui ne serait pas contenue dans un seau. La natation est un sport inconnu d'eux, et c'est à peine s'ils savent ce que c'est que de se baigner. Barboter presque nu dans un lac aux eaux glacées est pour eux complètement insensé. En outre, peu parmi les pèlerins sont accoutumés aux rigueurs du trekking en haute altitude ou au climat froid qui règne au voisinage d'un glacier. Ils mettent donc littéralement leur vie en danger pour avoir la chance de concevoir un enfant : voilà qui est peut-être touchant mais, du point de vue des gardiens de troupeaux de yacks qui ont passé tous leurs étés à Gokyo depuis, que bébés, ils y venaient portés sur le dos de leurs mères, tant d'efforts témoignent indiscutablement d'une certaine futilité.

Le lendemain matin, le cuir de mes bottes d'alpiniste était gelé. Quand nous eûmes démonté et plié nos tentes, il faisait moins dix degrés centigrades et, plutôt que d'attendre que les yacks fussent chargés, Gérard et moi franchîmes la Dudh Kosi et commençâmes à monter en direction de Gokyo. Au premier des lacs Dudh Pokhri, quatre tadornes de Bellon dont le plumage doré se reflétait dans l'eau d'une baie qui n'avait pas encore gelé saluèrent notre passage. La couche de neige était devenue continue, mais le sentier était bien fréquenté, avec un sillage de papier toilette et de séparateurs de pilules : il nous fallut deux heures et demie pour atteindre Gokyo.

Situé à une altitude de quatre mille sept cent cinquante mètres, Gokyo n'a que cinquante-sept mètres de moins que le mont Blanc, le sommet le plus haut des Alpes. Nous y rencontrâmes une foule de trekkers, dont un groupe de vingt médecins du Massachusetts. Le lac était d'un vert laiteux, et c'était la première fois que je le voyais non gelé. Nous déjeunâmes là, au soleil, et repartîmes aussitôt après pour Donag, remontant le long d'une vallée d'ablation avec le pic de Gokyo à notre gauche et, de l'autre côté, la moraine latérale du glacier Ngozumba. Alors que Gérard choisissait de gravir la moraine principale, j'optai pour la famille de pierres – une série de gros et de petits cairns, en haut d'une arête, et qui, de loin, faisaient penser à des voyageurs au milieu d'un éboulis. A un moment donné, je passai à côté d'un amas de plumes de perdrix : les restes du dîner de quelqu'un mais, comme la neige était dure, le prédateur n'avait pas laissé d'empreintes. Nous n'avancions plus sur une piste, car personne ne s'était aventuré au nord de Gokyo depuis les dernières chutes de neige, et cela n'était pas pour me déplaire.

Gérard poursuivit sa marche sur le sommet de la moraine, à quatre-vingts mètres au-dessus de moi, tandis que je me dirigeai vers la rive du Donag Tsho, en suivant le chemin le plus sûr que je connaissais pour trouver le *yersin* – *yar* signifie été en sherpa-ka, et *tsin* village temporaire –, qui était dissimulé dans une dépression, entre trois crêtes morainiques. Depuis la moraine, Gérard pouvait embrasser du regard le glacier qui était à sa droite et n'était pas visible depuis la vallée d'ablation et avoir une vue d'ensemble des crêtes morainiques, à sa gauche. Cela lui permettait de voir le creux où était blotti le *yersin*. Couvert de gravier, le glacier avait plus d'un kilomètre de largeur à cet endroit. A partir de sa paroi frontale, sous l'arc de cercle du Cho Oyu Gyachung Kang, la rivière de glace et de gravier s'étendait sur vingt kilomètres en direction du sud, dépassant d'un quart la longueur de la mer de Glace du mont Blanc et d'un tiers sa largeur. Tout ce que je pouvais voir depuis ma dépression latérale, c'était l'arc septentrional et les deux pics jumeaux du Kangchung qui s'élevaient au-dessus de la moraine orientale du glacier, comme la superstructure géante d'un bateau immobilisé sur une mer de glace.

Lorsque j'aperçus enfin le *yersin*, Gérard était déjà assis à attendre sur la crête de la plus grande colline qui lui faisait face. Il était impressionné par le froid. Et je l'étais tout autant. Quelques minutes après le coucher du soleil, la température avait plongé à moins trente degrés centigrades.

Le *yersin* se trouvait à une centaine de mètres du lac Donag, et peut-être quatre-vingts mètres plus haut. Des empreintes d'animaux s'entrecroisaient à l'intérieur de son périmètre et tout autour, formant un véritable labyrinthe.

– Je n'ai pas l'intention de passer la nuit dans cette glacière, cria Gérard à mon adresse depuis le sommet de sa colline.

Pasang m'avait entre-temps rejoint, annonçant que les yacks faisaient des faux pas et risquaient de se couper les jarrets sur la neige durcie. Il doutait de les voir parvenir jusqu'au *yersin*. Gérard continua à plaider pour un lieu de campement plus élevé, invoquant l'« inversion des températures », qui est une des lois physiques de la montagne : la chaleur montant, le sommet des collines est souvent plus chaud en hiver que les vallées qui les entourent. Je savais que ce phénomène est vérifiable dans les Alpes, mais je n'étais pas certain qu'il le fût dans l'Himalaya. De toute façon, nous nous trouvions sur un terrain rocheux où l'eau ne reste pas en surface mais s'infiltre dans des chenaux souterrains. Et nous avions besoin d'avoir de l'eau sous la main. Au *yersin*, nous avions à tout le moins de la neige que nous pouvions faire fondre, alors que sur le sommet de la colline de Gérard, la neige avait été emportée par le vent. Nous étions maintenant à quatre mille neuf cents mètres d'altitude, plus haut que le mont Blanc, et je ne me sentais pas prêt à transporter de l'eau depuis le lac jusque sur la colline de Gérard. Mais mon argument n'eut aucune prise sur lui.

Pasang et moi revînmes sur nos pas pour aider les Sherpanis et encourager les yacks. Marsan s'était blessé une patte. Kanche n'avait pas de gants et ses mains qui tenaient la sangle fixée au panier de Mingma Ramu étaient bleues de froid. Je lui donnai mes gants, car j'en avais une autre paire dans mon ballot. Nous fîmes avancer les yacks à nouveau. Gérard continuait de se plaindre d'être gelé et insistait pour que nous montions plus haut. Mais Gyalzen et Pasang optèrent pour une solution intermédiaire, suggérant de faire d'un monticule recouvert d'herbe qui s'élevait au-dessus de la neige, avec un grand rocher sur le flanc, notre lieu de campement pour cette nuit-là seulement. Le matin, nous nous mettrions à la recherche d'autre chose de mieux.

Gyalzen et Pasang entreprirent d'installer la cuisine. Puis, tandis que Kanche allaitait le bébé, ils dressèrent une seule tente pour eux sept, tout à côté de la cuisine. Gérard et moi nous mîmes à aplanir la neige pour y planter nos tentes, plus bas que la cuisine. Il faisait nuit noire : pas de lune, mais un ciel constellé d'étoiles. Vers vingt heures trente, nous avions fini de dîner, et nous nous glissâmes dans nos sacs de couchage.

Vers vingt-deux heures trente, je fus réveillé par le vent qui sifflait à travers la tente. Il n'y avait pas beaucoup de place dans le sac de couchage, car j'y avais fourré mes bottes et mes guêtres de neige pour les empêcher de geler et j'étais allongé, parfaitement immobile, à écouter le silence. Pour commencer, le son était faible, puis il s'amplifia : un tsonk-tsonk-tsonk qui se répéta plusieurs fois, se déplaçant du nord-ouest au nord-est dans les rochers, au-dessus de notre lieu de campement. Le silence se fit l'espace de quelques secondes, puis il y eut un tsonk-tsonk qui venait comme une réponse hâtive, de derrière le rocher de la cuisine. Ce tsonk avait une intonation différente, et il était plus proche. Quelques minutes plus tard, j'entendis un dernier tsonk-tsonk-tsonk, en provenance cette fois du sud-est, entre notre lieu de campement et le *yersin*. Après cela, il n'y eut plus que le silence du vent.

9

Le pays du yéti

C'était donc le pays du yéti! Je me démenais dans l'espace réduit de la tente pour mettre mes bottes et ma doudoune. Il faisait froid, froid, froid, avec des gouttes de condensation gelées, accrochées au plafond. A sept heures du matin, le soleil ne s'était pas encore levé mais, assuré de trouver une profusion d'empreintes de yétis laissées par les visiteurs de la nuit précédente, je me glissai dehors dans ce qui était un congélateur à moins vingt degrés centigrades. La neige, déjà vieille d'un mois, était si dure qu'on ne décelait aucune empreinte fraîche dans le voisinage des tentes. Celles, anciennes et nombreuses, de renards, d'hirondelles, de lièvres et d'un animal que Pasang appelait chat des montagnes apportaient la preuve que, même dans cet environnement glacial, il y avait une population locale qui, selon toute apparence, menait une vie sociale active.

Déçu, je grimpai jusqu'au sommet du monticule qui se trouvait derrière notre campement. Le paysage se ramenait à une série de tas de gravats poussés là comme par un bulldozer par le glacier Ngozumba au cours d'une de ses premières phases de progression ou de régression. Ce déménageur géant de « terre » est l'un des plus importants glaciers qui soient sous ces latitudes, mesurant d'un bout à l'autre l'équivalent de la longueur de l'île de Manhattan ou de la distance qui sépare Hyde Park Corner de l'aéroport de Heathrow. Il s'agit d'un glacier au parcours rocailleux, couvert de roches détritiques dont des rochers grands comme des maisons et qui transporte énormément d'éboulis, de gravier et de sable. Bien entendu, aucune végétation ne pousse sur le glacier ni, en règle générale, sur ses moraines et sur ses monticules. Quelques maigres genévriers et buissons de rhododendrons hauts de moins de quarante centimètres s'accrochent à ses flancs exposés au sud, où des touffes d'herbe drue et, de-ci de-là, quelques plaques de mousse brune, offrent un maigre choix à un yack.

Tous les autres étant endormis, je travaillais tout seul et pouvais donc me permettre de prendre mon temps. Entre notre lieu de campement et Donag Tsho, au-delà du sommet du premier monticule, je trouvai un autre amas de plumes de perdrix à côté d'un gros rocher de la taille d'un minibus, avec un surplomb assez grand pour qu'un loup puisse se cacher au-dessous. Je savais que des loups hantaient la région car Gyalzen et moi avions suivi les traces de pas de l'un d'entre eux, dix-huit mois plus tôt, quand nous avions franchi le col de Renjo, venant de Gokyo.

Je continuai jusqu'au gros rocher suivant, trois mètres plus loin. Sur le sol, dans le périmètre abrité du vent, il y avait une série d'empreintes évoquant de façon frappante celles qu'aurait laissées un primate. Une seule dans toute la série avait été à l'abri à la fois du soleil et du vent et n'était par conséquent pas trop déformée. Elle comportait cinq orteils tout juste discernables et représentait l'équivalent d'un pied de taille quarante et un, légèrement plus petit quoique plus large que mon propre pied sans la botte. Mais comment déterminer si elle remontait à une semaine ou un mois ?

Bien que cette empreinte d'un pied fût semblable à celle de la photo prise par Shipton en 1951 et qui est devenue la référence internationale d'une empreinte de yéti, elle était loin de l'égaler en précision. Et, alors que les traces de pas observées par Shipton sur le glacier Menlungtse, vingt-cinq kilomètres seulement plus à l'ouest, dans ce qui n'est qu'une toundra aride, suggéraient un bipède dont la foulée faisait un mètre de long, celles repérées sur le monticule de Donag se suivaient de près, distantes les unes des autres de quelques centimètres seulement. Cela me laissa perplexe un moment, puis l'idée me vint que l'animal tournait furtivement autour du rocher, traquant peut-être quelque chose, et avançant à tout petits pas en attendant de voir ce qu'il y avait de l'autre côté. Il n'empêche que j'étais plus déçu qu'enthousiaste, car j'avais espéré trouver des traces de pas fraîches et celles-ci étaient vieilles de plusieurs semaines. J'étais tenté de n'en tenir aucun compte. Elles n'apportaient pas beaucoup de renseignements utiles, mais au moins étais-je à présent convaincu qu'elles étaient dues à un bipède, et non pas à un ours. Je les suivis sur quelques mètres encore mais, quand elles eurent traversé une dépression exposée, où aucune ombre ne les protégeait, elles devinrent brouillées et déformées, avant de se perdre au milieu des rochers, sur le versant sud du monticule.

Donag Tsho me paraissait devoir vraisemblablement constituer le pays du yéti pour plusieurs raisons. Tout d'abord, comme l'absence de traces de pas humains le long de l'itinéraire qui nous avait fait remonter la vallée d'ablation semblait le confirmer, la région est isolée. En second lieu, un certain nombre de gens ont déclaré y avoir vu des yétis. Ces témoignages n'avaient pas la densité de ceux qu'on peut recueillir, par exemple, dans le hameau de Macherma, plus au sud, mais ils suffisaient à coup sûr pour donner une place à Donag sur la carte des lieux de résidence du yéti. Le *yersin* de Donag appartenait aux habitants de Khumjung, village situé au-dessus de Namche. Le mari de la didi qui tenait le Kalapattar View Lodge à Gokyo était originaire de Khumjung et nous avait raconté que, lors d'une mousson, plusieurs saisons plus tôt, un yéti avait été aperçu à une distance de plusieurs centaines de mètres en train de se promener le long du sommet de la moraine, au-dessus du *yersin*.

Ce qui m'intriguait encore davantage, c'était le compte rendu d'un séjour effectué en 1954 par Ralph Izzard, chef de la première expédition qui s'était assigné pour objectif de débusquer un yéti. Même si cette expédition est dans l'ensemble considérée comme un échec, elle n'en a pas moins fait du très bon travail.

En 1954, la région était inconnue et le hameau de Gokyo abandonné l'hiver. Nah et Macherma l'étaient donc également, et leurs cahutes de pierre n'avaient pas encore été aménagées en gîtes pour trekkers. Izzard fit sa première sortie à Nah à la fin du mois de février 1954 et y découvrit deux séries d'empreintes de pas. Les empreintes prenaient la direction du sud, allant vers Macherma, mais on ne parvenait plus à les distinguer là où la couche de neige avait fondu. Accompagné de Gerard Russell, un naturaliste américain, Izzard suivit les empreintes de pas en direction du nord, espérant trouver l'endroit où elles commençaient. Au premier des lacs Dudh Pokhri, au-dessus de Nah, là où nous avions vu les tadornes de Bellon, ils tombèrent sur « un véritable labyrinthe d'empreintes de yétis ». Il leur fallut du temps pour interpréter ces empreintes et comprendre ce qui s'était passé.

Ils finirent par établir que deux animaux s'étaient rencontrés au bord du lac, l'un d'eux ayant franchi le glacier depuis Dragnag, au pied du col de Tshola, l'autre étant descendu depuis Gokyo Tsho, le troisième du chapelet de cinq lacs. Les animaux étaient parvenus au lac pratiquement en même temps et avaient passé un moment à tourner l'un autour de l'autre. Izzard et Russel en étaient arrivés à conclure, à partir de la profondeur des empreintes, qu'un des deux animaux était plus léger, et qu'il s'agissait peut-être d'une femelle et que l'autre était un mâle plus lourd, ou peut-être un adulte qui faisait équipe avec un compagnon plus jeune, car ils avaient poursuivi ensemble leur route jusqu'à Macherma.

Izzard et Russell suivirent la série d'empreintes de pas qui provenaient du nord. Ils découvrirent que l'animal qui en était l'auteur avait contourné Gokyo, descendant du col de Renjo, au-dessus de l'extrémité orientale du lac, ce qui signifiait qu'il était venu de la vallée de Nangpa.

Dans son livre intitulé *Abominable Snowman Adventure* [1] (Hodder & Stoughton, Londres, 1955), Izzard écrivait : « Bien que légèrement détériorées par la fonte de la neige et l'affouillement provoqué par le vent, la plupart des empreintes présentaient de façon assez nette un gros orteil et au moins trois autres plus petits... Nous estimâmes qu'elles avaient entre vingt et vingt-trois centimètres de largeur, et la longueur de la foulée atteignait soixante-sept centimètres et demi. Notre sentiment était qu'à part leur taille plus réduite, elles correspondaient en tous points à celles photographiées par Eric Shipton... »

Accompagnés de leurs guides sherpas et de leurs porteurs, Izzard et Russell arrivèrent deux jours plus tard à Donag Tsho, le quatrième lac du chapelet, et trouvèrent un autre « labyrinthe » d'empreintes de pas. « Il y avait littéralement foisonnement d'empreintes de pas de yéti sur le sol », devait écrire Izzard. Ils s'étaient attachés aux premières de ces empreintes – qui étaient dues à un troisième yéti –, au nord de Gokyo, et les avaient suivies jusqu'au-dessus de Donag. Ils avaient campé deux nuits à Donag, expliquant l'abondance d'empreintes de pas sur le lac gelé par la présence d'un quatrième yéti, mais ils ne devaient jamais découvrir d'où ce dernier était venu et où il allait. L'un de leurs Sherpas avait rempli un sac de ce qui était censé être des déjections de yéti et qui avait plus ou moins la taille et la contexture d'excréments humains. Comme il s'était mis à neiger au cours de la seconde nuit qu'ils passaient à Donag, ils retournèrent à leur camp de base, sous la crête de Tengboche, où ils examinèrent de près leur trouvaille scatologique. A part le fait qu'ils y reconnurent des touffes de poils de souris, ces déjections ne leur apprirent rien de nouveau sur les habitudes alimentaires de l'animal pourchassé.

Nous nous retrouvâmes pour le petit déjeuner, alors que le soleil s'élevait au-dessus de la crête orientale. Kanche, qui allaitait Mingma Ramu, un sein à l'air dans le froid, était rieuse. Gérard avait le moral au plus bas, souffrant tout à la fois du froid, du manque de sommeil dû à la respiration type Cheyne-Stokes – qui, en haute altitude, vous

---

1. *L'Aventure de l'Abominable Homme des Neiges* (*N.d.T.*).

réveille la nuit, haletant, à chercher votre respiration – et d'une migraine persistante. Personne d'autre que Père n'avait entendu les tsonk, tsonk des visiteurs nocturnes. Après un petit déjeuner composé de thé et de tsampa, Kanche, les trois Sherpanis qui faisaient du portage et les yacks mirent le cap sur Pangpoche.

Comme la discussion autour du lieu de campement reprit aussitôt, j'oubliai les traces de pas repérées au sommet du monticule. Gérard voulait toujours que nous emménagions plus haut. Gyalzen et Pasang donnaient leur préférence à un emplacement voisin du lac. Je souhaitais pour ma part un poste d'observation commode quelque part à mi-chemin, avec un point d'eau à proximité. Gyalzen fit triompher son point de vue, et cela en grande partie parce qu'il prit des initiatives concrètes. Le lac avait une large berge caillouteuse qui, l'eau mise à part, évoquait un paysage lunaire glacial, totalement dépourvu de végétation. Presque à l'extrémité de la berge se trouvait un gros rocher. Gyalzen, fils d'un « ingénieur » sherpa, imaginait déjà la communauté que nous pourrions établir là-bas. Le rocher devenait le mur côté nord de la cuisine. Pasang et lui pourraient construire un mur de pierres sèches à l'extrémité sud de la cuisine, tendre entre le rocher et le mur une corde qui ferait office de poutre centrale et étendre par-dessus notre feuille de nylon vert pour en faire un toit. Il comptait dresser une tente pour Pasang et lui-même à trois mètres au nord de la cuisine, et aplanir le périmètre sablonneux dix mètres plus au sud pour la tente de Gérard et la mienne, à quelques centimètres de l'eau qui clapotait.

– Mais enfin, Gyalzen, si le niveau du lac montait tout d'un coup ? demandai-je. C'est une chose qui peut arriver, dans le cas d'une rupture de glacier ou d'une chute de rochers.

Gyalzen se mit à rire. « L'eau en train de baisser, Père. Lac sera chaque jour plus bas », dit-il.

Donag Tsho est, à mon sens, plus beau et plus sauvage que le lac Louise, dans les Rocheuses canadiennes. Il a un kilomètre six cents de long, avec une largeur maximale de sept cents mètres, et occupe un bassin glaciaire entre la moraine ouest de Ngozumba et l'arête principale nord-sud qui sépare la vallée de la Dudh Kosi ou de Gokyo de la vallée de Nangpa, à l'ouest. Il est bordé au sud par une série de falaises noires qui culminent en d'élégantes cimes dont certaines dépassent cinq mille cinq cents mètres de hauteur. Sur son rivage nord se trouve un mamelon aux formes arrondies et aux pentes raides baptisé versant nord et qui n'est pas aussi élevé que les cimes. Le versant nord était recouvert d'herbe brune et, par endroits, de buissons rabougris de genévriers et de rhododendrons. A part cette herbe clairsemée et ces maigres buissons, il n'y avait aucune végétation, l'arbre le plus proche se trouvant à Dolle, dix-sept kilomètres plus au sud.

Un petit ruisseau qui coulait depuis la vallée d'éboulis en amont se jetait dans le lac à son extrémité ouest, mais aucun ruisseau n'y prenait sa source. Et pourtant, tous les jours à cette époque de l'année, ainsi que Gyalzen l'avait fait remarquer, le niveau de l'eau diminuait de quelques centimètres. Le lac était en fait situé dans un cratère dont le rebord, du côté sud, rendait impossible l'écoulement d'un ruisseau. Il y avait néanmoins un gargouillis qui se faisait entendre de façon intermittente au-delà des parois rocheuses qui le bordaient au sud. Ce bruit était produit par un siphon naturel qui entraînait l'eau du lac vers un canal souterrain. L'eau refaisait surface à mi-parcours de la vallée d'ablation pour s'écouler faiblement dans le lac Gokyo.

Je n'étais toujours pas convaincu que le niveau du lac ne pourrait pas brusquement monter, et je désignai plutôt un rocher moucheté de brun, de noir et d'orange, une vingtaine de mètres au-dessus des berges du lac. Ce rocher avait déjà servi de lieu de campement, car quelqu'un avait construit un mur de pierre sous un surplomb faisant face au lac. Je pensai que cela ferait une bonne réserve et un bon poste d'observation.

– Oui, je l'ai déjà vu, dit Gyalzen. Mais ici, c'est mieux.

Gyalzen marchait lentement ce matin-là, et l'on avait l'impression que chaque pas représentait pour lui un effort. Il avait déjà décidé que, le mercredi suivant, il retournerait à Pangpoche afin de pouvoir se rendre avec Kanche au marché du samedi, à Namche. Je lui fis part de mon intention de remiser le matériel d'alpinisme et d'observation sous le rocher; je dresserais ma tente sur une plate-forme de neige, juste en face. Gérard choisirait l'emplacement de sa propre tente. Gyalzen fut démoralisé par ma décision, comme si sa faculté de juger avait été mise en doute. Il devint maussade.

Gérard n'était pas content non plus de cette solution. Pour lui, Gyalzen venait de me forcer la main. « On dirait que nous n'avons plus le droit de décider de quoi que ce soit », ronchonna-t-il.

Notre première journée à Donag fut entièrement occupée par notre installation sur le nouveau lieu de campement. Tandis que Gyalzen et Pasang construisaient un mur pour la cuisine, Gérard et moi dressâmes nos tentes. Gérard avait choisi une parcelle exposée au sud et adossée à un rocher, alors que la mienne était exposée à l'ouest. Le rocher avait la taille d'un chalet, et nous nous mîmes à l'appeler « Maison de pierre ». Alors qu'il aplanissait le sol avant d'y planter sa tente, Gérard découvrit quelques crottes et, quand il les montra par la suite à Pasang, celui-ci dit simplement : « Chat des montagnes ». Nous n'avions pas la moindre idée de ce qu'il entendait par là, pensant toutefois qu'il s'agissait peut-être d'un lynx. Malheureusement, je n'eus pas la présence d'esprit de garder ces crottes pour les faire analyser et, plus tard, on devait me préciser que le lynx ne vit pas à des altitudes pareilles mais, dans ce cas, le yéti non plus puisqu'à en croire les scientifiques, le yéti n'existe pas du tout.

A peine étions-nous installés que le soleil s'enfonça derrière la crête de Gokyo. Il était quinze heures trente-cinq et, en l'absence de soleil, la température dégringola aussitôt d'un agréable dix-huit degrés centigrades à plusieurs degrés au-dessous de zéro, en attendant d'atteindre les moins vingt-cinq degrés à la tombée de la nuit. Une demi-heure après avoir perdu la compagnie du soleil, nous gagnâmes celle de Wade et de Paulette, et Gérard retrouva sa bonne humeur. Je soupçonnais vaguement la lampe à kérosène que nous avions apportée de Pangpoche d'avoir eu du service dans les régiments gurkhas, durant la Première Guerre mondiale. Pendant que Wade et Paulette dressaient leur tente sur le périmètre sablonneux, Gérard se donna un mal de chien pour réparer la lampe, afin que nous puissions jouer aux tarots après le dîner. Quand il eut fini de bricoler, il demanda à Gyalzen de remplir la lampe de kérosène. « Demain », lui répondit Gyalzen. Ces deux-là n'étaient pas faits pour s'entendre.

Au bout du compte, comme nous finissions de manger notre soupe aux nouilles, Gyalzen consentit à essayer d'allumer la lampe, et une montée de flamme faillit anéantir le toit de notre cuisine. La lampe n'était pas réparable. Gyalzen dit qu'il la jetterait dans la Dudh Kosi en retournant chez lui. Car le lac était sacré. Pasang et lui nous avaient bien recommandé de ne pas faire de lessive ou de jeter de l'eau sale dans le lac afin d'éviter de provoquer la colère des *klu* qui vivaient là. Il ne fallait pas non plus brûler d'ordures, les mauvaises odeurs pouvant déranger les dieux. En revanche, les dieux n'avaient apparemment pas d'objection à nous voir enterrer nos ordures sur la plage : nous aménageâmes donc au milieu des pierres un trou pour les déchets, destiné à être recouvert au moment de notre départ.

Nous jouâmes deux parties de tarots à la lumière de nos lampes de poche, assis sur des pierres glacées dans la cuisine enfumée, les mains protégées par des gants, cependant qu'une brise froide qui montait du lac par bouffées nous cinglait les reins. Je n'arrivais pas vraiment à me concentrer et je n'acceptai de jouer une troisième partie que pour remonter le moral de Gérard.

Le lendemain matin, Pasang construisit un autel fait de trois pierres sur une roche plate proche de la cuisine et brûla quelques pousses de rhododendron pour apaiser les dieux. Voilà qui allait devenir un rituel quotidien. Les pousses dégageaient un parfum que les dieux étaient censés aimer. Gérard décida de laver quelques vêtements avant le petit déjeuner et demanda à Gyalzen de l'eau chaude et une cuvette. Gyalzen manifesta de la mauvaise volonté. Nous n'avions qu'un seul brûleur à butane et un petit feu de branches de genévrier, et Gyalzen en avait besoin pour préparer du thé, faire cuire des œufs et réchauffer le lait du petit déjeuner. Gérard ne comprenait pas cela et croyait que Gyalzen cherchait délibérément à le contrarier.

Pendant que nous prenions notre petit déjeuner, j'installai le télescope et j'examinai quelques empreintes de pas à l'autre bout du lac. Je les trouvai prometteuses et projetai d'aller les étudier de près. Nous dîmes au revoir à Wade et à Paulette – ils retournaient à Pheriche – et nous mîmes en route, moi suivant le bord du lac et Gérard empruntant le versant nord. Lorsque je fus parvenu au ruisseau, je trouvai les empreintes trop déformées par le soleil pour pouvoir être identifiées, et j'entrepris d'escalader la moraine dorsale, entre ce qui avait été autrefois le lit de deux glaciers, pour trouver Gérard qui m'attendait un peu plus haut.

Nous continuâmes en direction de la base d'une montagne qui, depuis notre lieu de campement, était dissimulée par le contrefort du versant nord. Gérard escalada d'un pas régulier la montagne nue jusqu'à une crête neigeuse située à cinq mille deux cents mètres. Je suivais plus lentement, m'arrêtant tous les quelques mètres pour engranger de l'air dans mes poumons. Jusqu'à la crête, nous étions restés en manches courtes. Il était maintenant treize heures trente et, sur le col, nous eûmes le privilège de voir la face nord de l'Everest. Mais, sitôt que nous nous arrêtâmes, une brise se fit sentir et nous dûmes enfiler nos chandails.

– Nous aurions pu monter jusqu'en haut si ces deux imbéciles acceptaient seulement de se dépêcher un peu le matin. Ton organisation ne vaut rien, dit Gérard d'un ton grognon. Nous ne ferons jamais rien à ce rythme.

Je trouvai cela excessif. Il s'agissait de notre première journée opérationnelle à Donag, et nous n'avions pas encore institué une routine. Quoi qu'il en fût, je dis à Gérard que je désapprouvais le fait qu'il traite Gyalzen et Pasang d'imbéciles.

Je portai à nouveau mon sac à dos et commençai à grimper au milieu d'une neige qui, par endroits, m'arrivait aux cuisses. Je trouvai cela épuisant bien que la pente ne fût pas raide. J'étais furieux. Je ne voulais pas que Gérard sape mes relations avec Gyalzen. Je lui découvrais une étroitesse d'esprit qui ne m'était jamais apparue jusque-là, malgré les fréquentes randonnées à ski que nous faisions ensemble à Chamonix.

Le problème, à mon sens, était le fait des femmes qui avaient implacablement gâché la vie de Gérard. Divorcé, il semblait avoir établi une relation idéale avec Josiane qui avait deux ans de plus que lui et qui aurait fait n'importe quoi pour lui, y compris partager son cœur avec une femme plus jeune, mais combien de temps, nul n'aurait pu le dire avec précision. Ils avaient déjà expérimenté une fois ce genre de relation triangulaire, mais Josiane, à ce que je croyais deviner, ignorait tout de Laurence. En fait, même si elle soupçonnait l'existence d'une autre, Gérard avait la certitude absolue qu'il pouvait les rendre heureuses toutes les deux.

– Ne te berce pas d'illusions, lui avais-je dit. Ça ne marchera jamais. Et, si tu veux mon avis, tu devrais garder Josiane. C'est elle qui te connaît le mieux. Et puis, tu m'as déjà dit qu'elle faisait la meilleure cuisine.

L'ascension jusqu'au sommet de cinq mille quatre cents mètres n'avait pas constitué un défi plus grand que de remonter le long d'un pont de graissage d'un kilomètre ; nous nous trouvions à présent au milieu d'une vallée circulaire avec un dénivelé de trois cents mètres sur trois côtés et une vue panoramique des montagnes qui nous entouraient, toutes bien plus élevées, du Gauri Shanker, à l'ouest, au Makalu, à l'est. A nos pieds s'étendait un tapis de neige, de glace et d'éboulis, formant deux cuvettes en forme de haricot placées tête-bêche. Nous étions à la fois entre elles et au-dessus d'elles.

La cuvette ouest contenait deux lacs gelés qui ne figuraient pas sur la carte et des empreintes de pas en pagaille qui toutes allaient en direction de cinq ou six gros blocs de rochers ou surplombs rocheux, ou en revenaient. Certaines de ces empreintes paraissaient grandes, alors que d'autres étaient probablement dues à un renard encore que, depuis notre niche lointaine, il était impossible de le déterminer. Gérard s'intéressait à une double série qui remontait le long du contrefort ouest du versant nord, un kilomètre plus loin encore. En dépit de leur apparente précision, nous ne parvenions pas à deviner d'où elles venaient ni à savoir où elles allaient, derrière la face cachée du versant nord. Nous fûmes tentés d'aller les examiner de près mais, comme nous avions passé plus de trois heures à nous installer sur notre superbe poste d'observation, il était trop tard pour descendre dans la cuvette, entreprendre l'ascension de la face cachée du versant nord et refaire les trois kilomètres et demi qui nous sépareraient alors du campement – l'équivalent d'un parcours conduisant, disons, du palais de Buckingham à la Banque d'Angleterre – avant la tombée de la nuit. Nous laissâmes cela à regret pour un autre jour et mîmes le cap sur ce bout de paysage lunaire que nous appelions maintenant « la Plage aux cocotiers ».

Au cours du dîner, ce soir-là, Gérard eut encore la migraine. Nous n'avions d'appétit pas plus l'un que l'autre et, aussitôt après notre repas, je me retirai sous ma tente pour préparer la première observation que je ferais à l'aube avec Orion, le télescope électronique à infrarouge.

Quatre heures du matin. Pas de lune, un ciel d'encre et la Grande Ourse à l'envers. A cette altitude, le seul fait de survivre implique un effort. A quatre pattes sous ma tente, je me démenai pour enfiler ma combinaison polaire, et cela me laissa haletant.

Je me glissai dehors et remontai lentement jusqu'à un abri constitué par quelques rochers. Chacun de mes pas semblait résonner dans l'air vif de la nuit. Je mis en marche les batteries d'Orion, j'écoutai le ronronnement de l'intensificateur de lumière qui gagnait en puissance, et je voulus juger de sa performance. Il y avait à peine assez de luminosité pour que l'intensificateur agisse. Déception. Je passai une heure derrière mon abri de rochers. Il n'y avait pas de vent, mais j'étais gelé. A cinq heures vingt, je retournai sous la tente, à peine capable de remuer mes doigts ou mes orteils. Ma stratégie devait être repensée.

Le lendemain, nous décidâmes d'escalader le versant nord. Gyalzen n'était pas encore assez en forme pour nous accompagner. Je l'avais vu frissonner au soleil pendant le petit déjeuner, et c'était là un symptôme troublant. Nous nous mîmes donc en route seuls, parcourant les premiers deux cents mètres qui montaient en pente raide du lac jusqu'à un plateau légèrement convexe, avant de continuer en direction de deux mamelons bien arrondis séparés par un col recouvert de neige. Le mamelon de droite était plus haut et s'étendait le long de l'arête nord vers une série de gendarmes multicolores qui donnaient sur Ngozumba Tsho, le cinquième de la chaîne des lacs aux eaux laiteuses. Parce qu'ils étaient plantés comme une série de broches au sommet d'un tas de sable, je les appelai « les Aiguilles ». Gérard grimpa directement vers le mamelon de droite, et je pris le chemin du col.

Sur le versant sud du col, la neige, transformée par le soleil, était aussi dure que du carton en double épaisseur. Je parvins à déceler quelques empreintes de pas qui provenaient de la zone à l'ombre, à l'autre bout, là où la neige était profonde et encore poudreuse. Lorsque j'eus franchi le col en direction du nord, les empreintes devinrent tout à fait précises. Je voyais nettement qu'elles partaient d'une arête rocheuse située derrière un étang gelé pour venir jusqu'à l'endroit où je me tenais, cent quatre-vingts mètres plus loin. La cuvette entourant l'étang gelé était aussi nue qu'un pot de cold cream : pas la moindre touffe d'herbe, rien que la toundra toute blanche.

Je descendis en longeant les empreintes sur dix mètres et parvins à la conclusion qu'il s'agissait d'une seule série, évoquant un bipède à petite foulée, pas plus longue que la mienne. A cause de la neige molle, il était impossible de déterminer la largeur réelle des empreintes. On pouvait seulement les trouver de taille moyenne selon des critères humains, peut-être comparables à celles d'un adolescent. Elles provenaient à coup sûr de l'étang gelé, en haut de la pente à quarante-cinq degrés conduisant au col et se dirigeaient vers Donag Tsho, à peut-être deux kilomètres de là, et vers notre lieu de campement, ce qui revenait à dire qu'elles allaient du nord au sud. A quand remontaient-elles ? A quelques jours, me sembla-t-il, quoique pas à plus d'une semaine, ainsi qu'un second examen me le confirma quatre jours plus tard, quand je fus mieux en mesure de juger du rythme de leur décomposition. L'absence d'autres grandes traces de pas dans le voisinage laissait à penser avec certitude que la « bête de l'étang » avait mis le cap sur le sud.

Après avoir photographié ces empreintes, je rejoignis Gérard sur le contrefort nord. Nous décidâmes de déjeuner à l'abri d'un gros rocher et, en scrutant à nouveau la région de l'étang gelé, nous remarquâmes une série d'empreintes de pas plus petites, laissées sans doute par un renard ou par quelque autre bête de taille comparable, ce qui confirmait l'existence d'une vie animale d'une surprenante richesse vers cinq mille cinq cents mètres d'altitude, même au début de l'hiver.

Comme nous nous étions rapprochés l'un de l'autre pour nous préserver du vent, Gérard me confia qu'il avait encore été tenu éveillé la nuit précédente par une respiration type Cheyne-Stokes. Il avait la migraine et il languissait d'amour. Il dit que tout cela le rendait irritable et qu'il craignait d'avoir un effet négatif sur le moral de tout le monde. Il souhaitait repartir en compagnie de Gyalzen deux jours plus tard et retourner en France. J'appréciai sa franchise, et je me sentis soulagé. Je l'avais trouvé exigeant, et j'avais été obligé d'accorder trop de mon attention à ses humeurs. Cela m'avait distrait de mon propos consistant à faire en sorte que le yéti manifeste sa présence, et je tombai d'accord qu'il était préférable de le voir retourner chez lui et mettre de l'ordre dans sa vie. Je savais que j'avais besoin de retrouver ma tranquillité d'esprit.

J'étais déçu de voir que Gérard n'avait montré aucun intérêt pour la culture sherpa. Nous avions discuté de ma théorie de l'immersion totale avant que je ne quitte Chamonix – s'efforcer de s'adapter autant que possible à la vie des Sherpas, manger leur nourriture et s'associer à leurs coutumes afin de se fondre dans leur culture et dans leur paysage – et Gérard avait alors approuvé mon approche. Mais, une fois à Pangpoche, je l'avais très vite senti mal disposé, quand il avait soutenu que les autochtones n'étaient pas désireux d'améliorer leur sort. Mais son état dépressif était dû principalement au fait que ses femmes, son chien, ses amis et le cadre familier de Chamonix lui manquaient. Il me parut tout de suite plus heureux après m'avoir annoncé sa décision et que nous en eûmes parlé.

La première couche de glace fit son apparition sur le lac du jour au lendemain, et la journée du mardi 24 novembre se leva sans vent. Gérard ne voulait pas quitter Donag sans avoir essayé nos skis de randonnée. A soixante ou soixante-dix mètres de la Maison de pierre, une arête basse descendait jusqu'à la Plage aux cocotiers, aride et si peu tropicale. L'arête présentait une demi-douzaine de séries d'empreintes de pas à demi effacées que nous avions jusque-là négligé d'étudier.

Nous chaussâmes nos skis et allâmes examiner les plus proches, Gyalzen nous suivant avec une paire de raquettes de plastique rouge. A mi-pente de l'arête, nous constatâmes que la série se scindait en deux. Nous suivîmes le tracé qui paraissait être le plus net et qui conduisait au côté sous le vent d'un rocher de la taille d'un kiosque à journaux. Dans l'ombre du rocher, Gérard découvrit quatre empreintes de pas qui étaient pratiquement intactes; deux d'entre elles étaient même pour ainsi dire parfaites. Ni le soleil, ni le vent, ni le poudrin ne les avaient déformées, mais c'étaient bien les deux seules de la série que les éléments avaient traitées avec ménagement. On retrouvait ces empreintes au-delà du rocher, mais elles devenaient brouillées avant de disparaître complètement. Les deux empreintes bien nettes étaient, quoique plus petites, semblables à celles photographiées en 1951 par Shipton. Nous partageâmes un moment d'euphorie, puis commençâmes à nous interroger sur ce qu'elles signifiaient.

Mais que peuvent vous apprendre deux empreintes de pas?

Beaucoup de choses, en fait. Pour commencer, le pied qui les avait laissées avait approximativement dix-huit centimètres de long et douze centimètres et demi de large. Elles étaient donc plus petites que les empreintes de pas de Shipton qui faisaient trente-deux centimètres par vingt centimètres, mais à peu près de la même taille que celles trouvées par Izzard et Russell. Notre animal avait un très gros orteil et une série de quatre autres pas trop distincts. Les empreintes de pas sortaient d'un couloir et traversaient l'arête en diagonale, se dirigeant vers Gokyo. Le couloir séparait l'arête du monticule au sommet duquel, quatre jours plus tôt, j'avais repéré la première série d'empreintes effacées. A la sortie du couloir, l'espacement des empreintes indiquait une foulée un peu plus longue que la foulée normale de soixante-cinq centimètres mais, en approchant du rocher, l'animal avait ralenti l'allure, plaçant un pied quelques centimètres devant l'autre. A un moment donné, il avait croisé son pied gauche par-dessus le droit.

Ces empreintes venaient en plus ou moins droite ligne depuis le monticule, cent mètres plus au nord. Cela me conduisit à la supposition que celles trouvées sur le monticule avaient été laissées par la même créature, mais peut-être pas cette fois-là. Je ne savais pas quoi déduire au juste de cette découverte, mais je donnai à la créature à laquelle appartenaient ces empreintes le nom d'Homme du Monticule. Elles indiquaient également que l'Homme du Monticule était accompagné d'une femelle. Il s'agissait là d'un élément nouveau. Je n'étais pas en mesure de déterminer avec précision à quel moment ces empreintes avaient été laissées, ni le poids exact de l'animal qui en était l'auteur. Comparées avec les premières traces de pas trouvées sur le monticule, elles donnaient l'impression d'être plus récentes, vieilles de dix jours tout au plus.

Nous disposions donc à présent de trois bonnes pistes : la double série de traces de pas repérées depuis la rampe contournant l'ouest du versant nord et dont nous n'avions pas suivi l'itinéraire ascendant, la Créature de l'Étang qui n'était peut-être pas sans rapport avec les traces de pas du versant nord, et l'Homme du Monticule accompagné de sa femelle, le couple pouvant, non sans raison, être associé aux siffleurs de minuit dont l'identité n'était toujours pas dévoilée.

Gérard eut meilleur moral après cette découverte, mais c'était plus en raison de son départ anticipé que de la perspective de trouver l'Homme du Monticule. Il était sûr que du courrier l'attendait à Pangpoche, envoyé par ses deux femmes. Il mentionna, presque comme une pensée après coup, *qu'une fois de plus*, au cours de la nuit, il avait entendu marcher en martelant le sol derrière la Maison de pierre, et eu l'impression que quelqu'un avait secoué sa tente. Toutefois, à part ce martèlement, l'animal (car il était convaincu qu'il s'agissait d'un animal) n'avait fait aucun bruit, et notamment pas émis de « sifflement » comparable à celui que j'avais entendu au cours de notre première nuit passée près du *yersin*.

Je trouvai surprenant qu'il n'eût pas fait état de cela plus tôt. Cela m'encouragea néanmoins car, moi aussi, j'avais eu l'impression que nous étions surveillés. A dire vrai, nous n'avions trouvé aucune preuve nouvelle de l'existence de la Créature de l'Étang, et rien ne liait celle-ci à l'Homme du Monticule, mais il se pouvait bien, malgré tout, que les deux fussent un seul et même être. Ce qui était certain, c'était qu'il y avait *quelque chose* par là.

Sous la tente de la cuisine, ce soir-là, Gérard et Oncle Pasang vidèrent la bouteille de Ricard. Quand j'étais allé l'accueillir à Lukla, quinze jours plus tôt, Gérard avait annoncé qu'il repartirait une fois la bouteille bue. Ce n'était donc pas une plaisanterie. Il se montra prodigue en conseils, tout en sirotant les dernières gouttes de son Ricard, sur la façon d'attirer celui, quel qu'il fût, qui observait notre lieu de campement. Et, sur ce point, nous étions parfaitement d'accord.

« Il vaut mieux éviter le remue-ménage, recommanda-t-il. Restez plutôt au même endroit. Attirer l'animal par un appât, c'est la plus vieille ruse au monde. Et c'est la seule qui marche. Les oiseaux seront les premiers à venir. Quand le renard verra les oiseaux tournoyer, il viendra voir pourquoi, et ainsi de suite. Tout cela pourra prendre plusieurs jours, mais vous devez être patients. »

Le lendemain matin, mercredi 25 novembre, Gérard et Gyalzen se mirent en route; les oiseaux revinrent et Oncle Pasang était inquiet à l'idée de rester seul sur la plage de Donag avec un Père peu bavard. Tandis qu'il s'affairait à améliorer l'abri rocheux afin que je puisse en faire un poste d'observation, je me réjouissais d'être à nouveau à même de me concentrer sur le travail qui m'attendait sans me sentir coupable parce que Gérard se croyait mis hors du coup. Le caractère paisible de Donag me paraissait encore plus frappant à présent qu'il était parti. Je passai la journée, assis sur un bloc de granit plat voisin de la Maison de pierre, à combler mon retard dans les notes que je prenais. Pasang finit d'apprêter le dîner pour dix-sept heures. Je me retirai ensuite sous ma tente pour préparer ma première nuit d'affût. Pasang était troublé à la perspective d'être laissé comme un appât vivant au bord du lac. Au moment où le soleil se couchait, je crus entendre un renard qui aboyait à l'autre bout du lac. C'était là un signe de bon augure.

Vers dix-huit heures vingt, l'obscurité était complète. A dix-neuf heures dix, je m'installai à mon poste d'observation. Pasang m'avait laissé une petite fenêtre ouverte avec vue sur la cuisine, sa tente et le lac tout entier. La porte, à ma droite, offrait une vue latérale du versant nord.

Un quelconque phénomène lunaire se produisait, peut-être une éclipse, car une ombre passa sur la lune, voilant son croissant nouveau avant qu'il ne dérive derrière le pic de Gokyo. J'inspectai mon territoire avec Orion. Tout était calme sur la plage. J'allumai quelques instants ma lampe frontale pour chercher de quoi réchauffer mes poches, et l'éteignis rapidement. Plusieurs minutes s'écoulèrent sans que rien ne se passe, et puis quelque chose dévala un escalier rocheux à moins de vingt mètres de la Maison de pierre. Ou plutôt, quelque chose déplaçait les rochers en fonçant le long de l'escalier pour se diriger vers le lac. Quelle que fût sa nature, cet être devait être doué d'une bonne vue la nuit, car je sais que je n'aurais pu moi-même me tirer d'affaire sur ce terrain sans une lampe frontale, et sûrement pas à cette allure. Mais, apparemment, cet animal ne voyait pas assez bien pour éviter les grosses pierres qui bougeaient et, à en juger par le bruit fait par celles qu'il déplaçait, il s'agissait d'un animal bien plus lourd qu'un renard. Je balayai les environs avec Orion, mais en vain.

J'avais réellement peur, et j'étais stupéfait de me sentir irrésistiblement attiré hors de l'abri pour essayer de suivre la créature invisible. Entre moi et l'escalier rocheux s'étendait une bande de neige que je ne voulais pas traverser dans l'obscurité, de peur d'effacer les empreintes qu'elle aurait pu y laisser. Dix minutes durant, je continuai à balayer la région, mais sans rien voir qui avançait sur la rive du lac ou qui gravissait le versant nord. Je me dis alors que la tactique la plus payante serait de ne pas allumer à nouveau ma lampe frontale pour chercher des empreintes de pas, mais de retourner à la fenêtre de mon poste d'observation et d'attendre. L'animal contournerait peut-être le monticule et, poussé par la curiosité, reviendrait. Mais on n'entendit plus que le craquement de la glace en cours de formation sur le lac et qui, à certains moments, bruissait comme une volée d'oiseaux. Aux alentours de vingt heures trente, je renonçai et retournai sous ma tente, quasiment gelé.

A la lumière de ma lampe frontale, j'écrivis dans mon journal : « Je sais maintenant que le yéti existe ! » Peut-être l'espoir triomphait-il de la rationalité, et peut-être pas. Pendant quelques minutes, je crus entendre une série de grognements qui provenaient du couloir neigeux situé au sud de la Maison de pierre, à côté de l'endroit où Gérard avait trouvé les traces de pas de l'Homme du Monticule. Mais je n'en étais pas certain et, comme j'entreprenais déjà de me glisser dans mon sac de couchage, je ne m'y arrêtai pas.

10

La découverte de Pasang

Le soleil darda ses rayons sur la Maison de pierre à sept heures vingt. Je m'habillai en hâte et je sortis voir si je pouvais trouver la trace du voyageur nocturne. Il n'y avait rien. Je descendis jusqu'à la cuisine installée sous la tente et demandai à Pasang s'il avait entendu quelque chose durant la nuit. Il me répondit qu'autour de vingt-deux heures, quelques rochers avaient glissé le long du versant nord et étaient tombés dans le lac en en faisant jaillir de l'eau. Intéressant. S'agissait-il du même animal qui retournait chez lui par le chemin du col qui jouxtait l'étang gelé ?

Je plaçai des biscuits de malt – tout ce qui me restait en fait d'appât – au sommet de trois gros rochers qui entouraient la Maison de pierre. Puis Pasang et moi allâmes jusqu'au *yersin* pour voir si de nouvelles empreintes n'étaient pas apparues dans ses parages. Il m'expliqua en chemin que le *yersin* appartenait à trois familles de Khumjung qui conduisaient vers les pâturages de Donag entre soixante et cent yacks lors de chaque mousson. Il n'y avait pas non plus d'empreintes nouvelles du côté du *yersin*. Depuis le sommet de la moraine, nous observâmes le glacier Ngozumba. Il en émanait des sortes de grincements et de gémissements. De temps à autre, des fragments de moraine se détachaient, au milieu d'un nuage de poussière, et tombaient sur le glacier. Nous aperçûmes au sud trois touristes qui remontaient le long de la moraine depuis Gokyo, et nous retournâmes donc aussitôt vers notre cachette, mais pour découvrir qu'un couple venait dans notre direction en longeant le lac.

– C'est le gîte le plus élevé ? demandèrent nos visiteurs. Ils avaient un accent hollandais.

– Non, ce n'est pas un gîte, répondis-je.

– Vous faites partie d'une expédition d'alpinistes? s'enquit la jeune femme.

– Non, dis-je.

– Vous passez simplement quelques jours ici? essaya encore l'homme, regardant autour de lui. Il avait remarqué la Maison de pierre.

– Oui.

– Vous avez des skis?

– Oui.

Je me montrai bourru à dessein parce que je ne voulais pas qu'ils s'attardent auprès de nous, ni qu'ils aillent raconter, une fois de retour à Gokyo, aux touristes habitant le même gîte qu'eux qu'il y avait là-haut, à Donag, une expédition intéressante, à la recherche de l'Abominable Homme des Neiges. Leur aurais-je confié la véritable raison de notre présence qu'une nuée d'abominables trekkers n'aurait pas manqué de s'abattre sur nous. Non, merci bien.

Ne parvenant à rien faire d'autre de nous, ils décidèrent de retourner à Gokyo, renonçant à leur projet de pousser plus au nord, car je leur avais dit que Ngozumba Tsho était encore à trois heures de marche.

Tout le reste de la journée, je fus en proie à la léthargie, à cette apathie générée par l'altitude, et je ne m'éloignai pas de mon pupitre, à côté de la Maison de pierre. A seize heures trente, Pasang m'appela, s'apprêtant à servir le dîner composé d'une soupe aux nouilles. Il m'interrogea sur ma famille. Pasang était d'un naturel paisible, mais je sentais qu'il avait besoin de parler. Il était profondément religieux et m'avait corrigé de façon significative un jour que j'avais oublié dans la conversation de donner à Sanga Dorje son titre de lama. C'était un peu comme si j'avais appelé le cardinal Hume Hume tout court, et il voulait me voir lui témoigner du respect. Il me parla de ses trois enfants : Pasang Dawa, d'un an plus jeune que Pasang Tshering; Pemba Yanchin, une fillette âgée de sept ans; et une autre fille, Hackma Yanchin, qui était à peu près du même âge que Mingma Ramu. Les deux aînés de Pasang allaient à l'école du village. Mais il n'y avait pas classe en décembre et en janvier parce qu'il faisait trop froid. Pasang avait un frère et trois sœurs, tous mariés et vivant à Pangpoche. Son père et sa mère étaient morts.

Pasang me raconta également qu'il était monté à cinq reprises jusqu'à l'ensellement sud de l'Everest, portant à chaque fois un chargement et demi. Avec ce que lui avait rapporté le portage en haute altitude, il avait acheté un troupeau de douze yacks où étaient nés trois petits. Il détenait donc un capital considérable qui faisait de lui un homme bien plus riche que Gyalzen.

Je finis par me rendre compte que Pasang prolongeait la conversation parce qu'il voulait me garder auprès de lui, sur la plage, le plus longtemps possible. Il n'avait pas envie de passer la nuit tout seul avec un visiteur nocturne qui rôderait dans les environs. Je lui dis que je surveillerais la situation depuis la Maison de pierre, mais cela ne suffit pas à le rassurer.

La présence de notre visiteur nocturne me travaillait aussi. Vivait-il dans les environs ? Était-ce lui qui avait laissé le tabouret semblable à ceux dont les hommes font usage sur les rochers, au-dessus de notre campement ? J'avais interrogé Gérard là-dessus avant son départ. Il avait dit qu'il n'y était lui-même pour rien. Que j'aurais dû trouver l'explication tout seul en raison du manque de papier toilette. Je n'eus pas le courage de poser la question à Pasang. La rencontre qu'avait fait Gary Scott à Bibre d'un yéti qui jetait des grosses pierres m'avait également laissé songeur. Jusque-là, j'avais pensé que les yétis n'étaient pas agressifs, du moins pas envers les humains, mais je n'en étais plus si certain.

Orion fonctionnait à merveille. Mais il n'y avait aucun signe de vie. Les ombres de la lune faisaient des effets de vagues en travers du lac qui était un lac riche en bruits de toute sorte, mais dont aucun ne relevait de la civilisation. Je n'en revenais pas à l'idée que je n'avais pas entendu le bruit d'un moteur de voiture depuis mon départ de Katmandou, et pas davantage celui d'un avion à réaction. Ayant froid, je quittai la Maison de pierre à vingt heures trente, et j'allai me coucher.

Le lendemain matin, il régnait une grande animation du côté du lac : gémissements et grognements montaient de la baie au Siphon, à présent couverte de glace. Pasang voulait que j'entreprenne avec lui l'ascension de l'épaule ouest du versant nord. Je lui dis que nous le ferions si aucun trekker n'était en vue avant onze heures du matin. Comme par hasard, à dix heures trente, un trekker se profila à l'extrémité sud du lac et resta si longtemps accroupi sur la rive que Pasang dut recourir aux jumelles pour s'assurer qu'il ne s'agissait pas d'un yéti.

Le trekker finit par se relever et monta au sommet de la moraine, ne donnant pas l'impression de nous avoir vus. Nous fîmes nos paquets et, à onze heures quinze, commençâmes à gravir en diagonale le versant nord. Il fit un temps à rester en manches courtes jusqu'à ce que nous eûmes atteint la limite des neiges éternelles. Des milliers de trous de souris piquetaient l'herbe brune et une volée d'une cinquantaine de *kaachas* [1], ou même davantage battaient des ailes au-dessus de nous, certains d'entre eux volant pratiquement entre nous.

La couche de neige avait diminué d'épaisseur depuis ma dernière visite, quatre jours plus tôt. Pasang voulait que nous allions jusqu'au mamelon situé à l'ouest et séparé par le col des principales aiguilles de l'épaule nord. Nous y arrivâmes à midi trente et le malheureux Pasang faillit s'évanouir à la vue d'empreintes de pas, avant de comprendre assez vite que c'était Père qui les avait laissées lors de sa précédente visite au col! Celles censées appartenir au yéti avaient pratiquement été effacées et l'absence de nouvelles empreintes indiquait que le visiteur nocturne n'était pas allé vers l'étang gelé après sa virée du côté de la Maison de pierre.

De retour à la Plage aux cocotiers, nous constatâmes que tout y était resté en place, y compris l'appât. Pasang monta jusqu'à la Maison de pierre pour écouter Radio Népal tant qu'il y avait encore du soleil et – zip! –, nous aperçûmes tous les deux la queue d'un petit animal qui disparaissait derrière un rocher. Zip! Il passa derrière un autre rocher. Puis se mit à remonter l'arête sud en courant d'un rocher à l'autre, sans laisser de traces parce qu'il n'était pas assez lourd pour briser la croûte de neige.

– Qu'est-ce que c'est? demandai-je à Pasang.

– Reymoo, répondit-il. « Sent très bon. » Il voulait dire par là qu'il avait un excellent odorat. « Mange souris. »

C'était une jolie hermine avec une fourrure marron clair lustrée et un ventre blanc, qui faisait environ quarante centimètres de long et filait à la vitesse de l'éclair sur la neige durcie.

Après un dîner qui se termina très tôt, je retournai à la Maison de pierre et me préparai pour une nouvelle veillée avec l'assistance d'Orion. Il y avait un croissant de lune et le vent se leva, soufflant en fortes bourrasques inattendues et gonflant le toit de la cuisine comme un gros soufflet, faisant même tomber à un moment donné un gobelet en fer-blanc de sur un rocher servant d'étagère. Pasang eut sans doute alors des palpitations.

Le lendemain matin, nous entamions notre huitième jour à Donag. J'offris la dernière tranche de fromage de yack à l'hermine et partis à skis explorer la baie au Siphon. Les falaises noires étaient criblées de niches habitées par des craves à bec jaune. Quand je fus de retour pour déjeuner, vidé de toute énergie, Pasang annonça :

1. Ma seule traduction de *kaacha*, c'est « petit oiseau des montagnes ». Nous nous trouvions à cinq mille mètres d'altitude quand nous les vîmes.

– Peut-être demain raksi arrive.

Je lui demandai d'être plus explicite.

– Kanche a promis d'envoyer raksi pour moi et pour Père, dit-il.

Pasang avait une confiance sans bornes en Kanche. J'avais remarqué qu'il vénérait le sol sur lequel elle marchait. Elle représentait un idéal : forte, dynamique, truculente, mère de cinq enfants. Nima Yanchin, la femme de Pasang, était petite, replète, aimait les jolies toilettes, passait son temps à peigner sa longue chevelure noire et soyeuse, et ses trois enfants lui suffisaient. Benjamine de la famille de Gyalzen, elle était plus jeune que Kanche de près de dix ans. J'avais l'impression qu'elle poussait Pasang à avoir un comportement qui n'était manifestement pas dans sa nature.

En début d'après-midi, deux trekkers descendirent du monticule jusqu'au bord du lac et apprêtèrent leur déjeuner sur un réchaud à gaz portable qu'ils avaient apporté avec eux. Ils ne nous dérangèrent pas et repartirent une heure plus tard. J'étais en train d'écrire à mon pupitre quand Pasang se présenta, après avoir parcouru les moraines.

– Père, vous devez venir. Grosses traces de pas, annonça-t-il.

Il fallait d'abord que je surmonte ma léthargie. Mais Pasang faisait preuve d'un tel enthousiasme que j'avais intérêt à réagir positivement. Je mis le télescope et son trépied dans mon sac, changeai de bottes et partis avec lui en direction de la moraine située au-dessus du *yersin.* Cent cinquante mètres, ne cessais-je de me répéter, ce n'est pas la mer à boire, et cela fera plaisir à Pasang.

Du haut de la moraine la plus élevée, Pasang indiqua un périmètre, côté sud et me passa les jumelles Dialyt 10 × 40. Je balayai les montagnes, au-dessous de Gokyo. Sans parvenir à rien voir. Il me montra à nouveau l'endroit à scruter. Je regardai alors la protubérance d'une montagne à cinq kilomètres au sud du point où nous nous trouvions et des empreintes de pas m'apparurent dans les jumelles, si grandes que je me demandai comment j'avais pu les manquer. Même sans les jumelles, je parvenais à les voir à présent.

– Peut-être vieilles de deux jours, dit Pasang.

J'installai le télescope sur son trépied. Les empreintes de pas conduisaient à un col situé entre la protubérance et le contrefort nord du pic de Macherma. De l'autre côté de la protubérance se trouvaient, d'après la carte, les pâturages à yacks de Pangka et le hameau de Macherma. La moitié du col était déjà envahie par l'ombre vespérale. La protubérance elle-même était encore illuminée par le soleil.

Les traces de pas commençaient dans un couloir, qu'on ne voyait pas, entre le premier et le second des lacs Dudh Pokhri à côté desquels nous étions passés neuf jours plus tôt. Elles montaient vers le col mais, aux deux tiers du chemin, se scindaient en deux séries distinctes. La série de gauche grimpait en direction du sommet culminant à cinq mille cinquante-six mètres et surplombant la dernière moraine de Ngozumba. Elle faisait un circuit, sous le sommet, qui la menait en haut d'une paroi rocheuse. L'autre série allait au-delà du col.

Il était difficile d'en être certain à une distance de cinq kilomètres, mais il ne s'agissait pas des empreintes de pas d'un animal à quatre pattes. Cela laissait deux possibilités. Pasang m'assura que pas un Sherpa ne s'aventurerait par là à cette époque de l'année. Les empreintes de pas en question étaient donc nécessairement ou bien celles d'un couple de trekkers débordant d'énergie ou bien encore celles de deux yétis.

La découverte de Pasang redonna à Macherma sa place sur la carte en tant que lieu présentant de l'intérêt. Après ma visite de 1986, je l'avais négligé en raison des trop nombreux touristes qui le fréquentaient. Tout le monde avait tendance à s'y arrêter sur l'itinéraire de trekking conduisant de Namche à Gokyo.

Notre problème devenait maintenant d'ordre logistique. Bien qu'elles fussent seulement à cinq kilomètres de nous, il nous fallait deux jours pour parvenir jusqu'aux empreintes et les étudier. Or, il nous était impossible de nous éloigner de notre campement de Donag jusqu'à l'arrivée de Gyalzen.

Parvenu à la Maison de pierre, je constatai que l'hermine avait mangé le fromage. Les biscuits de malt n'avaient pas eu de succès auprès d'elle. A quinze heures, un grand oiseau noir passa au-dessus de nous, marquant par des cris sa trajectoire en direction du sud, à la façon d'un corbeau à voix de gorge. « Gorak », précisa Pasang à mon intention. Il expliqua qu'il vivait du côté nord de l'Himalaya, sur le plateau tibétain. « Très rare », ajouta-t-il.

Au petit déjeuner, le lendemain matin, le gorak retourna vers le nord, tournoyant au-dessus de la Plage aux cocotiers et observant au cours de son vol la Maison de pierre avant de mettre le cap sur le *yersin*. Son cri était différent, évoquant quelqu'un qui aurait joué d'une guimbarde. Il n'y avait pas un nuage dans le ciel. Balayant l'horizon avec le télescope pour voir si quelque chose de nouveau était intervenu durant la nuit, je remarquai des empreintes profondes qui provenaient de l'épaule du pic de Gokyo, un kilomètre à peine plus au sud. Elles n'étaient pas là la veille, et j'aurais juré que, comme les empreintes laissées sur la protubérance, à cinq mille mètres d'altitude, elles n'étaient pas le fait d'un quadrupède. Je décidai d'aller les examiner.

L'éperon se trouvait immédiatement au-dessus de l'endroit, dans la vallée d'ablation, où j'avais trouvé le tas de plumes en remontant depuis Gokyo. En m'approchant à skis, je fus en mesure de voir que les empreintes provenaient d'un espace situé entre les rochers escarpés, sur le côté de l'épaule où la neige ne s'était pas amoncelée, et qui constituait donc une tanière idéale. Je comprenais à présent ce qui s'était passé. Les empreintes avaient été laissées par un félin qui avait bondi hors de la tanière pour saisir une souris sauteuse ou quelque autre rongeur dont les empreintes étaient maintenant elles aussi visibles. Les quatre pattes du félin avaient fait ensemble chacun des trous visibles dans la neige, si bien qu'on avait l'impression de voir les empreintes d'une créature bipède, et la foulée était exceptionnellement longue parce que le félin, un léopard adulte, allongeait chacun de ses bonds pour pouvoir fondre sur sa proie avant que celle-ci ait le temps de réagir. Le félin était descendu à deux reprises et, à chaque fois, était remonté tout doucement jusqu'à la tanière, ses pattes laissant alors des traces normales. Cela pouvait-il rendre compte d'autres empreintes de pas de « yéti » ? Peut-être de certaines, pensai-je, mais pas de celles qui traversaient une étendue aride sur plusieurs kilomètres.

J'enlevai mes skis et je me baissai pour pénétrer dans la tanière, espérant que l'animal ne s'y trouvait pas. Il ne s'y trouvait pas. Il y avait quelques touffes de poils, aucun os, et la vue en direction du nord et de l'est était superbe. Je me demandai depuis combien de jours le félin nous observait depuis sa tanière. Était-ce lui qui avait déplacé les pierres sur l'escalier rocheux, près de la Maison de pierre ? Ce n'était assurément pas à exclure même si cela me paraissait peu probable. Était-ce ce même félin qui avait laissé les empreintes de pas sur le monticule, et autour du rocher de l'arête sud ? Non, celles-là étaient trop grandes, même compte tenu de l'effet dilatateur du soleil. Mais il aurait pu, en revanche, avoir laissé les crottes que Gérard avait trouvées lors de notre première journée passée à la Maison de pierre.

Avant de retourner à la Plage aux cocotiers, je montai un peu plus haut le long de l'arête, et j'aurais pu atteindre le sommet nord du pic de Gokyo, mais je m'arrêtai au bout de quelques centaines de mètres, car cette ascension me parut sans intérêt. En rentrant à skis à la baie au Siphon, je remarquai que, pendant que j'étais sur l'épaule, le félin avait croisé mes traces de pas en amont, ses pattes ayant laissé des empreintes fraîches. Même alors, cette créature sournoise était occupée à me surveiller. Je cherchai à la base des rochers pour essayer de savoir où elle était postée, mais sans réussir à découvrir le moindre indice de sa présence.

Quand je racontai cela à Pasang, il prit la chose très au sérieux : « Si léopard des neiges, alors yéti aussi », commenta-t-il. Gyalzen avait fait la même remarque en avril 1986, alors que nous franchissions le col de Tshola. Sur le versant est du col, nous avions trouvé les empreintes d'un léopard des neiges qui nous avaient conduits à un nid où de la fourrure grise était accrochée aux buissons touffus de genévriers. « Si léopard des neiges, alors yéti aussi », avait-il dit [1].

Après le déjeuner, j'ajoutai une galette au riz posée sur le rocher qui se trouvait à six pas tout au plus du gros rocher me servant de pupitre. J'espérais que l'hermine reviendrait, mais ce furent plutôt deux craves à bec jaune qui descendirent en piqué. Ils avaient déjà découvert le fromage et les biscuits au nord de la Maison de pierre, et la galette fut vraiment de leur goût. Ma présence ne paraissait nullement les gêner, mais ils s'enfuirent tout d'un coup, sans avoir terminé leur repas. C'était étrange, compte tenu de leur appétit vorace. J'attendis pour voir ce qui allait se passer. Une minute plus tard, deux goraks planèrent au-dessus de la Maison de pierre et tournoyèrent avant de se poser avec une certaine élégance à quelques mètres de moi. Ils étaient énormes, de la taille de grosses dindes, avec une envergure semblable à celle d'un Spitfire [2]. Je n'avais encore rien vu à la fois d'aussi grand et d'aussi rapide dans son vol. Les goraks avaient le bec recourbé comme des perroquets, mais aussi noir que leur plumage. Leur cou était particulièrement court, et ils faisaient penser à des croque-morts ailés.

Ils ne firent qu'une bouchée de l'appât et se dirigèrent vers la cuisine où ils se payèrent du bon temps. Ils sautèrent sur le toit, passèrent la tête par le conduit de la cheminée, puis descendirent d'un bond et firent le tour jusqu'à la porte. A chaque fois que l'un d'eux était sur le point d'entrer, je sifflais et il reculait en sautillant. Ils renversèrent le sac à ordures. Pasang était sur le versant nord, occupé à faire provision de branches de genévriers : ils ne se privèrent donc pas d'inspecter sa tente. Par moments, ils s'arrêtaient et se lançaient dans des roucoulades, le plus gros des deux tirant doucement sur les plumes de sa femelle ou lui caressant le cou. Le spectacle qu'ils offraient était touchant : ils s'aimaient vraiment. Ils restèrent là une

1. Recherchant le lien entre le léopard des neiges et le yéti, le Professeur Porchnev avait remarqué que le léopard des neiges, à la différence du léopard ordinaire, n'attaque jamais l'homme. Pour lui, cet instinct s'était peut-être développé chez le léopard des neiges en raison de sa relation naturelle avec l'homme sauvage-charognard. Ainsi le félin n'avait-il pas de comportement agressif envers l'homme parce que, des millénaires durant, ils avaient vécu côte à côte, l'un dépendant de l'autre pour une partie de sa nourriture, les deux collaborant peut-être même pour lever leurs proies mutuelles (voir p. 16).

2. Avion de combat britannique de la Seconde Guerre mondiale (*N.d.T.*).

bonne vingtaine de minutes puis, ayant ratissé tout ce qu'ils pouvaient ratisser, ils prirent à nouveau leur envol pour aller de l'autre côté du lac. Sitôt qu'ils furent partis, les craves revinrent.

Nous dînâmes tôt et, alors que j'étais retourné dans ma tente pour préparer, sans trop d'enthousiasme, ma patrouille du soir – j'étais persuadé qu'elle m'occasionnerait une pneumonie –, j'entendis vers dix-huit heures la voix de Pasang Tshering qui appelait depuis le *yersin*. Je mis ma lampe frontale et j'allai les guider, lui et son père, jusqu'au lac. Ils avaient fait le chemin depuis Pangpoche en neuf heures et demie.

Nous allumâmes le feu dans la cuisine et invitâmes Oncle Pasang à nous rejoindre. Le raksi était arrivé. Nous nous mîmes réciproquement au courant de tout ce qui s'était passé et, tandis que nous parlions, une souris longea le mur à toute allure. Pasang Tshering était rayonnant. Il avait un dynamisme extraordinaire. Le lendemain, pendant que Gyalzen se remettait de sa fatigue, Pasang et moi entreprîmes l'ascension du Ngozumba Kalapattar (cinq mille cinq cent cinquante-trois mètres) d'où l'on avait vue sur les cols menant, à l'est et à l'ouest, aux vallées environnantes. Au-dessus de Ngozumba s'étendait dans toutes les directions un désert blanc où il n'y avait pour tout signe de vie que les craves qui nous avaient suivis. Ce n'était pas là le pays du yéti.

En retournant au camp, je ressentis à nouveau une douleur au poumon droit. Mais c'était surtout l'état de santé de Gyalzen qui me causait du souci. Il assurait se sentir « très fort », mais sa toux persistait et il reconnut avoir des accès de vertige. Il donnait une impression de fragilité, et je me demandai si la recherche du yéti ne produisait pas sur lui un effet psychologique. Gyalzen avait de son côté pensé à la malédiction du yéti – dans la tradition sherpa, quiconque dérange le yéti risque de sérieux ennuis, et même la mort – car il annonça qu'il faisait venir dix moines de Tengboche pour prier pour lui. « Un grand *pujah*, dit-il. Un *pujah-bu* de deux jours. » Grand pujah signifie grand rassemblement chez les Sherpas : après l'exorcisme, la plupart des habitants du village sont invités à participer à la dernière journée de prières au cours de laquelle tout le monde boit et danse. Gyalzen ne voulait pas que j'assiste à l'exorcisme, mais demanda que Pasang et moi soyons là le samedi 5 décembre, vers midi. Le lendemain matin, mardi, il repartit avec Pasang Tshering en direction de Pangpoche. Avant de se mettre en route, il annonça qu'il enverrait mercredi de Nah deux yacks et quelqu'un pour les conduire afin de faire redescendre notre matériel dans la vallée.

Ce mercredi-là, 2 décembre, notre douzième jour à Donag, nous démontâmes le camp. Le niveau du lac avait baissé de six centimètres au cours de notre séjour et ses eaux étaient aux deux tiers gelées. Pendant que je remplissais mon sac à dos, la caverne du Lama Sanga Dorje me revint en mémoire, et je pensai à la place que tenait le moine dans la société sherpa. Il enseignait que ce que l'on voit *est* la réalité, même s'il ne s'agit éventuellement que d'une ombre. A considérer cela sous un angle légèrement différent, dans une culture qui n'a peut-être pas d'autre lien avec la réalité qu'une foi inébranlable dans un ermite qui pouvait survoler l'Everest, suspendre son manteau à un rayon de soleil et dont les mèches de cheveux coupées faisaient pousser une forêt de genévriers, qui a besoin d'argent pour commercer, de programmes de télévision ou de bons de nourriture pour profiter de l'abondance de biens de consommation des supermarchés ?

La BBC avait continué à me servir de lien avec la réalité de l'Occident pendant que nous campions à Donag. Le niveau du dollar, comme celui du lac, avait baissé. En fait, la monnaie américaine était au plus bas depuis plus de quarante ans contre les principales monnaies, faisant à nouveau chuter l'indice Dow Jones d'environ mille sept cent cinquante points. Les économies occidentales étaient en pleine tourmente alors qu'au pays des Sherpas, il y avait assez de pommes de terre, de tsampa et de sonam pour tout le monde.

A onze heures du matin, trois porteurs – les yacks avaient déjà quitté Nah pour les pâturages d'hiver, plus au sud – se présentèrent pour nous aider à redescendre le sentier difficile de huit kilomètres qui menait de l'autre côté du mont haut de cinq mille mètres. Les fardeaux promettaient d'être lourds. Je posai les skis par-dessus mon sac à dos et, après un déjeuner léger, je me mis en route pour Nah avec l'intention de jeter un rapide coup d'œil, chemin faisant, sur les traces de pas laissées sur la face nord du mont.

Ma première impression en quittant la Maison de pierre était que notre séjour à Donag avait été un fiasco. Si un seul trekker était venu à notre campement, ç'aurait été un trekker de trop mais, durant les douze jours que nous avions passés là-bas, nous en avions aperçu huit dans les environs immédiats : nous étions donc loin d'être isolés. Cela nous avait rivés à notre campement, pour éviter le risque de voir notre matériel chapardé. Et pourtant, en dépit de cette absence de solitude, des animaux s'étaient manifestés, la présence de certains étant explicable, comme celle du léopard des neiges qui se taillait un territoire en direction du sud. Mais d'autres incidents l'étaient moins. Celui du couple de « tsonkeurs » de minuit, par exemple. Avaient-ils un lien quelconque avec les empreintes de pas laissées sur le monticule ou sur le col du versant nord ? J'étais tenté de penser que oui, mais cela ne faisait qu'épaissir le mystère. On raconte que les yétis jacassent, crient et sifflent, mais je n'avais encore jamais entendu parler d'un gros animal qui « tsonkait ». Assez curieusement, les goraks « tsonkaient », mais rien n'indique qu'ils pourraient voler de nuit.

Les « tsonkeurs » de minuit avaient-ils un lien avec cet autre visiteur nocturne, le galopeur de la Maison de pierre ? Je trouvais cela vraisemblable mais, là aussi, rien ne permettait de le prouver. Quoi qu'il en fût, il y avait eu *quelque chose* derrière la Maison de pierre cette nuit-là, peut-être même au cours de plusieurs nuits : cela, à tout le moins, était indéniable.

L'autre fait indéniable, c'était que Donag avait son enchevêtrement de moraines, de monticules et de gravats d'origine glaciaire, le versant nord et la vallée qui se cachait derrière, sans parler de la route caillouteuse de Ngozumba, tout cela était assez vaste pour dissimuler un régiment de yétis sans que vous soupçonniez jamais leur présence. A n'en pas douter, le fait que nous campions au bord du lac avait dû les importuner, et limiter leurs mouvements. Prudents comme ils l'étaient, on ne voit pas pourquoi ils auraient laissé de nouvelles traces de pas, à moins, bien sûr, de nouvelles chutes de neige. Quand le vent changea de direction et que la température baissa, le 28 novembre, Pasang et moi nous nous attendîmes à voir tomber la neige, ce qui ne se produisit toutefois pas.

Lorsque Pasang m'eut montré les empreintes de pas sur le mont de cinq mille mètres, j'acquis la conviction qu'anticipant la basse saison de trekking, entre décembre et février, notre gibier – un couple de yétis – était descendu dans la vallée. Cette conviction se trouva renforcée par une absence d'activité autour de Donag depuis la galopade du visiteur nocturne. Comme nous avions vu les empreintes de pas sur le mont le 28 novembre et que Pasang avait estimé qu'elles étaient vieilles de deux jours, tout concordait parfaitement. Après être venu nous voir au cours de la nuit du 25 novembre, le visiteur nocturne et sa femelle avaient quitté Donag pour une région où la nourriture était plus abondante en hiver.

11

Le mont de cinq mille mètres

En redescendant de Donag, j'eus tout le temps de passer en revue les faits et de m'assurer que rien n'avait été négligé dans cette portion particulière de la caverne du lama Sanga Dorje. J'étais à présent convaincu que l'Homme du Monticule, la Créature de l'Étang et le Galopeur Nocturne étaient le même animal et que, peu après sa visite de nuit du 25 novembre à la Maison de pierre, celui-ci avait quitté Donag avec sa compagne pour passer par le mont de cinq mille mètres. Au-dessous de Gokyo, je pus voir avec précision les empreintes de leurs pas qui montaient depuis la base du mont. Je déposai mon bagage près du torrent qui reliait le premier et le deuxième des lacs Dudh Pokhri et je dirigeai le télescope sur la paroi rocheuse verticale que j'avais vue depuis la moraine à Donag, à la recherche de la cheminée au-dessus de laquelle l'un des animaux s'était arrêté. Avec le télescope, je repérai une grotte qui se trouvait bien à l'intérieur de la cheminée. C'était donc cette grotte, me dis-je, que l'animal avait essayé d'atteindre. Il cherchait sans doute un abri après une marche nocturne, un endroit où se cacher avant le lever du soleil.

Je traversai le torrent et je retrouvai les empreintes à l'endroit où elles entamaient l'ascension du col, à droite du sommet du mont. Elles avaient de quoi impressionner. Bien qu'il n'y eût aucun moyen de les dater avec précision, j'estimai qu'elles avaient une semaine, ce qui correspondait en tous points au schéma temporel. Elles avaient été recouvertes de poudrin et ramollies par la neige, si bien qu'elles donnaient l'impression d'avoir été faites par une paire de pieds sans chaussures.

Je mis mes pas dans les empreintes sur trente mètres. La foulée était plus longue ici que dans le cas des empreintes observées du côté de la Maison de pierre. Les empreintes mesuraient de trente-cinq à quarante centimètres, et ma botte s'y insérait sans peine. Mais, bien entendu, c'étaient deux animaux qui les avaient laissées, en grimpant l'un après l'autre en file indienne à travers la neige épaisse. Je disqualifiai très rapidement la possibilité que ces empreintes aient pu être laissées par un groupe de trekkers se dirigeant vers le col. Il n'y avait aucune trace de bâtons de ski des deux côtés, et on ne voyait pas plus les Kleenex que les plaquettes de plastique des pilules ou le papier toilette qui accompagnent inévitablement les trekkers.

Le lendemain matin, Pasang n'était pas très chaud pour monter avec moi au sommet du mont. Comme il avait passé la soirée à boire du raksi avec un gardien de troupeaux de yacks de Phortse, j'imaginai qu'ils avaient discuté ensemble des empreintes de pas et de leur auteur éventuel. Au petit déjeuner, il demanda timidement si j'avais besoin de lui.

– Si ça vous dit de venir, je serais content de vous avoir avec moi, lui répondis-je. Mais si vous préférez rester, je n'y vois pas d'inconvénient.

Il marmonna quelque chose que je ne parvins pas à comprendre, et je lui demandai de répéter. Il ne voulut pas le faire, m'informant plutôt que beaucoup de gens franchissaient le col, en permanence. Voilà qui était en contradiction avec ce qu'il m'avait dit quatre jours plus tôt.

– Quel genre de gens ? demandai-je.

– Des touristes. Beaucoup de groupes.

Vaste blague. La vérité, c'était que Pasang avait peur de rencontrer le yéti.

– Demain, nous explorerons la vallée de Macherma ? suggéra-t-il.

– Peut-être, dis-je, je me mis en route pour le mont.

La campagne, sous la dernière moraine de Ngozumba, n'a rien de luxuriant, mais elle apparaît d'emblée plus hospitalière que la toundra qui entoure Donag. Sur son versant sud, le mont est en grande partie couvert d'herbe que les yacks peuvent brouter en été et, à sa base, une saillie en pente douce conduit vers les pâturages plus vastes de Pangka. L'itinéraire que je choisis pour gravir la montagne était un corridor à cinquante degrés, courant entre deux affleurements rocheux. Une nuée de craves me survola sans arrêt jusqu'à ce que j'eusse atteint le sommet neigneux à midi.

La journée était chaude avec à peine un souffle de vent et, contre le bleu intense du ciel, se découpaient des cimes enneigées tout autour de moi. A mes pieds, la route caillouteuse de Ngozumba commençait son ascension vers l'horizon nord, se terminant contre les remparts du Cho Oyu, à une altitude supérieure à celle de la montagne sur laquelle je me trouvais. Depuis un cairn situé sur son sommet, je descendis sur la paroi rocheuse nord du mont et trouvai sans peine les empreintes de pas qui se dirigeaient vers la cheminée dont je savais maintenant qu'elle dissimulait une grotte. L'animal était entré par le haut de la cheminée, qui était tapissé de neige, cherchant de toute évidence à parvenir jusqu'à la grotte, mais j'imagine qu'il craignit de provoquer une avalanche. J'étais dans le même cas que lui.

Si j'avais été en possession d'une corde et si Pasang s'était trouvé à mes côtés, j'aurais assuré jusqu'à la grotte. Je suivis les empreintes de la créature, beaucoup plus petites quand elles étaient faites par un seul animal, à l'intérieur du cou de la cheminée, large de quatre mètres, et je vis, à deux mètres de moi, l'endroit où il s'était arrêté, mis à quatre pattes, retourné avant de remonter en suivant le même chemin et en faisant une traversée sous le sommet pour rejoindre sa compagne. Je fis la même traversée et je parvins au point où ils avaient tous deux franchi le col. Un corridor assez large descendait le long du versant sud, exposé au soleil et par conséquent sans le moindre flocon de neige. Il n'y avait plus d'empreintes.

Là où les animaux auraient pu sortir du corridor se trouvait une bande de roches détritiques déposées par l'un des glaciers suspendus du pic de Macherma avant qu'il recule. Il leur avait fallu traverser cette bande pour se retrouver, tout de suite au-dessous de Pangka, sur une pente neigeuse qui conduisait à l'épaule arrondie de la vallée de Macherma. A l'autre bout de la bande de roches détritiques, les traces de pas réapparaissaient dans la neige, se dirigeant vers Macherma ou plutôt vers une autre grotte, à la base d'un contrefort rocheux surplombant le hameau de Macherma.

Je pénétrai dans le corridor. La prise de pied n'était pas bonne sur ce mélange de sable et d'éboulis. Je descendis en zigzag, mais pour ne trouver ni empreintes, ni traces laissées par des trekkers à semelles Vibram, ni Kleenex, ni papier toilette, ni plaquettes de plastique pour pilules, ni emballages de bubble-gum. Il se faisait tard et, plutôt que de traverser les roches détritiques pour suivre les empreintes de pas jusqu'à Macherma, deux kilomètres plus loin, je continuai le long du couloir rocheux en direction des pâturages situés au-dessus de Nah. Ainsi que j'allais le constater, je n'avais pas été si mal inspiré.

Je remarquai dans le couloir que des amas de grosses roches formaient des abris semblables à des grottes et dont certains étaient même engageants. J'entrai dans le plus grand d'entre eux. Il l'était assez pour accueillir plusieurs personnes de ma taille. Le sol en était jonché de milliers de petites boulettes brunes – des fientes de chauves-souris – dont j'enfermai un échantillon dans une boîte de film. Mais, détail plus intéressant, quelqu'un avait fait un lit de branches de genévrier dans un coin de la grotte. Ce « quelqu'un » ne pouvait manifestement pas être un ours ou un léopard des neiges. Il fallait que ce fût « quelqu'un » qui était habile de ses mains – peut-être un gardien de troupeaux de yacks, peut-être... un yéti, peut-être... l'Homme du monticule.

En poursuivant ma descente, je vis au loin une silhouette qui se dirigeait vers moi. C'était Pascal Marlinge, le Français qui travaillait comme guide pour Yeti Mountaineering and Trekking. Il était arrivé à Pangpoche, venant de Katmandou, avec douze kilos de sucre et dix mille roupies retirées sur mon compte à l'agence. Il avait passé une journée à Pangpoche et trouvé que Gyalzen avait vieilli de dix ans en deux mois. Il me dit qu'une grande animation régnait à Pangpoche car, outre les préparatifs du pujah de Gyalzen, il y avait ceux d'un mariage qui devait y être célébré, le fiancé et sa famille venant de Phortse avec une barrique de chang, ainsi que le veut la tradition. Il me dit que Gyalzen paraissait faible et ne parvenait pas à se lever du lit le matin. Il me dit aussi que Gyalzen parlait de modifier le programme, car un gardien de troupeaux dont les pâturages se trouvaient à Chhukhung lui avait signalé des empreintes fraîches de « yéti » à proximité d'un *yersin* d'été appelé Shanjo, à neuf kilomètres en amont de la vallée de l'Imja en partant de Pangpoche. Quand nous fûmes de retour au campement, j'interrogeai Pasang Tshering, qui avait guidé Pascal jusqu'à Nah, sur l'état de santé de son père. Il répondit que Papou allait très bien.

La BBC annonça ce soir-là que sept banques centrales européennes avaient abaissé leurs taux d'intérêt pour soutenir le dollar. Le Trésor américain, en permettant au dollar de glisser sur les marchés mondiaux, avait forcé les partenaires commerciaux des États-Unis à se départir de leur politique monétaire conservatrice. Stimuler la consommation mondiale grâce à un crédit plus facile, en passant l'éponge sur des dettes internationales impossibles à rembourser, telle était peut-être la logique de Washington, mais ce n'était pas là une logique que l'environnement fragile de Khumbu pouvait supporter.

Des boîtes de conserve et des bouteilles de plastique souillaient déjà les ruisseaux et les pâturages. Les commerçants de Namche n'allaient pas tarder à importer des fours à micro-ondes et des magnétoscopes plus performants, avec encore plus de vidéo-cassettes porno pour attirer les touristes. Et à supposer qu'on découvre un jour le yéti, il y a de bonnes chances pour qu'il devienne alors une attraction touristique encore plus recherchée que le lever du soleil sur le mont Everest, qu'il en vienne même à requinquer l'Everest View Hotel, à le tirer de l'oubli et à l'intégrer à la littérature promotionnelle des voyagistes internationaux. D'une certaine façon, cela paraissait injuste.

Ce matin-là, au petit déjeuner, j'avais la batterie épuisée de ma lampe frontale dans la main et je ne savais qu'en faire. Cette batterie, une alcaline longue durée de 4,5 volts, était morte sur moi alors que je m'efforçais de mettre à jour mes notes, durant la nuit.

« Qu'est-ce que je fais de la batterie ? » demandai-je à Pasang. Je ne voulais pas la ramener à Pangpoche, et j'espérais que Nah aurait peut-être un incinérateur magique. Une telle disposition d'esprit relève de ce qu'on appelle Himal Deliria.

– Jetez-la dehors, répondit Pascal ingénument.

Ordures dedans, ordures dehors, telle est la règle de base de l'alpinisme. Mais, ici, « ordures dehors », cela signifiait qu'on devait trimballer de nouveau ces ordures à Katmandou où l'on ne savait pas non plus comment s'en débarrasser.

12

Le pujah de Gyalzen

Durant la dernière ère glaciaire, le glacier Ngozumba progressa presque certainement en direction du sud jusqu'à Phortse et au-delà, de même d'ailleurs que les deux autres principaux glaciers de la région, Khumbu et Nangpa, descendirent eux aussi bien plus bas dans leurs vallées, ondoyant au sud de la crête centrale de la chaîne himalayenne. Des deux côtés du gigantesque Ngozumba, des glaciers latéraux venaient s'accoler à sa masse : à la hauteur des cinq lacs Dudh Pokhri, par exemple, comme aussi à Macherma, venant d'une haute vallée encaissée entre le pic de Macherma et Kyajo Ri. Mais ces glaciers latéraux ont disparu beaucoup plus vite, laissant des moraines dont de longues périodes d'érosion ont adouci la forme et la contexture, tels le versant nord de Donag et les épaules de la vallée de Macherma. En fait, ces anciennes moraines ont été suffisamment érodées pour avoir laissé un dépôt de sol arable assez grossier, sur lequel poussent des broussailles et une herbe drue.

La vallée de Macherma s'élève en deux étapes du fond de la dépression où coule la Dudh Kosi. Dans un premier temps, elle est large et alluviale, abritant un hameau ainsi que les meilleurs pâturages. Elle s'adosse à une falaise abrupte en haut de laquelle commence une seconde vallée, plus élevée, encore glaciaire, qui s'enroule derrière le pic de Macherma, le dérobant à la vue de quiconque se tiendrait dans la vallée plus basse. Il reste trois glaciers dans la haute vallée, et le produit de leur fonte donne un torrent qui cascade depuis la base de la falaise, empruntant la vallée basse pour aller se jeter dans la Dudh Kosi. Macherma lui-même ne compte pas plus d'une douzaine de maisons très dispersées de gardiens de troupeaux de yacks et la vallée entière, toute pierreuse qu'elle soit, sert de pâturage pour les troupeaux errants. La région abonde en histoires sur les faits et gestes des yétis, mais l'épisode le plus notoire eut lieu en 1974, avec pour protagoniste une Sherpani de dix-neuf ans répondant au nom de Lhaupa Dolma et originaire du village de Khumjung.

Le 12 juillet 1974, Lhaupa Dolma gardait le troupeau de ses parents où se mêlaient yacks et zoms. Une zom est le produit d'un croisement entre un petit bœuf tibétain (*Bosaunus typicus*) et une nack (femelle du yack). Une zom peut vivre à basse altitude et donne plus de lait qu'une nack. Le mâle né d'un tel croisement est appelé zopiack et, à la différence de la zom, il est stérile.

La mousson était en cours, et il pleuvait. Enveloppée dans sa pèlerine, Lhaupa Dolma pensait à son frère, un sirdar de haute montagne qui, d'un moment à l'autre, devait être de retour du camp de base de l'Everest, lorsqu'elle entendit siffler. Elle pensa aussitôt que son frère était venu de Khumjung pour la voir, et elle s'assit au bord du torrent pour attendre. Au bout de quelques minutes, elle fut saisie par-derrière et précipitée dans le torrent.

Quand elle eut retrouvé ses esprits, Lhaupa Dolma vit un chuti, la variété la plus corpulente de yéti qui a un goût prononcé pour la viande de yack, empoigner l'une de ses zoms par les cornes et la tuer en lui brisant le cou avec un bruit sec. Le chuti ouvrit ensuite le ventre de la zom et puisa à pleines mains dans ses entrailles. Lhaupa Dolma resta dans l'eau glacée sans faire un mouvement, laissant croire qu'elle était morte, et observa un tout jeune yack qui s'approchait, suivi de sa mère, pour voir ce qui se passait. Le chuti l'envoya d'un coup à six mètres de là, le tuant net, et brisa les pattes de la nack pour sucer la moelle de ses os. Il chercha à cacher l'une des carcasses sous un surplomb rocheux puis, rassasié, s'éloigna d'un pas nonchalant pour entreprendre ensuite avec célérité l'ascension du pic de Macherma par sa base sud, alternativement à quatre pattes et debout.

Quand le chuti fut hors de vue, Lhaupa Dolma prit ses jambes à son cou et retourna à Macherma où elle s'effondra dans les bras d'un autre gardien de troupeaux de yacks, tremblant si fort qu'elle ne parvenait pas à parler. Elle finit par retrouver suffisamment son calme pour raconter au gardien de troupeaux qu'elle avait été attaquée par un chuti de deux mètres, couvert d'une toison brune hirsute marquée par une séparation à la taille. Les poils poussaient vers le bas sur la partie inférieure de son corps, expliqua-t-elle, alors qu'au-dessus de la taille ils poussaient vers le haut. Elle se souvenait aussi qu'il avait une tête assez allongée et qu'il marchait les pieds tournés en dedans quand il se tenait sur ses pattes de derrière. Le gardien de troupeaux alla s'assurer par lui-même de l'existence des carcasses, puis emmena Lhaupa Dolma à Khumjung où sa mère, Dhar Dolma, eut la présence d'esprit d'envoyer chercher le lama du village. Le lama de Khumjung se livra à « un puissant pujah » pour exorciser le sort jeté par le yéti.

La police de Namche fut mise au courant de l'agression et ouvrit une enquête. Un officier de police se rendit à Macherma, vit les animaux tués et se fit montrer les empreintes de pas laissées par le yéti dans le sable qui bordait le torrent et, plus haut, dans la boue du pâturage. Il fit un croquis de ces empreintes, les photographia avec son Brownie et rédigea un rapport le 15 juillet 1974. Si les photos étaient décevantes, le rapport, en revanche, était vivant. Le yétiologue René de Milleville me raconta qu'il l'avait lu et qu'il avait interrogé à la fois l'officier de police et Lhaupa Dolma peu après l'incident. Aussi bien le texte du rapport que les réponses à ses questions, me dit-il, confirmaient pour l'essentiel la version des faits donnée par Gyalzen.

L'histoire, telle que Gyalzen me l'a rapportée, contient, semble-t-il, quelques éléments peu rationnels et, dans sa description, l'animal ne se comporte pas vraiment comme un prédateur. Mais, dans l'ensemble, son récit concorde avec les autres sources que j'ai pu consulter.

Toutes les personnes avec qui j'ai eu l'occasion d'évoquer l'incident étaient convaincues que le puissant exorcisme accompli par le lama de Khumjung avait empêché Lhaupa Dolma de succomber à la malédiction du yéti. Elle eut une dépression nerveuse qui dura trois mois, mais elle réussit à la surmonter. Elle vit toujours à Khumjung, où elle est mariée et mère de trois enfants.

Je montai en compagnie de Pascal Marlinge de Nah jusqu'à l'épaule, au-dessus de Macherma, où les traces de pas du yéti venant du mont se dirigeaient vers un réseau de grottes, à la base du contrefort sud-est du pic de Macherma. De là, nous pûmes voir d'autres empreintes de pas dans la vallée en contrebas, certaines la traversant en diagonale, d'autres grimpant vers les falaises situées à son extrémité nord-ouest ou en revenant, et dissimulées à nos regards par d'autres contreforts qui descendaient depuis le sommet cannelé de Macherma. J'en savais alors assez long sur les empreintes des yacks – les yacks traînent les pattes, laissant dans la neige des creux entre chacune de leurs empreintes – pour être capable de distinguer celles que l'un d'eux aurait laissées et celles dont il ne serait pas l'auteur. Celles-ci n'appartenaient pas à un yack et me laissèrent perplexes mais, plutôt que de descendre les examiner de près, nous décidâmes d'explorer les remparts sud du pic de Macherma, et en particulier les grottes à la base du contrefort sud-est.

Les empreintes partant du mont étaient à cet endroit des creux laissés dans la neige et qu'il était impossible d'identifier. Mais elles étaient dues, à n'en pas douter, à des animaux bipèdes venus depuis le mont. Les grottes communiquaient entre elles par des couloirs et des cheminées. Dans l'une d'elles, il y avait une source gelée avec de la glace transparente comme du cristal, mais on n'y décelait aucun signe de locataires passés ou présents. Sur une roche en forme de juchoir qui se trouvait devant une autre, je trouvai un amas d'os, de fragments de mâchoires, d'os de crâne et de tibia que je fourrai dans mon sac à dos pour les montrer à Pasang.

Nous continuâmes de longer le flanc sud, espérant avoir vue sur la vallée supérieure, et découvrîmes un amphithéâtre caché à près de quatre mille neuf cents mètres d'altitude, avec un micro-climat méditerranéen créé par la réflexion du soleil sur les blocs de granit lisse qui le constituaient. Dans les failles entre les blocs géants se trouvaient des grottes à plafonds voûtés semblables à des cathédrales gothiques et que nous ne pouvions absolument pas atteindre sans équipement d'alpiniste. Pendant que je cherchais à parvenir à une plate-forme plus élevée, du côté est de l'amphithéâtre, je jetai un regard en arrière et j'aperçus un vautour griffon de quatre mètres d'envergure décoller d'une saillie voisine, planer et disparaître derrière un éperon. Sur une autre saillie proche, Pascal trouva des fragments de mâchoires et de fémurs semblables à ceux que j'avais découverts un peu plus tôt. Ils étaient friables et près de se désintégrer et, lorsque je les montrai par la suite à Pasang, il me dit qu'ils appartenaient à une petite serow ou chèvre des montagnes qui, d'après lui, était morte deux ans plus tôt.

Nous passâmes une heure assis dans le cirque caché, à contempler Macherma et sa vallée. Plusieurs centaines de mètres au-dessous de nous, cinq yacks, minuscules taches noires, broutaient à l'endroit où les pâturages clairsemés sont dépouillés de leur herbe par la neige d'octobre. J'imaginai le chuti qui avait attaqué Lhaupa Dolma s'enfuir vers un refuge tel que celui-là, se perdant au milieu des parois rocheuses sombres où personne n'oserait le poursuivre.

Nous arrivâmes chez Gyalzen le lendemain en milieu d'après-midi pour trouver le pujah battant son plein. Gyalzen avait dressé deux tentes dans le carré de pommes de terre pour Pascal et pour moi. Les troncs de deux arbres et du bois à brûler étaient entassés devant la maison, tandis que sur la véranda de derrière du tsampa mijotait dans un grand chaudron de cuivre, sur un feu à ciel ouvert, à côté de la plate-forme qui servait de toilettes. Une quarantaine de personnes se pressaient dans la longue salle de séjour et dix moines récitaient des prières dans le lhang. Assis en tailleur à la place d'honneur, sur la banquette proche du feu, se tenait un vieillard à longs cheveux blancs. C'était Karma, le père de Kanche, que j'avais rencontré l'année précédente à Bhandar où vivait avec ses cinq enfants la plus jeune sœur de Kanche, Kaaputi, dont le mari était mort au cours de l'expédition américaine Langtang Lerung, en 1985. A côté de Karma se trouvait un autre homme plus âgé, dont les boucles de cheveux poivre et sel étaient retenues par des rubans. Il portait un *chuba*, le manteau traditionnel tibétain, et un bonnet tibétain doublé de fourrure. C'était Dawa Namge, le père de Gyalzen. Ayant encore sur moi mon manteau couvert de poussière, je fus conduit vers une place sur la banquette entre Dawa Namge, qui me donna une tape dans le dos, et Ang Dorje, le voisin.

Les hommes, tous coiffés d'un bonnet, étaient assis en rang sur la banquette, conformément à une étiquette bien établie. Les femmes et les bébés qu'elles allaitaient étaient placés sur des nattes étalées par terre, en face de nous. Aidée par Yangtse ainsi que par deux Sherpanis de la partie haute du village, Kanche servait à gogo du chang, du raksi, du thé au beurre et du tsampa épicé. Le fond musical était assuré par les moines qui psalmodiaient dans le lhang. Gyalzen, portant un chuba et un béret sur la tête, veillait au bon déroulement des opérations depuis l'estrade où se trouvait son lit.

Kanche s'approcha et remplit mon verre de chang. « *Shey*, Père », ordonna-t-elle. Elle ne s'éloigna que lorsque j'eus vidé deux verres. « *Shey, shey*, insistait-elle, et si je me montrais moins déterminé, elle poussait le verre en direction de mes lèvres.

Elle fit pareil avec Ang Dorje. Il essaya de refuser. Ce n'était en réalité qu'un stratagème. Dans le code de politesse sherpa, il est en effet de bon ton de refuser jusqu'à trois fois de la nourriture ou une boisson afin que les hôtes puissent montrer à quel point ils tiennent à vous voir faire honneur à leur hospitalité. Kanche remplit à nouveau son verre. « *Shey, shey* », répéta-t-elle et, voyant qu'il ne buvait pas assez vite, elle posa son pichet de chang et porta le verre à sa bouche, le forçant ainsi à engloutir le chang ou à le renverser sur le devant de son beau costume.

Kanche était connue pour être une hôtesse généreuse mais insistante, quoique j'aie assisté à une mise en scène plus ou moins identique à l'occasion d'autres pujahs. Modeste ou fastueux, un pujah consiste à solliciter les dieux, par des offrandes appropriées, de vous rendre un certain service et, en même temps, à faire des offrandes aux démons et à proférer des menaces à leur adresse. Tout au long de la cérémonie, il est fait une grosse consommation de chang et de raksi, les mortels buvant au nom des dieux et des démons. Les personnes prenant part au pujah doivent manger et boire énormément s'il s'agit d'amener les dieux à les aider à bouter dehors les démons dont on peut espérer qu'ils seront au bout du compte repus et ivres.

Un pujah est un événement majeur de la vie de village chez les Sherpas. Les pujahs les plus importants ont lieu lors des naissances, des mariages, des maladies ou de la mort. La variété des êtres malveillants, agressifs, violents ou carrément maléfiques qui sont évoqués lors de ces rassemblements peut paraître accablante et, pour un étranger, elle est déroutante à tous les coups. Même les dieux les meilleurs peuvent devenir mauvais s'ils n'ont pas été suffisamment amadoués par des offrandes de nourriture et des prières. Les pujahs sont donc destinés à combattre la mauvaise humeur et aussi les mauvaises dispositions virtuelles des dieux et des esprits du panthéon sherpa.

Après avoir été encore servi de thé au beurre, de chang et de tsampa, chaque invité reçut une assiette contenant une montagne de mets rituels, le centre en étant constitué par une pyramide de riz appelée tso et dont le sommet est teint en rouge. Des petits gâteaux secs, des bonbons, des suntallahs, des cacahuètes et des beignets sherpas entourent le tso. Tout ce qu'ils furent incapables de manger, les invités le glissèrent dans un sac de plastique qu'ils avaient apporté pour la circonstance et qu'ils ramenèrent ensuite chez eux.

Tous les sacs de plastique portaient le nom d'un fabricant étranger d'articles de sport, d'une boutique hors taxe d'aéroport, d'un cartel pharmaceutique, d'un fabricant de pellicule ou d'une chaîne de supermarchés. A moins d'être déchirés ou rendus inutilisables pour quelque autre raison, les sacs de plastique venus de l'étranger sont une des rares choses qu'on ne risque pas de trouver dans les tas d'ordures de Khumbu. Ils se révèlent extrêmement utiles pour transporter les restes des pujahs, comme aussi les dons de céréales et de riz, pour enterrer les pommes de terre d'hiver dans des trous, en pleine nature, afin de les protéger du gel, pour transporter le sucre ou la farine achetés en vrac au marché, bref, leur usage est pratiquement illimité. Appréciés tout autant mais plus difficiles à se procurer, les touques de plastique des expéditions conviennent à merveille pour préparer des rations de chang ou de salade de chou cru mariné dans le vinaigre qui soient dignes d'un pujah. Kanche avait déjà fait main basse à cette fin sur trois de ma série de touques et comptait bien s'en approprier deux autres.

Il faisait déjà nuit quand Pasang Tshering monta les escaliers quatre à quatre et pénétra dans la longue salle de séjour pour annoncer qu'Oncle Pasang était arrivé et qu'il déchargeait les deux yacks que nous avions finalement trouvé à louer à Nah. Mais Pasang ne voulait pas monter se faire servir de tsampa et de chang car, avait-il envoyé dire, il rentrait chez lui voir sa femme, Nima Yanchin. Je demandai à Gyalzen si quelque chose n'allait pas. Ma question allait rester sans réponse, mais j'avais déjà cru deviner que la sœur de Gyalzen et Kanche n'avaient pas beaucoup d'atomes crochus.

Aux alentours de vingt et une heures, les lamas firent une pause et reprirent du thé au beurre fraîchement préparé, du chang et du raksi. Ils paraissaient contents de cette deuxième journée occupée à lire des prières, à jeter du riz et à brûler de l'encens. Une fois les prières terminées, les danses commencèrent, les aînés formant la partie centrale d'une longue file avec toutes les femmes à gauche et les hommes à droite. Accompagnée d'une psalmodie, cette danse était lente : trois pas glissés, répétés à reculons, puis en avant, puis de côté. Le lama chargé de collecter les dons en argent – car les lamas doivent être payés pour leurs services – était grand et costaud. Il avait les paupières lourdes à cause du chang et des prières. Il se joignit aux danseurs en compagnie d'un moine plus petit mais on le vit bientôt qui dormait debout : il fallut le soutenir, et il finit par perdre connaissance.

Jusqu'à ce soir-là, j'avais considéré l'alcool des Sherpas, qu'il s'agisse du chang ou du raksi, comme léger, pour ainsi dire incapable de soûler. Je me trompais. Bien que lui-même dans l'impossibilité de marcher en ligne droite, Gyalzen me conduisit jusqu'à ma tente vers minuit et j'appris par la suite que les danses s'étaient prolongées jusqu'à deux ou trois heures du matin.

En me réveillant le lendemain matin, j'avais une migraine carabinée. Le trésorier avait passé la nuit dans le lhang. Quand il me vit me présenter pour prendre un thé au lait, il eut le fou rire. « Ça ne va pas ? » demanda-t-il, me tenant par le poignet, comme pour surveiller mon pouls. « Vous avez besoin d'un verre de chang », ajouta-t-il.

Je me souvins d'avoir lu un proverbe sherpa qu'on pourrait traduire ainsi : « Le riche s'enrichit et l'ivrogne boit davantage de chang. » Je le leur répétai, tandis que Gyalzen me tendait mon verre. Tout le monde se mit à rire.

Cet après-midi-là, Pascal et moi accompagnâmes Gyalzen au gompa, dans la partie haute du village, afin qu'il rende les deux grandes trompettes empruntées pour les besoins du pujah. Le gompa était censé avoir été construit vers 1860, pour remplacer le précédent, créé par le lama Sanga Dorje. Le site était particulièrement sacré en raison de multiples miracles que Sanga Dorje y aurait accomplis. L'ascension du lama Sanga Dorje vers la béatitude céleste est célébrée chaque année durant la fête de *dumji* qui a lieu en été. Les Sherpas viennent de toutes les régions de Solu-Khumbu pour passer un week-end entier à danser et festoyer. Le scalp du yéti figurant le trésor du gompa est alors sorti et promené à travers le village.

A l'entrée de la principale salle de prières du gompa se trouvent des peintures représentant les démons protecteurs ainsi que les dieux de Chomolungma, Khumbilia et Taboche. La seule peinture où l'on voit Sanga Dorje est à l'intérieur de la salle de prières, à gauche de l'autel, près d'une fenêtre. Le scalp du yéti et une main à l'état de squelette sont conservés dans une autre salle de prières, à l'étage. Pour une contribution de dix roupies aux frais d'entretien du gompa, n'importe qui peut les voir. Le scalp donne l'impression d'avoir été pas mal de fois poussé du pied dans la cour du gompa au cours de bagarres d'ivrognes, pendant le dumji. Il ne porte plus que quelques poils roussâtres. Gyalzen en rejette la responsabilité sur les touristes qui, dit-il, arrachent les poils pour les garder en souvenir.

Le lundi 7 décembre, nous franchîmes l'Imja avec Pascal Marlinge pour aller passer deux jours à Mingbo, les pâturages situés à quatre kilomètres à l'est de Pangpoche, et six cent soixante mètres plus haut, près de la base de l'Ama Dablam. Gyalzen était à présent persuadé qu'il était guéri, belle preuve du pouvoir de l'autosuggestion. Il marchait à la façon d'un sprinter, ayant retrouvé toute sa confiance en lui-même. Nous ne tardâmes pas à être en pleine euphorie. Le parcours paraissait bien plus facile que trois semaines plus tôt. La journée était chaude, mais je savais qu'aussitôt que le soleil se serait enfoncé derrière les montagnes, il ferait un froid mordant. Je me mis donc à rassembler des branches de genévrier et de la bouse de yack sèche pour la cuisine installée dans un abri rocheux, en attendant que Gyalzen et Pasang arrivent avec les yacks. A quatre mille cinq cent soixante mètres d'altitude, Mingbo est moins haut que Donag mais pas moins froid. Nous voulions voir s'il n'y avait pas de nouvelles empreintes de pas depuis notre dernière visite. Le grand défaut de Mingbo comme lieu de campement hivernal est que le soleil n'y fait son apparition qu'après neuf heures du matin. Privé de soleil, c'est une véritable glacière. Et la source non gelée la plus proche est à vingt minutes de marche.

La nuit, la lune rendit phosphorescents les versants nord des montagnes. Autour du feu, dans notre cuisine illuminée par les étoiles, Pascal expliqua pourquoi il avait renié la « société du gaspillage » pour se tourner vers le bouddhisme. A bien des égards, il était l'antithèse de Gérard. Il avait travaillé en France comme représentant de commerce en produits pharmaceutiques avant la faillite de son mariage, et il avait détesté prendre part à la foire d'empoigne. Il avait dû renoncer à garder sa fillette âgée de sept ans, ne pouvant subvenir à ses besoins. Lui-même enfant d'un couple séparé, il avait été élevé par ses grands-parents. Il gagnait mille deux cents dollars par saison pour servir de guide à des groupes de trekkers français. Il avait appris le népalais et vivait avec une famille, dans un village reculé, ce qui ne lui coûtait pratiquement rien car il était végétarien et ne mangeait que du dal bhat.

Au cours des trois jours suivants, nous explorâmes le terrain fracturé et inhabité autour de la base de l'Ama Dablam, un immense fût de rochers paléozoïque qui, il y a environ trois cent millions d'années, commença à émerger de la mer de Téthys qui couvrait alors Khumbu et le plateau tibétain. Il était difficile d'imaginer les forces titanesques qui avaient propulsé ce fût à une hauteur aussi impressionnante. Nous montâmes en direction de son épaulement gauche pour contempler le champs d'éboulis du glacier Nare et le désert de glace qui, à l'est, s'étendait jusqu'à Mingbo La. Même dans ces régions désolées situées à cinq mille deux cent cinquante mètres d'altitude, nous trouvâmes des bouses de yacks, indiquant la présence de nourriture pour brouteurs estivaux. Des empreintes de pas étaient visibles sur les deux côtés des épaulements, mais si vieilles qu'elles ne nous étaient d'aucune utilité.

Le 10 décembre, nous quittâmes Mingbo en deux groupes : Gyalzen, Kanche et Pascal, accompagnés des deux yacks, Marsan et Tsao, devaient emprunter l'itinéraire normal; Pasang et moi-même allions descendre jusqu'au Nare Drangka, le franchir et entreprendre l'ascension d'un couloir de deux cents mètres, couvert de neige, derrière Rawldurche. L'inclinaison du couloir montant vers le sommet avait bien soixante degrés, et nous eûmes recours à nos piolets, mais nous fûmes récompensés en trouvant de vieilles empreintes de pas sur le col d'en haut. Certaines avaient presque à coup sûr été laissées par des tahrs, car nous trouvâmes des crottes de tahrs, mais Pasang en attribua d'autres à un ou plusieurs yétis.

Notre stratégie, mise au point autour du feu de camp, la veille, consistait à envoyer l'un des deux groupes – composé de Pasang et de moi-même – dans la vallée dominée par le principal sommet de Rawldurche. Nous pousserions les animaux à aller de l'avant, tandis que Pascal leur barrerait le chemin en se postant au fond de la vallée et observerait tous ceux qui débouleraient dans cette direction. Estimant avoir donné à Pascal largement le temps de rejoindre son poste, nous commençâmes notre descente. Il nous fallut sauter d'un gros rocher à l'autre, en prenant garde à ne pas provoquer un glissement de rochers. Par endroits, ces gros rochers laissaient place à un éboulis qu'il n'était pas non plus très facile de franchir.

L'arête principale de Rawldurche était à présent à notre gauche. Nous avançions le long de la base d'un éperon situé au nord, pour redescendre vers l'Imja Khola, presque à l'opposé de Pangpoche, mais en fait un peu plus au nord. Il n'y avait pas une brise, et le soleil tapait dur. Une des grottes que je visitai était assez grande pour qu'on pût s'y tenir debout. Elle contenait des crottes de tahrs en assez grande quantité. Ne voulant pas pénétrer dans les grottes, Pasang me devançait à pas lents dans la vallée et attendait. Nous comprîmes à un moment donné qu'il nous faudrait descendre le long d'une falaise et nous n'étions pas très rassurés car nous ne nous trouvions pas dans une région fréquentée par les yacks et Pasang ignorait s'il existait un passage. En sortant de sous un surplomb rocheux, j'entrevis un bref instant une silhouette brun-roux qui se déplaçait dans la vallée, deux cents mètres en contrebas.

« Yéti ? » demandâmes-nous l'un à l'autre en même temps. Mais un autre coup d'œil, lancé avant que la silhouette ne disparaisse entre les rochers, nous fit changer d'avis : il s'agissait plutôt d'une serow, ou chèvre sauvage des montagnes. Elle allait grimper à travers une brèche dans la paroi rocheuse jusqu'à la corniche au-dessus, ou bien continuer de descendre vers l'entrée de la vallée où Pascal ne manquerait pas de le voir.

Quand nous fûmes arrivés au sommet de la falaise, nous délibérâmes pour savoir quel serait le chemin le plus sûr pour descendre. Nous entendîmes deux appels : c'était Pascal, assis au soleil sur un rocher plat, en bas, sur la moraine nord. Nous fîmes la traversée vers le côté sud où la falaise avait moins souffert de l'érosion, mais pour tomber sur une cascade gelée qu'il aurait été trop dangereux d'essayer de franchir. La contourner posa une autre série de problèmes, dont nous vînmes à bout en prenant quelques risques. Une fois tout en bas, nous fîmes une autre traversée en sens inverse pour rejoindre Pascal.

– Vous avez vu l'homme avec le mouflon ? demanda-t-il.

Nous avions les yeux fixés sur le lit de l'ancien glacier, large de cinq cents mètres, qui s'étendait entre deux des bras de Rawldurche. C'était un périmètre inhospitalier, où les yacks eux-mêmes ne s'aventuraient pas car ils n'y auraient rien trouvé à manger.

– Quel homme ? demandai-je à mon tour.

– Un mouflon est descendu le premier dans la vallée, tout couvert de poils et la tête dodelinante. Il était suivi par un homme dégingandé. J'ai pensé que c'était Pasang. Il n'avait pas de sac à dos, il marchait vite et j'ai eu l'impression qu'il portait les mêmes vêtements bruns que lui. Je l'ai regardé rapidement avec les jumelles. Il descendait le long de l'arête principale, entre le gros rocher et le tas de magma, dit Pascal, montrant du doigt les restes d'une moraine médiane, au centre de la vallée. Je vous ai aussitôt cherchés. J'ai pensé qu'il vous était peut-être arrivé un accident, parce que Pasang n'avait pas de sac à dos. Puis je vous ai aperçus en haut de la bande de rochers, et Pasang était derrière vous. J'ai cherché de nouveau l'homme dégingandé. J'ai vu le mouflon qui se dirigeait vers le pâturage, au fond de la vallée. Mais impossible de retrouver l'homme.

Pascal avait apporté avec lui une bouteille thermos de thé. Nous nous assîmes au soleil et discutâmes de ce que nous allions faire. Nous décidâmes de converger vers la moraine médiane en forme de voûte – une sorte de nageoire dorsale formée par les débris lorsque ce glacier de petite taille fondit à la fin de l'ère glaciaire, il y a environ quinze mille ans – à trois différents endroits entre « le gros rocher et le tas de magma ». Si l'homme dégingandé de Pascal était toujours là, nous lui couperions la route. Si l'homme dégingandé ne se montrait pas, nous irions sur le versant sud de la nageoire dorsale, abritée du soleil par l'ombre de la montagne, et où il y avait encore de la neige, pour essayer de trouver des empreintes de pas.

Nous suivîmes notre plan, mais sans découvrir d'empreintes, au grand soulagement de Pasang. Quelques amas de rochers comportaient des espaces libres qui auraient pu constituer un abri, même pour un assez gros animal. Pascal entra à quatre pattes dans deux d'entre eux, mais ils étaient vides. Nous poursuivîmes donc notre route jusqu'au *yersin*, tout au fond de la vallée.

Il était alors seize heures, et il faisait une chaleur exceptionnelle pour une fin d'après-midi. Comme des nuages dérivaient au-dessus des montagnes, venant de l'ouest, Pasang prédit un changement de temps. Nous retournâmes à Pangpoche et décidâmes de partir pour Shyanjo le lendemain matin. Ce soir-là, la BBC annonça que le déficit du commerce extérieur des États-Unis avait atteint dix-sept milliards de dollars, provoquant une nouvelle réaction pessimiste à Wall Street et une nouvelle chute du dollar. Il n'existe pas de terme pour désigner un *milliard* en sherpa-ka. Les Sherpas ne vont pas aussi loin quand ils comptent.

13

Shanjo

J'ignore ce que Gyalzen pensa au juste de l'histoire de Pascal au sujet de l'homme dégingandé. Je crois qu'elle nous mit tous mal à l'aise, et Pascal lui-même n'en parla plus.

Le lendemain, nous franchîmes le Chubung (un mot tibétain pour désigner une rivière) de Lobuche en aval de Pheriche, à six kilomètres au nord de Pangpoche, et remontâmes le long de la rive droite de l'Imja jusqu'au village de Dingpoche, au pied du mont Pokalde. La carte Erwin Schneider de Khumbu Himal indique que le versant du Pokalde orienté au sud, au-dessus de Pingpoche, est partiellement boisé, et cela sur la foi des travaux effectués sur le terrain, en 1955, par le cartographe allemand. C'est dans une forêt située au-dessus du village, et où se trouve aujourd'hui un gompa, que Sanga Dorje trouva son premier refuge en fuyant le roi Tshomtomba. Mais les pentes qui dominent Dingpoche sont aujourd'hui arides, les arbres étant depuis longtemps partis en fumée, une fumée qui s'échappe des cheminées des maisons sherpas.

Dingpoche était autrefois le village le plus prospère de Khumbu, mais il amorça son déclin après la disparition des forêts. Abandonné l'hiver, il était à nouveau habité au printemps. Le développement du trekking et les rentrées d'argent qu'il assure ont quelque peu modifié la situation. Ces dernières années, deux gîtes y restent plus ou moins ouverts tout au long de l'hiver, pour répondre à la demande des touristes téméraires qui viennent admirer le versant sud de Lhoste, avec ses veines dorées, auquel est adossé le village.

Quand les glaciers reculèrent, ils laissèrent aux portes de Dingpoche un dépôt de terreau sablonneux, et tous les Sherpas s'accordent pour reconnaître que Dingpoche produit les meilleures pommes de terre de Khumbu. De même qu'un Français est capable de donner l'appellation, et quelquefois le millésime du vin qu'il est en train de boire, beaucoup de Sherpas, en mordant dans une pomme de terre bouillie, sont en mesure de vous dire : « Ah, *alu* de Dingpoche ! », ou : « Très bonne alu de Khumjung ! »

Des nuages arrivaient de l'ouest lorsque nous atteignîmes le village. Il avait fait bien plus doux au cours de la nuit précédente, et nous venions de connaître l'une des journées les plus chaudes. La cour du gîte où nous nous arrêtâmes pour prendre le thé était remplie de bûches fraîchement coupées. Je demandai au propriétaire du gîte où il s'était procuré un bois d'aussi bonne qualité. Dans les forêts faisant face à Pangpoche, répondit-il.

– Ça devrait vous suffire pour l'hiver, fis-je remarquer.

Il confirma, content que je prenne à cœur sa situation.

Nous repartîmes le long de la rive droite de l'Imja, nous dirigeant vers l'est. Avant d'arriver à Bibre, nous quittâmes la piste et traversâmes les quatre « doigts » de l'Imja. Nous aperçûmes une longue ligne d'empreintes de pas qui descendaient dans la neige en direction des huit cabanes de pierre de Shanjo, depuis le plateau voisin de la base d'Ama Dablam. Il devait vraisemblablement s'agir des empreintes qu'un gardien de troupeaux sherpa avait repérées deux semaines plus tôt.

Les empreintes de Shanjo étaient semblables à celles qui se trouvaient sur le mont de cinq mille mètres, au-dessus de Macherma, mais je n'étais toujours pas convaincu qu'elles avaient été laissées par un yéti. Le camp de base nord de l'Ama Dablam jouxtait un lac gelé sur le plateau supérieur, et il avait été occupé jusqu'à la fin du mois d'octobre par une expédition bulgare. D'après la carte, le tracé des empreintes suivait un sentier qui conduisait des pâturages pour yacks du plateau jusqu'à Shanjo. J'en tirai la conclusion que, lorsque le camp bulgare avait été évacué, certains de ses occupants étaient redescendus en suivant cet itinéraire : les empreintes étaient donc les leurs.

Nous nous proposions comme but un abri de pierre appartenant à la sœur de Pasang et dont ce dernier assurait qu'il serait confortable. Après avoir enlevé la neige qui était passée sous la porte et s'était infiltrée à travers les fissures du mur de pierres sèches, nous en fîmes notre cuisine. Nous déchargeâmes les yacks et les laissâmes en liberté.

– Comment peux-tu être certain que Marsan et Tsao ne retourneront pas tranquillement à Pangpoche ? demandai-je à Gyalzen.

– Ah ! mais parce qu'ils savent qu'il y a de la bonne herbe à Shanjo et que je leur en donnerai de grosses rations, répondit-il. Il voulait en fait parler du foin qu'il entreposait dans une maison de pierre proche de la rivière et dont il était propriétaire. Les yacks partirent dans cette direction et attendirent à côté de la maison que Gyalzen trouve le temps de leur donner de quoi dîner. Ils auraient à nouveau la même ration le lendemain matin.

Tandis que nous dressions nos tentes dans un corral voisin de la maison de pierre, des nuages commencèrent à s'amonceler autour de Nuptse et Lhotse. Island Peak lui-même, ce vaisseau blanc à l'extrémité orientale de la vallée, devint invisible. La vallée donnait l'impression d'avoir autrefois servi de champ de bataille aux sept grands glaciers qui convergeaient à son extrémité la plus élevée. Des moraines entassées les unes sur les autres, et dont certaines avaient plus de cinq mille mètres d'altitude, allaient de Shanjo jusqu'à Chhunkhung, formant comme des zébrures sur le sable.

Nous eûmes droit à un somptueux coucher de soleil qui colora de rouge, d'orange et de violet les nuages de l'orage qui se préparait audessus des sommets de Taboche et de Tshola. Aux alentours de dixhuit heures, il faisait nuit. Vers une heure du matin, la neige commença à tomber. Le plafond de nuages était maintenant à moins de six mille mètres. A quatre heures du matin, j'entendis une pierre se détacher de l'un des murs situés au sud de la tente, et je me faufilai dehors pour voir ce qui se passait. Je crus entendre des bruits de pas, et je balayai les berges de la rivière avec Orion, mais sans parvenir à rien déceler dans la neige qui tombait doucement.

Au bout de cinquante-deux jours, le souhait que je formulais d'avoir de la neige fraîche était enfin exaucé. Avant même le lever du jour, j'étais dehors, à la recherche d'empreintes nouvelles. Le plafond de nuages était à moins de cinq mille mètres, et j'avais le sentiment de pouvoir presque le toucher. Plus tard au cours de la matinée, nous montâmes jusqu'au lit caillouteux de ce qui avait été autrefois le glacier Ama Dablam. On aurait cru que les dieux l'avaient saupoudré de gros rochers comme de sel et de poivre. Ils s'entassaient au petit bonheur la chance, avec entre eux des trous béants et des surplombs aussi grands que des cabinets de plain-pied pouvant servir de cachette. Devant un surplomb particulièrement spacieux avec un sol sablonneux, un être astucieux – homme ou animal – avait placé des blocs d'ardoise pour servir de bouclier contre les éléments. Cela me rappela que le terme sherpa pour désigner le yéti était *yeh-tey*. *Tey*, encore une fois, est le terme générique tibétain pour animal, et *yeh* signifie régions rocheuses. Autrement dit, un yéti est un tey vivant dans des régions rocheuses. Nous nous trouvions donc sur son domaine.

Au cours des trois jours suivants, nous constatâmes qu'à l'exception d'un renard et d'une famille de souris sauteuses, les animaux qui avaient laissé des empreintes à foison sur le plateau supérieur pendant les cinquante-deux jours d'intervalle entre les chutes de neige étaient à présent tous partis. Il n'y eut pas de nouvelles empreintes.

Le 16 décembre, nous partîmes nous aussi, laissant du matériel dissimulé sous le foin, dans la maison de pierre de Gyalzen. Nous retournâmes à Pangpoche pour trouver que Mingma Ramu avait attrapé la varicelle. Le lendemain, nous dîmes au revoir à Pascal qui allait passer des vacances en France. Cet après-midi-là, un des voisins de Gyalzen se présenta dans la longue salle de séjour. Il voulait nous raconter une histoire.

Il y a peu de contraintes visibles dans la société sherpa, et pourtant tout semble y fonctionner selon un ordre fortuit. Les seules forces de police de Khumbu sont les policiers népalais envoyés par le roi pour faire respecter ses lois. Autrement, les Sherpas ont vécu des siècles entiers sans police. Ils ont des tabous stricts, et tout ce qui les enfreint, comme par exemple les inter-mariages, le banditisme et l'assassinat (dont la pratique est d'ailleurs absolument inconnue des Sherpas), est sévèrement réprimé, les coupables étant en général chassés du pays. Bien qu'ils ne disposent ni d'avocats, ni de notaires, ni d'actes notariés, ni de cadastre, ni de testaments ou de codicilles, les Sherpas font preuve d'un immense respect pour la propriété privée. De quelle façon gardent-ils trace des titres de propriété foncière ? Voilà qui restera toujours un mystère pour moi. Mais la plupart d'entre eux, comme Gyalzen et Pasang, sont propriétaires de lopins et de parcelles ici ou là : à Taboche, à Mingbo, à Shanjo ou à Bibre.

Notre visiteur possédait quelques abris de pierre sous le col de Konar, ainsi qu'une maison à Deboche, à côté de Tengboche, sur la rive gauche de l'Imja Khola. Plusieurs années durant, il avait remarqué que, tous les mois de janvier, un yéti franchissait le col de Konar depuis la vallée de la Dudh Kosi et passait la nuit dans l'un de ses abris de pierre situés au-dessus de l'Imja Khola et qui étaient inhabités l'hiver : on s'y rendait seulement quand les conditions d'enneigement le permettaient. Après avoir passé une nuit, et peut-être une journée là-bas, le yéti, raconta-t-il, franchissait l'Imja au sud de Pangpoche pour pénétrer, sur l'autre rive, dans un couloir boisé où il se reposait à nouveau avant de traverser la forêt pour se rendre dans les pâturages, au-dessus de Deboche. Il dit n'avoir jamais vu l'animal, mais avoir toujours été en mesure de préciser quand il était passé par les abris de pierre en raison de la forte odeur qu'il y laissait.

Son histoire correspondait bien à ce que l'on sait des habitudes de vie des animaux. L'absence d'empreintes récentes dans les régions élevées autour de Gokyo, Donag ou Shanjo pouvait signifier que le yéti avait abandonné les pâturages en altitude après les premières chutes de neige et s'était dirigé vers les zones boisées où il trouverait suffisamment de nourriture et d'abris pour subsister pendant la saison d'hiver. Nous remerciâmes l'homme pour les informations qu'il nous avait données et décidâmes d'aller faire un tour du côté de l'accès oriental du col, le lendemain.

Ce soir-là, la BBC annonça dans son bulletin de nouvelles qu'Ivan Boesky, l'arbitragiste new-yorkais, avait été condamné à trois ans de prison pour délit d'initié. Boesky avait déjà payé une amende de cent millions de dollars. Cela représentait un sixième du budget annuel du Népal ou encore, si l'on veut, une somme qui aurait suffi à doter la ville de Katmandou d'un système d'égouts, de traitement des ordures et de purification de l'eau et aurait assuré l'électricité à la plupart des régions isolées de la vallée [1].

Quand j'essayai d'expliquer cela à Gyalzen qui n'était jamais allé plus loin que Tingri au nord – c'est-à-dire de l'autre côté du Nangpa La, au Tibet – et plus loin que Britnagar, sur la frontière avec l'Inde, au sud, il fut incapable de prendre la mesure de ces proportions relatives – ou de ces disproportions.

– Combien de yacks ça permettrait d'acheter ? demanda-t-il.

– Plus qu'il n'y en a dans tout Khumbu, répondis-je.

– Combien ? insista-t-il.

Je fis un calcul rapide sur la base de cent vingt dollars pour un yack. « Huit cent trente-trois mille », lui dis-je.

Il était habitué à compter en crores et en lakhs quand les nombres dépassaient cent mille, ce qui n'arrivait pas souvent.

– Il y a autant de gens dans le monde ? demanda-t-il.

Je lui assurai que oui. Il voulut alors savoir ce que représentait un délit d'initié. Je trouvai cela plus stimulant. « Imagine, commençai-je, que le chef de police à Namche soit informé par sa liaison radio avec Katmandou (il n'y a pas de téléphone à Solu-Khumbu) qu'un millier de trekkers ont quitté Jiri pour Namche. Fort de cette information, que personne d'autre ne détient, l'officier de police retire suffisamment d'argent de la banque pour acheter tout le sucre en vente au marché du samedi, sachant que lorsque les trekkers arriveront ils auront besoin de sucre et qu'il pourra le leur vendre quatre ou cinq fois le prix qu'il l'aura payé. »

---

1. Le budget du Népal pour l'année 1988 était de quinze milliards deux cents millions de roupies.

Gyalzen ne vit pas où était le mal. Le fonctionnaire avait simplement fait la preuve de son sens des affaires, même s'il était chargé de veiller au bon déroulement du marché du samedi et de garantir que personne n'y fût escroqué. Au fond, Gyalzen pensait que ce fonctionnaire aurait été idiot de laisser passer une telle occasion.

Le lendemain matin, alors que nous montions vers le col de Konar, je fis une importante découverte. Aux dires de tous ceux qui les ont entendus, les yétis émettent des sifflements aigus. Mais je m'aperçus qu'ils n'étaient pas seuls à posséder ce talent. Les tahrs, eux aussi, savent siffler! Nous en surprîmes tout un troupeau qui descendait le long d'une arête couverte de neige pour boire à un torrent qui coulait plus bas que le col et pour s'ébattre aux alentours. Nous nous accroupîmes derrière des rochers et regardâmes un mâle dévaler la pente en bondissant, à la poursuite d'une femelle récalcitrante, la coincer à côté d'un gros rocher et s'accoupler avec elle. Le troupeau nous avait alors déjà vus. Les jeunes mâles sifflèrent à l'adresse de leurs femelles et de leurs petits et tournèrent les yeux vers le meneur du troupeau, attendant des instructions sur la marche à suivre.

Quand j'entendis le premier sifflement, je n'en crus pas mes oreilles. Il était aigu et semblable à un sifflement humain. Mais il n'y avait manifestement personne d'autre que nous sur ce flanc de montagne. Ce doit être un yéti, me dis-je.

– Qui a sifflé? demandai-je à Gyalzen.

– Jharral, dit-il. Et, comme pour lui donner raison, un autre mâle émit un sifflement bref et strident. Les bêtes du troupeau les plus proches de nous se trouvaient à vingt mètres seulement. Nous les observâmes pendant trois quarts d'heure jusqu'à ce qu'elles retournent vers l'arête, puis continuâmes notre ascension en direction des nuages qui s'accumulaient autour du sommet du col. Nous atteignîmes un créneau au-dessus du col, cherchâmes en vain des empreintes de pas et entreprîmes de redescendre. A notre retour à la maison, nous trouvâmes que Mingma Ramu allait mieux, mais que Tsheden avait mal aux oreilles. Gyalzen la prit aussitôt dans ses bras et la berça jusqu'à l'endormir.

Lors de mon premier séjour chez Gyalzen, Tsheden tétait encore sa mère. Nous étions arrivés après la tombée de la nuit, et la porte d'entrée était déjà verrouillée. Des bougies s'allumèrent, Yangtse descendit ouvrir la porte et Kanche se mit à souffler sur les braises pour faire renaître le feu et pouvoir nous préparer du thé. Kunga Pemba cherchait à se faire complimenter par son père pour avoir été sage – Pasang Tshering était alors à l'école, à Tengboche – et Yangtse courait à gauche et à droite pour aider sa mère, mais Gyalzen n'avait d'yeux que pour Tsheden. Il roucoulait à son intention, l'embrassait et arpentait la pièce en la portant dans ses bras.

Gyalzen considérait Pasang Tshering comme le plus brillant sujet de tout Khumbu. Les économies de la famille servaient à payer ses cours à l'école du monastère où la petite antilope était pensionnaire durant la semaine, aux côtés d'autres thawas novices. Pasang Tshering retournait à la maison pour y passer le week-end. Les frais de scolarité s'élevaient à trois cents roupies par mois (douze dollars), ce qui est beaucoup pour une famille sherpa.

On pouvait, en revanche, s'inscrire gratuitement à l'école du village. Mais le maître d'école était népalais. Le gouvernement avait interdit l'usage du sherpa-ka dans les écoles de Khumbu (les écoles des monastères exceptées), dans le cadre de sa politique destinée à favoriser l'affirmation d'une identité nationale. Ce n'était pas un problème. Les Sherpas avaient accepté la décision de bon gré. Ils ne placent généralement pas l'éducation en tête de leurs priorités. L'importance que Gyalzen accordait à la scolarisation de Pasang Tshering relevait à cet égard de l'exception. Kunga, pour sa part, n'entrerait pas dans le secondaire, et peu importait que le maître d'école de Pangpoche ne disposât que d'une seule salle de classe humide et froide pour enseigner à la trentaine de petits villageois en âge de fréquenter l'école primaire. Et si l'école de Pangpoche faisait l'affaire en ce qui concernait Kunga, Yangtse, future femme au foyer et mère de famille, n'avait nul besoin de poursuivre des études.

Pasang Tshering était en quelque sorte le plan retraite des parents, un investissement en vue de l'avenir, même si la tradition sherpa veut que le benjamin des fils reçoive la maison familiale et, en retour, s'occupe de ses parents une fois ceux-là devenus vieux. Mais à en juger par son attitude, Kunga Pemba se tenait manifestement pour l'égal de son frère aîné dans tous les domaines et, quoique seulement âgé de neuf ou dix ans, voulait bénéficier des mêmes chances que lui.

J'avais déjà eu le temps de deviner que, depuis ma première visite, Gyalzen et Kanche avaient connu des déboires financiers. On ne m'en donna pas les raisons. Je ne pus qu'en constater les conséquences. Parce qu'il avait suivi les cours de l'école du monastère, Gyalzen parlait couramment le tibétain et savait lire le sanskrit tout comme il savait lire et écrire le devnargi, c'est-à-dire la langue du Népal. Kanche n'avait aucun de ces talents car, à Namche Bazar où elle était née, il n'y avait pas d'école quand elle était enfant.

Je me rendais compte à présent que le gîte de Pheriche qui appartenait à Kanche, quand bien même il était situé en bordure de la Piste du Kleenex, représentait une source de revenus assez précaire car il n'était ouvert aux trekkers qu'au plus fort de la haute saison, au printemps et en automne, c'est-à-dire huit semaines tout au plus : il était alors trop heureux de recevoir l'excédent de clientèle des quatre autres gîtes de Pheriche, tous plus grands et mieux équipés. On y payait cinq roupies la nuitée, quatre roupies le thé au lait, peut-être dix roupies le *dal bhat* : des prix très bas, pratiquement des prix de revient s'il fallait prendre en compte les frais généraux représentés pour l'essentiel par le bois à brûler acheté à un marchand de bois, au fond de la vallée.

Je ne savais pas au juste comment Gyalzen gagnait sa vie, maintenant qu'il ne faisait plus d'alpinisme. C'était un bon cuisinier et un sirdar expérimenté – de la « vieille génération », m'avait fait remarquer Bharat Parajuli –, mais les agences de trekking avaient tendance à engager leur personnel à Katmandou, car les Sherpas étaient de plus en plus nombreux à être attirés par la capitale. Gyalzen ne travaillait dans le trekking que de façon épisodique, et même tout à fait épisodique.

Je crois sincèrement que les autres habitants du village ne se doutaient pas des difficultés financières de Gyalzen. Kanche et lui étaient trop fiers et trop soucieux de leur prestige social pour en laisser rien transparaître. Ils ne parlaient de leurs problèmes qu'entre eux, cherchant à les résoudre en famille, en travaillant dur et en faisant preuve de détermination. Mais ils partageaient le peu qu'ils possédaient avec une femme d'une cinquantaine d'années, qui n'avait pas de mari et vivait avec sa fillette âgée d'environ sept ans. Cette femme était dure d'oreille et ne parlait pas souvent ; ses yeux pleins de tristesse exprimaient la souffrance. Ses vieux vêtements étaient mille fois rapiécés, mais elle était soignée, discrète, et elle aidait Kanche dans ses tâches ménagères. Pas beaucoup plus grande que Tsheden, sa fille était jolie comme un cœur avec ses immenses yeux ronds et, comme sa mère, peu bavarde. Elle avait une petite voix mais entendait parfaitement et s'intéressait de près à tout ce qui se passait autour d'elle. Kanche donnait à la mère de vieux vêtements, provoquant sa reconnaissance, et la nourrissait ainsi que sa fille quand elles venaient à la maison.

Tsheden voulait sans cesse être le point de mire de tout le monde. J'imagine qu'elle vivait une transition difficile, ne pouvant plus téter sa mère ni monopoliser l'attention de son papou, en adoration devant Mingma Ramu. Elle imaginait toute sorte de stratagèmes pour concentrer l'attention sur sa personne. Et si ces stratagèmes se révélaient inefficaces, elle bourrait de coups son frère ou sa sœur, sa mère ou son père, ou piquait une crise de colère et se mettait à trépigner. Mais ce soir-là, Tsheden était paisible. Elle avait de la fièvre et son oreille suppurait.

Le samedi 19 décembre fut un jour de repos pour tout le monde sauf pour Kanche. C'était pour elle jour de marché. En pays sherpa, cela ne revient assurément pas à monter dans le break familial et à se rendre au supermarché le plus proche. Elle se leva à quatre heures du matin, alors qu'il faisait encore nuit noire, sella les yacks et les conduisit cinq heures durant jusqu'à Namche, fit ses achats et les ramena (avec un plein chargement), mettant six heures pour remonter le long de la vallée : elle arriva chez elle à dix-neuf heures trente, dans l'obscurité, épuisée. Elle avait acheté de minuscules chaussures pour Tshenden Dolma, une boîte de biscuits salés, une boîte de nouilles Rara, du fromage de yack à deux cents roupies le kilo, un jarret de yack, plusieurs kilos de carottes, de sucre, de riz et de farine, un jerrycan de kérosène, des cacahuètes non décortiquées et des bonbons pour les enfants, une vingtaine d'œufs, quelques douzaines de suntallahs et six bananes. L'ambiance était survoltée. Elle fit une distribution de cacahuètes et de bonbons. Père eut droit à des cacahuètes.

Elle s'était à peine assise par terre devant le feu avec un verre de chang chaud qu'elle dut découvrir un sein et le donner à Mingma Ramu qui avait été un ange toute la journée. Comme on ne trouve pas de petits pots pour bébés sur les étagères des boutiques de Namche, les bébés sherpas sont nourris par un système de bouche à bouche qui complète leur régime lacté quand ils sont en âge de digérer des nourritures tendres. Après avoir mastiqué des bouchées de pommes de terre, de riz, de tsampa ou de n'importe quoi d'autre, la mère crache les petits bouts dans la bouche du bébé. La famille entière se met de la partie, contribuant à nourrir le bébé de cette façon, et c'est ainsi que, tout au long de la journée, Yang tse, Kunga et Pasang Tshering avaient alimenté à tour de rôle Mingma Ramu.

Alors que Kanche était occupée à donner le sein à Mingma Ramu, j'adressai un clin d'œil à Kunga et lui fis signe de venir. Il se glissa vers moi et, furtivement, je vidai ma part de cacahuètes dans ses mains. Son visage s'épanouit en un large sourire et il s'éloigna. Dix minutes plus tard, il était de retour. Il me fit un clin d'œil et me mit dans la main une poignée de cacahuètes non décortiquées. Sans avoir échangé le moindre mot avec lui, je m'en étais fait un ami.

Depuis le pujah, nous n'avions pas beaucoup vu Oncle Pasang, et je sentais que l'atmosphère était tendue. Nous nous préparions à retourner à Shanjo le dimanche 20 décembre, et Gyalzen annonça que Pasang ne nous accompagnerait pas. La femme de Pasang avait exigé qu'il s'occupe des yacks et qu'il fasse provision de bois pour l'hiver. Kanche se disait déçue par Pasang. C'était une personne redoutable : d'une grande générosité comme hôtesse, mais également d'une grande exigence. Elle insista pour que Pasang restitue le vieux sac de couchage de Gérard que je lui avais donné à Donag Tsho pour remplacer son vieux sac de couchage très fatigué parce qu'il avait gelé les nuits précédentes.

J'expliquai à Kanche dans quelles circonstances Oncle Pasang avait pris possession du sac de couchage et pourquoi je ne pensais pas qu'on devait lui demander de le rendre. Elle réfléchit à la question quelques instants, puis rendit son verdict. Il fallait demander (non, ordonner plutôt) à Pasang de rendre le sac de couchage pour la durée de l'« expédition », et il le reprendrait au moment de mon départ. Elle prétendait que nous en aurions besoin si la famille devait m'accompagner à Shanjo.

Oncle Pasang fut mis sur la sellette le dimanche matin, et prié de restituer le sac de couchage. Kanche le sermonna impitoyablement et j'éprouvai de la pitié pour lui. Gyalzen lui remit la somme fixée par Bharat Parajuli. Pasang ne tarda pas à revenir avec le sac de couchage et s'arrangea pour me le remettre en main propre. « Au revoir, Père », dit-il. J'espère qu'il ne s'agissait que d'une brouille passagère car je m'étais attaché à ce Pasang si urbain et sur qui l'on pouvait compter.

Nous décidâmes de retourner à Shanjo le lendemain. Malheureusement, cette seconde visite fut infructueuse. Il n'y avait d'autres empreintes de pas que celles laissées par un renard errant et une famille de souris sauteuses. Nous essayâmes Bibre, à quelque cinq cents mètres de Shanjo, de l'autre côté de la vallée de l'Imja. Le guide de trekking australien Gary Scott avait assuré y avoir vu deux yétis. Au-dessus de Bibre, nous trouvâmes de vieilles empreintes qui donnaient raison à Gary Scott, et une douzaine de faisans impeyan. Depuis le sommet d'une montagne haute de cinq mille quatre cent cinquante mètres, nous fixâmes nos regards sur Kongma La, le col situé derrière Pokalde et qui conduit à l'ouest à Lobuche, et nous vîmes plusieurs séries d'empreintes de pas, dont certaines ne conduisaient nulle part tandis que d'autres se dirigeaient vers le col.

« Des touristes », m'assura Gyalzen. Mais je n'en étais pas si certain. De toute façon, la journée était trop avancée pour que nous puissions les atteindre et, une fois de retour à Shanjo, il nous aurait fallu une autre journée pour monter jusqu'à Kongma La, distant de quatre kilomètres et haut de cinq mille cinq cent trente-cinq mètres. A reconsidérer les choses rétrospectivement, je me dis que j'aurais dû faire l'effort d'aller les examiner, surtout parce que six semaines plus tard, j'allais repérer sur le glacier Khumbu des empreintes en provenance du flanc ouest de Kongma La. Mais, comme il m'était très souvent arrivé de dépenser à pareilles altitudes ce qui me paraissait être d'immenses réserves d'énergie et cela sans résultat aucun, je laissai passer l'occasion.

Gyalzen suggéra que nous tentions de faire Island Peak en deux jours. Island Peak culmine à six mille cent quatre-vingt-neuf mètres d'altitude. Il avait donc une altitude supérieure de mille sept cent vingt mètres à celle de notre campement à Shanjo et se trouvait dix kilomètres plus à l'est, entre les deux glaciers Lhotse et Lhotse Shar qui se rejoignent à sa base sud pour former le glacier Imja, pyramide blanche et compacte dont le sommet est le prolongement du contrefort sud-est du Lhotse Shar.

Le lendemain matin, alors que j'étais allongé dans mon sac de couchage, j'appris par la station de radio Voice of America [1], et cela en même temps que plusieurs millions d'auditeurs du subcontinent indien, l'existence aux États-Unis de la Ho-Ho Academy où l'on enseigne aux vieilles personnes à jouer le rôle de M. et Mme Père Noël. Les enfants peuvent appeler de tous les coins du pays un numéro gratuit et parler à l'un des apprentis comédiens de la Ho-Ho Academy. Ils peuvent alors demander aux prétendus M. et Mme Père Noël ce dont ils ont envie pour Noël. Quelle charmante idée, pensai-je.

Cette chronique radiodiffusée de dix minutes comportait une interview du directeur de l'académie qui souligna le rôle social considérable rempli par son établissement qui non seulement se mettait au service des jeunes Américains mais permettait aussi aux retraités de se rendre utiles. Une petite vieille fut interrogée sur le travail qu'elle accomplissait en tant que Mme Père Noël. Ce fragment de rêve américain était censé fasciner l'Indien moyen, un hindouiste qui se fichait absolument du Père Noël, à supposer même qu'il sût de qui il s'agissait. Ni Gyalzen ni Kanche ne se doutaient de l'existence de M. et Mme Père Noël, encore qu'ils savaient que les touristes occidentaux avaient un grand pujah appelé Noël. J'aurais voulu savoir qui était ce sinistre imbécile qui, de Washington où il avait un salaire dans la tranche supérieure à cinq chiffres, avait eu l'idée de programmer cet aperçu des coutumes tribales américaines

1. La Voix de l'Amérique *(N.d.T.)*.

en vue d'une diffusion en Asie, alors qu'une crise constitutionnelle saignait à mort le Bangladesh, qu'une force expéditionnaire indienne combattait férocement les séparatistes tamouls au Sri Lanka et que la pire tragédie de l'histoire maritime avait fait prendre le deuil aux Philippins dans les jours qui précédaient Noël.

Je ne m'étais encore jamais senti aussi seul en une veille de Noël. Le thème à répétition diffusé depuis Londres et Washington entourait la célébration de la naissance du Christ d'une ambiance commerciale tapageuse et outrée. Mes pensées allaient vers mes enfants. Ils me manquaient plus que je ne m'autorisais à l'admettre. Je priai pour eux, formulant des vœux pour qu'ils soient heureux et en bonne santé, et je priai pour leur mère, souhaitant qu'elle aussi soit plus heureuse qu'au cours des dernières années. Et, pour finir, je me laissai basculer dans le sommeil en écoutant l'orchestre de la BBC jouer la suite de *Casse-Noisette*.

Le matin de Noël, Kanche, qui était arrivée de Pangpoche la veille avec Mingma Ramu, prépara un eggflip avec du raksi chaud et du beurre de yack rance et ne me lâcha que lorsque j'en eus avalé deux tasses. Puis elle me donna du sucre en cristaux qu'elle avait acheté au marché de Namche. « Très bon médicament sherpa », dit-elle, expliquant que si j'en suçais au cours de notre ascension jusqu'au sommet, je cesserais de tousser.

Gyalzen et moi partîmes pour Chhukhung aux environs de dix heures trente du matin. Le temps était superbe : le soleil brillait et il n'y avait pas un souffle de vent. Chhukhung offrait le spectacle d'un paysage dévasté : c'est à partir de ce champ de bataille des glaciers que nous commençâmes la longue escalade de la moraine géante séparant les glaciers Lhotse et Imja. Je continuais à faire des renvois après l'eggflip de Kanche. Il avait formé un nœud dans mon estomac et rendu mes jambes toutes flageolantes. Je m'en plaignis à Gyalzen, lui disant que ce n'était pas sérieux de me faire boire un eggflip rance avant une rude ascension.

– Combien de verres ? demanda-t-il.

Je répondis que j'en avais bu deux.

– Deux, pas bon, me dit-il le plus sérieusement du monde. Si vous en aviez pris cinq verres, vous vous sentiriez fort comme un lion.

Nous parvînmes à notre camp de base vers quinze heures trente. Nous nous trouvions à cinq mille cent mètres d'altitude, et le soleil était sur le point de disparaître. Gyalzen se dépêcha de dresser la tente sur une plate-forme couverte d'herbe et sans neige, alla prendre de l'eau à deux cents mètres de là, à une source, avant que celle-ci gèle pour la durée de la nuit, et fit infuser du thé sur un feu de bouse de yack et de brindilles qu'il avait apportées de Shanjo dans un sac en plastique.

A moins de cent mètres en contrebas se trouvait le camp de base où Rita Ann Scholtens, trente-cinq ans, Graham Sorby, vingt-sept ans, leur sirdar Gopal Tamang et le frère de celui-ci, le cuisinier Suk Man Tamang, furent tués par une avalanche provoquée par l'orage du lundi noir 19 octobre. Ils avaient joué de malchance. L'avalanche s'était déclenchée sur le contrefort au-dessus, pendant leur sommeil. Leurs tentes écrabouillées, quelques vêtements et des éléments de matériel étaient toujours visibles au milieu des gravats. John Scholtens avait construit un autel de pierre où il avait gravé les noms des quatre victimes. Il était triste de voir cela le jour de Noël. Ce lieu avait une connotation de tragédie.

La jonction des glaciers Amphu Labtsa et Imja se faisait juste en face. La toile de fond, à l'est, était un vaste amphithéâtre de glace et de neige aux proportions authentiquement himalayennes et, dissimulé derrière Island Peak, il y avait Chomolungma. Sitôt que le soleil baissa dans le ciel, le mercure plongea à moins trente-cinq degrés centigrades. Gyalzen me servit des nouilles Rara alors que j'étais déjà dans mon sac de couchage. Un sérac se rompit sous le sommet sud d'Island Peak dans un terrible grondement. Nous nous demandâmes s'il n'allait pas passer par-dessus le rebord de la cuvette au-dessus de nous, tomber en cascade et nous balayer. Les glaciers émirent des grognements dans la nuit. Nous ne dormîmes l'un et l'autre que d'un œil.

Gyalzen commença à faire du café à trois heures trente du matin et remplit la bouteille thermos de thé pendant que je m'habillais. Vers cinq heures, nous nous mîmes en route à la lumière de nos lampes frontales. A six heures, j'avais une gelure à un orteil. Il y avait alors assez de lumière pour que nous puissions éteindre nos lampes. A six heures trente-cinq, nous parvînmes au camp I et poursuivîmes notre ascension, nous engageant dans un couloir en pente raide rempli de neige gelée par endroits. Nous sortîmes du couloir pour déboucher sur une corniche rocheuse du camp II et nous nous attaquâmes au rempart principal de la montagne : une crête accidentée dont chaque rocher donnait l'impression d'être branlant. La moitié supérieure de l'arête était revêtue d'ardoise qui s'écaillait, avec un dénivelé abrupt de plusieurs centaines de mètres sur la gauche, mais dont l'ampleur était moindre sur la droite. Nous étions décordés.

A cinq mille sept cents mètres, nous montâmes sur la calotte de neige de la montagne et nous nous arrêtâmes aux premiers rayons du soleil pour prendre un petit déjeuner de thé et de biscuits et fixer nos crampons. Il était huit heures du matin. Nous avançâmes sur le glacier, nous dirigeant vers l'arête menant au sommet à travers les séracs et contournant des crevasses si béantes qu'elles auraient pu engloutir des maisons entières. Nous atteignîmes la base de l'arête une heure plus tard pour nous lancer dans la partie la plus périlleuse de l'escalade : un mur haut de cent quatre-vingts mètres, fait d'un mélange d'ardoise, de glace et de neige en partie fondue.

Nous franchîmes la rimaye sans problèmes et montâmes avec nos mousquetons, décordés, à travers une crevasse tapissée d'ardoise, puis négociâmes une cheminée remplie de glace pour parvenir à un mur de neige qui la surplombait. Soulagement. L'ascension, quoique semi-verticale, devint plus facile. Pour sortir sur l'arête menant au sommet, nous dûmes traverser un périmètre de neige gelée, aussi dure que de la glace. Nous nous encordâmes pour effectuer ce trajet. Une fois sur le col de l'arête, il ne nous restait plus que deux cents mètres, étagés en deux degrés de pente raide, pour parvenir au sommet. Pratiquement tout le temps, à cause d'une corniche qui surplombait la face est, je dus avancer sur le flanc ouest de l'arête neigeuse. Gyalzen était derrière moi. Un faux pas nous aurait envoyés dégringoler le long de la face ouest recouverte de neige du glacier Lhotse, mille mètres plus bas.

Nous parvînmes au sommet à dix heures trente. Il nous avait fallu cinq heures et demie pour négocier une ascension à la verticale de mille cent cinquante mètres. C'était le lendemain de Noël. Le ciel était d'un bleu profond et velouté, la neige vierge et il n'y avait pas un souffle de vent, ni le moindre nuage à l'horizon. Le Lhote Shar paraissait si proche qu'on avait l'impression de pouvoir le toucher, et l'ascension de son arête sud-est jusqu'à un sommet de deux mille deux cents mètres qui nous dominait semblait devoir être, depuis notre position privilégiée, du gâteau.

Nous pouvions distinguer avec netteté, tout en bas, le réseau de vallées juqu'à Namche Bazar. L'Everest était dissimulé à notre vue par le massif Lhotse Nuptse. La température faisait davantage penser à celle de la Côte d'Azur qu'à celle d'un grenier sous le toit du monde. Nous fîmes un repas léger, prîmes quelques photos, jetâmes du riz aux dieux et, conscients que le soleil était en train de faire fondre la neige, entreprîmes de redescendre après une demi-heure de repos.

Gyalzen me laissa plus bas que le camp I afin que je trouve des nouilles chaudes déjà prêtes au camp de base où j'arrivai en trébuchant à quatorze heures quarante-cinq. Durant notre absence, la tente, mystérieusement, avait été déchirée en deux endroits. Ces déchirures étaient-elles dues à un tahr qui avait pris ce dôme brun pour une mousse géante ? Ou bien au yéti [1] ? Je suis certain que Gyalzen les attribua aux âmes en peine des victimes de l'avalanche. Il ne voulait à aucun prix passer une autre nuit à cet endroit alors que, pour ma part, je n'avais d'autre envie que de me glisser dans mon sac de couchage et de m'y abandonner au sommeil.

Il fit nos bagages pendant que je mangeais et que je me reposais. Nous levâmes le camp une heure plus tard et arrivâmes à l'Island Peak Lodge, à Chhukhung, en pleine obscurité, à dix-huit heures trente. Notre journée avait commencé à la lumière de nos lampes frontales, et elle se terminait de la même manière. Nous avions été sur la brèche pendant treize heures, à des altitudes supérieures à celle du mont Blanc. J'étais trop fatigué pour manger, mais je me forçai à avaler deux bols de soupe de lentilles. Gyalzen déroula mon sac de couchage. A part la propriétaire du gîte et ses deux enfants, il n'y avait personne d'autre que nous. Bien que tout frissonnant, je dormis comme une souche.

Gyalzen m'apporta du thé au lit à huit heures trente du matin. Nous rassemblâmes rapidement nos affaires et prîmes le chemin de Shanjo où Kanche, Pasang Tshering et Mingma Ramu nous attendaient. Nous nous assîmes au soleil, mangeâmes de la tsampa, bûmes du thé et nous livrâmes à toute sorte de plaisanteries sur l'eggflip au raksi. Nous décidâmes de partir pour Pangpoche sans traîner.

---

1. Quelques semaines plus tard, nous en vînmes à la conclusion que les déchirures avaient été faites par des craves à bec jaune cherchant à atteindre la nourriture que nous avions laissée à l'intérieur de la tente.

14

La bénédiction

Kanche pénétra dans le lhang à sept heures du matin avec une tasse de chang chaud. En me la tendant, elle annonça que tout le monde devait faire une toilette à l'éponge ce matin-là et revêtir ses plus beaux habits. Nous étions invités à déjeuner chez le lama du village.

Nous apportâmes notre déjeuner avec nous. Gyalzen me donna également une *khata*, l'écharpe blanche symbolisant la paix et l'amitié, avec à l'intérieur un billet plié de cinquante roupies, que je devais offrir au lama de haut rang en visite dans le village. Gyalzen expliqua que c'était un professeur réputé de Tengboche qui était arrivé avec ses thawas pour donner deux mois de cours à Pangpoche. Les thawas faisaient ainsi un voyage d'étude, se renseignant sur la vie et le message spirituel de Sanga Dorje sur les lieux mêmes où le lama vénéré avait médité et accompli la plupart de ses miracles. Portant le traditionnel chuba noir, Gyalzen avait à la main un petit sac de riz et un autre de millet.

La maison se trouvait à une cinquantaine de mètres du gompa, tout en haut du village. Elle ressemblait à une banale maison sherpa, avec les écuries au rez-de-chaussée et, à l'étage, la salle de séjour tout en longueur ainsi que la cuisine. L'un des étudiants était occupé à faire la cuisine et un petit mongolien était recroquevillé dans un panier, près de la fenêtre. Une pièce indépendante avait été construite à l'extrémité de la cuisine, au-delà de la terrasse, pour le lama venu enseigner.

Nous déjeunâmes avec le thawa dans la salle de séjour, le lama du village étant absent. Quant à l'éminent professeur, il ne quitta pas la pièce qui lui était réservée. Gyalzen voulait bénéficier de la bénédiction du lama de haut rang, et ce dernier était apparemment d'accord pour l'accorder avant de reprendre ses cours de l'après-midi. Pour ne pas être en retard, Gyalzen mangea à toute vitesse la montagne de dal bhat que Kanche lui avait servi à la louche. Je restai seul en compagnie du thawa en apprentissage et de l'enfant attardé pour terminer ma grosse ration de salade de chou cru à demi fermenté.

Au bout de dix minutes, Kanche vint me chercher. Le lama de haut rang voulait que j'assiste à la bénédiction rituelle. J'apportai la khata avec moi et la posai à côté de lui. Il me remercia et me fit signe de m'asseoir sur un canapé, à sa droite. Gyalzen était assis par terre, en tailleur, juste en face du lama. Ses cinq enfants ainsi que Kanche avaient pris place derrière lui.

Sur une table, à la gauche du lama, se trouvaient les composantes de la Vie Éternelle et un vajra, ou dorje, figurant la puissance de l'éclair. Il y avait là aussi une penne de paon dans un encrier, une cloche avec un dorje en guise de poignée, un vase d'eau bénite teintée de safran, une saucière contenant une substance à saveur sucrée évoquant la moutarde, un petit tambour, une coupe de cerises enrobées de chocolat qui représentaient des pilules de vie, une couronne sculptée avec une tête de cheval et un socle en forme de sabot, et enfin une baguette entourée d'une gaze aux couleurs du cosmos.

Le lama de haut rang avait une très forte sinusite. Il portait des robes superposées orange et pourpre. Assis en tailleur sur son canapé, devant une table chinoise laquée, il donnait une impression de grande cordialité. Il reprit le cours de la cérémonie, aspergeant d'eau bénite les offrandes de riz et de millet dont Gyalzen avait rempli deux coupes qu'il avait placées sur la table chinoise. Il récita des tantras, psalmodiant de façon soutenue et invoquant Tamdin, roi des démons protecteurs. Puis il me fit signe de lui présenter ma main en coupe et il y fit tomber par le moyen de la plume de paon un peu d'eau bénite qu'il me demanda de boire. Les autres en avaient déjà reçu avant que je ne fusse admis à suivre la cérémonie, et cette eau avait pour principale vertu, ainsi que Gyalzen devait me l'expliquer par la suite, d'éviter les rechutes aux personnes ayant eu à souffrir d'une maladie.

Le père et la mère de Gyalzen arrivèrent avec leur propre sac de riz, accompagnés de deux amies dont l'une avait une petite coupe où, à sa propre mesure d'eau bénite et de pilules de vie, s'ajoutait une mesure supplémentaire apportée au nom d'une parente clouée au lit et qui allait recevoir la bénédiction par procuration. L'éminent lama s'arrêtait de temps à autre pour se moucher dans une serviette. Gyalzen fut béni à trois reprises, et le reste d'entre nous une seule fois. Nous eûmes droit chacun à une cerise au chocolat, un peu d'eau colorée au safran, un brin de ceci et une pointe de cela. Quand la cérémonie fut terminée, on nous engagea à nous avancer à tour de rôle pour recevoir une ficelle rouge dont le lama nous entoura le cou.

Il y eut ensuite une petite pause mise à profit pour nettoyer la pièce et ouvrir les fenêtres donnant sur la terrasse, après quoi une quinzaine de thawas âgés de vingt à vingt-cinq ans se présentèrent pour leur cours de l'après-midi. Ils faisaient des plaisanteries et se taquinaient mutuellement. Deux d'entres eux avaient des baladeurs et la plupart des autres des montres assez impressionnantes au poignet. La lecture des textes sacrés qu'ils devaient apprendre ce jour-là se prolongea près de trois heures. Pendant cette récitation, Gyalzen, ses parents, Kanche et moi restâmes sur la terrasse, au milieu de minuscules pommes de terre et de grains de blé mis à sécher sur des nattes. Plusieurs parmi les étudiants furent gagnés par le sommeil sous le chaud soleil de l'après-midi.

Cependant que le lama faisait la lecture à ses étudiants, le dollar dérapa à nouveau après une amélioration qui avait duré trois semaines, et cela en dépit des interventions concertées des banques centrales des pays d'Europe et du Japon. Le cours de l'or bondit à Zurich jusqu'à quatre cent quatre-vingt-dix dollars l'once. Dans des marchés financiers pris de peur, le prix des actions plongea. Les détaillants américains firent état de leur déception devant le chiffre d'affaires qu'ils avaient réalisé au cours des fêtes de Noël, en hausse de trois pour cent seulement par rapport à celui de l'année précédente, ce qui était inférieur au taux d'inflation. Un ralentissement de la consommation était prévu pour 1988.

Un vent violent se leva puis retomba au cours de la nuit, laissant une couche de sable sur toutes choses. Le mardi 29 décembre fut consacré à la fabrication du raksi. D'avoir goûté à la production nouvelle contribua à provoquer ce soir-là un sentiment général d'euphorie. Un petit mot nous parvint où Bijaya Kattel annonçait qu'il était de retour à Phortse et qu'il espérait nous y voir.

15

Le marché du samedi

« Père a petit mal de tête ? » demanda Gyalzen en pénétrant dans le lhang avec ce qui, je l'espérais, serait une tasse de thé. Je reconnus que j'avais un léger mal de tête. « Alors, petit raksi », dit-il en me tendant un verre tout chaud du puissant breuvage de Kanche. « Meilleur médicament », m'assura-t-il.

Par terre, au centre de la longue pièce de séjour, il y avait une montagne de pommes de terre râpées la veille au soir et qui attendaient encore d'être distillées. Kanche préparait une réserve de breuvages forts en prévision de Lohsar, le Nouvel An sherpa, qui aurait lieu trois semaines plus tard. J'avais décidé d'aller rendre visite à Bijaya Kattel, à Phortse. J'assurai à Gyalzen, qui avait du travail chez lui, que j'étais parfaitement en mesure de faire le trajet tout seul.

Nous avions prévu que nos prochaines sorties nous conduiraient à Konar et à Macherma mais, avant de nous mettre en route, il nous restait quelques achats à effectuer à Namche. Gyalzen fut d'accord pour me retrouver le lendemain à Phortse, afin que nous puissions aller ensuite ensemble à Namche pour le marché du samedi. En arrivant à Phortse, je trouvai la porte de Bijaya cadenassée. Le voisin me dit qu'il était parti pour Tengboche ce matin-là, accompagné de son fils et de son neveu. Ne voyant pas l'utilité de retourner à Pangpoche, je pris le sentier en contrebas du pont, franchit l'Imja et remontai le long de l'arête menant à Tengboche où j'arrivai juste après seize heures. Je rencontrai Pemba, le gérant du Thyanboche Lodge, qui me dit que Bijaya était reçu par l'abbé.

Pemba, un garçon chaleureux – que je soupçonnais d'être un informateur de la police –, alla jusqu'au domicile privé de l'abbé pour demander à quel moment l'audience prendrait fin. Il revint me dire que l'abbé m'invitait à y assister.

Il faisait maintenant nuit et la pièce où ce dernier recevait était éclairée par une lampe à kérosène. L'abbé était assis, revêtu de ses robes, l'air très détendu mais en même temps impénétrable, sur un canapé au fond d'une pièce qui n'avait pas plus de trois mètres et demi de large. Il y avait devant lui une table rouge laquée sur laquelle était posée une tasse de thé à couvercle d'argent et le mur, derrière lui, était orné de trois peintures tibétaines sur rouleau.

L'abbé Jangpo me pria de prendre place auprès de Bijaya qui lui expliqua en népalais que j'étais à la recherche du yéti. Les yeux de l'abbé brillèrent à l'annonce de cette nouvelle dont, en fait, il était déjà au courant. Il dit à Bijaya en népalais, car il ne parlait que quelques mots d'anglais mais écoutait tous les soirs l'émission en hindi de la BBC, qu'il n'avait jamais vu un yéti. Il se souvenait toutefois que, petit garçon, tôt un matin d'hiver, alors que tout le monde dormait, on lui avait montré les empreintes de pas d'un yéti qui avait fait le tour du monastère en marchant en sens inverse des aiguilles d'une montre, alors que tout bouddhiste pieux se doit de faire le tour des lieux religieux dans l'autre sens.

La région de Tengboche était réputée être fréquentée par les yétis, mais on n'en avait vu aucun autour du monastère depuis plus de trente-cinq ans. La dernière fois, en fait, c'était pendant l'hiver de 1951, quand un yéti était descendu le long de l'arête de Kangtaiga. L'abbé Jangpo faisait alors ses études au Tibet, mais on l'avait mis au courant de l'incident. Le même yéti avait été aperçu trois ans plus tôt exactement au même endroit sur l'arête. Les deux fois, les moines avaient sorti leurs instruments de musique et fait une telle cacaphonie avec leurs trompettes, leurs tambours, leurs cymbales et leurs conques que le yéti avait trouvé refuge dans les taillis de rhododendrons.

Charles Stoner, un des membres de l'expédition de 1954 du *Daily Mail*, s'était entretenu avec l'abbé Nawang, intendant de l'abbé Jangpo à l'époque, de l'existence du yéti et avait rapporté cette conversation dans un livre, *The Sherpa and the Snowman* [1] (Hollis & Carter, Londres, 1955).

« A la question de savoir s'il existait plus d'une sorte [de yéti], l'abbé Nawang répondit qu'il connaissait assez bien le grand chuti. Il avait à plusieurs reprises vu des chutis alors qu'il parcourait le Tibet, mais ne pensait pas qu'on pouvait en trouver en pays sherpa. Le chuti était très semblable à l'ours noir de la région de Solu, située plus bas, à cela près qu'il était plus grand et couvert d'une toison roussâtre. Il représentait un fléau pour le bétail, et un danger pour

1. *Le Sherpa et l'Abominable Homme des Neiges (N.d.T.).*

l'homme. Mieux valait ne pas s'approcher si l'on venait à en rencontrer un.

« Le mitey, qui est beaucoup plus petit..., est l'espèce qu'on peut voir en pays sherpa. Il marche debout et a l'habitude, quand il se déplace, de prendre le chemin le plus court et le plus direct. Nawang lui-même avait eu par deux fois l'occasion d'en voir un. La seconde fois, c'était il y a trois ans : le mitey avait surgi par temps froid et neigeux, et les moines l'avaient regardé se diriger d'un pas lourd vers le monastère. Il s'était arrêté pour s'asseoir sur un rocher et se gratter et il ne faisait pas de doute qu'il les observait. Ils eurent si peur qu'ils se mirent tous ensemble à souffler dans des conques et à frapper sur des tambours pour lui faire prendre la fuite. Il quitta alors d'un bond son rocher et disparut... »

L'abbé Jangpo connaissait toutes les histoires de yéti depuis sa plus tendre enfance. Pour se préparer à devenir moine, il avait suivi les cours du monastère de Trashilumpo, dans la deuxième ville du Shigatse. Par les froides soirées d'hiver, dans la salle des prières, les moines l'enveloppaient dans une peau d'un brun-jaune foncé dont il se souvenait qu'elle était très chaude. Ces mêmes moines lui avaient précisé qu'il s'agissait d'une peau de yéti. Trashilumpo, qui signifie « mille fois béni », fut le quartier général de l'abbé Panchen jusqu'à sa destruction par les Chinois après le soulèvement tibétain de 1959.

L'abbé Jangpo dit aussi qu'il était question du yéti dans des textes médicaux tibétains. Je demandai lesquels. Il répondit qu'il n'avait jamais vu les textes en question mais que ses maîtres lui en avaient parlé.

Bijaya mentionna les diverses reliques de yéti conservées dans la région de Khumbu, et notamment le squelette d'une main de yéti qu'on peut voir à Pangpoche. L'abbé Jangpo dit qu'il doutait que ce fût une authentique main de yéti, mais qu'elle appartenait probablement à un bandit et avait été tranchée pour le punir de ses méfaits, ce qui était autrefois le châtiment des voleurs. Il pensait que certaines personnes attribuaient peut-être un pouvoir surnaturel à cette main, espérant qu'elle les rendrait riches.

Il enchaîna sur une histoire macabre survenue bien des années plus tôt, après que deux gardiens de troupeaux, pris au piège dans des abris rocheux, eurent péri au cours d'un incendie de forêt dans la vallée de Kharikhola. Il raconta qu'un Américain plein d'initiative était par hasard dans le secteur à ce moment-là et qu'il trouva sur son chemin leurs restes calcinés. Il sectionna l'une des mains des gardiens de troupeaux morts, la chair brûlée s'en étant détachée, puis visita le gompa de Pangpoche pour voir comment le squelette de la main y était présenté, copia à l'identique la boîte tapissée de satin et y plaça son « trésor ». Il emporta le paquet à Tengboche, convaincu d'y trouver un acheteur intéressé car il savait le monastère pauvre en reliques de yéti.

L'abbé Jangpo ajouta toutefois qu'il connaissait avec précision l'épilogue de l'histoire car il avait reçu un rapport détaillé sur les faits et gestes de l'Américain établi par des gens qui l'avaient suivi depuis Kharikhola. Il raconta qu'on l'avait envoyé promener, poliment bien sûr, et qu'il n'avait jamais entendu dire que cet aventurier aux goûts morbides avait trouvé acheteur pour sa relique de « yéti ».

Pendant que Bijaya dînait avec l'abbé qui avait des affaires à discuter avec lui, je me rendis au Gompa Lodge où je rencontrai Andy Teare, un vétérinaire de zoo qui travaillait pour la Smithsonian Institution. Andy était venu à Khumba pour voir si Bijaya avait avancé dans ses recherches sur le cerf musqué, mais il repartait le lendemain pour Washington. Nous nous livrâmes à des conjectures sur le yéti pendant un moment, puis allâmes nous coucher dans le dortoir du gîte qui était plein de trekkers japonais.

Assez incroyablement, l'année se terminait et le lendemain matin, jeudi 31 décembre, un groupe hétéroclite attendait au soleil, sur le terrain communal de Tengboche, le début des festivités. Pour Bijaya, il n'y aurait pas de fête. Son neveu était revenu avec le mal des montagnes et il avait fallu l'évacuer, tout vomissant, sur Lukla. Nous convînmes de nous revoir à Phortse la semaine suivante.

Parmi ceux qui se préparaient à célébrer le Nouvel An du calendrier julien, il y avait Todd Hoffman, un promoteur immobilier de Hartford, Connecticut. Hoffman, trente-trois ans, avait vendu l'année précédente son magasin de concessionnaire des voitures Porsche et avait maintenant la bougeotte. Avant de quitter les États-Unis pour un voyage de fin d'année à Katmandou il avait, me raconta-t-il, vendu pour plus d'un million de dollars de titres, pour se mettre à l'abri de nouveaux caprices de la Bourse pendant son absence. Une Japonaise, qui avait fait de l'alpinisme à Chamonix avec son mari, s'approcha nonchalamment pour nous parler. La lumière du soleil était splendide, la vue sur Nuptse, Lhotse et l'Everest, au-delà de Pangpoche, plus spectaculaire que jamais et tout ce qui se manigançait devant le monastère était distrayant en permanence.

Une équipe d'alpinistes de l'armée népalaise qui préparait pour 1988 une expédition tripartite sur l'Everest remonta lentement l'arête depuis Deboche, accompagnée par Gillian, une groupie de vingt-six ans qui venait de l'Illinois et dont les pantalons faisaient des poches aux genoux. Gillian avait renoncé à son emploi de vendeuse dans une chaîne de grands magasins américains pour parcourir seule l'Asie. Elle avait déjà traversé la Chine, avait suivi la route de la soie jusqu'au Pakistan sans avoir été exagérément importunée, et elle envisageait à présent d'inscrire l'Himalaya à son programme. Elle était calme, perspicace, et se révéla d'excellente compagnie.

L'équipe de l'armée était conduite par un certain colonel Gurung, du genre armoire à glace, qui avait une grosse canne. Elle comprenait un médecin chauve, un chef de bataillon assez maigre et un lieutenant jovial, un ou deux subalternes et plusieurs officiers de service. Il y avait également Steve, un trekker canadien qui s'était joint au groupe de l'armée à Lobuche. Il ne manquait que Gyalzen. Je supposai qu'à Phortse on lui dirait que j'étais allé à Tengboche et qu'il finirait par se pointer. En attendant, je me délassai au soleil, regardant les festivités prendre tournure.

Le colonel était au centre de tous les regards. On fit cercle autour de lui. J'avais depuis quelque temps une insatiable fringale de biscuits à la noix de coco et ceux que produisait la Biscuiterie népalaise étaient d'excellente qualité. Par bonheur, la boutique pour trekkers du Gompa Lodge en avait tout un stock. J'échangeai l'un de mes biscuits à la noix de coco contre un autre au glucose destiné à la consommation de l'armée népalaise, et une conversation s'engagea. Nous bavardâmes un moment puis j'eus l'intuition, à partir des propos que nous venions d'échanger, que j'étais en train de parler à l'ancien attaché militaire népalais à Londres.

– Je crois que nous avons un ami commun, lui dis-je.

– Qui donc ? demanda-t-il. Il paraissait sceptique.

– Nick Claxton, répondis-je. Nick est un producteur de télévision britannique qui a remporté un Emmy [1] pour son documentaire sur la famine en Éthiopie intitulé *Cry, Ethiopia, Cry* [2] et qui avait mis en branle le mouvement Band Aid. Le colonel me fixa longuement.

– Mais vous êtes Hutch ! finit-il par s'exclamer. Que faites-vous donc ici ?

– Je suis à la recherche du yéti, répondis-je.

– C'est drôle. Hemanta m'a appelé avant mon départ de Katmandou pour me dire que le Conseil du roi Mahendra projetait d'organiser une expédition pour trouver le yéti. Il voudrait que j'en prenne la direction. Nous avons eu une réunion à son bureau.

– Vraiment ? fis-je.

1. Récompense décernée aux producteurs et réalisateurs de télévision, équivalant à l'oscar dans le domaine du cinéma (*N.d.T.*).
2. *Pleure, Éthiopie, pleure* (*N.d.T.*).

– Oui, le prince est enthousiasmé par cette idée, ajouta-t-il.

Le colonel C.B. Gurung est marié à celle que certains considèrent comme la plus belle femme du Népal et qui est elle-même productrice et présentatrice de documentaires sur l'environnement. C.B. était le commandant de l'école militaire d'entraînement de Kesang, près de Jomoson. Il avait été l'élève de l'Académie militaire indienne de Dehra Dun, proche du Collège indien de foresterie où Hemanta Mishra avait fait ses études, et les deux hommes étaient devenus non seulement amis mais aussi la double terreur de la société de Katmandou au cours des années soixante-dix. C.B. Gurung faisait environ deux mètres et il domina de très haut Gyalzen quand le pontife de Pangpoche arriva enfin de Phortse en début d'après-midi.

Alors que nous devisions sur le terrain communal, un hélicoptère Puma blanc de l'Aviation royale se posa derrière le troisième gîte, au milieu de nuages de poussière. Il transportait une équipe de télévision de quatre personnes conduite par un Autrichien, Kurt Diemburger, qui portait un costume rouge humide. Diemburger avait gravi l'Everest en 1978, à cinquante-cinq ans, et le Karakurum en 1986. Il faisait partie des sept alpinistes surpris par une tempête d'une semaine à huit mille mètres d'altitude, alors qu'ils descendaient du sommet pakistanais. Seuls deux d'entre eux avaient survécu.

Le noyau du groupe était à présent complet. Gyalzen, je le sentais bien, était accablé par cet aréopage de célébrités. Nous rentrâmes donc au Gompa Lodge boire une verre de chang avec Thawa Nang Wasser, l'honorable gardien du gîte. Une heure plus tard, le lieutenant jovial nous débusqua et nous dit que le colonel nous invitait à la réception qu'il donnait ce soir-là pour le Nouvel An. Je me tournai vers Gyalzen. Je savais qu'il avait des affaires importantes à régler à la banque, à Namche, le lendemain matin. La banque fermait ses portes à midi en raison du week-end népalais, et Gyalzen était résolu à se trouver sur place bien avant. Il me regarda et dit : « Père, nous allons à Phunki. » A contrecœur, je dus répondre au lieutenant que nous n'allions pas tarder à nous mettre en route, mais je comptais bien les rencontrer au marché, à Namche.

Bordée par une série de moulins à prières fonctionnant à l'énergie hydraulique, la gargote à thé de Phunki appartient à un couple d'amis de Gyalzen, Nang Lobsang et sa femme. Un petit dortoir lui est attenant. Nang Lobsang et Gyalzen avaient suivi les mêmes cours pour devenir thawas et j'imagine qu'ils faisaient une bonne paire de farceurs. La femme de Nang Lobsang est connue pour produire le meilleur chang et le meilleur raksi de tout Khumbu, et je peux attester qu'elle n'a pas volé cette réputation. Mais, parce que ses brassages sont très demandés par la clientèle locale, le couple n'offre pas souvent ces alcools-maison aux touristes qui ne sauraient pas les apprécier à leur juste valeur. Gyalzen était impatient de goûter au dernier tonneau de chang, et l'on m'invita à lui tenir compagnie. Alors que nous sirotions le contenu de nos verres, Nang Lobsang s'approcha et me demanda de lui prêter la paire de jumelles que je portais au cou. Il alla jusqu'à la porte et les braqua sur la montagne d'en face, qui fait partie de Kangtaiga. Il passa un moment interminable à scruter la partie supérieure de la montagne. Je me demandai ce qu'il pouvait bien être en train de chercher. Il finit par revenir vers nous, et annoncer en secouant la tête : « Le yéti endormi. »

Avant le dîner, un Japonais originaire d'Osaka, son guide et un porteur se joignirent à nous. Après le repas, nous partageâmes un pichet de raksi et un paquet de biscuits à la noix de coco, puis allâmes nous coucher. En écoutant la BBC, j'appris que l'indice Dow Jones avait terminé l'année à 1 939 points, en hausse de 2,25 pour cent sur l'année entière. Le taux d'inflation aux États-Unis pour 1987 avait été de 4,5 pour cent. Les investisseurs qui n'avaient pas fait mieux que le Dow Jones y étaient donc de leur poche. Le dollar terminait à son plus bas niveau depuis quarante ans contre le yen, la livre sterling, le deutsche Mark et le franc suisse.

Quand je me réveillai, le Jour de l'An, il y avait une fouine sur la couchette, à côté de moi. Elle s'était servie, durant la nuit, à une cuisse de mouton séchée à la tibétaine, que Nang Lobsang conservait dans une boîte, à côté de la porte. La fouine paraissait assez contente d'elle-même et le fait que je voulais sortir de mon sac de couchage ne la préoccupait pas outre mesure. Gyalzen montra à Nang Lobsang la cuisse de mouton rognée et le propriétaire de la gargote à thé prit très mal la chose. Au moment où nous lui dîmes au revoir, il préparait sa vengeance. Todd Hoffman, qui était déjà sur le chemin de Lukla, nous rejoignit sur la piste conduisant à Namche. Todd devait reprendre l'avion pour Hartford afin de pouvoir réinvestir son capital, maintenant que la Bourse était en reprise. Il dit que nous avions manqué une « soirée du tonnerre ».

A Namche, nous prîmes logement au Tramserku Lodge et je m'y offris ma première douche chaude depuis deux mois pendant que Gyalzen réglait ses affaires à la banque. Cela occupa le reste de sa matinée. Les locaux de la banque se trouvaient dans une maison de deux étages, tout au bout du chemin transversal est-ouest. J'attendis au soleil, en contrebas de Thawa Lodge, qu'il ait fini.

– Pourquoi être resté tout ce temps ? demandai-je quand, me

voyant assis sur un rocher, au bord du chemin, il vint vers moi. Il avait l'air extrêmement satisfait.

Il proposa que nous allions boire un verre de chang au Kalapattar Lodge.

Dans le gîte, à l'étage d'où l'on avait vue sur le terrain communal de Namche avec son stupa-à-l'œil-qui-voit et son mur de pierres votives, il s'ouvrit à moi de ses tribulations financières. Il me raconta qu'après mon départ, le printemps précédent, il avait connu des moments très difficiles, sans trouver souvent à s'employer. J'avais entre-temps deviné que c'était pour cause de gêne financière que Pasang Tshering avait été retiré de l'école du monastère. Depuis, le jeune cerf, trop grand pour fréquenter l'école primaire du village et opposé à l'idée de s'inscrire à l'école secondaire de Khumjung qui, selon lui, n'était pas de son niveau, était resté chez lui, à aider ses parents.

Gyalzen avait trop de fierté pour m'avouer tout cela. Lorsque, quelques semaines plus tôt, j'avais demandé pourquoi Pasang Tshering ne fréquentait plus l'école du monastère, il m'avait astucieusement répondu qu'il y avait au monastère quelqu'un qui était un peu *go*, c'est-à-dire fou, qui avait pris Pasang Tshering en grippe et lui jouait de mauvais tours, déchirant par exemple son sac de couchage ou faisant des trous dans sa doudoune. Lui-même et Kanche avaient en conséquence décidé de le retirer de l'école et de le ramener à la maison.

Pour subsister tout au long de l'hiver, Gyalzen avait emprunté à la banque six mille roupies (deux cent quarante dollars), lui remettant en nantissement une tresse ainsi qu'une bague en or appartenant à Kanche. Le taux des intérêts était de dix-huit pour cent. Avec l'argent que je lui avais donné, il avait été en mesure de rembourser l'emprunt. Il avait été retardé, m'expliqua-t-il, parce que le directeur de la banque n'arrivait pas à mettre la main sur le gardien armé d'un gros fusil de chasse qui détenait les clés de la chambre forte. Gyalzen sortit de son ballot un paquet et l'ouvrit pour me montrer les bijoux en or joliment ouvragés.

« Ça vient du Tibet, dit-il. C'est très vieux. Kanche va être contente. » J'aurais juré qu'il y avait des larmes dans ses yeux et, afin de ne pas l'embarrasser, je baissai les miens, fixant mon regard sur la tresse en or.

Cet après-midi-là, je suggérai une visite au Thawa Lodge, espérant montrer à Gyalzen le pied momifié du yéti qui appartenait au propriétaire du gîte et qu'il n'avait pas encore eu l'occasion de voir. Le propriétaire en question, Tenzing Tsherping, avait lui aussi été l'un des condisciples de Gyalzen à l'école du monastère. J'avais vu le pied pour la première fois en mars 1986, lorsque j'étais passé par Namche avec le beau-frère de Gyalzen, Lobsang Tshering, originaire de Bodnath.

L'histoire de ce pied est intéressante. Tenzing Tsherpin m'avait raconté qu'il s'était fâché quand les membres de l'expédition Hillary de 1960 avaient déclaré que le yéti n'existait pas. Parce que le yéti est le gardien des demeures secrètes des dieux, Tenzing savait qu'il devait obligatoirement exister, bien qu'il n'eût de cela aucune preuve. Quelques années plus tard, un négociant tibétain s'était présenté à Namche avec ce pied, enveloppé dans de la gaze. Cela se passait après que les pires sacrilèges eurent été commis par les soldats chinois qui, dans un déchaînement de violence faisant suite au soulèvement de 1959, avaient détruit des milliers de monastères, de gompas et autres édifices religieux tibétains. Le négociant assura qu'il s'agissait d'un pied de yéti qu'il avait pris dans un de ces monastères saccagés.

Tenzing Tsherpin acheta le pied au Tibétain et le garda, sans en parler à personne, dans un tiroir, sous la chaire qui se trouvait dans sa chapelle privée. A présent, disait-il, il détenait la preuve que le yéti existait.

Il nous emmena dans la vieille maison, derrière le gîte, et nous montâmes une volée de marches conduisant à la longue salle de séjour inutilisée. La maison était beaucoup plus vaste que celle de Gyalzen, avec une aile indépendante pour abriter le lhang, illuminé par deux grandes fenêtres. D'importantes sommes d'argent avaient été consacrées à la décoration du lhang par des peintures murales raffinées représentant des sujets religieux. Leur exécution était brillante et elles étaient entretenues avec amour. Nul doute que Tenzing Tsherpin avait une grosse fortune.

D'un tiroir qui se trouvait sous la chaire, à gauche de l'autel, il sortit un objet enveloppé dans de la gaze. Il le posa sur une table, auprès d'une des fenêtres, défit la gaze et exhiba le pied momifié. Comme lors de ma précédente visite, il ne m'autorisa pas à le photographier. Il assura que Gyalzen, Lobsang Tshering et moi-même étions les seules personnes extérieures à sa famille à être au courant de l'existence du pied et qu'il n'avait consenti à nous le montrer que parce que sa femme, la femme de Gyalzen et la femme de Lobsang Tshering étaient cousines. En outre, ajouta-t-il, Lobsang Tshering, qu'il soit béni des dieux, m'avait présenté comme un grand spécialiste des pouvoirs mystiques.

Il s'agissait d'un pied gauche faisant dix-huit centimètres et demi de long (sans le talon) et neuf centimètres de large, avec cinq orteils de taille plus ou moins égale, pratiquement séparés, et un important cou-de-pied. A partir de ce qu'on pouvait normalement considérer comme le gros orteil, et qui était à peine plus développé que les autres, faisait saillie un ongle d'orteil recourbé et long de 5,3 centimètres. Sa couleur se situait entre le noir jaunâtre et le gris brunâtre. Les deux orteils qui suivaient avaient eux aussi des ongles qui étaient fendus à proximité de la peau. Les deux derniers orteils présentaient des trous à l'emplacement des ongles disparus. Le pied était recouvert d'une peau épaisse grisâtre avec, par endroits, des restes de poils brun-roux.

Andy Teare m'avait suggéré d'essayer d'emprunter le pied et de le faire radiographier à l'hôpital de Kunde, au-dessus de Namche. Mais Tenzing Tsherpin répondit que c'était hors de question, et il n'accepta pas davantage que je le montre à Bijaya Kattel. Il acceptait, en revanche, de me le céder pour cinq mille dollars : autrement, j'en étais réduit à le contempler pendant encore quelques minutes, et les choses en resteraient là.

On trouve des références à un certain *mi-go* dans la littérature tibétaine, ainsi que des témoignages de personnes qui en auraient vu. Le *mi-go* est quelquefois confondu avec le yéti. *Mi* signifie homme; *go* signifie fou en sherpa-ka et sauvage en tibétain. Un *mi-go* est donc un homme sauvage ou *almas*. Pour moi, le pied détenu par Tenzing Tsherpin est authentique et appartenait à un *mi-go*. Les membres de l'expédition Slick de 1958 qui remontèrent la vallée de l'Aram déclarèrent avoir trouvé des traces de pas laissées par un *mi-go*. L'un d'eux, Peter Byrne, avait également affirmé avoir repéré des traces de pas similaires dans les régions boisées du Sikkim, et cela pouvait rendre compte de celles que j'allais trouver par la suite dans la vallée de Macherma.

Tenzing Tsherpin enveloppa à nouveau soigneusement le pied dans la gaze et le remit sous la chaire. Nous retournâmes dans la salle de séjour et je m'extasiai devant la dimension des poutres. La maison était vieille de plus de cent ans, précisa-t-il. La poutre principale avait facilement soixante à soixante-dix centimètres de largeur. Je demandai quelle était sa provenance. « Namche, dit-il. Mais on ne trouve plus aujourd'hui d'arbres de cette taille. »

L'équipe du colonel était entre-temps arrivée au Trekkers Inn et nous allâmes boire un verre avec eux. Un officier de police gurung du poste de contrôle de Thame qui avait bu pratiquement tout l'après-midi avec le fonctionnaire chargé de l'immigration à Namche et qui était plutôt bruyant se trouvait dans la cuisine du gîte, de même d'ailleurs que le fils du propriétaire du gîte, âgé de dix-huit ans. Ce dernier était de retour de son premier trimestre d'études dans un collège de Katmandou et paraissait particulièrement nerveux. L'officier de police l'agaçait, et le jeune Sherpa finit par dire au Gurung de la boucler. Pour justifier son attitude agressive, il s'avança vers nous et, avec l'intention que l'homme entende ses propos, se plaignit que lorsque des fonctionnaires subalternes venant de Katmandou arrivaient dans la région de Khumbu, ils s'y comportaient comme en terrain conquis. L'officier de police lui envoya un coup, menaçant de lui « tordre le cou », et il fallut le retenir de le faire.

Un jeune homme originaire de l'Illinois nommé Gary et faisant partie des touristes descendus au Trekkers Inn me prit à part. « Vous êtes vraiment à la recherche du yéti ? » demanda-t-il.

Quand je lui eus confirmé être bien la personne dont on lui avait parlé, il me confia qu'il venait de Macherma où, le 30 décembre, il avait trouvé des empreintes de pas de yéti qui étaient toutes fraîches et qui traversaient la vallée. Il les décrivit et dit qu'il avait marché à côté d'elles sur une certaine distance. La foulée était longue et l'empreinte assez large pour qu'on puisse y mettre le pied. Il dit qu'il avait vu quelqu'un d'autre dans les environs, occupé à les photographier. Il pensait que je devais être mis au courant. Je le remerciai.

Kanche, Kunga et Mingma Ramu arrivèrent avec les yacks en fin d'après-midi. Ils faisaient partie des innombrables personnes qui affluaient vers le village pour le marché hebdomadaire. Tous les vendredis, Namche prend une allure festive. Les fonctionnaires de l'État, plus particulièrement, se rassemblent tôt le samedi matin sur la terrasse la plus haute de la place du marché et embrassent du regard la scène, contents de se retrouver et d'échanger des réflexions sur les difficultés de la vie loin de Katmandou. Il peut arriver qu'on remarque parmi eux le chef de district, celui de l'armée locale, l'ingénieur en charge du projet de centrale d'énergie hydroélectrique de Thame, le directeur du centre d'élevage de yacks au-dessus de Namche, le chef de la police, le gardien du parc, l'inspecteur des douanes, le fonctionnaire chargé de l'immigration et tous les personnages haut placés ou les officiers de liaison de passage dans la région.

Les marchands qui vendent leurs produits sur la place du marché doivent acquitter une petite taxe dont la moitié est dévolue au conseil municipal, l'autre moitié allant dans les caisses de l'État. La route prenant fin à Jiri, cent cinquante-quatre kilomètres plus loin, les commerçants doivent transporter leurs marchandises jusqu'à

Namche chaque semaine, une entreprise à laquelle des familles entières s'associent quelquefois, épouses et filles tout spécialement, car dans les pays du tiers monde les femmes sont les bêtes de somme les plus communes et celles qui reviennent le moins cher.

Jusqu'à cinq cent mille roupies changent de main le samedi matin, à Namche et quittent la ville l'après-midi même ou le lendemain matin. Pour les gens du lieu, il s'agit d'une somme faramineuse, alors que, dans n'importe quel restaurant à la mode de New York, elle ne représenterait pas autre chose que le prix d'un repas ordinaire.

Pendant que Gyalzen et Kanche faisaient leurs achats, je rejoignis C.B. et les autres tout en haut du marché. Les quatre rangées de terrasses grouillaient de monde, de chiens et de corbeaux, ces derniers espérant recueillir des morceaux de la viande de yack crue que les bouchers découpaient devant leurs clients, pour la plupart propriétaires de gîtes et agents de trekking. Les morceaux dont personne ne voulait étaient jetés sur le chemin ou laissés sur le mur d'une terrasse. Gillian achetait une roupie pièce tous les suntallahs qu'elle pouvait porter. En milieu de matinée, nous fûmes enlevés par Yanchin propriétaire du Above the Cloud Lodge à Lobuche, qui nous invita à manger des momos cuits à la vapeur et à boire du chang dans le gîte de sa sœur, au centre de Namche. C.B. nous invita ensuite tous à déjeuner au Trekkers Inn. Ce fut une réunion itinérante.

En arrivant au Trekkers Inn, nous fûmes témoins d'un conflit familial. Le fils âgé de dix-huit ans avait fait pleurer ses parents et sa sœur en leur disant qu'ils étaient illettrés. Ce jeune homme avait appris à boire et à fumer cigarette sur cigarette à Katmandou, ce que le médecin de l'armée trouvait anormal dans la société sherpa. Les parents avaient investi leurs économies dans ce fils et se trouvaient mal récompensés de la peine qu'ils s'étaient donnée. Le médecin, qui avait inauguré sa carrière comme volontaire dans les taudis de Calcutta, y découvrant l'existence d'une humanité déshéritée que ce garçon n'avait jamais l'occasion de côtoyer, emmena ce dernier à l'écart et lui parla sur un ton ferme. C.B. le soupçonnait de se droguer. Un article récemment paru dans *Rising Nepal*, le quotidien de Katmandou, avait décrit la toxicomanie comme un fléau national. D'après les informations du journal à Katmandou, dans un foyer sur sept, une personne s'adonnait à la drogue. Un ancien chef de police ainsi que l'aide de camp du troisième prince dans l'ordre de succession au trône avaient récemment été arrêtés pour trafic, jugés et condamnés à la prison à vie. Ils s'étaient vu confisquer leurs biens à titre d'avertissement, la situation paraissant être devenue critique.

Aux alentours de quinze heures, alors que nous déjeunions avec les notables locaux, de la fumée commença à s'élever en volutes au-dessus de la colline. Quelqu'un arriva en courant pour prévenir le chef du district qu'on ne parvenait pas à éteindre un feu de broussailles en contrebas de l'Everest View Teahouse. Comment celui-ci s'était-il déclaré ? Par la faute d'un trekker négligent ? Nul ne le savait. L'armée fut mobilisée, et il fallut deux heures pour venir à bout de l'incendie. Khumba avait alors déjà perdu plusieurs hectares de couverture forestière.

16

L'itinéraire du yéti

Le mardi 5 janvier, le ciel était couvert, et il y avait tout lieu de s'attendre à des chutes de neige. Nous nous trouvions à nouveau à Pangpoche, prêts à partir avec Pasang Tshering, Yangtse et les deux yacks pour l'arrière-pays de Macherma dont on nous assurait à droite et à gauche que nous avions de bonnes chances d'y rencontrer un yéti.

Nous passâmes la nuit chez un cousin de Gyalzen, à Phortse, et nous dirigeâmes le lendemain vers Konar, où nous campâmes au bord du torrent, tout en haut de la vallée. Nous projetions d'explorer le versant le plus éloigné du pic de Taboche et de voir s'il n'y avait pas d'empreintes de pas sur le col de Konar, avant de poursuivre notre route en direction de Macherma. Il y avait quatre familles dans le hameau à notre arrivée, et leurs enfants nous aidèrent à dresser nos tentes, à faire provision d'eau et à installer la cuisine dans les ruines d'une cahute de pierre appartenant à un gardien de troupeaux.

Le lendemain matin, Gyalzen et moi entreprîmes une ascension qui nous conduisit dans la vallée haute. Lorsque nous atteignîmes la moraine terminale du glacier Konar, les nuages s'amoncelaient, venant du sud. Nous nous trouvions sur un pâturage à yacks couvert d'une guipure d'edelweiss et qui montait jusqu'au glacier. Tous les éléments semblaient réunis pour en faire un pays très engageant pour le yéti, avec trois ou quatre abris de pierre et un grand nombre de cavernes. Mais aucun yéti n'était en vue, et aucun indice ne signalait non plus sa présence. En fait, ce qui me démoralisa plus que tout, ce fut que, sauf en ce qui concernait la vallée cachée derrière Kyajo Ri, que nous n'avions pas encore explorée, la haute vallée de Macherma, ou peut-être encore l'arrière-pays s'étendant à l'ouest de

Donag Tsho, cette région de Khumbu ne présentait apparemment aucun espace libre où une famille de yétis aurait pu se retirer avec quelque espoir de ne pas être dérangée. On n'y voyait que des pâturages à yacks ou des itinéraires de trekking.

A midi, nous décidâmes d'en rester là. Le temps était froid, avec de fortes bourrasques de vent et des rafales de neige espacées. Pasang Tshering et Yangtse étaient retournés au campement et buvaient du thé en nous attendant. Le vent tomba et, ce soir-là, il commença à neiger. Des flocons lourds et moelleux crépitaient contre le toit de la cuisine.

– Nous avons beaucoup de chance, dis-je à Gyalzen. Nous avons de la bonne *khana* (nourriture). Plein de choses à boire. Et un excellent feu.

– Mais pas de yéti, ajouta-t-il, ayant lu dans mes pensées.

Il tomba cinq centimètres de neige durant la nuit : c'étaient les secondes chutes au cours des onze semaines que j'avais passées dans la région de Khumbu. Mais quand le soleil brilla à nouveau le matin, la neige ne tarda pas à fondre. Nous décidâmes de retourner à Phortse et d'acheter du foin pour les yacks. Bijaya Kattel n'étant pas encore revenu, nous passâmes la matinée dans la cuisine de son logeur, à boire du chang et à écouter des histoires de yéti. Le lama du village récitait des prières à l'intention du logeur qui se préparait à faire venir chez lui sa future femme pour la première fois. Celui-ci avait demandé à Bijaya de libérer les lieux car il avait besoin de les occuper. Entre deux mantras, le lama se joignit à la conversation. Il faisait partie de la secte des bonnets rouges où l'on ne faisait pas vœu de chasteté : il pouvait donc se marier et avoir des enfants. Il raconta qu'à la fin de la mousson, trois ans plus tôt (c'est-à-dire en 1985), son fils aîné, accompagné de quelques amis, faisait redescendre les yacks depuis Gokyo lorsque, près du second lac, à Longponga, ils virent un yéti qui grimpait entre les rochers, sans se douter qu'on l'observait.

Nous demandâmes quand un yéti avait été vu pour la dernière fois à Konar.

Le lama n'eut pas besoin de réfléchir longtemps. En avril 1986, après un gros orage, dit-il. Six ou sept gardiens de troupeaux de yacks en virent un qui se préparait à descendre dans la vallée, venant des abris de pierre en altitude où il se trouvait la veille. Pour parvenir à ces abris, il avait marché dans la neige qui lui arrivait jusqu'à la taille et se reposait à présent, les yeux fixés sur la vallée. Quand les hommes le virent depuis les pâturages situés plus bas, ils se mirent à crier. Le yéti prit peur et retourna dans la montagne, disparaissant à leur vue.

Au cours de cette même saison de printemps, un yack avait été tué à Macherma, du côté des falaises, au fond de la vallée, se souvint le frère du logeur de Bijaya Kattel. Il nous suggéra de camper sous les falaises, là où se trouve le surplomb rocheux connu sous le nom de *yétiphu. Phu* signifie caverne en sherpa-ka.

Nous retournâmes à Konar chargés d'une provision de foin, et nous nous préparâmes à lever le camp le lendemain matin. Cette nuit-là, dans un autre recoin de la caverne de l'abbé Sanga Dorje, l'indice Dow Jones termina en perdant cent quarante et un points, sa chute la plus spectaculaire depuis les débuts de la Bourse. La nervosité des opérateurs était due à des rumeurs selon lesquelles le déficit commercial des États-Unis pour le mois de novembre serait le plus mauvais jamais enregistré et le déficit intérieur en hausse pour l'année 1988. Entre-temps, une commission présidentielle avait trouvé qu'un des facteurs pouvant rendre compte du krach du 19 octobre était la facilité des communications internationales qui avait créé un marché financier planétaire.

Nous arrivâmes à Macherma tard dans l'après-midi du lendemain, au milieu d'un épais brouillard. A un moment donné, Yangtse, qui n'avait aux pieds que des chaussures de tennis et qui portait le doko de la cuisine, prit une mauvaise bifurcation et se retrouva sur un raidillon glissant qui ne menait nulle part. Pasang Tshering la rejoignit prestement et lui prit la main pour la ramener vers nous, en lieu sûr. Le frère et la sœur n'arrêtèrent pas de jacasser et de rire tout le long du chemin.

Il y avait quatre trekkers dans la cuisine du Macherma Lodge lorsque nous arrivâmes : un Anglais, une Américaine volontaire du Corps de Paix, son petit ami philippin et un camionneur expéditeur autrichien. Ang Zumbu Sherpa, le propriétaire du gîte, faisait son marché à Namche, mais le gîte était tenu par sa sœur, Karma Tangi, ainsi que par un gardien de troupeaux de yacks à la peau tannée qui s'appelait Nursang. Sur le mur, un écriteau portait l'inscription suivante :

VOUS ÊTES PRIÉS D'UTILISER LES TOILETTES.
NE CHIEZ PAS N'IMPORTE OÙ DEHORS,
C'EST DÉSAGRÉABLE POUR TOUT LE MONDE
MERCI
LE DIRECTEUR DU GÎTE

Nursang semblait plein d'astuce, et d'un naturel heureux. Il était curieux de savoir ce que nous faisions là, car il n'était pas fréquent de voir un seul touriste voyager avec une famille sherpa et ses yacks. J'avais en outre sur mon sac à dos une paire de skis de randonnée qui portaient la mention « Yéti ».

« Les skis du yéti ? » demanda-t-il. Nursang savait à quoi servaient les skis parce qu'un de ses voisins de Khumjung, Lhapka Dorje, en avait fabriqué une paire avec de vieux supports de barrique, leur avait mis des fixations en fil de fer et s'en servait pour s'exercer à skier sur la moraine sud de Macherma. J'avais vu son sillage en avril 1986 et trouvé surprenant que Lhapka Dorje eût appris à faire des virages parallèles assez calés sur une mince pellicule de neige. Il pratiquait apparemment ce sport, dans l'ensemble inconnu des Sherpas, avec la détermination de quelqu'un qui s'entraînerait pour des olympiades de l'hiver suivant, ce qui était peut-être bien son objectif avant d'être emporté, la saison précédente, par une avalanche de blocs de glace. Il en avait réchappé mais, ayant été projeté contre un rocher, s'était cassé le fémur en deux endroits. On l'avait transporté à l'hôpital de Kunde où le médecin Kiwi l'avait rafistolé. Trois mois en traction l'avaient convaincu que les olympiades d'hiver pourraient se passer de lui.

Nursang nous raconta que, dix jours plus tôt, un yéti venant de Luza était passé par la moraine sud, avait traversé le torrent à gué puis était monté en direction du contrefort du pic de Macherma.

Les versants de Macherma exposés au sud sont particulièrement prisés des coqs des neiges himalayens, que pourchassait peut-être le yéti. Ce sont des oiseaux qui se balancent d'avant en arrière et grattent le sol sablonneux, à la recherche de nourriture. Sans doute sont-ils stupides car, bien que protégés par un camouflage naturel, ils se trahissent en gloussant quand on s'approche d'eux puis, au lieu de s'envoler, préfèrent précéder leur poursuivant sur une côte qu'ils remontent en se dandinant, instituant ainsi un test d'endurance pour voir qui se fatiguera le premier. Après avoir photographié les coqs des neiges le lendemain matin, nous partîmes en compagnie de Nursang pour voir les empreintes du yéti.

Nursang expliqua que ces empreintes étaient apparues une nuit, alors que la lune était basse. Le yéti, dit-il, était descendu le long de la moraine sud, après s'être arrêté sous un surplomb rocheux à mi-pente, tout près du contrefort sombre du pic de Luza. Il y avait de la neige sur le versant nord de la moraine et, avec les jumelles, les empreintes m'apparurent avec beaucoup de netteté. Elles me laissèrent perplexe. Lorsque, par la suite, nous marchâmes à côté d'elles, je les trouvai en tous points différentes des traces de pas plus arrondies de Donag Tsho ou de celles, laissées par des pieds sans chaussures, du mont de cinq mille mètres. Il s'agissait d'une autre sorte d'empreintes de « yéti ». Elles avaient une forme plus allongée et plus étroite, plus humaine à tous égards que celles que nous avions déjà observées. Rétrospectivement, elles me paraissent semblables à celles du pied momifié détenu par Tenzing Tsherpin. Elles avaient environ vingt-quatre centimètres de long et huit centimètres de large. Il y avait une seule série d'empreintes, et l'animal devait se déplacer rapidement, en bondissant, à ce qu'il semblait, car sa foulée était longue de plus de quatre-vingts centimètres. Bien qu'il y eût des découpures permettant de reconnaître le pied droit du pied gauche, dix jours de soleil avaient effacé certains détails plus intéressants concernant les orteils ou le talon. Si Nursang n'avait pas dit à Gyalzen que l'animal se dirigeait vers le nord, je ne suis pas certain que nous aurions été en mesure de le deviner à partir des empreintes.

Il ne s'agissait manifestement pas de celles que Gary, le jeune homme originaire de l'Illinois, avait vues. Je continuai donc à chercher en remontant vers le lieu de campement que nous avions choisi, à l'entrée de la vallée. A une centaine de mètres des petites empreintes, je découvris dans la neige une triple série de traces si anciennes qu'elles avaient été presque entièrement effacées. Ce qui en restait laissait à penser qu'elles étaient comparables par la taille et par la forme à celles que j'avais vues sur le mont, plus d'un mois auparavant. Elles étaient en gros parallèles à la série d'empreintes plus petites et traversaient le fond plat de la vallée qui avait à cet endroit un demi-kilomètre de largeur. Les trois séries progressaient de front, sur une certaine distance tout au moins, mais, parce qu'elles n'étaient plus très nettes, il était impossible de préciser si elles se dirigeaient vers le nord ou vers le sud. Et, comme la neige avait complètement fondu par endroits, l'impression d'ensemble était très confuse. Les trois séries traçaient néanmoins une ligne plus ou moins droite entre le réseau de cavernes de la moraine nord que j'avais déjà explorées quelques semaines plus tôt, au-delà d'un rocher qui, au centre de la vallée, avait la taille d'une petite maison, et le contrefort du pic de Luza, avec son abri en saillie sous un autre rocher gigantesque.

Mais pourquoi trois séries d'empreintes ? Nursang était retourné à ses yacks, et nous ne pouvions donc l'interroger. Comme je n'en trouvai pas d'autres, je formulai l'hypothèse qu'il s'agissait des empreintes repérées par notre ami de l'Illinois et à côté desquelles il avait marché. A ce stade, il était impossible de différencier les empreintes de pas du yéti de celles qu'auraient laissées des touristes ou même de déterminer si les trois séries étaient dues à des humains chaussés de bottes.

Nursang nous avait dit que tous les ans, en mars ou en avril, généralement à la suite d'abondantes chutes de neige, un yéti solitaire descendait de la haute vallée, dont nous prenions la direction, mais que les traces de ses pas se perdaient dans la basse vallée. Il y avait de cela deux ans, la vallée avait été traversée par deux yétis marchant côte à côte. Au-dessus de *yétiphu* où nous allions, il y avait un pâturage d'été appelé Longsampa, difficile d'accès et où peu de personnes se rendaient. A en croire Nursang, au cours des cinq dernières moussons, sept yacks avaient été tués par des yétis à Longsampa. J'avais oublié de lui demander comment il avait su qu'ils avaient été tués par des yétis, mais tout semblait indiquer que nous abordions un territoire prometteur.

Yétiphu était situé à l'extrémité la plus haute de la vallée, sous les remparts du pic de Macherma et près de la base des falaises qui bloquaient l'entrée de la haute vallée. Avec Marsan et Tsao, nous disposions d'un bon appât. Il y avait de l'eau tout à côté, un petit filet qui coulait entre les rochers, mais qui gelait évidemment la nuit. Se trouver à *yétiphu*, perché à une altitude de quatre mille sept cent cinquante mètres, à l'intérieur des remparts du pic de Macherma, c'était comme d'être sur un balcon avec vue sur la vallée d'éboulis au-dessous, les glaciers suspendus de Kyajo Ri en face et, sur notre droite, les falaises dont Gyalzen me dit qu'on les appelait « village du yéti » parce qu'elles étaient criblées de cavernes d'un accès plutôt difficile. On ne parvenait pas à voir, sur la gauche, le hameau et les pâturages de Macherma.

Nous campâmes là quatre jours durant, explorant la base des remparts où une série de surplombs offraient des abris aux animaux. Nous trouvâmes de la bouse de yack et des boulettes de crottes de tahr. Certaines parmi les bouses de yack avaient été renversées, comme si l'on avait voulu les faire sécher, mais il n'y avait pas trace de feu ni aucun autre signe d'une présence humaine. Il était trop dangereux d'approcher des cavernes du « village du yéti » parce que des blocs de glace et de rochers se détachaient constamment du rebord au-dessus.

Le mardi 12 janvier, après un petit déjeuner composé d'un ragoût de pommes de terre et de champignons, Pasang Tshering repartit chez lui pour aider sa mère à préparer Lohsar. Pendant la nuit, Morsan et Tsao s'étaient aventurés en bas de la vallée : Gyalzen et Yangtse furent donc obligés d'aller les ramener. Je leur dis que je les retrouverais à Macherma Lodge, deux kilomètres et demi plus bas que notre lieu de campement, et je mis mes skis pour traverser la vallée d'éboulis.

Sur le versant sud de la vallée, sous les remparts du pic de Luza et l'arête qui le relie à Kyajo Ri, la neige était d'une consistance inégale et plutôt désagréable. Quand j'arrivai à l'endroit où les grandes et les petites empreintes de pas du « yéti » traversaient le torrent, j'entrepris l'ascension de la moraine en diagonale, zigzagant d'avant en arrière pour parvenir au surplomb rocheux où, selon Nursang, le yéti s'était reposé. A certains endroits, la neige donnait l'impression d'être creuse sous moi, ce qui signifiait que je me trouvais sur une plaque déjà ancienne, et cela me rendit nerveux. Arrivé au rocher, qui avait à peu près la même taille que la Maison de pierre de Donag, je retirai mes skis afin d'explorer les alentours. Il y avait un surplomb orienté au nord et, derrière le rocher, une caverne étroite, creusée dans la montagne. La caverne ne paraissait pas avoir été occupée mais, sur le sol sablonneux du surplomb, je crus déceler l'empreinte d'un corps ainsi que deux sillons donnant l'impression que quelqu'un, en s'allongeant pour se reposer, avait enfoncé ses pieds dans le sable, pour éviter de glisser et de tomber. Je cherchai des poils mais ne trouvai que quelques plumes et quelques fientes d'oiseaux.

Le temps se gâtait et la neige commençait à tomber. Je montai donc à skis au sommet de la moraine pour voir à quel endroit les traces de pas prenaient la direction de Luza. Plus loin, sur le contrefort du pic de Luza, je repérai à l'aide de mes jumelles une caverne bien plus vaste avec des traces de pas devant mais, comme la neige tombait maintenant d'abondance, je n'envisageai même pas d'essayer de l'atteindre.

Au sommet de la moraine, je trouvai de grosses empreintes de pas, cette fois encore en deux séries de front, alors que, dans la vallée, il y avait eu trois séries par endroits. Mais impossible de déterminer leur destination : il n'y avait pas du tout de neige sur le versant sud de la moraine. On voyait en revanche sans équivoque possible d'où elles venaient : en ligne presque droite du mont de cinq mille mètres, à trois kilomètres sept cent cinquante plus au nord. Elles avaient traversé la vallée de Macherma et elles étaient montées, via le motel sur le surplomb, jusqu'à l'endroit même où je me trouvais. En continuant d'aller dans la même direction, c'est-à-dire vers le sud, sur à nouveau trois kilomètres cinq cents, elles parviendraient aux forêts de Dolle. Les animaux avaient suivi un itinéraire où des éléments du paysage tels que cavernes, surplombs et gros rochers de la taille d'une maison leur offraient une protection ou un lieu propice au repos.

Bien qu'anciennes, ces empreintes m'apportaient une preuve de plus que les yétis de Donag – l'Homme du Monticule et sa compagne – étaient des créatures itinérantes qui, l'hiver, se dirigeaient vers le sud. Il s'agissait d'empreintes caractéristiques. Elles n'avaient à coup sûr pas été laissées par un yack ou par un tahr, qui sont les deux espèces animales les plus répandues dans la région. Étant donné l'itinéraire qu'elles avaient suivi, et surtout parce qu'elles allaient d'une saillie à une autre, on ne pouvait pas les attribuer à un Sherpa ou à un touriste. Elles évitaient les villages et les habitations et se maintenaient aussi loin que possible du sentier principal nord-sud, tout en lui restant parallèles. J'avais découvert un itinéraire du yéti, avec ses motels, ses aires de repos et ses stations thermales. Si Donag était le point de départ de ce couple de yétis et Dolle leur objectif final, l'itinéraire du yéti couvrait environ vingt kilomètres.

Je descendis à skis jusqu'au gîte où Gyalzen, Yangtse, Nursang et un Sherpa bossu m'attendaient, pour trouver qu'Omai, l'un des sirdars de trekking de Parajuli, était arrivé de Katmandou avec mon courrier. Nous bûmes du thé tandis que la tempête de neige gagnait en intensité, puis parcourûmes à nouveau les deux kilomètres et demi qui nous séparaient de notre *yétiphu* que nous atteignîmes après quinze heures. Le sol était alors recouvert d'une couche de neige fraîche de cinq centimètres d'épaisseur, et la neige continuait de tomber.

La tempête était bien partie pour durer toute la nuit et nous entendions le bruit des avalanches autour de nous. Les montagnes répercutaient un grondement à chaque fois qu'une avalanche se déclenchait, et je me demandais alors si un déferlement de neige compacte n'allait pas toucher de plein fouet notre campement, quand bien même nous étions protégés par le surplomb. A un moment donné, j'entendis Gyalzen qui récitait des prières dans sa tente. Vers quatre heures du matin, quand la neige cessa de tomber, il y en avait au sol une couche épaisse de plus de quinze centimètres.

Le soleil fut de retour à sept heures vingt et nous gratifia d'un panorama d'une beauté à couper le souffle où montagnes et vallées revêtues d'un manteau blanc contrastaient avec le bleu foncé du ciel. Tout paraissait à présent paisible mais, après le déchaînement de violence dont les montagnes avaient été le théâtre au cours de la nuit, je compris pourquoi les yétis aiment à se réfugier dans les vallées quand il neige. Il n'y avait toutefois pas d'empreintes de yéti dans les vallées en contrebas, mais seulement celles d'un renard et d'une fouine.

Le flanc en pente raide de la montagne était si glissant que nous ne pouvions avancer, et cela à grand-peine, que le long de notre rebord rocheux. Gyalzen et moi décidâmes de rejoindre Longsampa en empruntant un passage voisin, ménagé dans la montagne. Nous suivîmes un parcours sinueux au-dessus du « village du yéti », le long d'un rebord qui devint progressivement plus étroit mais où, à ce qu'il semblait, un yack pouvait encore tenir. Puis nous abordâmes une étendue couverte de débris de schiste argileux que nous vîmes enfin s'élargir pour aboutir à Longsampa. Il n'y avait pas d'empreintes sur Longsampa et, comme les nuages avaient commencé à s'amonceler à nouveau en haut de la vallée et qu'en outre la prise de pied n'était pas sûre, je me dis que ce n'était pas une journée à prendre des risques. Nous retournâmes donc au campement.

A cause de Lohsar, le Nouvel An sherpa qui avait lieu six jours plus tard, nous levâmes le camp le lendemain et entreprîmes de redescendre. A neuf heures du matin, il faisait déjà une chaleur incroyable, et cela aurait dû me mettre sur mes gardes. Je traversai la vallée d'éboulis pour la dernière fois et chaussai mes skis dans la neige vieille d'un jour. Après être passé à plusieurs reprises à côté des empreintes d'un renard et d'une fouine, je commençai mon ascension vers le sommet du contrefort sud. Aux trois quarts du chemin, je m'arrêtai pour me reposer un peu. J'étais en train d'admirer les montagnes enneigées lorsque, tout d'un coup, j'entendis un chuintement. Je regardai mes pieds, mais les skis ne bougeaient pas. Je ne tardai pas à découvrir que la seule raison pour laquelle ils ne bougeaient pas, c'était parce qu'ils se trouvaient sur un tapis magique de neige qui descendait de plus en plus vite le long du contrefort. En d'autres termes, j'étais debout sur une plaque de neige qui s'était détachée de la pente. Je me demandai pendant une fraction de seconde si je n'avais pas intérêt à m'en éloigner. La plaque faisait environ dix mètres carrés. Je me rendis compte alors que nous étions sur le point de plonger par-dessus un rebord : je me retournai aussitôt sur la plaque avant qu'elle ne se brise et la quittai en me laissant glisser sur la gauche. Elle m'avait déjà fait faire un parcours d'environ vingt mètres.

Gyalzen, qui regardait tout cela depuis la vallée, laissa échapper un glapissement. Je lui répondis de la même façon afin qu'il sache que tout allait bien et qu'après avoir retiré mes peaux de phoque je m'échapperais de cette galère. J'avais eu jusque-là tout le temps d'apprendre que les Sherpas communiquent souvent ensemble d'une vallée à l'autre ou d'un flanc de montagne à l'autre en poussant des glapissements ou en imitant des cris d'animaux. Gyalzen et moi avions adopté ce système quand nous suivions des traces de pas ou que nous marchions ensemble. Si nous étions pris dans un brouillard dense ou si nous faisions l'ascension d'une arête par des chemins différents, chacun de nous savait avec précision où se trouvait l'autre grâce à ces sons télégraphiés, et nous pouvions nous renseigner mutuellement sur la difficulté du parcours, l'éventuelle présence d'un danger ou ce qu'il y avait lieu d'observer. Cela prouvait aussi que nous en étions venus à bien nous connaître, et il en résultait pour chacun de nous un sentiment de satisfaction.

Après avoir déjeuné au gîte d'une soupe de nouilles, nous partîmes pour Dolle, nous dirigeant vers Luza par l'itinéraire normal. Trois Sherpanis étaient assises sur le pas de la porte de l'une parmi la douzaine de maisons de pierre qui composaient le hameau. Je passai devant elles, mes skis posés par-dessus mon sac à dos. Non, répondirent-elles à ma question, elles n'avaient pas vu de yétis. Elles se mirent à rire. Mais, tout à fait au sommet de la moraine, je vis les restes d'une double série d'empreintes qui descendaient jusqu'à un gros rocher situé plus bas, aux trois quarts de la pente.

Une fois parvenu au-delà de Luza, je compris où les yétis que j'avais imaginés avaient quitté le mont de cinq mille mètres. Descendant de Luza vers la rivière Dudh Kosi, il y avait un sentier qui conduisait à une forêt d'arbres rabougris habitée par des cerfs musqués. La forêt devenait plus épaisse, offrant une protection plus grande, à mesure que la rivière approchait du hameau de Dolle. A partir de tout cela, mes idées se mirent en place. Depuis Dolle, mon couple supposé de yétis pourrait franchir la Dush Kosi, parvenir au hameau de Konar et passer quelque temps dans cette forêt engageante en bordure de la rivière, avant de remonter jusqu'au col de Konar. Une fois parvenus au col, il ne leur fallait qu'une heure pour descendre jusqu'aux abris de pierre appartenant au voisin de Gyalzen, du côté est de l'arête. A partir de ces abris de pierre, ils pouvaient aller à leur gré vers les forêts plus avenantes entourant Deboche et Tengboche, puis suivre à nouveau les yacks vers le nord, au moment du retour des troupeaux dans les pâturages en altitude, c'est-à-dire au printemps.

Nous passâmes cette nuit-là à Dolle, chez les deux sœurs de Lhapka Dorje, Lhapka Degi, âgée d'environ vingt-deux ans, assez jolie et mariée depuis peu, et Frua Sange, qui avait dans les dix-neuf ans et qui était pleine de dynamisme. Nous étions à peine installés autour du feu que du chang chaud fut servi et que les histoires de yétis se mirent à circuler bon train par-dessus le foyer ouvert. Aucun yéti n'avait été aperçu aux alentours de Dolle depuis qu'Ang Dorje, un sourd-muet âgé de vingt-huit ans et natif de Khumjung, en avait rencontré un en train de boire à un torrent à Tshzecho, à une heure de marche du village. Cela se passait en 1979. Ang Dorje frappa le yéti avec son bâton. Or, la tradition orale veut que quiconque fait du mal à un yéti meure au cours des deux années suivantes. Ang Dorje, jusque-là en pleine santé, succomba dix-huit mois plus tard, après « une maladie n'ayant duré que deux nuits ». Ses parents, à présent très vieux, habitaient tout à côté de Lhapka Dorje.

Lhapka Degi avait un petit bébé dont le nez sécrétait des mucosités vertes et qu'elle portait attaché à son dos. « Nouvel homme dans la maison », avait constaté Gyalzen en arrivant. Regarder Lhapka Degi préparer le dal bhat de notre dîner fut édifiant. Elle prit un khukri et se mit à découper les dernières parcelles de viande accrochées au museau d'une tête de yack qui donnait l'impression de traîner là depuis des semaines. Le bébé s'efforçait de saisir le museau et je crus bien qu'il allait y laisser ses doigts. Gyalzen et Omai puisaient à la louche du chang dans une touque d'expédition en plastique et Yangtse pépiait dans un coin, cherchant à jouer à la jeune femme et fascinée par Lhapka Degi, qui n'arrêtait pas de plaisanter et de rire.

Nous retournâmes à Pangpoche le lendemain après-midi, vendredi 15 janvier. Kanche avait déjà pris le chemin du marché de Namche afin d'y faire ses achats pour le Lohsar, et la maison était impeccable. Comme toujours lorsque je passe la nuit chez Gyalzen, j'écoutai les émissions internationales de la BBC. Les nouvelles de Washington étaient réjouissantes. Contre toute attente, les résultats du commerce extérieur du mois de novembre marquaient une amélioration de vingt-cinq pour cent, au lieu du déficit record qui avait été prédit au début de notre sortie, et le dollar était fort. Les cambistes avaient à n'en pas douter réussi un joli coup. En une semaine, ils avaient accumulé des bénéfices qui auraient facilement pu acheter à tous les habitants de Namche Bazar un ou deux troupeaux de yacks et leur auraient également laissé de quoi se payer à vie une réserve de chang. Le déficit de novembre, qui se montait à treize milliards cinq cents millions de dollars, restait considérable, mais c'était le plus faible depuis avril 1987.

17
Lohsar

Nous avions projeté à l'origine d'accompagner Omai jusqu'à Tengboche sur le chemin de Lukla mais, le dimanche 17 janvier au matin, un enfant des hauts du village se présenta à l'improviste dans la longue salle de séjour pour nous inviter à un pujah précédant le Lohsar et qui aurait lieu cet après-midi-là. C'est ainsi qu'on procède dans les villages sherpas. Même si les préparatifs du pujah étaient en cours depuis des jours et des jours, les invitations étaient lancées le matin même seulement par un enfant qui faisait le tour des familles qu'on avait choisi de recevoir.

Pour compliquer les choses, les festivités des deux Lohsar, sherpa et tibétain, se déroulent à un mois d'intervalle. Le Lohsar sherpa, connu sous le nom de Sonam Lohsar, a lieu au début du douzième mois tibétain. Le Sonam Lohsar est réservé aux fermiers car, au moment du Gelu Lohsar, la célébration plus traditionnelle du Nouvel An qui coïncide avec le premier jour du calendrier tibétain, ils se préparent déjà à cultiver leurs champs. En pays sherpa, le Gelu Lohsar n'est aujourd'hui célébré en règle générale que par les institutions religieuses.

A l'occasion du Sonam Lohsar, chaque famille témoigne sa vénération au dieu de son clan. Un gros effort est fait pour nettoyer la maison mais, surtout, on enlève la crasse accumulée dans le foyer au cours de l'année écoulée et l'on décore les murs et le foyer avec de la pâte à pain en forme de symboles de prospérité pour l'année à venir. Des cadeaux sont échangés, en particulier des vêtements neufs pour les enfants, après quoi l'on boit et l'on festoie pendant plusieurs jours.

Le pujah de cet après-midi-là avait lieu chez Nang Dorje, l'un des habitants les plus riches du village. Il avait réussi à la fois comme éleveur de yacks et comme négociant, et sa vaste maison se trouvait à côté du gompa. Gyalzen me donna une *khata* avec un billet de vingt roupies plié à l'intérieur afin que je les lui offre. Luimême et Kanche apportaient en cadeau du riz et du raksi. Nous arrivâmes vers treize heures, et les lamas étaient en train de psalmodier des prières tout au bout de la longue salle de séjour ou des assiettes de *tso*, de riz et de tormas étaient disposées en un savant arrangement sur l'autel de la famille. Comme lors du pujah de Gyalzen, les femmes et les jeunes enfants étaient assis dans la partie droite de la salle de séjour et les hommes placés, selon leur rang social, le long du mur où s'ouvraient les fenêtres de la pièce.

En pole position, près du feu, il y avait l'hôte lui-même. A côté de lui se trouvait le père de Gyalzen auprès de qui l'on m'avait placé, me considérant à présent, à ce qu'il semblait, comme un patriarche. Gyalzen était à ma gauche. Tandis que les prières se poursuivaient, avec un fond sonore au rythme soutenu de tambours et de cymbales, on nous servit du *dudh-chiya*, du *chiya* salé et du chang, puis un déjeuner composé de nouilles et de viande et arrosé de raksi et, une fois de plus, de chang. C'était Sunderay, le gendre de Nang Dorje, qui faisait la cuisine sur la véranda : il est l'un des deux seuls hommes au monde à avoir fait l'ascension de l'Everest à cinq reprises, et à chaque fois sans oxygène. (L'autre est Ang Rita, un gardien de troupeaux de yacks originaire de Thame.) Au nombre des invités se trouvait Yanchin, la sœur de Nang Dorje, propriétaire du Above the Cloud Lodge, à Lobuche.

Gyalzen m'expliqua qu'une fois par mois au moins, une famille de Pangpoche organisait un pujah. Un pujah revient à environ quatre mille roupies (cent soixante dollars). Les habitants des autres villages, tels que Khumjung ou Kunde, n'étaient pas à ce point obsédés par les pujahs, préférant consacrer l'argent qu'ils avaient mis de côté à l'amélioration et à la réfection de leurs maisons. Pangpoche avait donc la réputation d'un lieu où l'on aimait passer du bon temps et où les villageois dépensaient tout ce qu'ils avaient pour mettre les dieux et se mettre eux-mêmes dans un état d'euphorie et d'ébriété.

En fin d'après-midi, on fit circuler les plats de *tso*, mets à la base duquel s'entassaient suntallahs, bananes, cacahuètes, grains de maïs éclatés, chocolat, bonbons, biscuits, pâtisseries et beignets sherpas. Les sacs de plastique firent leur apparition et tout ne tarda pas à disparaître. Après le *tso*, ce fut au tour du dal bhat d'être servi, avec de nouvelles rations de raksi et de chang. L'une des didis du village, une dame âgée répondant au nom de Tsosang, était complètement éméchée, et elle entreprit de se moquer de Gyalzen parce qu'il avait vendu son âme à un touriste qui cherchait à déranger le yéti. Elle se présenta devant chacun des sept lamas et tourna en dérision notre projet, puis déambula à travers la pièce en caquetant et en qualifiant toute cette affaire d'insensée. Personne ne releva ses propos, et surtout pas Gyalzen : en fait, comme Tsosang était soûle jusqu'à en tituber, personne ne la prit très au sérieux. L'épisode n'en parut pas moins embarrassant et à dix-huit heures, nous rentrâmes chez nous, notre sac de plastique de Chamonix plein de restes du plat de *tso*.

La petite Mingma Ramu avait la diarrhée et pleurait. Gyalzen envoya Kunga Pemba chercher le lama du village qui prenait part au pujah de Nang Dorje, afin qu'il vienne dire des prières à son intention. Après quelques brefs mantras, le lama proposa de revenir le lendemain soir pour voir si l'enfant était mieux et, si nécessaire, de forcer alors sur le pujah. Gyalzen approuva, et le lama se dépêcha de remonter la côte pour se rendre à nouveau chez Nang Dorje. Kanche n'était toujours pas rassurée. L'état de Mingma Ramu l'inquiétait et la rendait irascible.

Mingma Ramu était à présent âgée d'un an et les médicaments que j'avais, à part l'aspirine et l'Immodium, un remède suisse pour les dérangements d'estomac, étaient trop forts pour une enfant aussi jeune, ou bien pas indiqués pour ce dont elle souffrait. J'hésitais donc à donner pour elle à Kanche autre chose que des vitamines. Ma boîte à pharmacie n'ayant pu assurer la guérison de Gyalzen, Kanche ne faisait plus tellement confiance aux pilules et aux cachets qu'elle contenait et préférait s'en remettre à la médecine sherpa traditionnelle. Elle était d'ailleurs convaincue que Gyalzen avait recouvré la santé grâce au pujah-bu et non pas aux médicaments que Wade Hendricks lui avait prescrits.

Le lendemain, Mingma Ramu allant encore plus mal, le lama revint dire des prières, et l'on fit encore des tormas et l'on jeta encore du riz pour engager les mauvais esprits à quitter la maison. Kanche annonça que si l'état de Mingma Ramu ne s'était pas amélioré le lendemain matin, elle aurait recours au « médecin sherpa ». Ce médecin, une femme *shaman*, était censée voir les mauvais esprits et les fantômes que le lama, pour sa part, ne pouvait détecter.

La veille du Lohsar, le 19 janvier, le voisin immédiat, Ang Dorje, donnait une soirée pour le Nouvel An. Déjà gavé de nourriture et de boisson, et ne voulant pas être la cible de nouvelles railleries, je n'étais pas très chaud pour y aller. Mais Gyalzen passa un petit moment chez son voisin. Quand il revint, il eut une vive discussion avec Kanche. En toute candeur, je leur dis que j'étais très content de rester à la maison. Mais là n'était pas la question. Depuis notre retour de Macherma, je sentais une nervosité inhabituelle dans l'air : Kanche poussait apparemment Gyalzen à faire quelque chose, mais je ne parvenais pas à deviner quoi au juste à travers leurs discussions. Gyalzen s'approcha et s'assit à côté de moi. Il cherchait à s'exprimer en anglais, mais sans parvenir à trouver les mots qu'il fallait. Il se mit à pleurer. Il se faisait du souci, dit-il, au sujet des études de Pasang Tshering et parla de l'inscrire dans une école de Katmandou. Mais le coût d'une telle inscription serait trop lourd pour lui. Il était trop vieux pour se mettre à nouveau au service d'expéditions et ne voyait pas comment il pourrait gagner sa vie autrement que dans l'industrie du trekking qui était essentiellement saisonnière. A la différence de son beau-frère Pasang, Gyalzen avait vraiment vendu son âme à l'industrie touristique et ne parviendrait pas facilement à se faire une place dans l'économie sherpa traditionnelle.

Sentant bien qu'il serait un jour ou l'autre question de l'éducation de Pasang Tshering, j'avais déjà résolu de prendre en charge une partie des frais de ses futures études, car je lui trouvais des aptitudes supérieures à la normale. Il manifestait lui-même un très grand désir de s'instruire, et il aurait été dommage de laisser aller en pure perte ses dons et son énergie. Je demandai toutefois pourquoi on ne l'avait pas envoyé à l'école secondaire de Hillary, entre Khumjung et Kunde. Il aurait été en pension durant la semaine chez une famille de la région. Gyalzen répondit que Pasang Tshering était très difficile et qu'il estimait que l'école de Hillary n'était pas d'un niveau assez élevé pour lui.

Je dis alors que j'avais mes propres problèmes financiers et que je n'étais pas en mesure d'assumer une telle responsabilité, mais laissai néanmoins entendre qu'à notre retour à Katmandou nous pourrions y faire le tour des écoles et nous renseigner sur le coût des études. Cela parut convenir à Gyalzen. « Merci, Père, merci », ne cessait-il de répéter. Kanche qu'il appelait toujours *ama*, c'est-à-dire mère, resta silencieuse, alors même qu'elle avait été l'instigatrice de cette confrontation. C'était elle qui portait la culotte.

Je ne pense pas que Gyalzen aurait été vexé de savoir que je tenais en grande partie ses larmes pour des larmes de crocodile : pour lui, jouer cette comédie, cela signifiait tout bonnement que le sujet était d'importance. J'espérais simplement que ma décision d'apporter ma contribution financière à l'éducation de Pasang

Tshering n'aurait pas les conséquences que les propriétaires de Trekkers Inn avaient subies en envoyant leur fils adolescent faire de bonne études à Katmandou.

Le médecin sherpa, une matrone corpulente portant une doudoune bleue, un bonnet de laine orange tout sale, la traditionnelle argi qui lui descendait jusqu'aux chevilles et un tablier rayé crasseux, arriva tard ce soir-là, accompagnée d'une assistante plus petite. Elles s'installèrent auprès du feu et interrogèrent en détail Kanche sur le mal dont souffrait Mingma Ramu, me dévisageant de temps à autre de la tête aux pieds. Puis elles délibérèrent entre elles, inspectèrent la longue salle de séjour, demandèrent ce qu'il y avait dans les touques bleues et goûtèrent à la nourriture. Elles discutèrent avec Kanche et Gyalzen des ingrédients dont elles auraient besoin pour les potions magiques qu'elles entendaient préparer.

Gyalzen se mit au travail, modelant dans de la pâte un poulet dont il colora en rouge les pattes, les ailes et les plumes du cou. Il le posa sur un plat de cuivre avec un peu de riz, une petite branche d'épicéa, du beurre de yack et planta une plume de paon dans son cou. Des tasses et des coupes contenant de l'eau, du chang, du raksi et d'autres choses comme de la confiture et de la salade de chou cru mariné furent disposées tout autour. Gyalzen fut finalement prié de lire des textes dans les livres sacrés et de jeter du riz.

Tout le monde eut droit entre-temps à du raksi chaud. La femme *shaman* était bonne psychologue, poussant les uns et les autres à participer aux préparatifs et les incitant à donner leur sentiment sur la nature du problème. Kanche, qui continuait d'être sur les nerfs, se laissa en fin de compte aller à des effusions. Gyalzen resta calme et réservé tout au long de ces épanchements, et le regard des enfants était souvent fixé sur moi.

Pour finir, on souffla sur des braises contenues dans une coupe afin d'y faire renaître des flammes. Le tout fut saupoudré d'encens et, laissant échapper de petites bouffées, promené à travers la maison par Pasang Tshering, tandis que le rituel d'incantation commençait au-dessus du bébé. Les enfants poussèrent un léger hennissement. Puis le poulet en pâte ainsi que d'autres offrandes furent descendus et placés près de la porte. Il était onze heures du soir, et Kanche commença à pétrir la pâte sucrée destinée aux pâtisseries de Lohsar. On fit frire les couronnes de pâte tout au long de la nuit. La femme shaman et son assistante se virent donner des couvertures et on leur indiqua un endroit où dormir à même le sol, à côté des enfants. Cette nuit-là, il n'y avait pas de lune.

Le mercredi 20 janvier, c'était Lohsar. Tout le monde eut droit au petit déjeuner à de la bouillie de flocons d'avoine et à une assiette de bonnes choses : suntallahs, cacahuètes, biscuits, gâteaux et beignets. « Aujourd'hui, on mange plusieurs repas », expliqua Kanche.

La petite Mingma Ramu était supposée aller beaucoup mieux mais, au bout d'un moment, on s'aperçut qu'il n'en était rien. Un enfant vint nous inviter chez Lhapka Tenzing, qui habitait dans le voisinage et qui donnait lui aussi une réception pour Lohsar. A notre arrivée, un peu avant midi, la réception avait déjà commencé. Parmi les invités, on remarquait Sunderay, sa femme toute menue, sa mère, sa sœur, son beau-frère et beaucoup parmi les personnes qui se trouvaient déjà au pujah de Nang Dorje. Mais c'était beaucoup plus vivant cette fois. Des conversations bon enfant emplissaient la pièce, l'on riait et l'on chantait un peu : de tristes mélopées que la sœur de Sunderay fut la première à entonner et que tout le monde reprit avec elle. Il y avait là quatre générations, et tout le monde s'était assis dans le respect des conventions : les femmes à droite, les hommes à gauche. Pratiquement toutes les mères allaitaient leur bébé.

Alors que nous étions sortis un moment pour prendre un bol d'air pur, Sunderay s'approcha et, après une petite entrée en matière, me déconseilla de déranger le yéti. La plupart des habitants de la vallée savaient alors que j'étais à sa recherche. Un trekker que nous avions croisé m'avait même appelé par mon nom : « Vous être vraiment célèbre dans la région ! » m'avait-il dit.

– Le yéti, c'est comme Dieu, précisa Sunderay. Mitey, vous ne pouvez pas voir. Chuti, vous pouvez voir parfois. Mais si vous le voyez, vous mourez. »

Quand il m'avait dit que le mitey était invisible, je ne savais pas au juste s'il avait voulu signifier par là que je ne pourrais pas le voir parce que je n'étais pas sherpa et que j'étais donc, par définition, un étranger incrédule, ou s'il était sincèrement persuadé que le mitey s'apparentait aux purs esprits. Après tout, beaucoup de Sherpas ont affirmé avoir vu le mitey et, pour eux, il s'agit d'un être incarné. Mais, comme l'anglais de Sunderay était à peu près aussi bon que mon sherpa-ka, il ne me fut pas possible de tirer de lui des explications plus précises.

Sunderay faisait penser à un ours, avec d'énormes épaules, une cage thoracique profonde et des bras qui lui arrivaient presque jusqu'aux genoux. Il avait d'épais cheveux noirs et de petits yeux marron clair. Tout comme Ang Rita, il était très populaire dans Khumbu et l'un des plus aimés parmi les enfants du pays. Nous regardâmes le sommet de l'Everest. C'était une journée printanière et il n'y avait pas la moindre brise pour fouetter la neige de ce sommet. « Les dieux doivent être en train de boire du chang, dit-il, montrant d'un geste le pic de Chomolungma.

– Pourquoi ? demandai-je.

– Pas de vent au sommet, répondit-il. L'événement était rare et ne se produisait que quelques jours par an.

– A quoi ça ressemble, là-haut ? demandai-je.

Depuis le sommet sud, dit-il, il y avait une descente d'une demi-heure avant une pénible ascension de deux heures jusqu'à la Marche de Hillary, une bande rocheuse recouverte de neige, à environ cent mètres au-dessous du sommet principal. C'était l'endroit le plus critique. Quand il n'y a pas une couche de neige durcie sur la Marche, la neige a la consistance du sucre, rendant la prise de pied impossible. « Quand la neige est comme ça, mieux vaut rentrer chez soi », ajouta-t-il. La Marche dépassée, le chemin conduisant au sommet passe le long d'une corniche si étroite que deux hommes ne peuvent pas s'y tenir de front et qu'un seul faux pas occasionnerait, du côté droit, une chute de trois mille mètres jusqu'au Tibet et, du côté gauche, une chute de deux mille mètres dans le Western Cwm.

Sunderay raconta qu'à chaque fois qu'il atteignait le sommet, il faisait une offrande à la Déesse Mère et remerciait tous les dieux de l'avoir protégé. « Tant que vous faites ça, les choses se passent bien », expliqua-t-il, ajoutant qu'il fallait prendre garde à ne pas offenser les dieux.

La soirée se poursuivit bien au-delà de minuit avec force chants et danses. L'état de la petite Mingma Ramu empira au cours de la nuit. Elle avait une forte fièvre et elle pleurait. Un lama censé être encore plus efficace que le précédent vint dire des prières. On fit à nouveau les tormas rituels et les textes sacrés furent à nouveau lus à haute voix, ponctués par de gros et fréquents renvois du lama. Cette fois, la figure centrale dans la forêt de tormas fut une poupée de tsampa revêtue d'une bande de tissu découpée dans le vêtement que portait Mingma Ramu. Kanche était de plus en plus tendue à cause de la maladie de son bébé.

Le vendredi 22 janvier, c'était au tour de Kanche d'inviter. Les enfants furent dépêchés à travers le village pour prier les uns et les autres de venir, mais la plupart des gens étaient ou fatigués, ou peu disposés à sortir. D'autres encore n'étaient pas libres. Ce fut une grande déception pour Kanche. Les seules personnes à répondre à son invitation furent Sunderay, sa mère, sa sœur aînée, son beau-frère, sa femme, et Lhapka Tenzing accompagné de sa femme. On nous servit d'abord plusieurs verres d'eggflip au chang. Gyalzen était assis sur son lit, tout au bout de la pièce, ce qui ne contribuait pas à rendre l'ambiance plus chaleureuse, mais le chang de Kanche fit progressivement son effet.

Sunderay avait un charme très particulier. Il fumait et buvait, convaincu, à trente ans, que cela ne pouvait lui faire de mal. Il avait quitté l'école après la mort de son père pour garder les yacks de la famille et prendre soin de sa mère et de sa sœur. Bien que mariés depuis dix ans, sa femme et lui n'avaient pas d'enfants. Sa mère voulait le voir renoncer à l'alpinisme, mais il disait que les deux cents roupies par jour (huit dollars) que cela lui rapportait n'étaient pas à dédaigner. Il restait profondément religieux, convaincu que s'il priait avec suffisamment de ferveur les dieux le protégeraient toujours. Nous dansâmes et chantâmes jusque tard dans la soirée, puis tout le monde alla se coucher en titubant.

La femme *shaman* et son assistante revinrent après le départ des derniers invités afin de reprendre le traitement de Mingma Ramu. Une approche nouvelle devait sans doute être envisagée dans le cadre des efforts menés dans la maisonnée pour induire par les bonnes manières les démons à s'éloigner de l'enfant. A l'occasion de Lohsar, Pemba Kunga avait reçu en cadeau un petit chien noir borgne. Il s'appelait *Keytipe*, ce qui signifie littéralement « petit chien ». Parce que Keytipe appartenait à Kunga, Tsheden nous gratifia de quelques crises de rage. Elle s'abstenait pour le moment de martyriser le chien, de peur qu'il ne la morde. Mais elle n'allait pas tarder à comprendre qu'elle pouvait le mener à la baguette, lui aussi.

Depuis deux jours, Pasang Tshering martelait à coups redoublés un bidon d'huile de soja d'une contenance de quatre litres. Je ne m'étais pas rendu compte que j'allais être le bénéficiaire de ce zèle : Pasang Tshering était en effet en train de transformer le récipient de métal en un brasero destiné à chauffer le lhang. Il l'exhiba fièrement le lendemain du Lohsar et, rempli de braises ardentes, le brasero laissa tomber une pluie de cendres partout, m'obligeant à fuir la longue salle de séjour où Tsheden était occupée à crier et à essayer d'attirer l'attention sur sa personne.

Plus tard dans la matinée, on demanda à Pasang Tshering d'aller dans le lhang balayer les miettes de la réception donnée à l'occasion du Lohsar. Il les poussa sous mon lit. Une souris s'était installée dans le coffre contenant les robes à usage religieux. Cela n'émut ni Gyalzen ni Kanche. Le chiot avait pris l'habitude de faire ses besoins par terre, devant l'entrée du lhang, et d'uriner sur la banquette, à côté du feu. Si quelqu'un prenait la peine de le sortir, le chiot faisait ses besoins dehors, sur la véranda de derrière. Mais personne ne s'en préoccupait outre mesure. Quelquefois, Tsheden faisait ses besoins dehors, et d'autres fois pas. Là aussi, personne ne s'en souciait. Keytipe mangeait les restes qu'on jetait par terre à son intention, et on lui versait du lait dans un trou, entre les lattes du plancher. Ce matin-là, Kunga reçut un bon coup de pied de son père pour avoir joué à la marelle à l'intérieur de la maison. Il faisait à nouveau froid et j'étais transi jusqu'aux os.

Bijaya Kattel avait envoyé un petit mot pour nous inviter à passer quelques jours avec lui, à Phortse. Je dis à Gyalzen que je me mettrais en route pour Phortse le lendemain matin.

– Bonne idée, Père, approuva Gyalzen. Je viendrai dans deux jours.

18

Le cerf musqué

La piste longue de cinq kilomètres et demi qui relie Pangpoche à Phortse commence par grimper trois cents mètres à pic au-dessus de la rive droite de l'Imja. Elle est très raide par endroits, parfois d'une étroitesse périlleuse, sûrement pas plus large alors qu'un yack. Les « ingénieurs » sherpas qui maintiennent en état et réparent les pistes locales, comblant les creux laissés par les terres lessivées ou construisant des bretelles de contournement autour des éboulements, ont construit des escaliers de pierre grossiers pour aider les voyageurs épuisés ou les caravanes de yacks à franchir les passages les plus abrupts. De temps à autre, un voyageur peut être forcé de s'arrêter quand un yack a choisi de ruminer au milieu du chemin, parce que c'est le seul endroit où le sol est plat, avant de se relever lentement pour libérer le passage. Si l'on marche vite, le trajet prend deux heures – à une altitude moyenne de quatre mille mètres – mais après cela, jambes et poumons se ressentent de l'effort fourni.

Je pouvais donc imaginer sans peine l'état d'extrême fatigue où se trouvait Bijaya Kattel au bout de quatorze heures de marche sur un terrain semblable, au cours desquelles il n'avait fait qu'une seule halte pour manger. Cela se passait onze ans plus tôt, quand Bijaya, qui commençait sa carrière au service du Département des parcs nationaux, venait d'être nommé responsable du parc national de Rara, dans l'ouest du Népal. Il me faisait à présent le récit de ce trek qui, disait-il, avait marqué un tournant dans sa vie et déterminé son intérêt pour le cerf musqué himalayen.

Nous étions assis sur la véranda du premier étage de la maison de Nima Tenzing à Phortse, le regard fixé en direction du sud, sur les montagnes de Tramserku, Numbur et Kongde Ri et sur la dépression de la vallée de l'Imja où est blotti Namche Bazar, dissimulé à notre vue. La véranda était inondée de soleil, et il faisait une chaleur bien agréable pour une matinée de fin janvier.

En novembre 1976, Bijaya s'était joint à une petite troupe d'une vingtaine d'hommes pour rechercher quatre meneurs soupçonnés d'avoir constitué une bande de braconniers qui avaient tué des centaines de cerfs musqués. Alors qu'il prospérait autrefois à travers toute l'Asie centrale et orientale, le cerf musqué est devenu l'une des espèces les plus menacées du monde. On le chasse et on le tue depuis des siècles parce que le mâle sécrète une substance odorante qui est sans doute le produit animal le plus cher qui soit, plus cher encore que la corne du *Rhinocerus unicornis*.

Dirigée par le fonctionnaire local des Eaux et Forêts, la petite troupe comprenait sept policiers armés. Ils avaient eu la preuve des activités des braconniers durant leur trek de deux jours commencé à Jumla, le centre administratif du district, situé à trois cents kilomètres à l'ouest de Katmandou. Le second jour de ce trek, en quittant le Pugma Lekh, une montagne haute de quatre mille cinq cent soixante-dix mètres, ils avaient découvert une série de pièges alignés sur plusieurs kilomètres à travers la forêt de chênes. La petite troupe se proposait comme destination un village de montagne d'environ cinq cents habitants dont le braconnage illicite du cerf musqué était devenu la principale source de revenus.

Bijaya raconta qu'ils avaient espéré prendre les braconniers par surprise mais, après avoir marché depuis le lever du soleil pour parvenir au village tard dans la nuit, ils s'aperçurent que leur arrivée était attendue. La petite troupe fut malmenée par les villageois. Il y eut une bagarre, des coups de feu furent tirés, les policiers furent désarmés et le fonctionnaire des Eaux et Forêts manqua d'être lynché. Ils furent tous enfermés pour la nuit dans une cabane, sans eau ni nourriture, et ne parvinrent à retrouver la liberté que le lendemain soir, après qu'on fut mis au courant à Jumala de leur triste situation.

Au bout du compte, vingt-quatre villageois furent arrêtés et la bande de braconniers de Kalikot, l'une des plus nombreuses jamais débusquées au Népal, fut démantelée. Ses meneurs furent condamnés à cinq ans de prison. Bijaya me dit que ce qu'on devait appeler par la suite l'incident de Kalikot l'avait durablement marqué et déterminé sa vocation. Il est devenu depuis l'un des premiers experts mondiaux du *Moschus chrysogaster* ou cerf musqué, espèce himalayenne en voie de disparition.

« Cet incident a eu une telle influence sur ma conception de la défense de l'environnement que j'ai décidé de faire tout ce qui était en mon pouvoir pour protéger l'animal de l'extinction », me confia-t-il le lendemain de mon arrivée à Phortse.

Bijaya n'occupait que depuis peu, avec ses deux acolytes, Beg Bahadur Baniya et son oncle Chet Bahadur Baniya, la maison de Nima Tenzing, située près de l'école, en haut du village. Nima, un éleveur de yacks d'une grande compétence, dormait sur un banc, dans la cuisine, cependant que Bijaya et les Baniya partageaient ce qui aurait normalement dû être la salle de séjour tout en longueur et qui, chez Nima, était carrée. Aux murs se trouvaient des étagères de bois sculpté sur lesquelles étaient posés plusieurs coffres de métal, les ustensiles de cuivre de Nima, quelques livres et une pile de couvertures pliées. Il y avait un gros bidon de thé à côté de la porte de la cuisine, séparée de la pièce carrée par une cloison de planches de bois grossières, et la terrasse où nous étions assis se trouvait à l'extrémité est de la maison, reliée à la pièce carrée par un couloir sombre et poussiéreux.

Au cours de nos voyages cet hiver-là, Gyalzen et moi avions souvent observé le cerf musqué aux yeux en amande qui broutait entre trois mille quatre cents et quatre mille cinq cents mètres d'altitude. Il pouvait paraître incongru qu'un animal aussi menu fût si cruellement chassé par les braconniers. Sa peau, d'une qualité exceptionnelle, a une couleur proche du gris souris. Il s'agit, en outre, d'un des membres les plus petits de la famille des cerfs – un adulte ne pèse en moyenne que dix kilos et a la taille d'un lévrier – qui donne l'impression de tout faire pour ne pas déranger. Il est discret et confiant et permet aux gens de l'approcher à quelques mètres avant de s'enfuir d'un bond parmi les arbres.

Bijaya était une véritable encyclopédie ambulante quand il abordait le sujet du cerf musqué. A part sa petite taille, celui-ci a trois caractéristiques, toutes trois présentées par les mâles : ils sont dépourvus de bois ; ils ont des canines en forme de sabre ; ils ont également une glande abdominale en forme de cosse qui sécrète un musc très parfumé. Et c'est précisément pour cette substance moelleuse et granuleuse que l'animal est chassé.

Des siècles durant, le musc a servi de stabilisateur pour les parfums. Alors même que les produits chimiques l'ont en grande partie remplacé dans l'industrie du parfum et que nous sommes à l'ère des antibiotiques produits en laboratoire, le musc reste un composant irremplaçable de plus de deux mille médicaments extrême-orientaux. Le principal importateur en est le Japon. Les pharmaciens japonais ignorent délibérément que l'usage de cette substance est interdit par la convention signée en 1973 à Washington sur le commerce international des espèces sauvages menacées.

En dépit de cette interdiction, une seule cosse de musc se vendait sur le marché noir local environ cinquante dollars au taux de 1988, c'est-à-dire pratiquement l'équivalent d'un tiers du revenu annuel moyen d'une famille népalaise de la montagne. En se procurant par le moyen du braconnage trois cosses par an, un fermier pourrait ainsi doubler le niveau de vie de sa famille. Mais en vendant trois cosses par mois, il deviendrait riche selon les critères locaux.

« Pour chaque mâle tué pour sa glande, cinq femelles sont généralement prises dans les pièges, et ceux-ci sont particulièrement cruels », expliqua Bijaya. Cela signifie que, quand tout un village se met à faire du braconnage, plusieurs milliers d'animaux sont massacrés avant que la région soit complètement ratissée.

Les pièges, rudimentaires mais efficaces, représentent du bon travail de professionnel, et ne coûtent rien. Une corde faite de matières végétales et formant un nœud coulant est attachée au sommet d'un arbuste au feuillage vert qui est plié en deux et fixé au sol. Quand un animal trébuche sur la corde, l'arbuste se redresse. Le nœud coulant du piège le retient par une patte, le laissant dans une triste situation, suspendu au-dessus du sol.

A l'automne 1986, raconta encore Bijaya, Lhapka Degi, la sœur du skieur de Khumjung Lhapka Dorje, vit trois Tamangs qui se comportaient de façon bizarre dans les bois, autour de Dolle. Les Sherpas n'aiment pas les Tamangs et ne leur font pas spécialement confiance, encore qu'il y ait des exceptions. Ces Tamangs-là venaient du district de Dhading, à l'ouest de Katmandou, et il ne faisait pas de doute qu'ils empiétaient sur le territoire sherpa. Quand Lhapka Degri découvrit quelques pièges bien camouflés dans les bois entourant Dolle, elle les signala à son voisin, l'oncle de Nima Wanchu, le responsable du parc. Le voisin communiqua l'information à son neveu, et Nima Wanchu dépêcha pour mener des recherches sur les lieux une équipe de dix membres appartenant aux effectifs chargés de la protection des parcs nationaux. L'équipe, où se trouvaient les deux Baniya, suivit la trace des braconniers jusqu'à leur campement dans une forêt proche de Dolle, ou elle trouva les restes de trente carcasses de cerfs musqués.

L'un des braconniers échappa à ses poursuivants en franchissant à gué la rivière Dudh Kosi, du côté de Konar. A cet endroit, la Dudh Kosi roule des eaux furieuses à travers un ravin aux pentes traitreusement abruptes. Peu d'animaux tentent de la traverser, mais le Tamang y était parvenu et, se sachant en sécurité, il s'était placidement installé sur un rocher pour assister à la capture de ses deux associés.

Ceux-là furent coincés par les Baniya en haut d'un gros rocher. L'un d'eux se rendit. L'autre sortit son khukri recourbé et se fit désarmer par Chet Bahadur qui lui-même ne portait pas d'arme mais dont la taille et la carrure sont impressionnantes.

« Il y avait déjà eu deux arrestations de braconniers dans le parc national de Sagarmatha, poursuivit Bijaya tandis que nous buvions à petites gorgées notre thé salé en attendant que Chet Bahadur finisse de faire cuire le dal bhat de notre déjeuner sur un feu de bois, dans la cuisine. L'une concernait un marchand tibétain. Il fut pris à Jorsal avec soixante-neuf cosses sur lui. L'autre représentait un cas isolé, dans les environs de Pangpoche. Mais, à Dolle, c'était la première fois dans l'histoire du parc que des braconniers étaient pris en flagrant délit. »

Il s'avéra que les deux Tamangs étaient frères. Ils ne devaient jamais dévoiler l'identité de leur complice. On les conduisit sous escorte à Namche et, à l'endroit où le sentier est le plus escarpé, les braconniers essayèrent de prendre la fuite. L'un d'eux fit une chute mortelle. L'autre fut à nouveau capturé et comparut devant le juge qui le condamna à trois ans de prison. Il expliqua au magistrat qu'à Lukla un homme lui donnait mille roupies (quarante dollars) pour chaque cosse qu'il apportait. Il assura ignorer le nom de cet homme et ne le connaître que de vue. Ce dernier, pilier local du trafic illicite, n'a jamais été appréhendé et continue sans doute sur sa lancée.

Aux dires de Bijaya, le musc népalais obtenu par braconnage continue d'être acheminé, via Bangkok, jusqu'aux négociants de Hong Kong qui le vendent à des clients internationaux cinquante mille dollars le kilogramme, ou mille quatre cent vingt dollars l'once, soit plus du triple du prix de l'or. Devant cette irrésistible tentation constituée par le commerce du musc, Bijaya en était arrivé à la conclusion que le seul moyen de mettre un terme au massacre serait de faire un élevage de l'animal à des fins commerciales et d'imaginer une méthode pour prélever le musc sans le tuer.

L'élevage du cerf n'est pas une idée nouvelle. Gros consommateurs de musc, les Chinois s'y sont essayés depuis les années cinquante, avec une espèce plus petite appelée *Moschus berezovski*. En 1979, Bijaya avait visité trois fermes spécialisées dans l'élevage du cerf musqué, dans la province du Setchouan. Alors que les femelles, utilisées pour la reproduction, occupaient des espaces relativement vastes, les mâles se trouvaient enfermés dans de petites cages, dans des conditions que Bijaya avait jugées inacceptables.

A son retour de Chine, il s'était mis en quête d'un commanditaire et, en 1985, avait finalement réussi à intéresser Bruce Banting, directeur de la section américaine du World Wildlife Fund, à son projet d'élevage de cerfs musqués au Népal. Comme on ne savait que fort peu de chose des mœurs et de l'habitat du cerf musqué himalayen, le bureau américain du WWF posa comme préalable à sa prise en considération et en charge d'un projet d'élevage que soit menée une étude assez poussée de la biologie de l'animal. Le bureau donna en même temps son accord pour cofinancer avec le Conseil du roi Mahendra des recherches sur la biologie de l'animal, à condition que le Conseil prenne l'affaire sous son aile.

« Le projet de Kattel est très important, m'avait dit Hemanta Mishra à Katmandou. Nous voulons que les montagnards considèrent le musc comme une ressource forestière renouvelable. Nous nous proposons comme objectif de leur apprendre à élever le cerf en pleine nature. C'est là une façon de démontrer que la protection de la vie sauvage est comme une rue à double sens et qu'ils y ont, eux aussi, tout à gagner. »

Kattel, qui avait alors trente-cinq ans et qui, marié, était père de deux enfants, m'apparaissait comme le parfait représentant de la bourgeoisie montante népalaise. Il avait économisé et fait des sacrifices pour se payer les meilleures études en matière de biologie animale. Il était titulaire d'une maîtrise en biologie de la faune sauvage de l'université d'État du Colorado et s'occupait alors de réunir du matériel en vue d'une thèse de doctorat sur le cerf musqué. Il était tout à sa passion, considérant avec fierté ce qui avait été accompli au Népal dans le domaine de la protection de la vie sauvage. Jeune, il avait souffert d'une ostéomyélite et subi quatorze opérations des os. A un moment donné, les médecins estimaient qu'il serait incapable de marcher à nouveau. Mais sa détermination eut raison de sa maladie. Il gravit et descend aujourd'hui les pentes autour de Phortse sans donner le moindre signe d'infirmité ou de fatigue.

A l'inverse du policier gurung que nous avions rencontré au Trekkers Inn, à Namche, Kattel n'était pas venu dans la région de Khumbu comme un *rhomba* – le terme sherpa pour désigner les habitants des plaines – cherchant à imposer ses vues, mais comme quelqu'un qui était désireux de découvrir la culture sherpa. Il avait appris le sherpa-ka et se montrait attentif à respecter les coutumes locales. En dépit de la modicité des salaires payés par l'État népalais, il assumait les frais de scolarité de quatre enfants natifs de Phortse – qui faisaient leurs études secondaires à Kunde – et, dans la maison qu'il avait louée, les villageois de Phortse pouvaient à tout moment venir lui demander conseil. Il y recevait également tous ceux qui s'intéressaient au projet d'étude du cerf musqué. Paisible, perspicace et amical, il avait su conquérir le cœur des gens du village, alors qu'au début ceux-là s'étaient montrés peu communicatifs et méfiants à son égard.

Sur le coteau sablonneux de Phortse, il n'y a moyen de cultiver que des pommes de terre, des radis et du sarrasin. Mais, étant donné l'altitude, les deux forêts de rhododendrons et de bouleaux qui encadrent le village et descendent jusqu'à la gorge où coule la Dudh Kosi, quatre cent cinquante mètres plus bas, font preuve d'une belle vigueur. Bijaya appelle la plus petite des deux « la forêt de l'école » car elle est toute proche de l'école du village, construite en pierres assemblées avec de la boue. Les arbres des deux forêts sont couverts d'un lichen vert grimpant qui leur donne un aspect inquiétant, évoquant un peu un décor de contes de fées.

Les villageois commencèrent par s'opposer au projet d'étude du cerf musqué. Ils refusèrent même de louer une maison à Kattel. Ils craignaient que ses recherches ne fassent du mal au cerf, provoquant par là même la colère des dieux locaux. Par bonheur, Bijaya est doué d'une infinie patience, il est assez fin psychologue et a l'humour et la pénétration qu'il faut pour traiter avec les Sherpas réticents. Il se lia d'amitié avec l'abbé Jangpo à Tengboche, ce qui contribua à lui donner du prestige et réussit finalement à convaincre les habitants de Phortse que, plutôt que de faire du mal aux animaux, son projet aiderait à les protéger.

En janvier 1987, se servant de quelques villageois comme rabatteurs et de l'oncle et du neveu Baniya comme traqueurs, Bijaya captura six cerfs musqués. Il utilisa des filets en fibres de cocotier tissés à son intention par les hommes qui prenaient soin des éléphants dans le parc royal de Chitwan, dans la région méridionale de Terai, au Népal. Chacun de ces filets lui était revenu à quatre milles roupies seulement (cent soixante dollars). Il s'agissait là de la première capture réussie, à des fins d'étude scientifique, de cerfs musqués himalayens.

La technique de capture de Bijaya est simple. Il étale les filets de six mètres entre des arbres, en aval du périmètre où se trouve l'animal, généralement au fond d'une ravine. Le cerf est ensuite poussé à dévaler la pente, et se retrouve dans les filets.

A cause de ses grandes oreilles, de son dos rond, de ses longues pattes postérieures et de sa courte queue, le cerf musqué peut faire penser à un lièvre géant. Il avance par bonds et par sauts. Il marche mais ne trotte pas. Bien que son épaule soit à un mètre du sol, il peut facilement bondir à deux fois cette hauteur et devrait donc, théoriquement, passer au-dessus des filets, tendus à deux mètres de hauteur seulement. Mais, pour une raison qui reste inexpliquée, il va toujours s'y jeter et se trouve pris quand les filets se referment sur lui.

L'animal est aussitôt anesthésié. Bijaya a recours à un mélange de deux médicaments : trois quarts de milligramme d'un tranquillisant appelé Rompun, et un demi-milligramme d'un anesthésiant, le Vetalar, qu'il lui injecte dans la cuisse. Cela endort généralement un cerf adulte pendant trente à quarante minutes. On lui donne alors un nom, on le mesure de la tête aux sabots et on fixe à son cou un collier à émetteur avant de le remettre en liberté.

Ces colliers sont fabriqués par Telonics Inc., une société spécialisée dans l'électronique et basée à Mesa, Arizona. Chacun d'eux coûte trois cents dollars et pèse trois cents grammes. Le premier animal à avoir porté un collier de ce genre était un mâle adulte qui vivait dans la forêt de l'école. On l'appela Nima Gawa. Bijaya estima son âge à cinq ans et demi. Nima Gawa pesait au moment de sa capture neuf kilogrammes cinq cents, avait l'épaule à cinquante-quatre centimètres du sol, un tour de poitrine de cinquante-huit centimètres et une longueur totale de cent un centimètres. Ses canines mesuraient cinq centimètres. Peu après avoir relâché Nima Gawa, Bijaya prit deux femelles dans ses filets : Ang Maya et Chhindy.

Le travail fut interrompu quand Bijaya tomba malade. A son retour à Phortse, en décembre 1987, il découvrit que Chhindy avait été tuée par des chacals tout en bas de la forêt de l'école et qu'Ang Maya avait perdu son collier ou avait peut-être été tuée. Le collier, cabossé mais fonctionnant toujours, fut retrouvé dans les environs de Pangpoche.

Après notre déjeuner fait d'un plat de dal bhat, Gyalzen et moi aidâmes à poser les filets en fibres dans la forêt de l'école, où Chet Bahadur avait repéré une femelle, ce matin-là. Tandis que nous suivions le chemin conduisant à la forêt, trois petites filles jouaient à faire semblant de préparer un repas à côté d'un rocher de la taille d'une table. Elles interpellèrent Chet Bahadur : « Achu Bazai, viens jouer maison avec nous ! » *Achu Bazai* est un mélange de sherpa-ka et de népalais qui signifie Frère Grand-père.

« Achu Bazai, viens boire du chiya avec nous ! » insistèrent les trois petites filles. Elles avaient allumé un minuscule feu de camp sous deux boîtes de conserve rouillées remplies de neige et avaient disposé sur le rocher quelque tasses de plastique cassées qu'elle avaient trouvées dans les bois. Bien qu'âgées d'à peine dix ans, elles portaient déjà la longue angi dont se drapent toutes les Sherpanis, un tablier rayé noué autour de la taille, et avaient l'air de petites mamans affairées tandis qu'elles parcouraient les bois, cherchant à récupérer d'autres ustensiles abandonnés pour jouer avec.

« Tout le monde aime Achu Bazai, dit Bijaya. Il a des yeux d'aigle et peut repérer un cerf musqué entre les arbres, à trois cents mètres de distance. Chacun de ces cerfs musqués compte pour lui autant qu'un enfant. »

Tout se passa comme prévu, ou presque. La femelle fut attirée en aval par une série de sifflements. Elle heurta les filets en bondissant et se retrouva prisonnière. Mais quand Bijaya et les deux rabatteurs se précipitèrent pour la saisir, elle s'échappa et chercha refuge parmi les bouleaux. Tout cela s'était passé en moins de trente secondes, et l'on avait tout juste eu le temps d'apercevoir une silhouette gris-beige disparaître au milieu des broussailles, au-delà de la forêt.

Le lendemain matin, nous nous transportâmes dans un secteur de la forêt de l'ouest dont Bijaya savait qu'elle était habitée par deux cerfs. Au bout d'une demi-heure, Chet Bahadur avait repéré un mâle qui se reposait sous un arbre, dans un périmètre ensoleillé. Cette fois, l'opération fut couronnée de succès. Sano Kanchha, un animal âgé de deux ans et pesant sept kilos et demi, fut mesuré et on lui mit un collier. Avant de le relâcher, Bijaya préleva en raclant sa glande prénuptiale quelques grammes de musc d'un ton violâtre foncé, et qui avait la consistance d'un pain d'épice mouillé. Nous n'avions aucun moyen de nous douter que, moins d'un mois plus tard, cette petite bête si vive qui glapissait et poussait des cris aigus avec la dernière énergie serait morte. Le cerf avait, disait-on, été tué par des chiens, mais personne n'en était absolument certain.

Comme Nima Gaya que nous avions observé dans la forêt de l'école un peu plus tôt ce jour-là, Sano Kanchha avait sa propre personnalité qu'il nous révéla au cours des quelques semaines ayant précédé sa mort. Il avait beaucoup de culot et s'affairait du côté des maisons situées tout en bas du village, à la recherche de pousses d'herbe et de sarrasin. Nima Gawa était plus paisible, pratiquement apprivoisé. Son collier le gênait et abîmait son pelage, dans la région du cou.

Chacun de ces colliers émet des bips à intervalles réguliers et sur une fréquence particulière. Et, chaque jour, Chet Bahadur et son neveu suivent télémétriquement à la trace cinq cerfs par le moyen d'une antenne à main. Le rythme des signaux sonores indique si l'animal est en train de brouter ou de se reposer. En interprétant les signaux et en retraçant point par point les activités qu'ils suggèrent, Bijaya avait, avant ma visite à Phortse, engrangé une infinité d'informations sur ces attachantes petites créatures. Pour lui, ce qu'il y avait de plus surprenant, c'était la taille du domaine que les cerfs occupent, de l'ordre de quatre hectares et demi par animal.

« C'est au moins trois fois plus petit qu'on ne l'avait cru, expliqua-t-il. Les cerfs musqués sont sédentaires et non pas migrateurs. Ils restent sur leur domaine d'un bout à l'autre de l'année.

– Voilà qui en fait une proie facile pour les braconniers, remarquai-je.

– Évidemment, approuva-t-il. C'était là une des raisons pour lesquelles leur population déclinait rapidement.

Bijaya avait également remarqué que les cerfs musqués s'accouplent entre novembre et mars. Le mâle émet à voix basse un son âpre, tout en courant après sa femelle. Celle-ci répond par une sorte de miaulement, comme si elle protestait contre l'assaut dont elle est l'objet, qu'elle encourage pourtant. La poursuite ne dure jamais longtemps. La femelle ne tarde pas à capituler. Bijaya n'avait jusque-là observé que des naissances uniques.

Les mâles combattent jusqu'à la mort ceux qui empiéteraient sur leur territoire durant la saison des amours. Leurs canines ont le tranchant d'un rasoir. Bijaya avait calculé que, dans les forêts autour de Phortse, la densité de la population des cerfs musqués était de quarante-cinq animaux par kilomètre carré, avec une proportion de deux femelles pour un mâle.

« L'animal est très sélectif en ce qui concerne sa nourriture, poursuivit-il dans sa manière encyclopédique et cursive. C'est un brouteur qui va droit vers ce qu'il y a de plus nourrissant. Ce qu'il préfère, ce sont les lichens verts qui abondent dans les forêts de Phortse. Mais il aime aussi les bourgeons de rhododendrons, les feuilles de radis, les fleurs de pommes de terre et les jeunes pousses de sarrasin. Il rumine tout cela durant des périodes de repos diurnes qui commencent vers neuf heures du matin et se prolongent jusqu'en milieu d'après-midi. Son ouïe est extrêmement développée et il éternue pour prévenir ses congénères de l'imminence d'un danger. »

Pour atteindre les lichens dont ils sont friands, les cerfs musqués n'hésitent pas à grimper aux arbres. Ils ont un remarquable sens de l'équilibre et sont capables d'avancer le long de grosses branches d'arbres pour brouter le lichen ou l'arracher. Leur activité est la plus forte tôt le matin et tard dans l'après-midi.

Kattel se proposait comme deuxième étape de mettre au point une méthode d'élevage de l'animal en pleine nature. Il estimait que chaque mâle peut produire jusqu'à vingt grammes de musc par an, pour une valeur marchande de près de mille dollars. Cela représentait vingt-cinq fois le prix offert au marché noir de Lukla pour une seule cosse. Une production de vingt grammes par animal, cela représentait aussi le double de ce que les Chinois récoltaient dans leurs ranchs de la province du Setchouan. L'animal donne le maximum entre l'âge de trois et huit ans, mais Bijaya pensait qu'il pouvait continuer de produire du musc jusqu'à l'âge de quatorze ans. Sa durée de vie se situe probablement entre seize et vingt ans.

Gyalzen et moi fîmes rapidement le calcul qu'un mâle pouvait produire du musc pour l'équivalent de douze mille dollars au cours de sa vie. Gyalzen me fit remarquer que même le métier de guide de trekking ne rapportait pas autant. Il était impressionné.

Kattel voit le Népal devenir un jour le seul exportateur au monde de musc d'élevage, toute la production chinoise étant absorbée par le marché pharmaceutique intérieur du pays. Il est également persuadé que le développement de l'élevage du cerf musqué au Népal mettra fin au commerce international du musc de braconnage, sauvant par là même cette race animale de l'extinction.

19

Les bûcherons de Namche

Nima Tenzing et son frère Mingma Tenzing avaient été mariés à la même femme pendant plus de vingt-cinq ans. Mais ils avaient fini par se brouiller et vivaient maintenant chacun de son côté, Nima Tenzing dans la maison dont il louait une aile à Bijaya Kattel, et Mingma Tenzing avec l'épouse qu'ils avaient partagée et les trois enfants nés de cette union dans une maison un peu plus grande, distante de moins de deux cents mètres. Au cours de ce week-end-là, la benjamine, Kanche, devait épouser un jeune villageois de Phortse. Pour laisser à Nima Tenzing le libre usage de sa maison pendant les cérémonies du mariage – celles-ci se déroulaient dans la maison du frère, mais Nima devait accueillir les invités en surnombre –, Bijaya avait décidé de se rendre au marché du samedi, à Namche, en compagnie de l'oncle et du neveu Baniya, de Gyalzen et de moi-même.

La veille au soir, dans la cuisine de Nima Tenzing, Bijaya et moi avions discuté jusqu'à minuit d'un incident survenu un jour avant mon arrivée à Phortse. Quelques villageois avaient découvert les restes de deux tahrs himalayens dans un pâturage à basse altitude relativement peu fréquenté et situé en bordure de l'Imja Khola, à proximité du pont qui l'enjambe et sur lequel on passe pour aller à Tengboche. Les tahrs morts faisaient partie d'un troupeau que Gyalzen et moi avions vu descendre de Pangpoche. Les gardiens de troupeaux qui les avaient trouvés avaient signalé que les postérieurs des deux animaux avaient été en partie dévorés. Bijaya en déduisit aussitôt qu'ils avaient été tués par un léopard des neiges. Cela me parut invraisemblable car les seules empreintes de léopard que Gyalzen et moi avions repérées se trouvaient à des altitudes supérieures, entre Donag et le col de Tshola.

– Qu'est-ce que ça pourrait être alors ? demanda-t-il.

Pourquoi pas un yéti ? suggérai-je, ayant à l'esprit mon Homme du Monticule et sa compagne. Si, après avoir quitté Dolle, ils avaient l'un et l'autre franchi le col de Konar, ils pouvaient bien se trouver dans les parages. Et, même si je croyais assez volontiers que le yéti vivait en charognard des proies du léopard des neiges, son compagnon dans ces régions reculées, à force d'entendre les histoires racontées par les Sherpas, j'en étais également arrivé à la conclusion que le yéti n'était pas entièrement dépendant de cet animal en ce qui concernait le gibier sauvage. Nul doute que c'était aussi le cas, quoique dans une moindre mesure, de l'Homme d'Ubeidiya quand il hantait la vallée jordanienne, il y a un million quatre cent mille ans : alors même qu'il se nourrissait des restes des proies du tigre à canines en forme de sabre, il avait suffisamment de savoir-faire pour tuer par lui-même des animaux plus petits, sans l'aide du tigre.

J'avais eu l'occasion de vérifier que je pouvais m'approcher à vingt mètres du tahr peu farouche, et j'étais persuadé qu'un yéti tenaillé par la faim avait infiniment plus de patience, plus d'habileté à la traque et plus de force que moi. Comparé au yack, passablement plus robuste, le tahr ferait une proie relativement facile pour le yéti. Si, comme les Sherpas le prétendaient, les yétis pouvaient briser le cou du yack peu agile en le saisissant tout simplement par les cornes et en tordant celles-ci, alors, ils étaient capables d'en faire autant avec un tahr.

L'idée qu'un yéti fût coupable de la mort des deux tahrs surprit Bijaya, et il voulut savoir ce qui me faisait envisager pareille possibilité.

Je lui racontai l'épisode du visiteur nocturne à Donag Tsho, et lui parlai des empreintes de pas que j'avais suivies au sud du mont de cinq mille mètres. Il fut intrigué par le fait que les empreintes se dirigeaient vers les forêts de Dolle où vivent des cerfs. Je lui racontai également l'histoire du voisin de Gyalzen qui possédait des abris de pierre sous le col de Konar : si cet homme avait dit vrai, le yéti, ou plus probablement un couple de yétis, peut-être même une famille de yétis, parcouraient en ce moment même la vallée de l'Imja.

Bijaya ne se montra pas totalement sceptique. Si le yéti s'attaquait aux yacks, il ne voyait pas pourquoi il ne s'en serait pas pris aux tahrs. Gyalzen et moi avions dénombré quatre troupeaux de tahrs sur les versants situés entre Pangpoche et Namche : il s'agissait donc d'un bon terrain de chasse pour le yéti omnivore.

– Mais est-ce que le yéti existe ? demanda Bijaya avec gravité.

– Il y a bien quelque chose à l'origine de la mort de ces sept yacks à Longsampa, répondis-je.

– Un ours ?

Que le grand yéti soit en fait un ours tibétain, un animal connu pour se déplacer quelquefois debout sur ses pattes de derrière, voilà une thèse souvent avancée par ceux qui ne croient pas à son existence. Elle est commode parce qu'elle pourrait contribuer à expliquer les étranges empreintes que des gens comme moi-même ont photographiées à l'occasion et, jusqu'à preuve du contraire, elle représente une hypothèse vraisemblable.

– Fort bien, admis-je. Supposons que le grand yéti soit un ours, ce dont je doute personnellement. Cela laisserait deux questions sans réponse. Avez-vous jamais entendu dire que des ours tuent les yacks ? Je ne prétends pas que la chose ne puisse pas arriver ; je n'en sais rien, tout simplement. Et puis, que devient dans ce cas le petit yéti, le mitey ? Trop de Sherpas ont rencontré le mitey pour qu'on puisse assurer qu'il n'existe pas.

Bijaya n'avait pas de réponses précises à ces interrogations, et je n'en avais pas non plus. J'étais néanmoins curieux de savoir si la bouse de yack avait une quelconque valeur nutritive. Il pensait que non et me dit son étonnement devant cette question. Je lui parlai des bouses retournées sous les surplombs rocheux voisins du *yétiphu*, au-dessus de Macherma. Un yéti qui cherchait à se constituer une provision de bouses de yack pour l'hiver les avait-il mises là à sécher ? En aucun cas, dit-il. Les déjections étaient utilisables comme combustible ou comme engrais, mais sûrement pas comme nourriture.

Ce n'était pas tout à fait exact, car certains animaux, comme les chiens, recherchent des minéraux et des vitamines dans les fèces d'autres animaux. Un autre scientifique russe, le professeur Jeanne Josefovna Kofman, qui mena dans les années soixante des recherches sur les hommes sauvages dans le Caucase, avait découvert que c'était aussi le cas de quelques primates. Au cours de l'été 1966, des membres de son équipe de chercheurs avaient débusqué la tanière supposée d'un homme sauvage qui contenait une cache de nourriture avec, notamment, quatre boules de crottin de cheval. Les habitants de la région assurèrent que c'était une chose bien connue que les hommes sauvages sont friands de crottin de cheval. Le professeur Kofman fit la supposition que c'était en raison du sel qu'il contient.

Puisque nous avions abordé le sujet, je demandai à Bijaya si les déjections du yéti pouvaient ressembler à la bouse de yack. N'ayant jusque-là rien trouvé qui pût ressembler à des fèces de yétis, je me dis que j'avais peut-être mal cherché, qu'il m'était arrivé d'en voir, mais sous une autre forme que celle que j'avais imaginée : semblable, par exemple, à la bouse de yack. La réponse à cette question tombait sous le sens. La forme et la consistance d'une excrétion d'animal dépendent du régime alimentaire de celui-ci. Si un yéti se nourrit de la même façon qu'un yack, leurs déjections pourraient être similaires, mais cela signifierait alors que le yéti est un végétarien brouteur d'herbe et non pas un chasseur de yacks, de tahrs ou de cerfs musqués. En toute logique.

J'avais alors déjà vu Bijaya passer un collier autour du cou de Sano Kanchha et je savais qu'il serait pratiquement impossible à un cerf musqué de se débarrasser de son collier. Qui, dans ce cas, avait enlevé le collier d'Ang Maya ? Certainement pas un chacal. Un braconnier alors ? Ou peut-être un yéti ?

Notre incapacité à expliquer ces mystères était frustrante et, dans mon sac de couchage, cette nuit-là, je restai éveillé à y réfléchir et à écouter les psalmodies, le bruit des cymbales et les roulements de tambours qui parvenaient depuis la maison du jeune marié, à l'autre bout du village.

Le lendemain matin, la cérémonie du chang, qui fait partie intégrante des rites nuptiaux, était en cours lorsque nous quittâmes la maison de Nima Tenzing. Après une nuit de festivités chez les parents du jeune marié, celui-ci, les membres de sa famille et ses amis défilèrent en cortège à travers le village. Tout le monde était en grand tralala et, au terme du parcours, une grosse barrique de chang fut présentée aux parents de la mariée, devant la maison de cette dernière. Avant d'accepter le chang du jeune marié, la mère de l'épousée offrit à chacun un verre de son propre chang, et c'était seulement après en avoir bu que les invités pouvaient franchir le seuil et gravir les marches conduisant à la longue salle de séjour où le pujah du mariage allait commencer pour de bon.

Après avoir assisté à l'échange de chang, Bijaya, les Baniya et moi-même descendîmes jusqu'à Phortse Tenga où nous franchîmes la Dudh Kosi pour nous rendre ensuite au marché tibétain de Sanasa. Gyalzen était retourné la veille au soir à Pangpoche pour assister à un autre pujah, disant qu'il nous rejoindrait le long de la piste. Quand nous fûmes parvenus au chorten situé au-dessus de Trasinga, nous regardâmes en arrière et vîmes une silhouette chancelante qui grimpait dans notre direction. C'était Gyalzen, complètement éméché et qui chantait joyeusement. Le pujah de Pangpoche avait été une réussite, et s'était prolongé jusqu'à trois heures du matin. En passant ensuite par Phortse, Gyalzen avait laissé Nima Tenzing lui verser de nouvelles rasades du chang nuptial.

A Sanasa, nous fîmes une pause à la gargote à thé appartenant à l'épouse de Nima Wanchu, une femme replète, amusante, mère d'un enfant unique qui marchait à quatre pattes entre nos pieds. Elle était enceinte d'un autre. Gyalzen faillit sombrer dans le sommeil après avoir bu à nouveau du chang. La femme de Nima Wanchu avait entre-temps rempli un conteneur de plastique avec un peu de sa production maison et l'avait confié à Chet Bahadur pour qu'il le porte à son mari, sur le mont Mendalphu.

Les Baniya ne buvaient pas d'alcool. Ils avaient demandé du jus de fruits que la jeune aide sherpani de Mme Nima leur apporta dans une bouteille de plastique. Quand la bouteille fut vide, la fille la jeta par-dessus le mur, l'envoyant ainsi de l'autre côté de la piste. A travers tout Khumbu, c'était ainsi que les Sherpas traitaient le problème des ordures. Chez Gyalzen, la décharge se trouvait derrière le mur, au bout du carré de pommes de terre. Ne disposant pas de véritables jouets, Tsheden et le jeune Tyran, ou l'un des autres enfants, allaient faire leur choix parmi les objets jetés – capsules de film, vieilles batteries ou boîtes de vitamines vides – et les ramenaient à la maison pour jouer avec.

Dans tout Khumbu, la décharge de Mme Nima était pourtant la pire qu'il m'avait été donné de voir. Des fragments de plastique, de vieilles bouteilles, des boîtes de conserve vides, des feuilles de plastique, du papier d'aluminium, des tubes de pâte dentifrice, des plaquettes de pilules, et autres ordures importées d'une société de consommation où régnait l'abondance, étaient éparpillés sur le versant de montagne qui se trouvait de l'autre côté de la piste et couvraient, en aval, un impressionnant périmètre.

Bijaya et moi passâmes encore un moment en compagnie de Mme Nima, donnant aux frères Baniya et à Gyalzen une avance. Le tronçon de la piste que nous allions aborder était celui où le braconnier des cerfs musqués avait fait sa chute mortelle : nous avions donc recommandé à Chet Bahadur de prendre soin du titubant Gyalzen. Lorsque nous les rattrapâmes, une demi-heure plus tard, Gyalzen avait disparu. Nous le cherchâmes pendant plus d'une heure. L'escarpement de la gorge où coulait la Dudh Kosi était particulièrement raide. Nous revînmes sur nos pas pratiquement jusqu'à Sanasa, inspectant la pente en contrebas de la piste, mais sans découvrir la moindre trace du pontife de Pangpoche. Nous inspectâmes ensuite le flanc de montagne au-dessus de la piste et le découvrîmes allongé sur un tertre couvert d'herbe, et qui ronflait béatement. Achu Bazai fut obligé de le porter pour ainsi dire durant la demi-heure de trajet qui nous séparait du Pasang Lodge, sur le col voisin du mont Mendalphu, où nous nous arrêtâmes pour boire encore du chang et manger de la viande de yack frite. La nuit était tombée et il faisait maintenant très froid.

Pendant que nous savourions notre repas, Pasang, le propriétaire du gîte, nous raconta que, deux jours plus tôt, il avait envoyé les deux aides sherpanis que sa femme et lui avaient à leur service ramasser du bois dans la forêt, sur la rive d'en face de la Nangpo Tsangpo, la rivière qui prend sa source sous le glacier Nangpa et va se jeter, au-delà de Thame, dans la Dudh Kosi. Quand elles se retrouvèrent dans la forêt, sous Kongde Ri, les deux filles entendirent ce qu'elles crurent être le jacassement d'un yéti. Elles prirent peur au point de laisser sur place leurs dokos et s'enfuirent aussi vite qu'elles le purent, parcourant à toutes jambes les trois kilomètres de piste qui conduisaient au mont Mendalphu.

Comme nous étions convenus de retrouver au Namche Bazar Lodge Kanche qui venait de Pangpoche avec Kunga et les yacks pour le marché du samedi, Gyalzen et moi poursuivîmes notre route jusqu'au village. Lorsque, plus tard, ce soir-là, nous racontâmes l'histoire de Pasang à Sonam Girmey, le propriétaire du gîte, il ne la trouva pas du tout surprenante. C'était une chose bien connue, dit-il, que les yétis se promènent souvent dans les forêts situées sous le Kongde Ri. En hiver, ils descendent dans la vallée de Kyajo, venant des pâturages qui bordent Longsampa, à l'ouest de Macherma. Ils franchissent habituellement la Nangpo Tsangpo dans les environs de Phurte et montent jusqu'aux arêtes du Kongde Ri. Sonam Girmey nous dit aussi que le sirdar Ang Rita, originaire de Thame, avait eu un de ses yacks tué par un yéti à Bhote, près de Phurte, il y avait de cela trois ans. Bhote, assurait-il, était un autre lieu prisé par le yéti.

Mais, ce soir-là, le récit le plus étrange de Sonam Girmey avait pour héros un autre gardien de troupeaux de Thame. Un soir de septembre, quelques années plus tôt, cet homme et son fils étaient occupés à couper du foin dans les pâturages de Bhote. En avançant au milieu des hautes herbes, ils tombèrent sur la carcasse d'un tahr himalayen tué depuis peu. Incapables de résister à une pièce de viande fraîche, ils en détachèrent une cuisse intacte, la dissimulèrent sous le foin, au fond du doko du père, pour le cas où ils viendraient à rencontrer un des gardiens du parc sur le chemin du retour, puis repartirent en direction de Thame. Ils ne mirent pas longtemps à s'apercevoir qu'ils étaient suivis par un yéti qui voulait apparemment récupérer son quartier de viande de tahr. Le père se délesta du doko et retourna chez lui au pas de course avec son fils. Le plus surprenant, ajouta Sonam Girmey, ce fut que, quelques mois plus tard, le garçon tomba malade et mourut.

Le lendemain matin, nous rejoignîmes Bijaya, Nima Wanchu, le chef de la police, ainsi que d'autres fonctionnaires sur la terrasse la plus haute de la place du marché pour regarder les marchandises changer de main et les affaires suivre leur cours. Le temps était superbe et, un moment plus tard, nous dégustâmes des momos au Café du Marché avant de gravir à nouveau la colline en direction du gîte de Sonam Girmey.

Tout en sirotant un verre de chang dans la cour de devant du gîte, Nima Wanchu mentionna que l'ambassade des États-Unis avait demandé aux responsables des parcs nationaux de l'aider à retrouver une volontaire du Corps de Paix qui avait disparu pendant les vacances de fin d'année. La jeune femme, qui parlait couramment le népalais, était partie seule faire un trek qui devait la conduire au parc national de Sagarmatha. Nima Wanche avait demandé à son personnel de vérifier toutes les entrées enregistrées à la grille de Jorsalle, mais on ne trouva pas trace de la sienne.

Nous apprîmes par la suite que la jeune femme avait été vue pour la dernière fois dans le village de Manidingma où elle avait sans doute été assassinée. On avait avancé le vol comme mobile. Quelques semaines plus tard, en traversant Tenboche, lors de notre retour, nous rencontrâmes Josh, un autre volontaire du Corps de Paix qui avait été un ami de la femme portée disparue. Josh nous dit qu'elle avait sur elle peu d'argent en espèces et que le vol n'était donc pas un mobile vraisemblable. Son corps n'a jamais été retrouvé et personne, d'après les renseignements que nous avons pu recueillir, n'a jamais été accusé du crime.

Les commerçants et les propriétaires de gîtes de Namche sont connus pour être parmi les plus riches du Népal. Mais ils sont trop occupés à faire de l'argent pour réparer ou restaurer leurs édifices religieux. « Pourquoi le ferions-nous alors qu'un fonctionnaire de l'Unesco viendra un jour ou l'autre nous offrir de les restaurer à notre place ? » Un commerçant de Namche aurait fait cette réflexion à Brot Coburn, le coordinateur de la construction d'une petite centrale d'énergie hydro-électrique à Tengboche. On pouvait en déduire que gagner de l'argent était devenu plus important pour les marchands de Namche que gagner le sonam. L'évolution était de taille. Le culte du matérialisme occidental paraissait donc devoir triompher du vajra du Gourou Rimpoche, et la réalité de la magie de Sanga Dorje. Entre-temps, les édifices religieux de Namche étaient à l'abandon.

Le vieille piste conduisant à Namche passait sous un porche. On rencontre assez communément ce type de structure, appelée *kani*, aux bords des villages de Solu-Khumbu. Les murs intérieurs ainsi que le plafond du kani sont généralement recouverts de peintures représentant des figures religieuses et de mandalas. Les vieilles gens croient que ces peintures mystiques ont le pouvoir d'empêcher les mauvais esprits, qui accompagnent quelquefois les voyageurs, de pénétrer dans le village.

Le kani décrépit de Namche a un toit de tôle ondulée et ne porte pas de mandalas. Un peu plus loin se trouvent le chorten-à-l'œil-qui-voit dont le dôme est tout fissuré, deux rangées de murs de pierres votives, cinq maisons de pierre et des moulins à prières qui fonctionnent à l'énergie hydraulique, tous tombant en ruine, ornés de peintures décolorées. Les moulins à prières délaissés sont à proximité du ruisseau dont l'eau s'écoule par trois becs de bois, vers le bas du village, ou à cheval dessus. L'eau qui sert à actionner un moulin à prières est censée être pure et non polluée. Mais le ruisseau et le chemin qui passe à côté sont pleins d'ordures. Le chemin – qui avait dû autrefois être idyllique – n'est presque plus fréquenté car la Piste du Kleenex pénètre aujourd'hui dans Namche dont elle traverse la place du marché. Il n'y a pas de kani sur la Piste du Kleenex, la nouvelle artère des échanges et du commerce, ce qui pourrait signifier que les marchands sherpas sont aujourd'hui indifférents au fait que les voyageurs amènent de mauvais esprits avec eux. Les mauvais esprits font maintenant partie des bonnes affaires à réaliser.

Nous déjeunâmes d'un dal baht préparé par Chet et Beg Bahadur dans les locaux du parc national, sur le mont Mendalphu. Bien que la colline soit à cent vingt mètres au-dessus du centre de Namche, une pompe hydraulique y fait monter l'eau depuis la Dudh Kosi afin que tous ceux qui sont stationnés à flanc de coteau – police, armée et personnel du parc national – n'aient pas à descendre jusqu'aux trois becs pour chercher leur eau. En mettant en place ce système, le gouvernement a également installé une seconde pompe qui distribue l'eau en trois endroits, dans les hauts de Namche. Il y a ainsi une fontaine à côté du gîte de Sonam Girmey et une autre juste au-dessous de Pasang Lodge.

L'État a offert l'installation aux habitants de Namche qui sont de ce fait devenus responsables de son entretien. La pompe tomba en panne deux ans après sa mise en service et, depuis, personne ne l'a réparée. Ce n'est pas faute d'argent. La panchayat du village reçoit sa part de la taxe prélevée sur le marché, et celle-ci n'est apparemment pas négligeable. Sonam Girmey et Pasang sont l'un et l'autre des hommes d'affaires prospères. Outre les gîtes qu'ils exploitent, ils passent pour être parmi les meilleurs sidars d'expédition de

Khumbu, et leurs services sont très demandés. Sonam Girmey est propriétaire d'un important troupeau où se mêlent les yacks aux zoms et aux zopiaks hybrides et qu'il loue aux organisateurs d'expéditions ainsi qu'aux groupes de trekkers pour le transport de leurs bagages. Pasang a investi ses bénéfices dans un second gîte, à Luklu. Bien qu'une alimentation en eau commode aiderait beaucoup à la bonne marche des gîtes de Namche, les deux hommes ne voient pas la nécessité de supporter le coût de réparation de la pompe tant qu'il existe des Sherpanis voulant bien gravir la colline avec des jerrycans d'une contenance de vingt litres.

Dans un coin du dortoir du Namche Bazar Lodge exploité par Sonam Girmey, il y a un moulin à prières bien astiqué et peint de couleurs vives. Tous les matins à six heures, pendant notre séjour, la grand-mère se faufilait dans le dortoir et entreprenait de faire tourner le moulin tout en marmonnant des mantras. Chaque révolution de la roue déclenchait le son métallique d'une cloche qui nous empêchait de continuer à dormir. J'étais en admiration devant ce moulin à prières si bien fourbi, à la différence de ceux, délabrés, qui se trouvaient à côté du porche-kani. Et je n'avais aucun mal à comprendre que si l'on avait la chance de posséder un moulin à prières aussi amoureusement entretenu, on n'avait nul besoin de ceux qui étaient en ville et servaient à tout-venant.

Ce dimanche 31 janvier avait lieu le Super Bowl [1] à San Diego, mettant aux prises les Redskins de Washington et les Broncos de Denver. La station Voice of America avait abreuvé ses auditeurs asiatiques d'histoires en tout genre sur le folklore du football. Je m'interrogeais sur la réaction d'un fermier qui peinait dans les oueds au sud du Gange quand il apprenait qu'une place pour le Super Bowl coûtait deux cents dollars – plus que le revenu annuel d'un cultivateur indien ou népalais –, ou qu'une minute de publicité à la télévision pendant le match du Super Bowl revenait à un million trois cent mille dollars. On nous signala également que les Américains dépensent cinq milliards de dollars par an dans des centres de mise en forme pour maintenir leur tonus et éliminer les calories excédentaires que leur apporte un régime alimentaire trop riche. On nous informa enfin qu'un homme d'affaires américain avait acquis pour cent soixante-cinq mille dollars une paire de mules rouges à talons plats, taille 5B [2], que Judy Garland avait portées dans le film *The Wizard of Oz*.

1. Finale des championnats de football américain, qui se joue chaque année dans une ville différente des États-Unis *(N.d.T.)*.
2. Trente-sept français *(N.d.T.)*.

Je parvins à la conclusion que Voice of America diffusait ces bribes du Rêve américain pour convaincre les auditeurs étrangers que le meilleur camp de base d'où partir à la poursuite du bonheur ou en quête d'un meilleur niveau de vie s'appelait Libre Entreprise style ricain. Si tel était leur message, je faisais des vœux pour qu'il ne passe pas.

Ce matin-là, Gyalzen et moi mangeâmes un bol de bouillie de flocons d'avoine au petit déjeuner et emportâmes avec nous un paquet de biscuits au glucose pour notre déjeuner. Kanche, Kunga et les yacks étaient déjà retournés à Pangpoche et nous nous apprêtions à franchir la Nangpo Tsangpo pour aller voir s'il n'y avait pas trace du yéti dans les forêts situées sous le Kongde Ri. Je ne pris pas de sac à dos, laissant Gyalzen porter mes deux appareils photo et le trépied dans le sien. Bien qu'il ne fût que huit heures du matin, nous ne tardâmes pas à nous trouver pris dans un cortège animé de ramasseurs de bois sur la piste principale, à l'ouest de Thame. Il n'y en avait alors qu'une douzaine, âgés de douze à dix-sept ans. Ils criaient et s'exclamaient, laissant libre cours à leur vivacité et passant du bon temps par cette belle matinée d'hiver. Nous nous dirigions tous vers le même pont qui enjambait la Nangpo Tsampo.

Il y avait six cent cinquante mètres de dénivelé jusqu'à la rivière, incroyablement abrupt par endroits, mais les ramasseurs de bois, qui étaient maintenant plus d'une vingtaine, tous liés d'amitié et contents d'être ensemble, descendaient le long de la piste en bondissant comme des chèvres des montagnes, leur doko vide sur le dos. Nous passâmes de l'autre côté de la rivière et commençâmes à monter à travers bois vers un pâturage en forme de plateau connu sous le nom de Satarna. Un ruisseau le traversait, et il était entouré de forêts de toutes parts. Là, sous les premiers rayons de soleil, les ramasseurs de bois se rassemblèrent, dépassant largement la trentaine à présent et comptant trois filles parmi eux. Il s'agissait d'une bande plutôt bruyante et, bien entendu, tout yéti qui se respecte aurait fui leur irruption agressive. L'idée me traversa l'esprit que tout ce tapage était justement destiné à le faire fuir. Tandis que certains affûtaient leurs haches sur des pierres à aiguiser proches du ruisseau, d'autres faisaient des farces aux filles ou bien encore les taquinaient. Une chose était certaine : ils ne voulaient pas qu'on les photographie. « Pas de photo, non, non, non ! » s'écrièrent-ils quand j'essayai de regrouper quelques-uns d'entre eux pour un instantané avec le Kongde Ri comme toile de fond.

Nous les quittâmes alors qu'ils s'apprêtaient à se séparer en petits groupes et à se mettre au travail en différents lieux de la forêt. Les périmètres choisis n'étaient jamais très distants l'un de l'autre car ils se sentaient plus en sécurité à être nombreux. Nous remarquâmes que les filles préféraient travailler seules, dédaignant l'avantage d'une compagnie masculine. Nous concentrâmes notre attention sur l'arête et commençâmes notre ascention à travers une forêt de bouleaux, de rhododendrons et d'épicéas, avec çà et là des fourrés de bambous. Tout en montant, nous continuions d'entendre, loin audessous de nous, les cris des bûcherons et le bruit de leurs haches.

Une épaisse couche de neige recouvrait le sol là où la forêt prenait fin, et nous y trouvâmes des empreintes laissées par des tarhs, des cerfs musqués, des hommes ou des primates. En quittant la forêt, autour de quatre mille mètres d'altitude, nous pénétrâmes dans une zone d'épaisses broussailles où nous vîmes des empreintes plus précises menant à un abri de pierre. Au-dessus se trouvait un endroit propice à faire un nid et où, sur une surface de deux mètres carrés, les broussailles rabougries avaient été aplaties. Il n'y avait aucun moyen de déterminer la nature de l'animal qui avait laissé les empreintes effacées ou fait ce nid. Sur le côté sud de l'arête, Gyalzen avait repéré deux tahrs sur une paroi rocheuse, mais les tahrs ne nichent pas. Les léopards des neiges et les yétis sont censés le faire mais, à mon sens, ces broussailles rabougries étaient trop vigoureuses pour avoir été aplaties par un gros félin, ou même par une famille de gros félins. Je cherchai des touffes de poils et des déjections, mais en vain.

Plus nous montions, plus la pente devenait raide. Nous ne parvenions plus à entendre les bûcherons. A quatre mille cinq cents mètres, alors que la prise de pied n'était plus sûre, nous nous arrêtâmes et posâmes notre trépied. Nous avions une vue panoramique de Namche, Khumjung, Phurte, la vallée de la Kyajo, la vallée de la Nangpo, l'Ama Dablam, l'Everest et les cimes jumelles de Nuptse-Lhotse. Avant que nous ayons eu le temps de bien observer tout ce qui nous intéressait, les nuages se mirent à monter autour de nous et nous fûmes obligés d'entamer notre descente.

La forêt était à présent paisible, les bûcherons ayant pris le chemin du retour. Mais, en empruntant un sentier latéral, nous pûmes prendre la mesure du massacre. Des centaines de souches d'arbres qui venaient d'être coupés parsemaient le flanc du coteau et les arbres abattus étaient là, étalés sur le sol couvert de feuilles, tels des cadavres. La technique consistait à pratiquer à la scie une entaille circulaire dans le tronc d'un arbre et à la laisser. Les arbres finissaient par montrer des signes de mauvaise santé et, une fois que leur état avait empiré, il était possible de les abattre plus ou moins légalement.

Le massacre des arbres est interdit par le règlement du parc national et celui du département des Eaux et Forêts. Le personnel du parc et la police militaire chargée d'y patrouiller sont censés le faire respecter. Mais, parce qu'elle est assez inaccessible, la forêt de Kongde ne reçoit pas souvent leur visite. Nous avions vu par terre de nombreux arbres abattus par le vent, et que les ramasseurs de bois sont autorisés à emporter. Mais, s'ils sont restés au sol trop longtemps, les arbres abattus par le vent pourrissent et ne donnent pas un bois à brûler de la même qualité que celui des arbres dans le tronc desquels une entaille circulaire a été pratiquée.

Quand nous arrivâmes à Satarna, il n'y avait sur le pâturage que deux couples de faisans. Nous étions à présent sous un couvercle de nuages et, à quinze heures trente, tout ce gris nous parut oppressant. Nous nous arrêtâmes pour nous reposer et manger les biscuits au glucose, assis sur l'herbe, au bord du ruisseau. Tandis que les nuages s'amoncelaient autour de nous, je repensai à ce qui avait effrayé les deux aides sherpanis du Pasang Lodge. Ayant vu les bûcherons à l'œuvre, je me dis que ces deux filles avaient été les innocentes victimes d'une blague imaginée par ces jeunes gens. C'était le genre de niche qui les ravissait.

Les bûcherons partis, cette atmosphère paisible, la proximité des nuages, l'abondance du gibier, le refuge constitué par la forêt et les précipices voisins, tout cela faisait de Satarna le cadre idéal pour le yéti.

– Tu ne sens pas la présence du yéti ? demandai-je à Gyalzen en plaisantant, pour voir sa réaction.

Il promena son regard autour de nous. « Où ça ? répondit-il.

– Derrière. » Je montrai du doigt, en direction de l'ouest, la lisière de la forêt où commençait un sentier parcouru par deux faisans. Gyalzen se troubla.

– Allons, Père, il est temps de rentrer, me dit-il sur un ton qui essayait d'être persuasif.

N'était la présence quotidienne des bûcherons, je serais resté avec plaisir à Satarna une semaine ou même davantage. Charles Stonor, qui avait précédé en 1954 l'expédition du *Daily Mail*, n'avait pas fait autre chose. Accompagné d'un guide, il avait franchi la Nangpo Tsampo et campé deux nuits pas loin de l'endroit où nous nous trouvions. A cette époque, le pâturage de Satarna était déserté d'octobre jusqu'en avril, le mois qui voyait le retour des troupeaux de yacks. Sous les falaises du Kongde Ri, au milieu des broussailles vert cendré, Stonor trouva des empreintes passablement effacées qui mesuraient en moyenne 25,4 centimètres de long et 12,8 centimètres de large. Elles remontaient à plusieurs jours mais son guide et lui eurent la conviction qu'elles avaient été laissées par un yéti.

Gyalzen était maintenant pressé de repartir, souhaitant arriver à Namche avant la tombée de la nuit.

Suggérant malicieusement que nous pouvions nous attarder encore un peu, je lui rappelai que, pour une fois, nous nous déplacions sans bagages.

– Mais le yéti se déplace aussi sans bagages, répondit-il.

Nous vîmes un cerf musqué en descendant vers la rivière. Sur la rive gauche, le chemin qui devait nous conduire jusqu'à la piste menant à Thame était tortueux, difficile à gravir même sans sac à dos. A un moment donné, il me fallut utiliser deux crampons pour me hisser sur le rebord suivant. Mais les bûcherons, avec trente kilos de bois coupé dans leurs dokos, suivaient ce même itinéraire pratiquement chaque jour. Nous rencontrâmes les premiers d'entre eux, assis autour d'un petit feu de bois, sous un surplomb rocheux, près de l'endroit où l'on franchit la rivière. Ils avaient calé leurs dokos en bordure du sentier, et fumaient des cigarettes népalaises bon marché tout en jouant aux cartes. Nous passâmes à côté de deux autres groupes qui jouaient aux cartes et expulsaient des bouffées de fumée de cigarette avant de parvenir aux premiers pâturages en terrasses proches de Phurte où se reposaient la plupart des membres du groupe. Fatigués et moins bruyants que le matin, ils continuaient pourtant à rire et à plaisanter avec les filles.

Il faisait nuit lorsque nous arrivâmes au PK Lodge où nous fîmes une halte pour boire un verre de raksi. Brot Coburn, que certains Sherpas appelaient « le magicien hydro-électrique de Tengboche », était passé par là plus tôt dans la journée pour installer chez Pasang Kami le premier four à micro-ondes de Namche. Comme Sunderay, Pasang Kami me dit qu'à son avis on ne pouvait pas voir le mitey. « Il est trop semblable à un dieu », ajouta-t-il.

Je ne sais pas ce que PK voulait dire au juste par là. Avait-il le sentiment qu'un étranger comme moi n'était pas un authentique croyant et se trouvait par là même dans l'incapacité de voir les gardiens des cachettes des dieux ? Ou bien essayait-il de me dire gentiment autre chose ? Son message aurait bien pu être en réalité le suivant : « Ne dérange pas le yéti. Nous avons du respect pour lui, et nous souhaitons vraiment qu'on le laisse tranquille. »

Le lendemain matin, nous retournâmes à Pangpoche pour nous préparer à monter à l'assaut du Lho La, le col à six mille mètres d'altitude par lequel on accède au Tibet et qui se trouve au nord du camp de base de l'Everest.

20

Des lumières à l'ombre de l'Everest

Nawang Tenzing Jangpo, un sage aux manières affables, est considéré par certains comme un « lama de la renaissance » en raison de ses idées modernes dans un pays où les choses ont assez peu évolué depuis l'époque de Gengis khan.

Il y a quelques années, l'Abbé Jangpo décréta que son monastère avait besoin de l'électricité. Autrement, pensait-il, « nous ne pourrons pas attirer de jeunes bouddhistes qui viendraient y faire leurs études. Comment, sans électricité, pourrions-nous soutenir la concurrence des lumières de Katmandou [1] ? »

Mais les projets de centrales d'énergie hydro-électriques reviennent cher, et l'abbé de Tengboche n'avait pas de caisses occultes où puiser, ni de coffre rempli d'un trésor de guerre en roupies. Les communautés monastiques ne sont pas des institutions riches. Elles dépendent pour leur bien-être et leur fonctionnement des contributions des croyants ainsi que d'autres personnes charitables.

Il n'empêche que l'abbé était résolu à faire jaillir la lumière électrique à l'ombre du mont Everest. Comme si leur visite avait été commandée par un décret céleste, un jour de 1985, une équipe d'ingénieurs suisses se rendit au monastère afin d'y mener pour le compte de l'abbé une étude sur les possibilités de réalisation d'un tel projet. Les ingénieurs trouvèrent que le Phunki Dangka, un torrent de montagne qui reçoit l'eau de fonte des neiges du Kangtaiga, était capable d'actionner une turbine de vingt kilowatts, modeste mais pouvant suffire à l'électrification de Tengboche. Le seul ennui, c'est que l'installation coûterait cent trente mille dollars.

1. C'est Broughton Coburn qui m'a rapporté cette réflexion de l'abbé.

Durant les vingt années où il avait été intendant de Rimpoche et avait géré les affaires de Tengboche, l'Abbé Jangpo avait fait du monastère le centre culturel et spirituel du pays sherpa. Il redonna vie à l'école du monastère où les novices devinrent plus nombreux qu'ils ne l'avaient jamais été, construisit un musée sherpa et, en raison de l'intérêt qu'il prenait aux beaux-arts, encouragea une nouvelle génération de peintres naïfs à s'installer là, parmi lesquels les thawas Phurba Sonam, Tukten Ishy et le jeune Tinly Lhundub Sherpa. Il est également bien connu des chefs des expéditions d'alpinistes qui traversent la région et qu'il invite toujours à dîner, bénissant leur entreprise. De temps à autre, il va voir certains membres des groupes de trekking qui campent sur le terrain du monastère pour discuter avec eux de la situation politique dans leur pays et se tenir ainsi au courant de ce qui se passe dans le monde, au-delà de l'Himalaya.

Bien qu'il assure avec fierté n'être rien d'autre qu'un humble savant, son influence est grande dans le domaine religieux. Quand le roi du Népal, qui est hindouiste, a besoin d'un conseil dans un domaine où sont impliqués ses sujets bouddhistes, c'est à l'Abbé Jangpo qu'il s'adresse. Si le supérieur de Tengboche lui fait une suggestion, le roi ne manque jamais d'y prêter une oreille attentive.

Le monastère de Tengboche avait été fondé soixante-quinze ans plus tôt par le prédécesseur de l'Abbé Jangpo, l'Abbé Chatang Chotar. Ce dernier avait alors agi avec l'aval de l'abbé de Rongbuk, sur le versant tibétain de l'Everest, à quarante kilomètres de là à vol de coq des neiges. A cette époque-là, les moines faisaient le voyage de trois jours entre les deux monastères en franchissant le Lho La, le col situé à six mille mètres d'altitude. L'itinéraire était relativement sûr mais aujourd'hui, à cause du recul des glaciers, seules les expéditions d'alpinistes les mieux équipées peuvent passer par ce col. On assure toutefois que les yétis migrateurs continuent de l'emprunter.

Bien que de création assez récente, le monastère de Tengboche a supplanté son homologue situé sur la face nord de l'Everest. Cela parce que Rongbuk fut détruit par les Chinois dans les années soixante. Il a été reconstruit depuis, mais ne retrouvera jamais son hégémonie spirituelle tant que le Tibet restera sous la domination de Pékin. La pratique du bouddhisme au Tibet est maintenant soumise aux caprices des commissaires du peuple chinois qui nomment les abbés en fonction de leurs mérites politiques plutôt que religieux et qui, de toute façon, ont interdit la recherche des *thulkus* réincarnés.

Associée à ses idées progressistes, la fidélité de l'Abbé Jangpo aux méthodes bien établies de l'enseignement du bouddhisme avait fait de Tengboche l'héritier de la grande tradition monastique de Rongbuk. C'est aujourd'hui l'un des deux seuls monastères qui célèbrent Mani Rimdu, dont le rituel a pris naissance à Rongbuk, et le fait que l'Abbé Jangpo tienne à maintenir cette célébration à son niveau de perfection et à lui donner toujours plus d'éclat lui a assuré une réputation internationale. Les moines de Tengboche ont été invités à deux reprises à présenter leurs danses au Japon.

Sitôt que l'on s'engage sous le kani de Tengboche, on perçoit l'aura du site, un lieu où l'homme faisait sans doute ses dévotions longtemps avant que le monastère fût édifié. On a le sentiment d'entrer dans une impressionnante cathédrale en pleine nature, entourée par les sommets enneigés du Kantaiga, du Tramserku, de l'Ama Dablam et du Taboche, tandis que les remparts de Lhotse et de Nuptse protègent les abords de l'Everest, à l'extrémité nord de la vallée.

Le kani est orné des habituelles peintures à thèmes mystiques et d'une rangée de divinités bienveillantes qui gardent à l'écart des mauvais esprits. A côté se trouve le chorten de l'Édification Suprême, une réplique de celui de Rongbuk. Le gompa peint en ocre, pièce centrale du monastère, se dresse sur une éminence au-delà du chorten, véritable joyau au milieu de cette cathédrale naturelle.

Tengboche recèle les ombres des siècles passés. Traverser sa cour, c'est comme remonter dans le temps de plusieurs centaines d'années. Il va sans dire que quelques concessions ont été faites au XXe siècle. Les moines à robe pourpre portent aujourd'hui des anoraks teints en pourpre et des chaussures de jogging à la dernière mode. Ils ont aussi des montres à affichage numérique et des lecteurs de cassettes qui fonctionnent avec des piles. Le gong logé dans le haut portique qui domine la cour, et dont les coups marquent le début et la fin de chacune des journées des thawas, est en fait une bouteille d'oxygène. Et la cour privative de la résidence de l'abbé est jonchée de tout un matériel de cuisine provenant d'expéditions passées.

Ces concessions mises à part, la vie de tous les jours a peu changé depuis l'arrivée des premières tribus sherpas dans la région du Khumbu, au milieu du XVIe siècle. Dans la vaste cuisine commune du monastère, les chevrons sont couverts de suie à cause du feu allumé dans le foyer tout au long de la journée. Le bois à brûler est récolté dans les forêts environnantes.

Soixante moines sont à demeure au monastère, mais l'endroit est visité chaque année par plus de six mille trekkers. L'Abbé Jangpo les autorise à camper dans le pâturage à yacks qui s'étend devant la bâtisse. Ils disposent aussi des trois gîtes en bordure du terrain communal, et dont l'un appartient aux moines qui se chargent de son exploitation.

La campagne menée par l'abbé pour obtenir un soutien financier pour son projet de centrale d'énergie hydro-électrique prouve à quel point il peut faire preuve d'astuce. En contrebas du monastère, perché sur son sommet boisé à une altitude de trois mille huit cent soixante-dix mètres, se trouvent quelques-unes parmi les plus belles forêts de bouleaux, de rhododendrons et de sapins qui subsistent dans Khumbu. La faune sauvage y est si abondante – et cela partout – que l'Abbé Jangpo a envisagé de construire des affûts pour les louer aux trekkers et assurer ainsi des revenus supplémentaires au monastère.

« Malheureusement, devait-il écrire dans une lettre adressée à l'administration de Katmandou, les arbres des forêts qui entourent le monastère et qui couvrent les pentes en contrebas sont en train d'être abattus à un rythme de plus en plus rapide, le bois à brûler étant jusqu'ici le seul combustible utilisé pour faire la cuisine dans la région.

« Nous nous sommes toujours montrés respectueux de la forêt et nous avons fait tout ce qui était en notre pouvoir pour économiser le bois à brûler. Mais on voit de plus en plus de villageois de Kunde et de Khumjung venir se servir dans les forêts d'ici. »

Il suffit de se promener dans les forêts qui prennent naissance sur les rives de la Phunki et de l'Imja Khola pour constater que les arbres sont en train d'y devenir clairsemés. Des souches, à la fois anciennes et récentes, y sont visibles en nombre, comme autant de pierres tombales, et l'on continue d'entendre quotidiennement le bruit que font les bûcherons en maniant leur hache, malgré l'interdiction de toucher au bois vert.

Voilà le problème d'une actualité brûlante dont prit prétexte l'Abbé Jangpo dans sa recherche d'un financement. Les conséquences de l'érosion en montagne, due à la déforestation, entraînent d'autres dégâts en aval. Les sédiments arrachés aux versants mis à nu de la montagne, et qui se retrouvent dans le réseau des rivières himalayennes, détruisent les terres cultivables et les habitations des plaines. Si, à tout le moins au monastère, on pouvait faire la cuisine à l'électricité, les besoins en bois à brûler seraient notablement réduits, la forêt autour de Tengboche serait sauvée, et il n'y aurait plus d'érosion.

« En fait, dit-il, on n'aurait plus besoin ici de bois à brûler que pour un usage épisodique et individuel : celui des moines dans leurs habitations. Un très petit pourcentage de l'ensemble, en somme. »

Tel était l'« argument » de l'Abbé Jangpo, mais sa préoccupation essentielle était d'offrir le courant électrique aux moines afin qu'ils puissent étudier et réciter leurs prières en y voyant clair, et aussi de pouvoir gagner de nouvelles recrues à la vie monastique afin de garantir à Tengboche un développement continu.

La requête de l'Abbé Jangpo fut soumise au Conseil du roi Mahendra. L'un des principaux objectifs du Conseil est de promouvoir le développement de sources d'énergie alternatives à coût réduit pour diminuer la consommation de bois à brûler.

Le Conseil du roi Mahendra fournit le capital de base nécessaire au démarrage du projet et recueillit le reste de la somme auprès de l'American Himalayan Foundation, présidée par un juge de San Francisco, Richard Blum, dont l'épouse avait été maire de cette ville. Les travaux commencèrent sur le chantier de Phunki Drangka à l'automne 1987, après la traditionnelle cérémonie inaugurale du *serkim*, animée par les moines qui se tenaient sur le sommet où se dresse le monastère. Ceux-là récitèrent des prières, jetèrent du riz dans la gorge en contrebas et jouèrent une musique cacophonique pour exhorter les dieux à envisager favorablement le projet.

Comme il n'y a pas de routes dans la région de Khumbu, tout ce que reçoit Tengboche y est nécessairement apporté à dos d'homme ou de yack, à moins, bien entendu, que ce ne soit à bord de l'un des rares hélicoptères que compte le Népal. Peu après la cérémonie du serkim, des segments de six mètres de long de canalisations, de conduits, de rouleaux de fil et de matériel de construction pour la centrale préfabriquée commencèrent leur progression sinueuse le long des sentiers périlleux jusqu'au chantier de Phunki, situé trois cents mètres plus bas que le monastère. Le matériel était transporté depuis la piste d'atterrissage de Lukla par des porteurs qui transpiraient et grommelaient. L'opération était un cauchemar pour l'expéditeur. Le fait qu'une douzaine de porteurs aient réussi à soulever le générateur pesant trois cents kilos sur la passerelle étroite et branlante suspendue au-dessus de l'Imja Khola fut considéré comme un exploit logistique majeur.

Ce fut Broughton Coburn, ancien volontaire du Corps de Paix et diplômé de Harvard, qui fut chargé de la surveillance du chantier. Il connaît l'Abbé Jangpo mieux que tout autre Occidental. « C'est un battant, un bâtisseur d'empire, a-t-il dit un jour à son propos. Vous pouvez être en train de discuter de questions théologiques avec lui quand, tout à coup, il demande : " Qu'est-ce qui fait voler un avion ? " Il y a là de quoi vous désarçonner. »

Parce qu'il parlait couramment le sherpa-ka et qu'il était au fait de l'enseignement bouddhiste, Coburn, trente-sept ans, originaire de Seattle (Washington), devint l'un des confidents les plus proches de l'Abbé Jangpo. Ce dernier mit à sa disposition un appartement dans le monastère même. Les moines l'appellent Brot. Assisté par Ang Kanchi, une Sherpani auxiliaire médicale autodidacte, dont le frère est le comptable du monastère, Brot enseigna à quelques moines les rudiments de l'ingénierie électrique.

Vers la mi-janvier, Gyalzen et moi n'avions pas encore visité le chantier de la centrale hydro-électrique, bien qu'ayant plus d'une fois vu passer sur la piste qui monte depuis Lukla les porteurs chargés des canalisations. La piste partant du sommet de Tengboche descend à travers la forêt jusqu'à un campement de construction où nous trouvâmes Brot en train de mettre au courant l'Abbé Jangpo des derniers progrès du chantier. L'Abbé Jangpo était accompagné de l'abbé du monastère de Tragsindo dans la région de Solu, et ce dernier, apparemment jaloux du projet en cours, se demandait comment il pourrait amener le gouvernement népalais à doter son propre monastère d'une centrale semblable.

En compagnie des deux abbés, de l'ingénieur chargé du projet et du Lama Dorje, le contremaître, nous fîmes le tour du chantier, écologiquement très sain et d'une propreté miraculeuse. A propos de miracles, le Lama Dorje nous montra la poutre transversale à l'intérieur de la petite bâtisse préfabriquée : elle avait disparu au cours du transport mais, une nuit, pendant que les ouvriers dormaient, elle fut posée à sa place mystérieusement et comme par enchantement, sans que personne n'entende rien.

Le Lama Dorje, qui vient du village de Ghat, voisin de Lukla, est un homme charismatique. Ce religieux assez dur mais toujours plein d'entrain portait sur son bonnet de laine un insigne à l'effigie du dalaï-lama. Tout au long de l'hiver, il supervisa une équipe de quinze maçons, soudeurs et menuisiers qui construisaient la centrale hydro-électrique, le réservoir et la canalisation. Les moines furent volontaires pour assurer la main-d'œuvre. Ils apprirent également de Brot et Ang Kanchi comment faire les installations électriques du monastère et des gîtes fréquentés par les touristes.

L'eau destinée à actionner la turbine de vingt kilowatts tombe en cascade des glaciers suspendus du Kangtaiga, également appelé Montagne-Selle parce que son sommet évoque une selle de combat tibétaine. L'eau s'engouffre dans une canalisation longue de deux cent dix mètres qui la déverse dans un réservoir conçu pour empêcher les surtensions de courant de provoquer une panne de la turbine. Un tuyau d'acier long de trois cent dix mètres transporte ensuite l'eau en aval, jusqu'à la centrale, à partir de laquelle elle est restituée au Phunki Drangka.

Un ouvrier sherpa qui transportait des pierres depuis la carrière, de l'autre côté du torrent, et allait du réservoir jusqu'à l'endroit où l'eau était captée, me fit un large sourire tout en me montrant du doigt une caverne à la base de la falaise qui monte vers le sommet de Tengboche. « *Yétiphu* », dit-il.

Nous retournâmes au campement des ouvriers où l'on nous servit un déjeuner et du thé au lait. L'Abbé Jangpo parla lui aussi du *yétiphu* comme d'un lieu autrefois fréquenté par l'animal. Il dit qu'on connaissait toujours avec précision le moment où le yéti était passé par là parce que la caverne sentait alors mauvais pendant plusieurs jours, particulièrement à l'endroit où il avait uriné. Mais, à sa connaissance, l'animal n'y était pas revenu depuis des années.

Gyalzen et moi visitâmes la caverne. Dans le couloir creusé dans le rocher et qui y conduisait, une douzaine de tahrs broutaient les buissons. Il y avait en fait deux cavernes dont l'une était la plus vaste que j'aie vue jusque-là. Aucune mauvaise odeur, toutefois, et rien qui indiquât le récent passage d'un yéti, mais seulement des monceaux de déjections de yacks.

Nous remontâmes au sommet et prîmes le thé au Gompa Lodge avec Nang Wasser, le gérant du gîte. Il nous dit qu'on avait vu des empreintes fraîches de yéti à Macherma il y avait de cela environ une semaine. Mais, quand nous essayâmes d'obtenir de lui une indication de temps plus précise, il mentionna le jour où nous avions quitté Macherma et nous étions certains que, ce jour-là, les pâturages environnants ne présentaient pas d'empreintes fraîches.

Nang Wasser était originaire de Khumjung, mais sa famille possédait des pâturages à yacks à Macherma où, enfant, il avait passé tous ses étés. Il nous raconta que, huit ans plus tôt, l'un des yacks de sa famille avait été tué par un yéti sur les auteurs proches du « village du yéti ». Nous lui demandâmes comment il savait que c'était un yéti. Parce que, répondit-il, il avait vu les empreintes que celui-ci avait laissées autour de l'animal mort. Il précisa, geste à l'appui, que chacune de ces empreintes était aussi longue que son avant-bas, et qu'elle mesurait facilement quarante centimètres. Il dit enfin qu'il avait vu la « toilette du yéti », désignant par là les selles de l'animal. Celles-ci, à l'en croire, étaient *blanches* et sentaient très mauvais.

La construction de la centrale et les installations électriques furent terminées en avril 1988. Les cinq années de persévérance de l'Abbé Jangpo avaient apparemment porté leurs fruits. Outre ses obligations d'ordre religieux, il présidait une commission de trois membres chargés de déterminer le débit d'électricité qui fournirait le courant aux gîtes ainsi qu'aux moines dans leurs appartements privés. La commission fixa à cent cinquante roupies par mois (six dollars) le prix à payer pour chaque installation électrique. Les gîtes ont chacun cinq installations à faible consommation en watts, si bien que leur facture mensuelle se monte à sept cent cinquante roupies (trente dollars). Selon Brot, le fonctionnement d'une lampe à kérosène revient à huit cents roupies par mois. Les moines, très attentifs aux questions d'argent, n'ont donc pas tardé à apprécier les avantages de l'électricité.

Brot installa également un commutateur automatique qui, pendant les heures creuses, détournait l'électricité vers des cuisinières à haut voltage. Mais, comme chacune de ces cuisinières consomme entre cinq et sept kilowatts, leur nombre se limite impérativement à quatre pour Tengboche. La capacité génératrice de la centrale elle-même se trouvait limitée par la quantité d'eau fournie par le Phunki Drangka; et les ingénieurs suisses avaient fait le calcul que, même s'il est alimenté par toute la neige du Kangtaiga, le Phunki ne saurait produire une énergie de plus de vingt kilowatts sur une base de calcul annuelle. On ne pouvait donc allumer les lumières à Tengboche que de dix-huit heures à vingt heures tous les soirs, intervalle durant lequel il n'y avait pas suffisamment de puissance électrique pour les cuisinières ni, bien entendu, pour les chaufferettes.

Le bois à brûler utilisé pour faire la cuisine et pour se chauffer continue, évidemment, à provoquer la disparition d'une grande partie des arbres des forêts. Mais des lumières avaient brillé à l'ombre de l'Everest et l'événement fut salué comme une modeste contribution à la protection des forêts de la région de Khumbu.

Toutefois, les dieux n'étaient, semble-t-il, pas satisfaits car, au lieu de faire scintiller la lumière à l'ombre de l'Everest, la centrale de Tengboche y apporta cendres et désolation. Neuf mois après son inauguration officielle, le monastère brûla de fond en comble. J'appris la nouvelle de la bouche de Tashi Jangbu Sherpa, qui dirige l'Everest Trekking à Katmandou. Le 29 janvier 1989, je pénétrai dans le Bar national à Chamonix, et j'eus la surprise de rencontrer Tashi dans ce lieu de ralliement des alpinistes du monde entier. Il me dit qu'il se trouvait là pour la réunion annuelle du comité himalayen du Club alpin français. Le trouvant triste et abattu, je lui demandai si quelque chose n'allait pas. Il me dit qu'il venait d'apprendre une terrible nouvelle. Il arrivait tout juste du bureau de poste de Chamonix où il avait appelé Katmandou : on lui avait alors annoncé que, la nuit précédente, un incendie avait détruit le monastère de Tengboche. Il n'y avait eu ni morts ni blessés, mais tout ce qui se trouvait à l'intérieur du monastère – les reliques et les statues inestimables, les masques et les costumes de Mani Rimdu ainsi que les centaines de volumes de textes religieux – était perdu à tout jamais.

« C'est une tragédie à l'échelle nationale », ajouta-t-il, au bord des larmes.

Je lui demandai s'il connaissait la cause du sinistre, tout en devinant la réponse qu'il allait me faire. « Un court-circuit », dit-il. Il n'eut pas besoin de préciser qu'en raison d'une installation défectueuse – qui avait provoqué pour la culture sherpa une perte comparable à la disparition de la bibliothèque d'Alexandrie, ravagée par un incendie en 641 de notre ère –, le progrès dans Khumbu et avec lui la protection des forêts avaient reculé d'un siècle.

21

Snowbird largue ses ordures

Le degré de pollution du camp de base de l'Everest, trente-cinq ans après la conquête du plus haut sommet du monde par Sir Edmund Hillary et Sherpa Tenzing Norkey, est un scandale écologique majeur. Cela dit, la saleté qu'on y trouve ne constitue pas une menace pour les vies humaines – autrement dit, personne n'est susceptible d'en mourir – et ses effets sont limités, comparés à ce que la déforestation de l'Himalaya fait subir chaque année à des millions d'individus. La confrérie des alpinistes, composée d'hommes et de femmes manifestement persuadés que leurs conquêtes personnelles comptent plus que de préserver l'intégrité d'un site naturel unique, donne là un exemple de mépris plein d'arrogance envers la nature.

Entre aussi en ligne de compte la négligence des autorités népalaises qui, en fait, exigent des expéditions qu'elles nettoient leurs camps de base avant leur départ. Cette stipulation figure par écrit sur les permis d'alpinisme délivrés à chaque chef d'expédition. L'ennui c'est que le gouvernement népalais n'a aucun moyen de la faire appliquer. Le personnel compétent du parc national est trop peu nombreux, et les officiers de liaison désignés par le gouvernement pour accompagner les expéditions jusqu'à leurs camps de base respectifs vont rarement plus loin que Namche Bazar, où le séjour comprend, entre autres agréments, un logement confortable, une bonne nourriture, et la lumière électrique pour jouer aux cartes, le soir.

Quand les autorités se voient finalement forcées d'agir, et cela ne manque pas d'arriver, les alpinistes, de leur côté, maugréent contre ce qu'ils considèrent comme d'inutiles restrictions de leurs droits et de leur liberté alors qu'en fait ils sont seuls à blâmer, car ils ont provoqué ces restrictions par leur propre inconduite. Il a déjà été discuté de la mise en place d'un système de dépôt de cautions, remboursables si le camp de base est propre au moment du départ de l'expédition. En décembre 1986, les membres d'un séminaire sur la protection de l'environnement himalayen qui se tenait à Katmandou s'efforcèrent de jeter les grandes lignes d'une politique écologique dont les groupes d'alpinistes seraient tenus de respecter les dispositions. Mais ils ne parvinrent à prendre aucune mesure concrète.

Il faut avoir vu le décor du camp de base de l'Everest pour l'apprécier à sa juste valeur. A cinq mille trois cent cinquante mètres d'altitude, il occupe une position précaire au milieu des collines d'éboulis et des gendarmes de glace qui se dressent sur le plancher du vaste glacier de Khumbu. Il ne fait pas de doute qu'un camp de base est un intrus assez importun dans un monde d'âpres désordres et de bouleversements occasionnés par la puissance d'innombrables tonnes de glace compacte qui glissent inexorablement le long de la pente d'une vallée escarpée, couverte de cicatrices, où, à certains moments, le silence est tel que vous pouvez entendre le battement de vos cils et où, l'instant d'après, le vent se lève avec une telle intensité que vous croiriez entendre un express en train de s'engouffrer dans un tunnel, et où les avalanches entraînent à grand fracas des pans de montagnes quatre fois hautes comme la tour Eiffel.

Étant proche du sommet du glacier, le camp de base se trouve au centre du plus grand amphithéâtre naturel du monde, avec les champs de glace suspendus de Nuptse d'un côté, les remparts de Pumori de l'autre et, entre les deux, la chute de glace de Khumbu, qui descend, tel un escalier de cristal, du Cwm occidental. Au sud se profilent les silhouettes des cimes de Taboche et de Tshola. L'Everest, qui, d'après les derniers calculs, a huit mille huit cent soixante-trois mètres de hauteur, est caché à la vue, lorsqu'on est au camp de base, par le contrefort ouest, qui s'élève jusqu'à sept mille deux cents mètres.

Gyalzen et moi nous étions rendus au camp de base pour faire une reconnaissance et, si possible, franchir le Lho La, le col qui fait face à la chute de glace de Khumbu. Le Lho La était autrefois le chemin le plus direct pour aller du monastère de Tengboche à celui de Rongbuk, et les moines de Rongbuk avaient dit aux membres des premières expéditions britanniques qu'une famille de yétis vivait non loin du front du principal glacier de Rongbuk. Plusieurs expéditions avaient naguère trouvé des empreintes de yétis autour des tentes de leur camp de base. Les alpinistes faisant partie de l'une d'elles, qui venait de Pologne, avaient suivi une double série d'empreintes jusqu'à la coulée de rochers, à la base du Lho La. Gyalzen me dit que c'était logique puisqu'il était bien connu que le yéti franchissait le Lho La dans les deux sens.

Nous montâmes jusqu'à mi-parcours, mais fûmes obligés de renoncer après avoir manqué d'être renversés par des rochers qui tombaient. Nous ne trouvâmes pas d'empreintes et en arrivâmes à la conclusion que le Lho La était en ce moment impraticable, sauf pour les expéditions d'alpinistes supérieurement équipées. Cela parce que le glacier du Lho La avait si décisivement reculé au cours des cinquante dernières années que ce qui avait autrefois été une pente tout en douceur est à présent un mur quasi vertical, avec des surplombs de glace oscillants et des séracs brisés sur le point de tomber en cascade d'une hauteur de sept cents mètres.

Accompagnés de Pasang Tshering, de Mingma Yangtse et de deux Sherpanis de Pangpoche qui faisaient office de porteurs et dont l'une était la belle-sœur de Sunderay, nous étions partis la veille de Lobuche et avions atteint le camp de base trop tard dans l'après-midi pour pouvoir nous livrer à une quelconque exploration. Le point de rassemblement pour des centaines d'ascensions épiques était abandonné pour la durée de l'hiver et, en ces premiers jours de février, nous avions le site pour nous seuls et pour deux chiens errants qui nous avaient suivis depuis Lobuche. Nous avions eu à peine le temps de dresser nos tentes et de faire cuire le dal bhat du dîner avant la tombée de l'obscurité. Mais, quand je sortis de sous ma tente le matin, j'eus une mauvaise surprise.

Je l'avais fait à quatre pattes, et la première chose qui m'accueillit fut une bande de tissu gelée. J'avais posé la main dessus par hasard. Je la ramassai et, en l'examinant de plus près, je m'aperçus que c'était une serviette hygiénique usagée. Je découvris ensuite des tas de papier toilette ayant déjà servi. Autour de ma tente, je comptai aussi par vingtaines les piles, les emballages de pellicule Kodak et autres ordures portant des marques de fabrique. Il y avait également des médicaments délivrés sur ordonnance et qui étaient encore dans leurs boîtes, ainsi qu'une large palette de fèces humaines. Bien que d'autres avant moi eussent planté leurs tentes sur la plate-forme plate d'éboulis où se trouvait à présent la mienne, tout le périmètre qui l'entourait était une décharge, au sens propre du terme : puante, dégoûtante et, une fois que le soleil eut commencé à faire fondre la glace, donnant ainsi naissance à de petits ruisseaux d'eau contaminée par les fèces, potentiellement dangereuse pour la santé.

Mais ce n'était qu'un début. Un peu plus loin, des boîtes de conserve et des bouteilles, des conteneurs de plastique, des tuyaux, des boîtes de métal, des boîtes de carton, des caisses de bois à claire-voie et une bouteille d'oxygène étaient éparpillés ici et là comme si l'endroit avait servi de champ de bataille. Je m'attendais presque à ce que des mines terrestres explosent en observant ce méli-mélo de déchets. En fait, un moment plus tard, je ramassai ce que je crus être, après examen, une pile morte, et je la jetai. Mais ô surprise! En heurtant la glace, elle se mit à fumer puis explosa, m'occasionnant une belle frayeur. Seules les caisses de bois à claire-voie firent notre affaire en nous fournissant du bois à brûler.

Faire les poubelles n'a jamais été mon fort, mais j'étais fasciné par le fait que la plus grande partie de ces ordures semblait être d'origine américaine. Pour apporter à cela une confirmation définitive, Pasang Tshering apporta ce matin-là dans notre cuisine un drapeau américain miniature et un paquet encore intact de Beer Nuts [1] qu'il avait trouvé à côté. Les fabricants de Beer Nuts proclamaient avec fierté sur le paquet que leur produit était « le préféré des Américains : croquant, praliné, sucré-salé, au goût unique ». Cette prétention avait quelque chose de légèrement incongru au milieu des crevasses et des éboulis du camp de base, encore que, mélangé à notre porridge de tsampa, le Beer Nuts apporta un plus intéressant à notre insipide ordinaire.

Pasang Tshering trouva aussi un thermomètre cassé de fabrication américaine, ainsi qu'une batte de base-ball en plastique rouge qui avait reçu pour nom « Big Bopper [2] ». Alors que je me demandais si on l'avait refilée au Sherpa qui l'avait portée jusqu'au camp de base comme un élément essentiel de l'équipement d'un alpiniste, Pasang Tshering revint avec un disque dont la couleur brune se déclinait en deux tons.

– Qu'est-ce que c'est? demanda-t-il.

Je le regardai de près. Il portait sur un côté une inscription circulaire : « Mayor Byrn's Summertime Chicago. »

– Un *frisbee*, dis-je.

– Un quoi? Pasang Tshering n'en avait encore jamais vu, de même qu'il n'avait jamais vu de Big Bopper. Le *frisbee* était tout fendillé et n'aurait pu voler : je fus donc dans l'impossibilité de faire une démonstration à l'intention de jeune homme.

– Matériel d'alpinisme américain, dis-je. Mais cassé. Pas bon.

– Ah, fit-il à mi-voix, et il repartit en gambadant, à la recherche d'autres objets mystérieux.

Yangtse était intriguée par la publicité que faisait Wilderness Experience de Chatsworth, Californie. Elle avait trouvé un cata-

1. Cacahuètes enrobées de sucre caramélisé *(N.d.T.)*.
2. La grande cogneuse *(N.d.T.)*.

logue de trente-deux pages présentant les vêtements de dessus de Wilderness Experience qui vantait « le nec plus ultra dans le domaine des parkas : rouge et petite – notre griffe – » et faisait la promotion de Quallofil, « la version moderne du duvet ».

Yangtse ramassait aussi des produits pharmaceutiques, à cause des petites boîtes où ils se trouvaient et qui étaient bien utiles pour jouer à la poupée. Elle avait également trouvé la moitié d'un jeu de cartes.

On aurait tendance à prêter aux alpinistes un tour d'esprit écologique et à imaginer qu'ils se débarrasseraient de leurs ordures en les jetant dans des crevasses, dont le glacier Khumbu présente un grand nombre, ou en les brûlant. Il y avait, en fait, une crevasse étroite mais profonde à proximité de ma tente et deux autres qui encadraient la cuisine, mais des monceaux d'ordures à demi brûlées recouvraient les collines d'éboulis, au-delà.

Il me parut possible de déterminer le profil de l'expédition qui avait laissé les déchets entourant nos deux tentes et la cuisine. Elle était américaine à tout crin à ne pas s'y tromper. Elle se composait à la fois d'hommes et de femmes et, à en juger par les griffes des fabricants qui traînaient ici et là, ses membres ne s'étaient privés de rien pour s'équiper. Leur matériel tout autant que leurs ordures dénotaient l'aisance. A l'effort qui avait manifestement présidé à la préparation de l'expédition correspondait, à l'autre bout, l'absence d'effort pour faire place nette au moment du départ. Mais cela ne me permettait quand même pas de mettre un nom sur le groupe américain coupable.

Ce fut seulement plus tard, alors que je farfouillais dans le doko abandonné par un porteur, que je tombai sur une pile de cartes postales vierges représentant la « Naissance de l'Everest » et dues à l'artiste Phurba Sonam, l'un des moines de Tengboche. Les cartes postales portaient en surcharge le logo vert de la Snowbird Everest Expedition de 1987. Je parvins alors à remettre les choses. Snowbird est une station de ski – et un site superbe dans les Rocheuses de l'Utah – appartenant au pétrolier millionnaire texan Dick Bass.

Bénéficiant du soutien financier de Bass, basé à Dallas, et aussi, semble-t-il, du parrainage de la brasserie Adolph Coors de Golden, Colorado, la Snowbird Everest Expedition de 1987 avait essayé d'escalader le sommet le plus élevé de l'Himalaya en l'abordant par l'ensellement sud, après la mousson de 1987. Trois ans plus tôt, Bass, qui avait alors cinquante-quatre ans, était devenu le plus âgé parmi les alpinistes qui faisaient l'ascension de l'Everest et le seul homme au monde à avoir escaladé les sommets les plus hauts des cinq continents. Bass lui-même ne comptait pas parmi les membres de cette expédition de 1987, mais il avait affrété un hélicoptère pour se rendre à Lukla, avec l'intention de faire un trek jusqu'au camp de base afin d'être auprès de ses alpinistes au début de leur ascension.

D'après les renseignements disponibles aux archives du ministère du Tourisme, qui délivre aux expéditions leur permis pour le Népal, le chef de la Snowbird était Peter Athens, un alpiniste expérimenté de la côte Ouest. Assistante de Dick Bass, Karen Fellerhoff était chargée de la gestion du camp de base.

Handicapée par les chutes de neige exceptionnellement abondantes du 19 octobre 1987, l'expédition Snowbird, comme la plupart des autres expéditions himalayennes cet automne-là, fut un échec. Censée porter haut les couleurs de la station de ski de l'Utah, elle avait plutôt, par la pagaille qu'elle laissait derrière elle, contribué à la couvrir de honte ainsi d'ailleurs que les seize Américains qui la composaient. S'ils avaient jeté les mêmes ordures dans les rues de Snowbird, on les aurait à coup sûr arrêtés. Mais, de toute évidence, ils ne s'étaient pas gênés pour le faire dans le site isolé du camp de base de l'Everest.

Les membres de l'expédition Snowbird ne se contentèrent pas de laisser près d'une tonne d'ordures à ciel ouvert, et non brûlées, au camp de base. Ils eurent aussi le privilège douteux d'acclimater dans la région de Khumbu les graffiti de style américain. Au gré de mes déplacements, cet hiver-là, j'avais vu le mot « Snowbird » barbouillé à la peinture sur les murs, les ponts et les pierres votives. Je m'étais alors interrogé sur sa signification. J'avais également vu des Sherpas coiffés de casquettes de base-ball portant la mention : « La blonde Coors », et je m'étais interrogé sur sa signification.

Cette propension des membres de l'expédition à laisser des détritus était d'autant plus surprenante qu'elle enfreignait le code moral des alpinistes contenu dans la Déclaration de Katmandou de 1982. Les termes de celle-ci avaient été ratifiés au cours d'une assemblée générale de l'Union internationale des associations alpines réunissant les organisations membres de vingt-six pays, au nombre desquelles le Club alpin américain.

L'article un de la déclaration stipule qu'« assurer une protection efficace de la montagne est un impératif à caractère urgent ». L'article trois indique qu'il s'agit d'encourager par tous les moyens tout ce qui pourrait contribuer à « réduire l'effet négatif des activités humaines sur les montagnes ».

Il ne faisait pas de toute que les membres de l'expédition Snowbird avaient mangé tout leur content. Qui plus est, ils avaient importé des comestibles américains alors qu'ils disposaient sur place d'équivalents locaux pour beaucoup moins cher. Et ils avaient également bu tout leur content. On repérait, parmi les détritus, des douzaines de canettes de bière blonde Coors. Les canettes de douze onces en « aluminium recyclable » gisaient là, au soleil, comme autant de soldats morts, sans le moindre espoir d'être recyclées. Mais le stock de Coors n'avait manifestement pas été suffisant car le sol était également jonché de bouteilles vides de Star Beer, la bière produite par les brasseries népalaises.

Karma et sa femme Yanchin, les propriétaires du Above the Cloud Lodge, à Lobuche, nous racontèrent que, tous les quelques jours, une caravane de yacks arrivait de Namche Bazar avec une nouvelle cargaison de Star Beer pour les alpinistes. Ces derniers aimaient apparemment picoler et choisissaient en général les meilleures marques : du whisky Chivas Regal, Johnny Walker Extra Special Black Label ou Dewar's White Label, et du champagne Veuve Clicquot Ponsardin 1982 carte d'or. Il y avait, en outre, d'innombrables bouteilles de rhum népalais Khukri. Mais ce n'était là que ce qu'on voyait en surface car la neige était encore abondante sur le site.

Ces alpinistes intrépides auraient-ils voulu grignoter quelque chose tout en buvant, qu'ils avaient le choix entre de nombreux amuse-gueule : huîtres fumées servies sur des biscuits salés à la farine de froment, crevettes décortiquées en boîte, pommes chips Pringle's venues d'aussi loin que Cincinnati (Ohio), saumon fumé Chef-to-Go préparé par la Washington Trade Corporation de Seattle.

A en juger par ce qu'on voyait, les membres de l'expédition avaient apporté assez de nourriture pour remplir un supermarché. Leurs menus étaient somptueux. Le petit déjeuner commençait par du Tang. General Foods, le fabricant, mentionnait sur les boîtes de métal de la taille d'un gallon que Tang avait été « choisi par la NASA pour être à bord de tous les vols spatiaux habités, depuis 1965 ». Des douzaines de boîtes de métal géantes attestaient que les alpinistes avaient apprécié la boisson au goût d'orange tout autant que les astronautes. Mais j'espérais qu'il n'y avait pas de boîtes de Tang vides en suspension dans l'espace. J'éprouvai une petite pointe d'envie en découvrant que ces chanceux avaient également eu droit à des céréales présucrées suivies dans leur menu de tranches de lard en boîte et de galettes qu'ils pouvaient gorger de sirop Golden Griddle, ou de muffins tartinés de « myrtilles sauvages du Maine ». Je n'avais rien mangé de semblable depuis des mois, et je commençais à désespérer devant la monotonie de la nourriture sherpa. Je trouvai du café instantané Maxwell House et aussi du café filtre de la

Thanks Giving Coffee Company de Fort Bragg, Californie. Des emballages portant la marque Low-Fat Milkman, et la précision « avec le velouté de la crème », avaient été dispersés par le vent quelque deux cents mètres plus loin. Il y avait aussi des barquettes vides de café Mate, de lait condensé non sucré Carnation et de chocolat chaud Mix.

C'est le thon qui avait apparemment la faveur de tous pour le déjeuner : au moins quatre sortes différentes. Le menu du dîner était plus consistant. Diverses soupes en sachet pour commencer. Le plat principal pouvait être du bœuf en ragoût à la paysanne accompagné de riz sauvage à longs grains (précuit, prêt à servir en sept minutes), mais il y avait aussi une douzaine d'autres plats déshydratés et surgelés qui allaient du bœuf à la strogonoff à la truite aux amandes. Deux sortes de volailles en conserve venaient s'y ajouter : Chicken Ready (poulet entier, sans abats, dans un bouillon de viande et de légumes) et le poulet Nugget, désossé et coupé en dés. La société Kellog's était représentée par ses Crouttettes Stuffing Mix.

Les membres de l'expédition Snowbird avaient, sans hésitation, apporté avec eux leur culture culinaire. L'idée ne leur était pas venue que Khumbu était, comme l'Idaho, une région productrice de pommes de terre et que les Sherpas savent fort bien en faire de la purée, et même des frites. La purée de pommes de terre de Snowbird avait été apprêtée par les soins de Betty Crocker ou encore de Safeway Stores, sous la dénomination de Town House. L'expédition avait également importé des cartons de riz General Food à cuisson rapide, alors que le Népal est un pays exportateur de riz. Et si, entre les repas, les alpinistes avaient un petit creux, ils disposaient d'un large éventail de coupe-faim : l'inventaire comprenait des Snickers, des petits gâteaux secs au chocolat M&M King Sized, des gaufrettes Kit Kat, des tablettes de chocolat Hershey, des gâteaux secs au beurre de cacahuètes Nutter Butter, des sablés Lorna Doone et du bubble-gum sans sucre Carefree.

Les boîtes et les bouteilles vides, les emballages et les paquets de carton – dont quelques-uns, comme celui de Beer Nuts, étaient encore pleins – n'étaient pas les seules ordures laissées sur place. Au milieu des gros rochers et des éboulis se trouvaient du courrier abandonné, des produits cosmétiques, des médicaments à la pelle, des bouteilles de gaz, des tubes de dentifrice, des paquets de cigarettes, des vêtements et des couverts. Les membres de l'expédition Snowbird ne voyageaient décidément pas sans bagages.

Mary Kay Brewster, l'une des alpinistes qui avait les meilleures chances d'atteindre le sommet, avait laissé des lettres de Stephen

Kanipe, un petit ami de Columbus, Ohio. Il y avait aussi une facture précisant que « Peggie Duscher doit la somme de deux mille huit cent quatre-vingts dollars, prix coûtant. Les Rockwell doivent un supplément de mille deux cents dollars. »

Quelqu'un était en train de lire *Le Cri du Kalahari* [1] car les pages du livre étaient éparpillées à travers le camp de base. Quel qu'il fût, ce lecteur n'avait manifestement rien compris à cette virginité du désert que recherchait l'auteur en Afrique. Mary Kay Brewster, qui en était à sa deuxième expédition sur l'Everest, cherchait à s'inscrire dans une école de médecine. Dans un brouillon abandonné de la lettre où elle présentait sa demande, elle décrivait ses aventures himalayennes comme « une occasion qui ne se présente pas deux fois aux cours d'une vie ». Ce fut pour elle, en tout cas, l'occasion de souiller les régions désertes du Népal.

Parmi d'autres objets se trouvaient encore des paquets intacts d'aiguilles et de seringues hypodermiques jetables et, à l'usage de la femme qui n'avait pas eu honte de laisser un sillage de serviettes hygiéniques sales, une Sani-Fem Freshette non utilisée. Ce dispositif de plastique, portant son brevet d'invention qui attendait un agrément officiel, lui permettait de se tenir debout et non pas assise dans les toilettes publiques. « Le fait d'être debout assure une meilleure hygiène, et c'est aussi plus esthétique... », expliquait le mode d'emploi. Mais il n'y a pas de toilettes publiques au camp de base. Ou bien encore, si l'on regarde les choses d'un point de vue différent, le camp de base n'est aujourd'hui rien d'autre que de vastes toilettes, les toilettes les plus élevées du monde.

Tout laissait à penser que l'expédition Snowbird avait battu en retraite dans le désordre, en raison des conditions atmosphériques traîtresses. N'empêche que j'étais sidéré. Il me revint à l'esprit qu'une expédition autrichienne se trouvait dans les parages au même moment. Les Autrichiens avaient été, eux aussi, surpris par le temps défavorable. J'en avais rencontré un à Pangpoche, alors qu'il retournait à Namche Bazar. Durant les cinq jours que nous passâmes au camp de base, je cherchai partout dans la région sans pouvoir trouver la moindre trace du séjour des Autrichiens dans les toilettes les plus élevées du monde.

---

1. De Mark et Delia Owens, Robert Laffont, 1986.

22

Au-dessus des nuages

Du camp de base de l'Everest, nous descendîmes à Gorak Shep, un lieu abandonné entre tous, jonché d'éclats de verre, de papier toilette usagé, de boîtes de conserve de toute provenance et d'autres détritus. Nous campâmes dans la vallée d'ablation située au nord du lac gelé, à côté d'une maison de pierre à deux portes construite des années plus tôt par Dawa Namge, le père de Gyalzen. Derrière la maison se trouvait un gros rocher avec cette inscription en train de s'effacer : *A la mémoire de Mick Burke, British Everest Expedition, 1975.* Et, sur la dernière étendue verdoyante qu'on pouvait encore parcourir avant que le glacier Khumbu ne prenne possession de la vallée d'ablation, à environ un demi-kilomètre de l'endroit où nous étions, se succédaient les monuments funéraires portant les noms de ceux qui avaient perdu la vie sur le majestueux Chomolungma.

Shepti signifie mort en sherpa-ka, et Gorak Shep tire son nom d'un gorak mort trouvé là par les Sherpas la première fois qu'ils emmenèrent leurs yacks paître sous le Pumori. Le gorak mort constituait à n'en pas douter un mauvais présage, et c'est un fait que ce lieu n'inspire pas confiance. Les Sherpas eux-mêmes assurent que l'eau stagnante du lac peu profond est capable de provoquer la mort, et elle faillit bien provoquer la mienne. En outre, cet endroit n'offre aucune protection contre les vents âpres du Tibet qui soufflent depuis les hauteurs du Lho La.

Si nous nous étions arrêtés là, c'est parce que au-dessus de notre campement le Kalapattar rencontre l'arête sud du Pumori et que nous espérions voir depuis ce point de jonction le réseau du glacier Changri, à l'ouest. Il y avait aussi le fait que c'était l'emplacement du premier camp de base de l'Everest. C'est à côté que le Dr Edward Wyse-Dunant, qui dirigeait l'expédition suisse de 1952, avait découvert des empreintes de yéti et que, plus près de Lobuche, il était passé à côté d'un lieu apparemment élu par plusieurs yétis pour leur servir de dortoir. Les empreintes provenaient du Changri La, un col à haute altitude qui conduit vers l'ouest jusque dans la vallée de la Dudh Kosi, à peu près en face du Ngozumba Tsho. Les alpinistes suisses trouvèrent aussi sur le petit lac gelé de Gorak Shep ce qu'ils estimèrent être des empreintes de yéti, et Wyse-Dunant en conclut que l'animal était « un vagabond qui fuyait les zones habitées par les hommes ». Au cours des déplacements d'une deuxième expédition suisse, qui partit plus tard cette année-là, un des porteurs fut attaqué par un yéti à Gorak Shep et ses cris poussèrent les autres Sherpas à courir pour faire fuir la créature velue qui avançait sur deux pattes.

Nous montâmes jusqu'à la base de l'arête du Pumori et promenâmes nos regards sur les rangées de moraines qui s'étendaient plus bas, des deux côtés. La description laissée par les Suisses indiquait avec précision que les glaciers avaient reculé d'au moins trois à cinq kilomètres depuis l'arrivée des premiers explorateurs dans la région, près de quatre décennies plus tôt. Nous trouvâmes confirmation de cela en descendant vers le sommet sud du Kalapattar. Au moment où nous y parvenions, un jeune guide sherpa l'atteignait après l'avoir abordé par le bas, suivi d'un groupe de cinq Australiens haletants. A la façon dont il parla de son « grand-père », je compris qu'il s'agissait de Tashi Gompu, le petit-fils de Tensing Norkey.

– C'est vous, l'homme à la recherche du yéti ? demanda-t-il. Au Above the Cloud Lodge, Karma et Yanchin lui avaient dit qu'il y avait des chances pour qu'il rencontre à Gorak Shep « l'homme qui s'intéresse au yéti ».

Tashi, qui avait alors vingt-trois ans, vivait à Darjeeling où il avait appris son métier à l'Institut indien d'alpinisme. Tensing Norkey avait trente-trois ans quand il avait atteint le sommet de l'Everest. Interrogé, à son retour au camp de base, sur les sentiments qu'il avait éprouvés sur le toit du monde, le Tigre des Neiges avait répondu : « J'ai tout de suite adressé des prières à Chomolungma. J'ai offert à la déesse du chocolat et des biscuits que j'avais sur moi et que j'ai enfouis dans la neige recouvrant le sommet. Puis je l'ai remerciée, ainsi que les autres dieux, pour leur immense bonté, et j'ai imploré leur pardon. »

Tashi dit qu'en 1953, à en croire son grand-père, le front du glacier, sa limite sud avant que la neige soit recouverte de débris, se trouvait exactement à nos pieds. Elle était à présent à quatre kilomètres plus au nord. « Le glacier perd du volume rapidement », fit-il remarquer. L'effet de serre avait cours ailleurs encore que dans le Middle West américain : il faisait fondre la glace sur le toit du monde. A mesure que le niveau du glacier baissait, expliqua Gyalzen, la chute de glace de Khumbu, qu'il connaissait bien, devenait plus raide et plus dangereuse. Si l'effet de serre persistait pendant encore quarante ans, il se pourrait bien qu'il ne reste plus trace de la chute de glace de Khumbu.

Je savais de Tensing Norkey, le grand-père de Tashi, qu'il croyait au yéti, et je demandai si Tashi lui-même y croyait. « Oh, oui ! » répondit-il, ajoutant que lui et ses compagnons alpinistes avaient souvent entendu le sifflement long et strident du yéti autour de la base qu'ils utilisaient pour leurs ascensions estivales, dans le massif de Kangchenjunga, mais que, pour sa part, il n'en avait jamais rencontré un. Son grand-père maternel, qui gardait le camp en morte-saison, avait un jour vu le yéti à une distance de quinze mètres. « J'ai ramassé une grosse pierre et fait mine de la lancer sur lui », avait raconté le grand-père de Tashi.

Je demandai à Tashi s'il pouvait faire la différence entre le sifflement d'un yéti et celui d'un tahr himalayen. « Oh, facile, répondit-il. Le sifflement d'un yéti est moins aigu et plus long que celui d'un tahr. »

Tashi parlait du yéti avec gravité. Il me dit que, même nourris d'une culture étrangère, les Sherpas n'en croyaient pas moins dur comme fer à l'existence de l'animal. « Dans mille ans, ils croiront encore au yéti », conclut-il.

Je lui dis que, dans mille ans, la race du yéti risquait fort de s'être éteinte, car il n'y aurait plus alors de glaciers, mais seulement des routes caillouteuses.

Nous quittâmes Tashi et changeâmes de campement le lendemain, allant plus à l'ouest, en direction de la base du glacier Changri Nup. La région n'était qu'un vaste désert de moraines qui se succédaient, chacune de la taille d'une montagne. J'avais pensé pouvoir monter à skis jusqu'au col de Changri La, mais je me rendis compte que ce projet était chimérique. On peut escalader la tour Eiffel une seule fois dans la journée, puis décider d'en rester là. Ces moraines, situées à la jonction de quatre glaciers, étaient aussi hautes et elles étaient disposées en rangées qui n'avaient pas de fin. Si bien qu'après avoir passé là deux jours et être parvenu à la calotte du glacier, en très nette régression, je finis par me dire : « Trop, c'est trop. » Je parcourus les hauteurs à skis, me dirigeant vers le sud, et descendis jusqu'à Lobuche où un litre du meilleur raksi de Kanche m'attendait au Above the Cloud Lodge.

En dépit de l'injonction, peinte sur un rocher, qui invite les trekkers à brûler ou à enterrer leurs déchets, Lobuche est une autre décharge qui atteint des proportions homériques. On n'y trouve que deux gîtes et un seul cabinet extérieur à l'abandon pour les six mille trekkers qui passent par là chaque année et ne se privent pas de déféquer. L'endroit était sans doute beau quand Shipton et les Suisses, suivis de Hunt et de Hillary, y arrivèrent au début des années cinquante. Aujourd'hui, c'est une horreur pure et simple.

On aurait pu penser que le yéti lui-même craindrait d'attraper à Lobuche quelque maladie, mais Karma et Yanchin étaient persuadés qu'il y en avait un couple qui rôdait encore dans la région. Au début de l'hiver, des touristes avaient signalé des empreintes fraîches et, quand un vent furieux souffle depuis le Tibet et que la déesse mère Chomolungma fait baisser le thermomètre, les Sherpas continuent d'avoir peur que les yétis ne descendent des cols élevés à la recherche d'un abri.

Quand nous fûmes de retour à Pangpoche le lendemain après-midi, Kanche nous attendait avec du thé au beurre dans la longue salle de séjour. Chomolungma avait fait baisser la température, car il faisait très froid. Alors que nous étions assis autour du foyer, deux policiers gravirent les marches sans s'être fait annoncer, et pénétrèrent dans la pièce. L'un d'eux avait une arme semi-automatique. Ils posèrent quelques questions en népalais, me regardèrent puis tournèrent les talons. Kanche dit qu'ils étaient à la recherche de bûcherons qui abattaient des arbres illégalement.

Pasang Tshering et Yangtse procédèrent à la distribution du butin rapporté du camp de base. Kunga reçut un jeu de cartes écornées, un tube vide de pommes chips Pringle, et la copie miniature d'une Ferrari, Tsheden une souris en plastique gris, quelques seringues et une bobine vide de sparadrap. Pasang emporta le Big Popper sur la véranda de derrière et en sectionna les deux extrémités pour en faire une trompette de plastique rouge. Il n'avait jamais assisté à une partie de base-ball. N'ayant jamais mis les pieds à Katmandou, Kunga n'avait encore jamais vu de voiture. Tsheden, pour sa part, avait déjà eu l'occasion de voir des souris. Mingma Ramu était encore malade et gémissante. Kanche avait renoncé à la femme shaman, mais faisait venir tous les soirs le lama qui disait des prières pour trente roupies.

Au cours des quatre mois que j'avais passés au sein de la famille, j'avais vu les enfants grandir. Kunga était à présent un adolescent qui allait et venait mains dans les poches : ramasseur de bois numéro deux, mais poseur numéro un. Yangtse, la porteuse d'eau, était aussi en première position pour le ramassage du bois. Pasang Tshering avait pris environ deux centimètres, et était devenu presque un homme. Au lieu d'appeler son père Papoo, il l'appelait Gyalzi, diminutif de Gyalzen.

Les trois aînés se relayaient pour prendre soin de Mingma Ramu. Kunga était particulièrement attentionné, déposant dans la bouche de sa sœur des petits morceaux de nourriture partiellement mastiqués. Quand sa mère était trop occupée, Pasang Tshering aspergeait le sol d'eau et se mettait à balayer. Sa méthode consistait à parvenir à une totale redistribution de la saleté, dont la plus grande partie se retrouvait dans un ou deux coins destinés à la recevoir. Kanche et Yangtse étant allées à la recherche de Marsan, qui avait divagué jusqu'à Bibre, la corvée de vaisselle avait échu à Kunga à qui Tsheden apporta un concours non souhaité. A un moment donné, le Tyran se mit à frapper son frère avec son couteau. Un des coups qu'elle lui assena lui fit visiblement mal et il la prévint qu'il allait lui en cuire. Elle se mit aussitôt à pleurer. Gyalzen jeta un regard sévère de leur côté, mais ne dit rien. Elle n'avait pas réussi à faire punir Kunga. Dès que Gyalzen s'occupa à entretenir le feu, Tsheden recommença à frapper Kunga avec le couteau. Fait digne d'être signalé : Kunga ne lui rendit jamais les coups. Elle finit par se lasser et entreprit alors de tourmenter Keytipe, le petit chien.

Un matin, quelques jours plus tard, Kanche était en train de balayer, regroupant la saleté et les ordures dans un coin proche de l'escalier à partir duquel elle les balancerait à l'aide d'une pelle Dieu sait où. Tsheden entra dans la pièce et se mit à traîner les pieds dans la poussière devant le balai de sa mère, puis s'arrêta pour ramasser deux ou trois détritus – des bouts de ficelle ou de laine, un morceau de plastique – qu'elle avait envie de garder. Un peu plus tard, alors que Pasang était assis avec ses parents devant le feu et buvait du tsampa au chang, Tsheden vint par-derrière et, sans raison aucune, le cogna aussi fort qu'elle put. Il ne s'y attendait évidemment pas et renversa le chang. Il lui dit d'arrêter avec une retenue assez remarquable. Elle éclata aussitôt en sanglots et dit à ses parents que Pasang Tshering se montrait méchant à son égard. Pasang Tshering ne dit rien. Les parents ne réagirent pas. Tsheden changea de ton et fit preuve, l'instant d'après, d'une affection débordante à l'égard de son frère.

Au cours d'un de nos derniers voyages à Tengboche, nous remarquâmes en gravissant l'arête un grand nombre de peaux de cerfs musqués par terre, près de la seule source d'eau fraîche à laquelle puisaient les trois gîtes et le monastère. Au Gompa Lodge, un soldat montait la garde devant la carcasse en pièces d'un jeune cerf tué la nuit précédente par des chiens errants, à ce que l'on disait. Sa poitrine avait été ouverte, sa cage thoracique écrabouillée, et une partie de son arrière-train manquait. Nang Wasser nous dit que Sano Kanchhe avait été lui aussi tué par des chiens à Phortse.

– Des chiens ou un yéti ? demandai-je.

– Plus de yétis ici, répondit Nang Wasser. Ils sont partis.

Si les yétis étaient partis, cela signifiait, en toute logique, que les dieux étaient également partis, chassés par les trekkers et le fait que la couverture forestière se réduisait. Pour beaucoup, l'industrie touristique apportait le progrès et le développement à la région de Khumbu. Il semblerait que les Sherpas n'ont plus de goitres depuis qu'une plus grande variété de denrées alimentaires est disponible à Namche pour répondre aux exigences et aux goûts des touristes. Mais il ne fait pas de doute que le progrès s'est accompagné en même temps de pollution et d'une dégradation de l'environnement. En raison d'un écosystème fragile, Khumbu avait-il atteint le point de saturation au-delà duquel il ne pourrait plus absorber sans risques le progrès et le tourisme ? Le progrès était-il en train de faire fuir les dieux ?

Fait intéressant : dans le royaume himalayen du Bhuton, où existent encore des forêts vierges intégralement préservées, le gouvernement a récemment révisé à la baisse le degré de développement dont le pays était censé avoir besoin et institué des limitations drastiques au tourisme parce qu'il estimait atteint, du moins pour l'instant, le point de saturation.

A la conférence sur la protection de l'environnement himalayen qui s'est tenue à Katmandou en 1986, il fut timidement débattu d'une limitation du nombre de trekkers admis chaque année dans le sanctuaire de l'Annapurna et le parc national de Sagarmatha. L'industrie du trekking s'opposa farouchement à la motion proposée.

Un beau matin, vers la fin du mois de février, Pasang Tshering annonça qu'il n'irait pas à l'école de Kunde et qu'il avait décidé de s'inscrire plutôt à l'école que fréquentaient ses deux cousins, à Bodnath. Il assura parler un meilleur anglais qu'eux et que c'était là une condition suffisante pour son admission. Ce soir-là, il récita ses prières et lut des textes des tantras à voix plus haute que d'ordinaire. Il allait partir le lendemain, nous accompagnant dans la première étape de notre ultime descente vers Lukla.

Le mercredi 24 février, Pasang Tshering fut le premier à se lever. Il alluma le feu et prépara du thé. A huit heures, il était prêt à partir, arpentant la salle de séjour à grandes enjambées et donnant des ordres cinglants à tout le monde. Il ne se sentait plus, il se trouvait supérieur aux autres membres de sa famille. Gyalzen me dit en confidence que le comportement de Pasang Tshering commençait à poser problème.

La vieille Tsosang fut la première à se présenter, avec un pichet de chang. Elle m'entoura le cou d'une écharpe blanche, me souhaitant *tashi delai* (bonne chance), et versa à chacun un verre de chang. Elle dit que j'avais désormais la responsabilité de l'éducation de Pasang Tshering et me sermonna sur la gravité de l'engagement que j'avais pris. Alors que, deux mois plus tôt, elle avait tourné en dérision nos efforts pour trouver le yéti. Ang Dorje et sa femme arrivèrent ensuite avec un pichet de raksi, suivis d'un beau-frère, de Pasangma, la mère de Gyalzen, de la femme de Sunderay et, pour finir, de près de la moitié des habitants du village. Manquait pourtant Oncle Pasang. Ni lui ni sa femme Nima Yanchin ne vinrent dire au revoir.

Nous passâmes la nuit suivante à Tangboche et bûmes pour la dernière fois du chang avec Brot, le magicien de la centrale d'énergie hydro-électrique. On me remit en mémoire la thèse de l'Abbé Jangpo selon laquelle la prétendue main d'un yéti, conservée au gompa de Pangpoche, était en fait la main tranchée d'un voleur. Je demandai à Gyalzen si telle était sa conviction. Certainement pas, répondit-il. Tout le monde savait que c'était la main d'un *zimbu*. Je n'avais encore jamais entendu le mot *zimbu* et je lui en demandai la signification. Gyalzen me décrivit un vampire qui vivait autrefois au Tibet et se nourrissait du sang des enfants. A chaque fois qu'ils en trouvaient un, les Tibétains le tuaient. Des morceaux du zimbu démembré étaient alors distribués aux différents monastères et gompas afin de faire fuir les autres créatures de sa race.

Mais pourquoi, demandai-je à Gyalzen, tout le monde évoque le squelette de la main conservée à Pangpoche comme étant celui d'une main de yéti ? Ah, fit-il, c'est parce que le gardien du gompa ne parle que le sherpa-ka. Aussi, quand des visiteurs lui demandent pourquoi la main est conservée au gompa, il a l'habitude de répondre en recourant aux deux seuls mots anglais qu'il connaît et qui suffisent à apaiser la curiosité de tout le monde : « *Yeti hand* » (main de yéti).

J'étais là devant un nouvel exemple de la logique sherpa. Mais, si j'avais demandé à Gyalzen s'il était superstitieux, il aurait assuré que non avec la dernière énergie.

Nous arrivâmes à Namche assez tard le lendemain après-midi.

Kanche nous y attendait déjà, portant, enroulé, le tapis tibétain sur lequel j'avais dormi pendant quatre mois et demi. Elle dit que la coutume voulait que je continue à dormir dessus où que je sois. Elle avait également apporté deux colliers tibétains et une bague qu'elle offrait en cadeau à mes filles.

Bien entendu, une fois à Katmandou, nous conduisîmes Pasang Tshering au lycée Baba de Chabahil, près de Bodnath, où il allait être pensionnaire, non sans l'avoir auparavant équipé d'un uniforme et de vêtements pour une année scolaire de onze mois. Le directeur, M. T.S. Pradhan, trouva que Pasang Tshering avait quatre ans de retard sur les élèves de son âge, mais il dit être persuadé que le jeune Sherpa ne tarderait pas à rattraper ses condisciples [1].

J'allai aussi rendre visite à Hemanta Mishra et, lorsque je lui parlai des ordures laissées par l'expédition Snowbird au camp de base, son humeur s'assombrit. Il me demanda de lui fournir des photos de ces ordures afin qu'il puisse les montrer à Dick Bass, attendu à nouveau au Népal pour les cérémonies inaugurales de la fête des lumières au monastère de Tengboche. Il voulait exhorter Bass à remédier à la situation.

Quelques mois après mon retour en Europe, je reçus une carte postale de Brot Coburn. « J'ai pensé que cela vous ferait plaisir d'apprendre que Snowbird envisage de faire don de quinze mille dollars qui serviront à mettre en place un système de collecte permanente des ordures et à instaurer une bonne situation sanitaire sur l'itinéraire de trek de l'Everest, disait-il. Qui d'autre en a fait autant jusqu'ici ? »

Il s'agissait évidemment d'une bonne nouvelle mais, à la réflexion, j'y reconnus une simple manœuvre de Dick Bass, destinée à épater la galerie. Ce geste ne représentait rien d'autre qu'un coup publicitaire sans lendemain, car la somme ne suffirait à payer au maximum que dix heures de vol d'un hélicoptère, à peine assez pour transporter les ordures de Snowbird jusqu'à Lukla. Où résidait, dans ce cas, le caractère permanent de l'entreprise ?

Mais le yéti, dans tout cela ?

Pour ma part, je crois que le yéti vit encore là-bas, parcourant les hauts plateaux avec sa compagne, à la recherche d'un territoire tranquille dont ils pourraient faire leur chasse gardée, avec de la

---

1. En décembre 1988, au terme de la première année scoalaire, Pasang Tshering était le premier de sa classe, et M. Pradhan annonça qu'il avait déjà rattrapé deux années.

nourriture en quantité suffisante, des lieux pour s'abriter et la perspective d'un avenir protégé.

Je n'ai jamais rencontré un Sherpa qui doutât le moins du monde de son existence. Le yéti fait tellement partie de la vie des Sherpas que, de façon immatérielle ou concrète, il existe. Les Sherpas ont aperçu de si nombreuses fois des yétis de différentes sortes que cette créature n'a rien d'immatériel : elle doit être réelle. Brot Coburn m'a raconté qu'au cours d'un de ses voyages au Tibet, il avait emporté avec lui un enregistreur et mené une enquête dans les villages qu'il visitait. Il parle couramment le tibétain et s'est vite rendu compte qu'il ne fallait pas demander : « Avez-vous jamais vu un yéti ? » mais plutôt : « Quand avez-vous vu un yéti pour la dernière fois ? » Il me dit que le nombre de détails relatifs à leur expérience la plus récente, et dont les gens se souviennent, est proprement ahurissant.

Les Sherpas ont acquis au cours des siècles des caractéristiques physiologiques qui leur permettent de survivre dans un climat inhospitalier, à haute altitude. Ce sont des montagnards petits et trapus, avec une grande cage thoracique qui donne à leurs poumons davantage de capacité et un système capillaire beaucoup moins sensible aux températures très basses que le nôtre. Il n'est donc pas impossible qu'un hominidé fossile, revêtu de sa seule épaisse toison naturelle, ait évolué en régressant, de façon à mener aujourd'hui l'existence d'un animal dans les forêts et les pâturages en altitude de l'Himalaya. Il n'est pas non plus impossible qu'un gros gibbon ou un entelle ait pu s'adapter pareillement à la vie en haute montagne.

Notre expédition à deux n'a sans doute pas été le succès que nous avions espéré, mais elle n'a été en aucune manière un échec. Mes pérégrinations en compagnie de Gyalzen et d'Oncle Pasang ont permis d'établir la présence d'un grand plantigrade autour de Donag et de Macherma. Les « tsonkeurs » de minuit, le galopeur de la Maison de pierre, les traces de pas laissées par la créature de l'Étang, les vagabonds du Monticule et le couple du Mont, les rochers qui tombaient la nuit sur le versant nord de Donag, les visiteurs nocturnes de Gérard, les tanières du Kongde Ri et du Pangka, les deux tahrs à moitié dévorés au-dessous de Phortse, et le collier à émetteur d'un cerf musqué retrouvé à quatre kilomètres de l'habitat de l'animal disparu, tout cela, pour moi, représente autre chose qu'une série de coïncidences. Le léopard des neiges lui-même joue son rôle dans le mystère du yéti.

C'est sur les onze kilomètres séparant Donag de Macherma, et où nous avons observé l'essentiel des activités du yéti, qu'en 1954 les membres de l'expédition *Daily Mail* avaient découvert un « réseau » de traces de pas et des déjections qui avaient rempli plusieurs sacs. Les empreintes de 1954 étaient semblables à celles laissées par le couple du Mont et les vagabonds du Monticule qui, à mon sens, étaient un seul et même couple. Leur « territoire » se trouvait à vingt-cinq kilomètres seulement de l'endroit où Eric Shipton avait photographié les empreintes du yéti. Les photos de Shipton, ainsi que celles prises en 1954 par l'équipe du *Daily Mail*, montrent des empreintes qui ressemblent de très près à celles laissées à Donag par l'Homme du Monticule. Il y avait aussi les traces de pas que nous n'avions pu examiner sur le Kongma La et le glacier Khumbu. Ajoutées à celles qui allaient de Donag à Dolle en descendant le long de la vallée de Gokyo, elles suggèrent une migration saisonnière le long d'un itinéraire donné, à l'intérieur d'un territoire bien défini.

Lorsque George Schaller et Peter Matthiessen parcoururent l'Outer Dolpo, un renflement le long de la frontière nord du Népal qui fait irruption sur le plateau tibétain, à la recherche du léopard des neiges et qu'ils n'en trouvèrent aucun, ils ne proclamèrent pas que sa race était éteinte. La preuve que cet animal existe encore fut apportée quinze ans plus tard quand le zoologue américain Rodney Jackson parcourut à son tour le Dolpo et fut le premier à passer un collier à émetteur au cou d'un léopard des neiges. Jackson se rendit ensuite dans la région de Khumbu, mais sans parvenir à y trouver trace du léopard des neiges. Cela ne voulait pas dire pour autant que l'animal n'existait pas dans Khumbu : Gyalzen et Oncle Pasang le savaient bien, et je n'allais pas tarder à le vérifier par moi-même.

Mais si, comme je persiste à le soutenir, le yéti habite Khumbu, pourquoi les Occidentaux sont-ils si peu nombreux à l'avoir vu ? Après tout, nous avons des témoignages de William Hugh Knight, N.A. Tombazi, Don Williams, Reinhold Messner, Gary Scott et quelques autres. Et, compte non tenu de l'homme dégingandé aperçu par Pascal Marlinge, Scott est seul à avoir vu deux créatures couvertes de poils, évoquant le yéti, dans la région de Khumbu.

Il y a trois explications valables à cela. Le yéti se déplace de préférence la nuit, sauf peut-être durant la mousson. Mais, à cette époque, on ne trouve ni alpinistes, ni trekkers dans les parages. A vol d'oiseau, Khumbu ne recouvre qu'une surface d'environ huit cents kilomètres carrés mais, si toutes ses montagnes et ses moraines étaient mises à plat, Khumbu serait peut-être aussi vaste que le Texas. Entrent ensuite en ligne de compte le fait que ces étendues immenses ont une très faible densité de population et, en troisième lieu, le caractère accidenté du terrain. La difficulté qu'ont les humains à couvrir de longues distances au pays du yéti représente peut-être pour l'animal son atout le plus précieux dans sa recherche de la solitude. Il est capable d'atteindre des cavernes reculées et des vallées cachées où pas un Sherpa ne saurait le suivre sans fournir un énorme effort physique et, bien souvent, sans encourir de gros dangers.

Même la falaise de glace de Rawldurche qu'Oncle Pasang et moi avions explorée et où sans doute aucun être humain n'était passé depuis vingt, ou même cinquante ans, il nous avait fallu une demi-journée pour l'atteindre et une après-midi entière pour en redescendre les mille cinq cents mètres. Il y a des milliers d'endroits semblables, dont certains sont encore plus inaccessibles. Non, je suis certain que quelque chose de très réel se cache là-bas et qu'un jour on le photographiera mais, à ce moment-là, à cause du viol de l'environnement, il sera peut-être trop tard pour le sauver de l'extinction.

Au début de 1989, je reçus une lettre de Kanche. Elle me fut remise par un ami qui était passé par Pangpoche. Elle portait une adresse plutôt vague. Sur l'enveloppe, quelqu'un avait tout simplement écrit : « Père, Suisse, Europe. »

Kanche me faisait ses meilleurs vœux, ajoutant : « Nous pensons toujours à vous du fond du cœur. » Elle m'informait aussi que Gyalzen était en route pour Gokyo avec un groupe de trekkers, mais ne disait pas un mot du yéti. Cela mit néanmoins en branle mes réflexions, et je décidai de retourner en 1990 dans la région de Khumbu pour y chercher à nouveau l'Homme du Monticule et sa compagne.

Près d'un demi-siècle après la découverte par Eric Shipton, en 1951, des empreintes de pas sur le Melungtse, il n'est pas d'argument en faveur de l'existence du yéti qui soit plus décisif dans sa concision que l'annexe B of MOUNT EVEREST 1938 [1], aujourd'hui célèbre, écrite avec ce qu'on pourrait presque appeler de la désinvolture par son ami et complice en alpinisme, H.W. Tilman. Tilman y laisse entendre que, si des empreintes digitales constituent une preuve suffisante pour prendre un homme, alors des empreintes de pas sont une preuve flagrante de l'existence d'un animal. Et ces empreintes de pas existent à n'en pas douter, puisque nous sommes quelques-uns, dont moi, à les avoir photographiées.

Pour n'avoir pas réussi à débusquer un Abominable Homme des

---

1. Annexe B de *L'Expédition 1938 sur le mont Everest (N.d.T.)*.

Neiges, l'« expédition Yéti 88 » n'en a pas moins enrichi la somme de nos connaissances sur l'animal et, par là même, contribué à détruire un certain nombre de mythes. Aux dires des Sherpas, des Tibétains et d'autres populations himalayennes, il existe deux et probablement même trois sortes de yétis. Mis à part le *migo* (ou homme sauvage) dont on sait fort peu de chose, les deux autres – le *mitey* et le *chuti* – vivent dans la région, mais sans avoir un habitat fixe. Ce ne sont pas, comme la plupart des gens le croient, des créatures solitaires. Ils se déplacent souvent en couples, parfois avec leurs petits. Ils transhument toujours selon le même itinéraire, descendant des hauts pâturages lors des premières neiges pour rôder dans les forêts des vallées basses de Khumbu durant les rudes mois d'hiver, puis remontant sans se hâter au printemps. Ils vivent entre trois mille quatre cents et cinq mille mètres d'altitude : exactement comme les yacks et les tahrs himalayens.

Il a souvent été avancé à tort qu'un grand mammifère ne trouverait pas assez de nourriture pour subsister à de telles altitudes : cette nourriture existe en quantité suffisante pour permettre la survie d'une petite population de yétis. Ceux-là vivent dans des tanières et se déplacent librement d'un endroit à un autre le long d'itinéraires bien définis, récoltant en chemin ce que leur offrent les terres traversées. Ils sont omnivores, à l'occasion charognards. A cet égard, ils ne sont pas sans présenter une ressemblance avec l'*Homo erectus*, et peut-être même le premier Homme de Neandertal.

Leur race est aujourd'hui menacée d'extinction et doit être protégée. Leur habitat forestier se trouve en état de siège et les pâturages à haute altitude qu'ils fréquentent subissent une pression croissante de la part des trekkers et des expéditions d'alpinistes. A cause de ces empiétements sur leur domaine, personne n'a plus l'occasion de les apercevoir aux alentours des mecques des touristes, dont fait partie Tengboche.

Sans doute plus intéressant d'un point de vue anthropologique est le fait que les légendes sherpas et tibétaines qui tournent autour du yéti sont semblables à celles évoquant le sasquatch qui abondent dans les traditions des Indiens de la côte Ouest du Canada et des États-Unis. Aussi bien les Indiens d'Amérique du Nord que les peuples himalayens croient, par exemple, que le contact avec l'animal aux grands pieds provoque la malchance, voire la mort. Certaines tribus indiennes, de même que certains clans sherpas, assurent que le yéti sasquatch s'attaque aux humains, allant jusqu'à les dévorer. Les uns comme les autres lui vouent la déférence due à une figure semi-sacrée et n'osent pas lui faire le moindre mal.

Personne, à ma connaissance, n'avait encore établi, à partir d'observations et de recherches personnelles, que le yéti se déplace en suivant des itinéraires précis. Dans la région de Khumbu, l'un de ces itinéraires descend le long du flanc droit de la vallée de Gokyo jusqu'à Dolle, et de là franchit probablement le col de Konar pour aboutir à la vallée de l'Imja. Un autre est parallèle au flanc est de la vallée de l'Imja depuis le glacier Khumbu jusqu'à Mingbo et Deboche. Mais il en existe sûrement d'autres. Quoi qu'il en soit, je suis sans doute la seule personne à avoir suivi les empreintes d'un couple de yétis sur une distance de vingt kilomètres. Cela m'apporte la certitude que des yétis continuent à parcourir ces forêts aux arbres clairsemés ainsi que les hauts pâturages rocheux. Mais pour combien de temps encore ? C'est toute la question.

Remerciements

De nombreuses personnes ont contribué à rendre réalisable l'expédition menée à la recherche du Yéti; il n'est pas possible d'en donner ici la liste complète mais, au nombre de ceux qui méritent d'être tout particulièrement remerciés, figurent Nissam Marshall à Paris, Babeth Mary, Alex Souto et Bob Walz à Genève, Michael Brown et Arthur Radley à Londres, Dave Wilkinson à Birmingham et Bernie O'Connel à Leysin. Mes filles Tamara et Chloé ont assuré le bon ordre de mon secrétariat. David Wileman, bibliothécaire en chef de la Royal Geographical Society, nous a aidés inlassablement à trouver le matériel nécessaire à nos recherches. Le Dr Thierry Wälli et le Dr Pascal Gertsch, de la station de ski Les Diablerets, en Suisse, ont donné très volontiers de leur temps et prodigué leurs conseils pour l'organisation de l'infrastructure médicale. Les propriétaires de Stamos Sports à Argentière, en France, nous ont renseignés sur les équipements les plus modernes et ont été de généreux donateurs. Ken Rawlinson, de Phoenix Mountaineering, nous a fourni avec enthousiasme six tentes qui ont constitué un abri apprécié durant les nuits froides. Mais le projet n'aurait jamais été réalisé si Dominique Clavien, un banquier particulièrement bienveillant de Monthey, dans le canton suisse du Valais, ne nous avait pas témoigné sa confiance dans les moments où le pessimisme prévalait.

Remerciements

[illegible]

Sponsors et donateurs du projet de recherche Yéti 88 :

Nikon AG, Zürich, Suisse : appareils photographiques et télescope.

Carl Zeiss, Oberkochen, RFA : jumelles et télescope à infrarouges.

Phoenix Mountaineering Ltd., Amble, Morpeth, Northumberland, Angleterre : fabricant des meilleures tentes isothermes.

Dynastar Skis, Sallanches, France : fabricant des skis de randonnée Yéti.

Essex Chemie AG, Lucerne, Suisse : distributeur de Solarex Ultra, crème solaire.

Nic Impex, Annecy, France : distributeur des chaufferettes de poche Sun Poche.

Revue Thommens, AG, Waldenburg, Suisse : fabricant de l'altimètre et de la boussole Thommens TX 9000.

Téléphone S.A., Genève, Suisse : matériel de communication.

Neslé S.A., Vevey, Suisse : a fourni des nourritures légères, du chocolat Fitness et du lait condensé.

Ciba-Geigy, Wander et Hoffmann Laroche : a offert des produits pharmaceutiques, des suppléments protidiques et des complexes vitaminiques.

Table des matières

Cet ouvrage a été réalisé par la
SOCIÉTÉ NOUVELLE FIRMIN-DIDOT
Mesnil-sur-l'Estrée
pour le compte des Éditions Laffont
en mars 1991

Imprimé en France
Dépôt légal : mars 1991
N° d'édition : 33256 – N° d'impression : 16973